中国法律史案例教程

主　编　李红英　杨晓辉

副主编　汪远忠　李德嘉　韩 伟

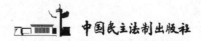

中国民主法制出版社

图书在版编目(CIP)数据

中国法律史案例教程/李红英,杨晓辉主编;汪远忠,李德嘉,韩伟副主编.—北京:中国民主法制出版社,2022.10

高等学校法律实务系列教材.第三辑/孟庆瑜主编

ISBN 978-7-5162-2980-4

Ⅰ.①中… Ⅱ.①李… ②杨… ③汪… ④李… ⑤韩… Ⅲ.①法制史—中国—高等学校—教材 Ⅳ.①D929

中国版本图书馆 CIP 数据核字(2022)第 201487 号

图书出品人:刘海涛
责 任 编 辑:逯卫光

书名/中国法律史案例教程
作者/李红英　杨晓辉　主　编
　　　汪远忠　李德嘉　韩　伟　副主编

出版·发行/中国民主法制出版社
地址/北京市丰台区右安门外玉林里 7 号(100069)
电话/(010)63055259(总编室)　63058068　63057714(营销中心)
传真/(010)63055259
http://www.npcpub.com
E-mail:mzfz@npcpub.com
经销/新华书店
开本/16 开　710 毫米×1000 毫米
印张/23.25　字数/368 千字
版本/2022 年 11 月第 1 版　2022 年 11 月第 1 次印刷
印刷/三河市宏图印务有限公司

书号/ISBN 978-7-5162-2980-4
定价/72.00 元

总序

　　为了贯彻落实《教育部、中央政法委员会关于实施卓越法律人才教育培养计划的若干意见》的文件精神,全面推进法律硕士专业学位研究生教育综合试点改革工作,充分发挥国家大学生校外实践基地的育人功能,持续深化法学专业实践教学改革,不断提高法学专业学生的实践创新能力,我们组织法学专家与法律实务部门专家共同编写了高等学校法律实务系列教材。

　　本套系列教材共分为三辑:第一辑包括《宪法案例教程》《行政法案例教程》《刑法案例教程》《民法案例教程》《经济法案例教程》《刑事诉讼实务教程》《民事诉讼实务教程》《法律文书实务教程》8 部教材;第二辑包括《商法案例教程》《刑事诉讼法案例教程》《民事诉讼法案例教程》《刑法(总论)案例教程》《公证与律师制度实务教程》《行政诉讼实务教程》6 部教材;第三辑包括《法理学案例教程》《中国法律史案例教程》《行政诉讼法案例教程》《劳动法和社会保障法案例教程》《知识产权法案例教程》《环境保护法案例教程》《国际法案例教程》《国际私法案例教程》《国际经济法案例教程》《法律职业伦理案例教程》10 部教材。

本套教材以案例研析和实务操作为主题,以高等学校和实务部门的共同开发为特点,以培养学生的法律实践应用能力为目标,以逐步形成适应应用型、复合型法律人才培养需要的法律实务教材体系。教材的编写力求遵循以下原则。一是理论与实践相结合,突出实践性:即教材内容要强化法学理论和原理的综合应用,强调实践和应用环节,侧重实践能力培养,为学生的知识、能力、素质协调发展创造条件;二是立足现实,追踪前沿:即教材内容要最大限度地反映本专业领域的最新学术思想和理论前沿,吸收本专业领域的最新实务经验和研究成果,具有前瞻性;三是全面覆盖,突出重点:即教材既要整体反映本专业知识点,又要彰显案例和实务操作领域的规律和重点,以避免与理论教材之间的内容重复。

本套教材的编写力求满足以下要求。一是立足基础,突出应用:即立足基本知识,不作系统讲解,着重法律应用,突出应用性和实务特色;二是表述准确,言简意明:即基本概念阐释清晰准确,知识要点讲解言简意赅;三是篇幅适中,便于使用:即控制每部教材的篇幅字数,均衡各章之间的权重,不宜畸轻畸重;四是知识案例,融会贯通:即将知识讲授与案例评析有机结合,真正做到以案说法,突出案例与知识的互动。

本套教材的编写是高等院校与法律实务部门之间深入合作和大胆尝试的结果,无论是教材内容,还是编写体例,肯定还存在诸多有待完善提高的地方,使用效果也有待教学实践的评估与检验。我们将及时总结经验,不断修订提高。同时,也期待着法学界和法律实务部门的各位同人能够提出宝贵的意见和建议。

教材编委会
2022 年 3 月 26 日

目 录

第一编　礼治时期的法律制度

第一编

礼治时期的法律制度

第一章

中国法律的起源

|【案例】颛顼帝制定礼仪|

▶【基本案情】 > > >

帝颛顼高阳者,黄帝之孙而昌意之子也。静渊以有谋,疏通而知事;养材以任地,载时以象天,依鬼神以制义,治气以教化,絜诚以祭祀。北至于幽陵,南至于交阯,西至于流沙,东至于蟠木。动静之物,大小之神,日月所照,莫不砥属。①

▶【案例分析】 > > >

在原始社会,黄帝的孙子颛顼帝高阳,带领部族种植各种植物,充分利用土地,按时行事,顺应自然规律,祭祀鬼神,制定礼仪,将五行之气理顺,教化百姓,虔诚恭敬地进行祭祀。使得天下之人——北到达幽陵,南到达交阯,西到达流沙,东到达蟠木归顺他。至少说明在颛顼帝之时,礼仪是人们遵守的共同的行为规范之一。这成为国家产生后法律产生的一大渊源。

|【案例】契掌五教,皋陶掌五刑|

▶【基本案情】 > > >

舜曰:"契,百姓不亲,五品不驯,汝为司徒,而敬敷五教,在宽。"舜曰:"皋陶,蛮夷猾夏,寇贼奸轨,汝作士,五刑有服,五服三就;五流有度,五度三居:维明能信。"……舜曰:"嗟!四岳,有能典朕三礼?"皆曰伯夷可。舜曰:"嗟!伯夷,以汝为秩宗,凤夜维敬,直哉维静絜。"②

---

① [汉]司马迁:《史记》,中华书局 2006 年版,第 1—2 页。
② [汉]司马迁:《史记》,中华书局 2006 年版,第 4—5 页。

►【案例分析】> > >

在原始社会时期,舜任命契掌五教,皋陶掌五刑,伯夷典三礼的事件。舜认为百姓之间没有团结和睦的气氛,君臣、父子、夫妇、长幼、朋友相处的时候,应当有的道德也不信守,于是任用契掌"五教"宽厚百姓。野蛮的边远部族常常来骚乱中原地区,贼寇猖獗,舜任命皋陶为"士",对触犯了五刑的则实施刑罚,要分别在市、朝、野三处妥当执行。五刑宽减为流放的,流放的远近要有规定,按照罪行的轻重,流放的远近分为三个层次,分别是四境之外,九州岛之外和国度之外,一定要公正严明。任命伯夷担任秩宗的职务,主持三大祭典。

这说明在当时至少已经采用规范君臣、父子、夫妇、长幼、朋友相处的礼,以及"五刑"和流刑的"刑"两种以上的法律形式或统治形式治理部落联盟。涉及中国古代法律起源的问题,并展现了法律起源的礼刑结合的特点。

►【基本问题】> > >

以上案例反映了中国法律的起源问题。应当进一步了解关于中国法律起源的几种有代表性的观点,重点掌握依照马克思主义学说分析中国法律的起源和特点。

►【知识分析】> > >

一、中国法律起源的不同观点

中国法律的起源问题是中国法律史的首要问题也是重要问题,自有国家和法律产生以来,历代思想家均对这一问题进行了探讨。关于中国法律起源的时间,有些人根据《尚书》等古籍的记述,认为在夏朝之前的黄帝和尧舜时代已经产生了法律;有人认为在商朝才有了法律;有些人把中国法律的起源和中国国家的产生结合在一起考虑,认为在夏朝时,法律随着国家的产生才产生。因缺乏直接的文字记载和实物史料的证明,以上看法只能是根据古籍中的传说史料所作的一种推断,或是根据马克思的国家学说所作的推论。关于中国法律起源的途径,主要有以下数种观点。

(一)法源于天说

此说最早见于《尚书》。《尚书·皋陶谟》中说:"天叙有典,敕我五典五惇哉! 天秩有礼,自我五礼有庸哉! 同寅协恭,和衷哉! 天命有德,五服五章哉!

天讨有罪,五刑五用哉! 政事懋哉! 懋哉!"①把礼、刑等法律看作是上天意志的体现,既反映了上古统治者借助神权的力量以增强礼刑权威性的愿望,也反映了古人对法与自然关系的一种认识和理解。

(二)刑起于兵说

此说在《易经》中已出现。《易·师》中说:"师出以律。"②指军队行动要遵守号令。《国语·鲁语》中更为明确地说:"大刑用甲兵,其次用斧钺;中刑用刀锯,其次用钻笮;薄刑用鞭扑,以威民也。故大者陈之原野,小者致之市朝"。③此说为《汉书·刑法志》的作者引用,并为后代史家所袭用。从统率军队征讨敌人角度,谈到法律的起源与战争有关,同时也反映了对法律(主要是刑法)的暴力特征的认识。

(三)法源于苗民说

此说见于《尚书》。《尚书·吕刑》中说:"苗民弗用灵,制以刑,惟作五虐之刑曰法。"④此说和上文叙述的刑起于兵说,都直接表明了古人对刑罚起源的看法。

(四)皋陶造法说

此说在《尚书·舜典》,《左传》所引《夏书》以及《竹书纪年》和《吕氏春秋》等古籍中都有表述。皋陶在古籍传说中是尧舜时代的大法官,曾在创制法律和运用法律方面起过重要作用。此说反映了古人对法官造法作用的认识。

(五)法源于定分止争说

春秋战国时期的法家学派提出此说。《管子·七臣七主》中说:"夫法者,所以兴功惧暴也;律者,所以定分止争也"。⑤ 商鞅、韩非等法家人物都有类似的观点。此说已从政治、经济和社会发展的角度考虑法律的起源问题。

(六)法源于习惯说

此说为当代法学者所持的观点。认为法是由原始社会的习惯逐渐发展演变成习惯法,由习惯法逐渐演变成成文法的过程。原始社会的习惯既包括原始社会礼中包含的各种习惯,又包括以惩罚或暴力形式出现的各种习惯。这说明

---

① [汉]孔安国传,[唐]孔颖达疏,李学勤主编:《十三经注疏·尚书正义》,北京大学出版社 1999 年版,第 107—108 页。

② [明]蔡清,刘建萍校:《易经蒙引》(上),商务印书馆 2017 年版,第 123 页。

③ [吴]韦昭注,明洁辑评:《国语》,上海古籍出版社 2008 年版,第 72 页。

④ [汉]孔安国传,[唐]孔颖达疏,李学勤主编:《十三经注疏·尚书正义》,北京大学出版社 1999 年版,第 535 页。

⑤ 谢浩范、朱迎平译注:《管子全译》(下),贵州人民出版社 2009 年版,第 530 页。

礼的起源和刑的起源都是法律起源的重要内容。

综上各种观点,在中国法律起源上,存在着多种形式,尤其是礼、刑的各自的起源,共同汇成了中国法律的源头。

二、中国法律的产生和特点

（一）中国法律的产生

中国法律的产生是随着国家的产生而产生的,根据考古发掘和大量的文献记载,中国历史到了公元前 21 世纪建立了中国历史上第一个奴隶制国家——夏朝。夏朝的建立打破了传统的禅让制,于是遭到了守卫传统的有扈氏等部族的武装反抗,为了平息叛乱,迫切地需要制定法律,于是有了"夏有乱政,而作《禹刑》"的历史记载。即夏启把有利于统治阶级的传统习惯上升为国家的法律,用来维护新兴的政权和统治秩序。同时颁布了《甘誓》等单行的带有刑法性质的军事法律,并继承了尧舜时期的习惯法,大大丰富了夏朝法律的内容。

（二）中国法律起源的特点

中国法律产生于东亚大陆,特殊的自然环境和生产生活方式使得中国法律起源具有自己的特点。

1. 中国法律产生具有礼刑结合的特点

第一个案例中主要涉及颛顼帝高阳统治时期,制定礼仪,教化百姓从而社会稳定,四方臣服的情况。说明了中国法律起源的一种形式至少在颛顼时期已经出现。第二个案例中舜命契为司徒,敬敷五教;皋陶作士,执掌五刑、五流;伯夷为秩宗,主持三礼等,可见在舜时期,舜治理部族采用包括教化、刑罚、礼等多种治理方式,并取得很好的成效,这些原始社会的习惯就成为以后夏王朝制定法律的渊源和萌芽,也预示着中国法律起源应当具有礼刑结合的特点。

夏朝法律在产生时,即吸收了带有暴力色彩的"刑"的习惯,同时也继承和发展了"礼"的习惯,并且使得两种习惯逐渐结合,互为补充,构建起礼刑并用的法律体系。

2. 中国法律产生具有维护贵族宗法统治的特点

中国自国家建立之初,体现了农业生产的强大生命力,家族血缘关系是整个国家的基础,维护贵族宗法统治就成为国家统治的重点问题,所以法律一旦产生,必然带有维护贵族宗法统治。

3. 中国法律的产生具有维护王权的特点

自夏朝建立,就是建立在家族统治基础上的,家族中的家主成为国家的最高统治者,维护王权也就成了国家统治的题中应有之义,维护王权或君权的法律制度也就应运产生了。

4. 中国法律产生具有刑事法律成文化和民事法律未成文化的特点

由于中国法律建立在自然经济比较稳定、商品经济相对落后的情况下,国家比较重视维护统治秩序和社会稳定的刑事法律的制定和相对忽视调整商品经济的民事法律,为此,呈现出刑事法律成文化和民事法律不成文化的特征。

▶【案例与思考】> > >

|【案例】因天秩而制五礼,因天讨而作五刑① |

《洪范》曰:"天子作民父母,以为天下王。"圣人取类以正名,而谓君为父母,明仁、爱、德、让,王道之本也。爱待敬而不败,德须威而久立,故制礼以崇敬,作刑以明威也。圣人既躬明哲之性,必通天地之心,制礼作教,立法设刑,动缘民情,而则天象地。故曰:先王立礼,"则天之明,因地之性"也。刑罚威狱,以类天之震曜杀戮也;温慈惠和,以效天之生殖长育也。《书》云"天秩有礼""天讨有罪"。故圣人因天秩而制五礼,因天讨而作五刑。大刑用甲兵,其次用斧钺;中刑用刀锯,其次用钻凿;薄刑用鞭扑。大者陈诸原野,小者致之市朝,其所繇来者上矣。

【思考】试结合上述事例及本章相关内容,分析中国法律起源的特征。

---

① 〔汉〕班固撰,〔唐〕颜师古注:《汉书》(第四册)(卷二三:《刑法志》),中华书局1962年版,第1079—1080页。

第二章

中国礼治时期的法律制度

第一节　礼治时期的立法

|【案例】武王伐纣作《太誓》,周公作诰、命,甫侯作《甫刑》|

▶【基本案情】＞＞＞

　　居二年,闻纣昏乱暴虐滋甚,杀王子比干,囚箕子。太师疵、少师彊抱其乐器而奔周。于是武王遍告诸侯曰:"殷有重罪,不可以不毕伐。"乃遵文王,遂率戎车三百乘,虎贲三千人,甲士四万五千人,以东伐纣。十一年十二月戊午,师毕渡盟津,诸侯咸会。曰:"孳孳无怠!"武王乃作《太誓》,告于众庶:"今殷王纣乃用其妇人之言,自绝于天,毁坏其三正,离逷其王父母弟,乃断弃其先祖之乐,乃为淫声,用变乱正声,怡说妇人。故今予发维共行天罚。勉哉夫子,不可再,不可三!"

　　……

　　成王少,周初定天下,周公恐诸侯畔周,公乃摄行政当国。管叔、蔡叔群弟疑周公,与武庚作乱,畔周。周公奉成王命,伐诛武庚、管叔,放蔡叔,以微子开代殷后,国于宋。颇收殷馀民,以封武王少弟封为卫康叔。晋唐叔得嘉谷,献之成王,成王以归周公于兵所。周公受禾东土,鲁天子之命。初,管、蔡畔周,周公讨之,三年而毕定,故初作《大诰》,次作《微子之命》,次《归禾》,次《嘉禾》,次《康诰》、《酒诰》、《梓材》,其事在《周公》之篇。周公行政七年,成王长,周公反政成王,北面就群臣之位。

　　……

　　诸侯有不睦者,甫侯言于王,作修刑辟。王曰:"吁,来! 有国有土,告汝祥刑。在今尔安百姓,何择非其人,何敬非其刑,何居非其宜与? 两造具备,师听五辞。五辞简信,正于五刑。五刑不简,正于五罚。五罚不服,正于五过。五过之疵,官狱内狱,阅实其罪,惟钧其过。五刑之疑有赦,五罚之疑有赦,其审克之。简信有众,惟讯有稽。无简不疑,共严天威。黥辟疑赦,其罚百率,阅实其罪。劓辟疑赦,其罚倍洒,阅实其罪。膑辟疑赦,其罚倍差,阅实其罪。宫辟疑赦,其罚五百率(一做六百率),阅实其罪。大辟疑赦,其罚千率,阅实其罪。墨罚之属千,劓罚之属千,膑罚之属五百,宫罚之属三百,大辟之罚其属二百:五刑之属三千。"命曰《甫刑》。[①]

► 【案例分析】＞＞＞

　　这个案例记载了西周时期,为了讨伐商纣王而作军事法律《太誓》(又称《泰誓》),国家初定之时,周公奉成王之命平定管叔、蔡叔之乱,分封诸侯而作的《大诰》《微子之命》《康诰》《酒诰》等法律制度。周穆王时期修订《吕刑》等立法情况,可以看出西周时期的立法形式多种多样。

► 【基本问题】＞＞＞

　　这个案例涉及西周的立法和法律形式,据此我们可以详细了解和掌握夏商西周的立法和法律形式的基本情况。

► 【知识分析】＞＞＞

　　夏商西周的立法基本上处在立法的初期阶段,往往因时因事而立法,正如《左传·昭公六年》说:"夏有乱政,而作《禹刑》",[②]即是如此。具体的立法和法律形式如下。

一、习惯法

　　夏朝建立之初,习惯法成为当时法律的主要形式。因为当时国家刚刚建立,不具备制定系统成文法的条件,于是统治者将传袭已久的符合统治阶级利益和意志的原始习惯加以筛选、厘定和补充,使其上升为具有强制力的习惯法。其中包括起源于战争的原始习惯的刑和原始社会的祭祀鬼神的"礼"。这种习惯法的地位随着制定法地位的上升而降低,到了商朝,制定法代替习惯法成为主要法律形式。

　　① [汉]司马迁:《史记》,中华书局 2006 年版,第 19、20、21—22 页。
　　② [战国]左丘明撰,[西晋]杜预集解:《左传》(下),上海古籍出版社 2016 年版,第 744 页。

二、制定的刑书

夏朝统治期间，在沿袭习惯法的同时，为了适应新的统治的需求，也出现了制定法。《左传·昭公六年》说："夏有乱政，而作《禹刑》。"①

商朝的制定刑书主要是《汤刑》。《左传·昭公六年》载："商有乱政，而作《汤刑》。"②《竹书纪年》载：商代后期祖甲二十四年又"重作汤刑"，③对商朝成文刑书作了进一步修订。《尚书·康诰》有"罚蔽殷彝，用其义刑义杀"④的规定，允许援引殷商刑书的某些条文。从反面也证明了商朝制定的刑书。

西周成文刑书的统称是《九刑》。《左传·昭公六年》说："周有乱政，而作《九刑》。"⑤西周的《九刑》实际上指西周成文刑书，共分九篇。《左传·文公十八年》在记述周公《誓命》内容时说："在《九刑》不忘。"孔颖达作疏说："谓之《九刑》，必其诸法有九。"只因"《九刑》之书今亡，不知九者何谓"⑥。又据《逸周书·尝麦解》记载：周成王四年，曾下令大正（司寇），"是月，王命大正正刑书"⑦。

《吕刑》是西周穆王时期吕侯奉王命所制，又称《甫刑》。《竹书纪年》说："穆王五十一年作《吕刑》。"⑧《尚书·吕刑篇序》也说：吕侯建议穆王"训夏赎刑，作《吕刑》"。⑨ 现今保留在《尚书》中的《吕刑》篇，虽不是法典，但却保留了西周法制的重要原则，反映了《吕刑》关于刑书条目、刑罚分类、审判原则方法等方面的内容。

《吕刑》是适应周穆王时期，诸侯国之间矛盾重重，刑罚适用轻重不一，为此，甫侯向周穆王建议，修订刑书。主要在于统一刑书，减轻刑罚，所谓"训夏赎刑"，是根据夏朝赎刑制度，针对西周时期的"疑罪"而规定从轻处罚的赎刑之法。墨罪有疑，罚百锾（古制六两左右）；劓罪有疑，罚二百锾；剕罪有疑，罚五百锾；宫罪有疑，罚六百锾；大辟有疑，罚千锾。此外，《吕刑》还具体规定了罚金适

---

① ［战国］左丘明撰，［西晋］杜预集解：《左传》（下），上海古籍出版社 2016 年版，第 744 页。
② ［战国］左丘明撰，［西晋］杜预集解：《左传》（下），上海古籍出版社 2016 年版，第 744 页。
③ 王国维撰，黄永年校点：《古本竹书纪年辑校·今本竹书纪年疏证》，辽宁教育出版社 1997 年版，第 71 页。
④ ［汉］孔安国传，［唐］孔颖达疏，李学勤主编：《十三经注疏·尚书正义》，北京大学出版社 1999 年版，第 365 页。
⑤ ［战国］左丘明撰，［西晋］杜预集解：《左传》（下），上海古籍出版社 2016 年版，第 744 页。
⑥ ［周］左丘明传，［晋］杜预注，［唐］孔颖达正义，李学勤主编：《十三经注疏·春秋左传正义》（中），北京大学出版社 1999 年版，第 576、577 页。
⑦ 张闻玉译注：《逸周书全译》，贵州人民出版社 2000 年版，第 240 页。
⑧ 王国维撰，黄永年校点：《古本竹书纪年辑校·今本竹书纪年疏证》，辽宁教育出版社 1997 年版，第 90 页。
⑨ ［汉］孔安国传，［唐］孔颖达疏，李学勤主编：《十三经注疏·尚书正义》，北京大学出版社 1999 年版，第 533 页。

用的条款:墨罚一千,劓罚一千,剕罚五百,宫罚三百,大辟罚条二百。可见,起源于夏朝的赎刑,真正制度化应是从《吕刑》开始的。

一般认为,夏商西周奴隶主贵族崇尚"刑不可知,威不可测"[①]的原则,所以,采取垄断法律不予公布的法律秘密主义,以便统治者"临事议制",随心所欲地断罪施刑,从而威慑下层民众,"则民畏上也"。[②]

三、誓

《周礼·秋官·士师》注云:"誓,用之于军旅。"[③]可见,誓是夏商西周三代君主在战争期间发布的紧急军事命令,是夏商西周时期的军事法律。正如《尚书》所载:夏启在平息有扈氏叛乱时,曾发布《甘誓》,商汤在讨伐夏桀时曾经发布《汤誓》,周武王伐纣途经孟津渡时作《太誓》,战于牧野时作《牧誓》,周公、伯禽伐徐淮东夷时作《费誓》。用以约束所有从征人员,在"誓"中,被讨伐之罪,即成为刑法的罪名;被宣布的处罚,便成为刑罚的种类和惩罚的手段。

四、诰

《周礼·秋官·士师》注云:"诰用之于会同",[④]即"诰"是统治者关于施政的训令。其中,在商朝商汤把讨伐夏桀大义召诰天下而作《汤诰》。[⑤]《大诰》为周公辅政平息三叔之乱时发布天下的政治布告。《酒诰》是周公代成王命令康叔在卫国宣布戒酒的告诫之辞。《康诰》也是周公代成王发布的训示康叔的命令。可见,诰成为西周重要的法律形式,具有很高的法律效力。

五、《政典》《官刑》《周官》

夏商西周还有带有行政法规性质的立法与法律形式,如《政典》《官刑》《周官》,这些法律用以维护整个国家机器的正常运转。

据《尚书·胤征》注云:"'政典'夏后为政之典籍,若周官六卿之治典。"其具体内容亦不得而知,根据《尚书·胤征》曾援引《夏典》记载:"先时者杀无赦,不及时者杀无赦。"[⑥]即对违背天时懈怠政令的官吏实行"杀无赦"的原则。

① [周]左丘明传,[晋]杜预注,[唐]孔颖达正义,李学勤主编:《十三经注疏·春秋左传正义》(下),北京大学出版社1999年版,第1226页。
② [周]左丘明传,[晋]杜预注,[唐]孔颖达正义,李学勤主编:《十三经注疏·春秋左传正义》(下),北京大学出版社1999年版,第1226页。
③ [清]孙诒让撰,王文锦、陈玉霞点校:《周礼正义》(第十一册),中华书局1987年版,第2783页。
④ [清]孙诒让撰,王文锦、陈玉霞点校:《周礼正义》(第十一册),中华书局1987年版,第2783页。
⑤ [汉]孔安国传,[唐]孔颖达疏,李学勤主编:《十三经注疏·尚书正义》,北京大学出版社1999年版,第199页。
⑥ [汉]孔安国传,[唐]孔颖达疏,李学勤主编:《十三经注疏·尚书正义》,北京大学出版社1999年版,第183页。

《官刑》是商朝惩治国家官吏犯罪、违纪与失职行为的专门法律,带有行政法律规范的性质。但却采取刑事制裁的方式加以处理。《尚书·伊训》说:商汤"制官刑,儆于有位",反映了奴隶制商朝很早就懂得了运用法律管理吏治的必要性,凡吏有"恒舞""酣歌"的"巫风",贪货色、好游畋的"淫风",侮圣方、逆忠直、远耆德、比顽童的"乱风"者,都在严禁之列。如果故犯"三风十愆"者,一律给予刑事制裁。①

《周官》是西周的行政法律规范,"成王既黜殷命,灭淮夷,还归在丰,作《周官》"。②主要规定了西周设官分职用人之法。周代设立三公太师、太傅、太保,辅弼周王处理重大军政事务。但"官不必备,惟其人"。三孤:少师、少傅、少保,也辅弼周王。设置冢宰、司徒、宗伯、司马、司寇、司空六卿执掌国家治、教、礼、政、禁、土六个方面的事务。其中冢宰"掌邦治,统百官,均四海"。司徒"掌邦教,敷五典,扰兆民"。宗伯"掌邦礼,治神人,和上下"。司马"掌邦政,统六师,平邦国"。司寇"掌邦禁,诘奸慝,刑暴乱"。司空"掌邦土,居四民,时地利"。六卿分职,各率其属,以倡九牧,阜成兆民。③ 这些都表明,中国自有国家产生,就非常重视行政法律规范的建设,从而反映了我国自古即有的"依法治吏"的悠久传统。

此外,还有"训",是权臣依据王的意志而发布的命令。譬如,《尚书·伊训》即是记载商朝国相伊尹命令的一份重要法律文献。

关于礼这一法律形式和立法活动将在第二节详细介绍。

第二节　宗法制和礼

|【案例】分封诸侯,制定礼仪|

▶【基本案情】＞＞＞

封商纣子禄父殷之余民。武王为殷初定未集,乃使其弟管叔鲜、蔡叔度相

---

① ［汉］孔安国传,［唐］孔颖达疏,李学勤主编:《十三经注疏·尚书正义》,北京大学出版社 1999 年版,第 204—205 页。

② ［汉］孔安国传,［唐］孔颖达疏,李学勤主编:《十三经注疏·尚书正义》,北京大学出版社 1999 年版,第 480 页。

③ ［汉］孔安国传,［唐］孔颖达疏,李学勤主编:《十三经注疏·尚书正义》,北京大学出版社 1999 年版,第 483—484 页。

禄父治殷。已而命召公释箕子之囚。命毕公释百姓之囚，表商容之闾。命南宫括散鹿台之财，发钜桥子粟，以振贫弱萌隶。命南宫括、史佚展九鼎保玉。命闳夭封比干之墓。命宗祝享祠于军。乃罢兵西归。行狩，记政事，作《武成》。封诸侯，班赐宗彝，作《分殷之器物》。武王追思先圣王，乃褒封神农之后于焦，黄帝之后于祝，帝尧之后于蓟，帝舜之后于陈，大禹之后于杞。于是封功臣谋士，而师尚父为首封。封尚父于营丘，曰齐。封弟周公旦于曲阜，曰鲁。封召公奭于燕。封弟叔鲜于管，弟叔度于蔡。余各以次受封。

……

成王在丰，使召公复营洛邑，如武王之意。周公复卜申视，卒营筑，居九鼎焉。曰："此天下之中，四方入贡道里均。"作《召诰》《洛诰》。成王既迁殷遗民，周公以王命告，作《多士》《无佚》。召公为保，周公为师，东伐淮夷，残奄，迁其君薄姑。成王自奄归，在宗周，作《多方》。既黜殷命，灭淮夷，还归在丰，作《周官》。兴正礼乐，度制于是改，而民和睦，颂声兴。成王既伐东夷，息慎来贺，王赐荣伯作《贿息慎之命》。①

▶【案例分析】＞＞＞

武王灭商，为了安定天下，建立了分封制，首先，主要分封自己的兄弟和子侄，把周公封在鲁国，召公封在燕国，封弟叔鲜于管，弟叔度于蔡；其次，分封有功之臣，如封姜尚于齐国；再次，分封先圣王之后，如封神农之后于焦，黄帝之后于祝，帝尧之后于蓟，帝舜之后于陈，大禹之后于杞及商纣王之子禄父于殷。并在平定淮夷之后，作《周官》，兴正礼乐，制定周礼。

▶【基本问题】＞＞＞

本案例涉及分封制、宗法制和周礼基本问题，通过这个案例我们应当了解和掌握分封制和周礼的基本内容。

▶【知识分析】＞＞＞

一、宗法制和分封制

要想掌握分封制和礼的内容，首先应当了解宗法和宗法制。所谓宗法，主

---

① ［汉］司马迁：《史记》，中华书局 2006 年版，第 20—21 页。

要是调整以血缘关系为纽带的家族内部人与人之间关系,维护家长、族长的统治和世袭地位的各种规范的总和。宗法制则是以宗法血缘为纽带,与国家制度相结合,用族权来维护政权,从而维护贵族制世袭统治的制度。它们的核心内容和完备的条件是嫡长子继承制。根据宗法制的基本规范,每个宗族的正妻所生的长子,即嫡长子被立为宗子,是为大宗,居于同宗中的主导地位;嫡长子之外的嫡子和庶子等余子,是为小宗,处于从属于大宗的地位。

夏商西周的分封制,就是依照宗法制原则进行的。只不过渊源于夏,形成于商的宗法式分封,到西周统治时期更加规范化、制度化。按照宗法制,周王的嫡长子是天下的大宗,世代承继王位。其他嫡子和庶子被分封到各地建立诸侯国。他们在自己的封国内又是同宗的大宗,其爵位和封国的统治权由嫡长子继承,其余子,则作为小宗被分封到各地建立卿大夫之家。同理,卿大夫在自己的封地里是大宗,由嫡长子继承,其余子作为小宗被分封为士,士是最低一级贵族。这样就形成了政治上天子、诸侯、卿大夫、士的上下级关系和大宗、小宗的血缘关系交织在一起的复杂的政治关系。根据上述事例及据《左传·昭公二十六年》载:"昔武王克殷,成王靖四方,康王息民,并建母弟,以藩屏周①。"可见西周初年的分封主要在于周王的同宗同姓间进行。但西周又有异姓贵族与功臣的分封活动,不仅限于同姓贵族的范围,案例中的分封有功之臣如姜尚于齐国和先圣王之后:封神农之后于焦,黄帝之后于祝,帝尧之后于蓟,帝舜之后于陈,大禹之后于杞及商纣王之子禄父于殷,就是很好的例证。但宗法制是其主要依据,正如《左传·昭公二十八年》记载:"昔武王克商,光有天下,其兄弟之国者十有五人,姬姓之国者四十人,皆举亲也。"②

为了加强血缘纽带的作用,周王与各异姓诸侯国又通过联姻的方式,成为甥舅关系,使得诸侯国之间非宗即亲,进而加强族权和政权的联系,用族权巩固政权。这样,在周王之下冷冰冰的政治上下级关系中渗入了一层层大宗、小宗的温情脉脉的血缘亲情,从而在国家结构中构筑了政治、血缘的双重关系网。

二、礼

宗法制的完备同样为礼的发展和制度化创造了条件。"礼"最初是原始社

---

① [周]左丘明传,[晋]杜预注,[唐]孔颖达正义,李学勤主编:《十三经注疏·春秋左传正义》(下),北京大学出版社1999年版,第1472页。

② [周]左丘明传,[晋]杜预注,[唐]孔颖达正义,李学勤主编:《十三经注疏·春秋左传正义》(下),北京大学出版社1999年版,第1495页。

会祭祀天地鬼神的仪式以及仪式中应当遵循的规范。① 夏朝建立,沿袭了原始的规范,经过夏商的发展演变,到了西周,在前人的基础上,周公制定了周礼,正如《论语·为政》所说:"殷因于夏礼,所损益可知也;周因于殷礼,所损益可知也。"②

所谓的周礼,就是周公为了调整统治集团内部的秩序,巩固宗法等级制度,以加强统治集团的力量,就夏商原有的礼加以补充、厘定,使之成为一整套以宗法等级制为核心的法定的典章制度和完整的礼仪形式。经过周公之礼的立法活动,把有关礼仪的典章制度与各项规范法律化,使之变为调整政治、经济、军事、司法、宗教、思想、文化、教育、婚姻、家庭、伦理道德、风俗习惯等社会各种关系的法律规范的总和。正如《礼记·曲礼上》所言:"道德仁义,非礼不成;教训正俗,非礼不备;分争辨讼,非礼不决;君臣上下父子兄弟,非礼不定;宦学事师,非礼不亲;班朝治军,涖官行法,非礼威严不行;祷祠祭祀,供给鬼神,非礼不诚不庄。"③

古人对周礼有不同的说法,如"经礼三百,曲礼三千"④"礼仪三百,威仪三千"。⑤ 关于礼在《周礼》《礼记》等不同著作中也有不同的分类,总的来说有五礼、六礼、九礼的不同说法,如《周礼·春官·大宗伯》将其分为吉、凶、宾、军、嘉五礼。其中吉礼是指祭祀之礼,"事邦国之鬼神示";凶礼主要是丧葬之礼,"以凶礼哀邦国之忧,以丧礼哀死亡,以荒礼哀凶札,以吊礼哀祸灾,以禬礼哀围败,以恤礼哀寇乱";宾礼是宾客之礼,规定了外交事务、朝聘会同和诸侯国之间往来应当遵循的礼仪,"以宾礼亲邦国,春见曰朝,夏见曰宗,秋见曰觐,冬见曰遇,时见曰会,殷见曰同,时聘曰问,殷眺曰视";军礼是为军旅之礼,"以军礼同邦国,大师之礼,用众也;大均之礼,恤众也;大田之礼,简众也;大役之礼,任众也;大封之礼,合众也";嘉礼是宴饮、婚冠、庆贺等喜庆之礼上应当遵循的规范,"以嘉礼亲万民,以饮食之礼,亲宗族兄弟;以婚冠之礼,亲成男女;以宾射之礼,亲故旧朋友;以飨燕之礼,亲四方之宾客;以脤膰之礼,亲兄弟之国;以贺庆之礼,亲异姓之国"。另外,《礼记·经解》将礼分为朝觐、聘问、丧祭、乡饮酒、婚姻五礼,《礼记·王制》将礼分为冠、婚、丧、祭、乡饮酒、相见六礼。《大戴礼记·本命》

---

① 《中国法制史》编写组:《中国法制史》,高等教育出版社 2017 年版,第 38 页。
② 章培恒等主编,孙钦善译注:《论语注译》(修订版),凤凰出版社 2011 年版,第 27 页。
③ 崔高维校点:《礼记》,辽宁教育出版社 2000 年版,第 1 页。
④ 《礼记·礼器》。
⑤ 《礼记·中庸》。

将礼分为"冠、婚、朝、聘、丧、祭、宾主、乡饮酒、军旅"九礼。但无论怎样分类,其核心内容存在着一致性。正如《礼记·昏义》所言:"夫礼,始于冠,本于昏,重于丧祭,尊于朝聘,和于射乡。此礼之大体也。"其基本原则和核心内容可归纳为"亲亲""尊尊"。"亲亲"在于凸显血缘亲情,同时体现家族中的等级,"尊尊"更多体现的是等级,尤其是政治上的等级。

周公制礼使得周礼法律化,使得周礼成为周代法律的重要组成部分。起到保护统治阶级权益,调整人们之间的社会关系与法律关系,维护严格的宗法等级秩序的作用,即"礼,经国家,定社稷,序民人,利后嗣者也"①"礼者,所以定亲疏,决嫌疑,别同异,明是非也"。②周代法律也因为周礼的法律化,注入了更多的伦理的因素,从而促进了中国传统社会的礼法结合,使得中国社会进入礼治时期。

西周法律的内容除了礼外,还有一个重要组成部分——刑,关于礼刑关系,我们既要看到它们的一致性,也要看到它们的差别。礼和刑是西周法律的两个主要方面,两者关系密切,往往相互补充,互为表里,即所谓:"礼之所去,刑之所取,失礼则入刑"③"为下无礼,则不免于刑",④违礼即违法,违法则入刑,在维护统治方面两者各有所长、缺一不可。两者的区别主要在于以下几个方面。

(一)礼和刑的表现形式和作用不同

周礼侧重于典章制度、礼仪、道德规范的规定,它的外在表现形式是积极主动预防犯罪的规范,主要职能是明确规定人们在处理各种关系中应当遵循的规则,起到禁恶于未然的作用;刑侧重于制裁性、禁止性规定,它的外在表现形式为消极被动的惩治犯罪的规范,主要职能在于对已然犯罪的惩处,起到惩罪于已然的作用。即贾谊所言:"夫礼禁于将然之前,而法者禁于已然之后。"⑤

(二)礼和刑的地位不同

礼和刑虽是西周法的重要构成,但是它们的地位却有主次之分。礼与刑相

---

① [周]左丘明传,[晋]杜预注,[唐]孔颖达正义,李学勤主编:《十三经注疏·春秋左传正义》(上),北京大学出版社1999年版,第126页。

② 《礼记·曲礼上》。

③ [宋]范晔撰:《后汉书》,中华书局2007年版,第455—456页。

④ 魏达纯:《韩诗外传译注》,东北师范大学出版社1993年版,第98页。

⑤ [汉]班固撰:《汉书》,中华书局2007年版,第492页。

比,礼是刑的指导原则,居于主导地位,起着支配作用。刑与礼相比,刑必须以礼为指导,居于从属地位,但是礼又不得不借助刑来发挥作用。

(三)礼和刑的适用对象各有侧重

礼和刑的适用依身份不同而有不同的侧重,正如《礼记·曲礼》所言:"礼不下庶人,刑不上大夫",《荀子·富国》亦言"由士以上则必以礼乐节之,众庶百姓则必以法数制之"。① 这说明,礼和刑适用对象是依据人的身份高下来确定的,凡具有士以上的贵族身份者,采用礼乐的形式加以节制;凡属庶人者,则以刑法手段加以控制。

但也并非是绝对的,礼中同样具有普遍性的规范,无论贵族或平民,一体约束,如对家庭内部基本关系的规范,父慈、子孝、兄友、弟恭,无论是谁,如有违背,则均会受到刑罚。对于贵族犯重罪的行为,刑同样给予处罚,并非单纯惩办犯罪的平民与奴隶。如周公平定"三监"之乱后,就斩杀叛乱的管叔、蔡叔,流放了霍叔。但是贵族犯罪,可依据"命夫命妇不躬坐狱讼"的原则②,不直接受审,处刑也有减免特权,死刑采用秘密处决而不即市。

第三节　礼治时期的法律内容

一、夏商西周的刑法

|【案例】"昏、墨、贼,杀"案③|

▶【基本案情】> > >

晋邢侯与雍子争鄐田,久而无成。士景伯如楚,叔鱼摄理,韩宣子命断旧狱,罪在雍子。雍子纳其女于叔鱼,叔鱼蔽罪邢侯。邢侯怒,杀叔鱼与雍子于朝。宣子问其罪于叔向。叔向曰:"三人同罪,施生戮死可也。雍子自知其罪,而赂以买直,鲋也鬻狱,邢侯专杀,其罪一也。己恶而掠美为昏,贪以败官为墨,

① ［清］王先谦撰,沈啸寰、王星贤整理:《荀子集解》(上),中华书局 2016 年版,第 211 页。
② 《周礼·秋官·大司寇》。
③ 杨伯峻编著:《春秋左传注》(修订本)(四),中华书局 1990 年版,第 1366—1367 页。

杀人不忌为贼。《夏书》曰:'昏、墨、贼,杀。'皋陶之刑也。请从之。"乃施邢侯而尸雍子与叔鱼于市。

▶【案例分析】>>>

这个案例主要通过春秋时期晋国贵族叔向针对晋国司法官叔鱼审理邢侯和雍子争夺鄐地的土田纠纷中徇私枉法,引用《夏书》"昏、墨、贼,杀"的法律条款的案例,说明夏朝存在有关罪名和刑名的法律规定。具体情况为:韩宣子命令叔鱼判处邢侯和雍子争夺鄐地的土田纠纷案件,罪过在于雍子。雍子把女儿嫁给叔鱼,叔鱼宣判邢侯有罪。邢侯发怒,在朝廷上杀了叔鱼和雍子。由于叔鱼收受贿赂,导致了案件由主要民事纠纷发展成了刑事案件。于是,韩宣子向叔向询问怎样治他们的罪。叔向说:"三个人罪状相同,杀了活着的人示众、暴露死者的尸体就可以了。雍子知道自己的罪过,而用他女儿作为贿赂来取得胜诉;鲋(叔鱼)出卖法律,邢侯擅自杀人,他们的罪状相同。自己有罪恶而掠取别人的美名就是昏,贪婪而败坏职责就是墨,杀人而没有顾忌就是贼。《夏书》说,'昏、墨、贼,处死',这是皋陶的刑法,请照办。"于是就杀了邢侯陈尸示众,并且把雍子和叔鱼的尸体摆在市上示众。

▶【基本问题】>>>

通过这个案例,我们需要进一步了解夏商西周的刑事法律的内容,包括刑法原则、罪名、刑名的具体情况。

▶【知识分析】>>>

夏商西周的刑法主要涉及刑法原则、刑名和罪名的具体情况。

一、夏商西周的刑法原则

(一)夏朝的"与其杀不辜,宁失不经"原则

由于史料缺乏的原因,夏朝关于刑法的原则我们能够了解的有限,在《尚书·大禹谟》所记载:"与其杀不辜,宁失不经。"[1]后又于《夏书》中得到肯定。[2]"辜"是罪,"不辜"就是无罪的意思,"经"是禹刑,"不经"就是违背禹刑的常法,

① [汉]孔安国传,[唐]孔颖达疏,李学勤主编:《十三经注疏·尚书正义》,北京大学出版社1999年版,第91页。
② 《左传·襄公二十六年》引《夏书》曰:"与其杀不辜,宁失不经。"参见杨伯峻编著:《春秋左传注》(修订本)(三),中华书局1990年版,第1120页。

因此"与其杀不辜,宁失不经"的大意就是宁可违背禹刑等常法的规定,也不能错杀无罪的人,这一原则反映了夏朝"慎刑"的理念,对商、周乃至整个封建后世都产生了深远的影响。

（二）西周的刑法原则

西周法律在刑事原则方面,在前人的基础上已经形成了一整套定罪量刑的基本原则。

刑事责任能力主要体现在刑事责任年龄上,《礼记·曲礼上》："八十、九十曰耄,七年曰悼。悼与耄,虽有罪,不加刑焉。"《周礼·秋官·司刺》规定了三赦："一赦曰幼弱,二赦曰老耄,三赦曰蠢愚。"前两项涉及年龄的问题。综上所述,刑事责任年龄具体是指七岁以下的幼童和八十岁以上的老人,即使有犯罪行为也不给予刑事处罚。"蠢愚"主要是从智力的角度,认为其是无法完全辨别是非,如果其有犯罪行为则给予赦免,减轻处罚。这一规定,一方面体现了西周"明德慎罚"、矜老恤幼的主导思想,另一方面可能认为七岁以下的幼童和八十岁以上的老人及智力不全或低下者,由于智力和体力的欠缺,对社会造成的危害相对小得多,因此对其犯罪行为不加以刑事处罚,有利于实现惩罚犯罪、维持社会秩序和统治的立法目的。这一原则对后世刑事责任制度、刑事责任年龄的确定产生了深远的影响。

（三）罪疑从赦

对于罪证不确的疑案,采取缴纳赎金、宽免刑罚的处理原则。《礼记·王制》言："疑狱,泛与众共之;众疑,赦之。"也就是对于罪证不确定的疑案,应广泛听取群臣的意见,如果群臣一致认为证据不确定,则赦免。如何赦免则在《礼记·王制》有记载为："附从轻,赦从重。""附"指实施刑罚,"赦"指通过缴纳赎金而免予刑事处罚。该项规定是指对于可轻罚、亦可重罚的犯罪,若具体实施刑罚,则以轻为准;若通过赎罪的方式给予赦免时,则以重为准。关于赦免的具体方法在《尚书·吕刑》有记载："五刑之疑有赦,五罚之疑有赦。"并且具体规定了不同刑罚因罪疑而缴纳罚金、获取赦免的数额。"墨辟疑赦,其罚百锾,阅实其罪;劓辟疑赦,其罚惟倍,阅实其罪;非辟疑赦,其罚倍差,阅实其罪;宫辟疑赦,其罚六百锾,阅实其罪;大辟疑赦,其罚千锾,阅实其罪"①。

---

① ［汉］孔安国传,［唐］孔颖达疏,李学勤主编:《十三经注疏·尚书正义》,北京大学出版社1999年版,第546页。

（四）定罪量刑区分故意与过失、惯犯与偶犯

西周刑法原则还表现在区分故意犯罪与过失犯罪，惯犯与偶犯方面。根据《尚书·康诰》的记载，"人有小罪，非眚，乃惟终，自作不典，式尔，有厥罪小，乃不可不杀。乃有大罪，非终，乃惟眚灾，适尔，既道极厥辜，时乃不可杀"。① 也就是说西周刑法区别对待"眚"与"非眚"、"惟终"与"非终"。"眚"为过失，"非眚"为故意；"惟终"为惯常，自始至终，"非终"为偶发。所犯虽为小罪，但如果是故意、经常犯罪，惯犯，则须重罚；所犯虽为重罪，但若为过失、偶尔犯罪，仍应轻罚。正如皋陶所言："宥过无大，刑故无小。"②

（五）贵族特权原则

西周时期，强调以血缘关系为内容的宗法等级制在政治中发生的作用，于是产生典型的宗法等级身份制度。在血缘和政治两个方面具有优越地位的贵族享有一系列社会特权，包括一些刑法特权。其中"八辟"是其最基本的一条原则。"以八辟丽邦法，附刑罚：一曰议亲之辟，二曰议故之辟，三曰议贤之辟，四曰议能之辟，五曰议功之辟，六曰议贵之辟，七曰议勤之辟，八曰议宾之辟。"③就是官僚贵族中的八种人在犯罪后，享有法定的宽宥、减免刑特权，可以宽宥减免刑罚。后世在"八辟"制基础上，形成著名的"八议"制度。

此外，在诉讼和刑罚处罚上，贵族也享有特权。在诉讼中贵族官吏犯罪可以不亲自出庭受审，即"凡命夫命妇不躬坐狱讼"，④贵族没有宫刑的处罚方式，即"公族无宫刑，不翦其类也"。⑤ 贵族犯死刑，为了维护贵族的尊严，也区别于普通人，由特定的机构，在特定的场所，秘密行刑，即"凡王之同族有罪不即市"⑥"公族其有死罪，则磬于甸人"，⑦其中"甸人"是古官名，掌田野之事及公族死刑。

（六）列用中罚，世轻世重

《尚书·立政》记载："司寇苏公，式敬尔由狱，以长我王国。兹式有慎，以列

---

① ［汉］孔安国传，［唐］孔颖达疏，李学勤主编：《十三经注疏·尚书正义》，北京大学出版社1999年版，第363页。
② ［汉］孔安国传，［唐］孔颖达疏，李学勤主编：《十三经注疏·尚书正义》，北京大学出版社1999年版，第91页。
③ 《周礼·秋官·小司寇》。
④ 《周礼·秋官·小司寇》。
⑤ 《礼记·文王世子》。
⑥ 《周礼·秋官·小司寇》。
⑦ 《礼记·文王世子》。

用中罚。"①这里是说武王时期司寇苏公,能用法,办事认真,用法有所慎刑,必以其列用中罚,不轻不重,轻重得当。《尚书正义》言这是周公谈治理平国之时所适用的刑法原则。即"法为平国,故必以其列用中罚,使不轻不重"。②除平国外,按照西周的说法还有新国和乱国,针对不同的情况,西周还主张因时因地,灵活地运用刑罚,世轻世重,即"一曰,刑新国用轻典;二曰,刑平国用中典;三曰,刑乱国用重典",③意思是说对于新征服的区域,要用轻典,对于反叛的区域要用重典,对于一般的区域要宽严适中,列用中罚,也就是说"轻重各有体式行列"。④

(七)杀人而义者不为罪

《周礼·地官·调人》言"凡杀人而义者,不同国,令勿仇。仇之则死"。这说明如果杀人符合"义",是无罪的,不能复仇,如果复仇则是不义的行为,结果则是"死"。关于"义"的具体的一些规定在《周礼·秋官·朝士》中有所记载:"凡盗贼军,乡邑及家人杀之无罪。凡报仇雠者,书于士,杀之无罪。"大意是指:一是,杀死盗贼群辈的乡邑及家人无罪;二是,事先向朝士(官员)用文书告知备案,然后去杀仇人的报仇者,无罪。

(八)上下比罪

《尚书·吕刑》提出"上下比罪"原则,⑤正义注:"将断狱讼,当上下比方其罪之轻重,乃与狱官众议断之。"⑥即要求审判案件时,如果法无正条可援引,则比照在罪与刑两个方面相关的法条作为依据进行审判。比罪原则的提出,扩大了刑事惩罚的范围,使审判者在定罪量刑时有较大的随意性。但在刑事法律发展早期,由于作为审判活动法定依据的法律条款严重不足,上下比罪的实行则弥补了其缺陷。

① [汉]孔安国传,[唐]孔颖达疏,李学勤主编:《十三经注疏·尚书正义》,北京大学出版社1999年版,第478—479页。
② [汉]孔安国传,[唐]孔颖达疏,李学勤主编:《十三经注疏·尚书正义》,北京大学出版社1999年版,第479页。
③ 《周礼·秋官·大司寇》。
④ [汉]孔安国传,[唐]孔颖达疏,李学勤主编:《十三经注疏·尚书正义》,北京大学出版社1999年版,第479页。
⑤ [汉]孔安国传,[唐]孔颖达疏,李学勤主编:《十三经注疏·尚书正义》,北京大学出版社1999年版,第549页。
⑥ [汉]孔安国传,[唐]孔颖达疏,李学勤主编:《十三经注疏·尚书正义》,北京大学出版社1999年版,第550页。

（九）实行"上刑适轻下服，下刑适重上服"的灵活原则

西周时期在定罪量刑上主张可以有一定的灵活性。《尚书正义》认为"'上刑适轻'者，谓一人虽犯一罪，状当轻重两条，据重条之上有可以亏减者，则之轻条，服下罪也。'下刑适重'者，谓一人之身轻重二罪俱发，则以重罪而从上服，令之上罪。"①这里涉及一人犯一罪，状似二罪时，按照轻罪处罚，但一人身犯二罪，则以重者论。

（十）罚不连坐，罪止其身

《尚书·梓材》记载："奸宄杀人，历人宥。"②意指歹徒杀人，过路的人不受牵连。西周刑法还规定："父子兄弟，罪不相及。"③即父子兄弟之间，犯罪不相株连，这一原则是对夏商"罪人以族"的否定。

二、夏商西周的刑名

（一）五刑

《尚书·吕刑》记载"苗民弗用灵，制以刑，惟作五虐之刑，曰法。杀戮无辜，爰始淫为劓、刵、椓、黥，"④郑玄注："刵，断耳；劓，截鼻；椓为椓破阴；黥为羁黥人面。"⑤夏朝在苗民之刑上加以改革，改"椓"刑为宫刑，改"刵"刑为"膑"刑，于是夏代五刑为大辟、膑辟、宫辟、劓辟和墨辟。正如《魏书·刑法志》所言："夏刑则大辟二百，膑辟三百，宫辟五百，劓、墨各千"，并且商周沿袭了夏的五刑，"盖有所损益。"⑥西周初年，五刑为"墨罪五百，劓罪五百，宫罪五百，刖罪五百，杀罪五百"。周穆王时期制《吕刑》，刑罚种类逐渐固定化，"墨罚之属千，劓罚之属千，刖罚之属五百，宫罚之属三百，大辟之罚其属二百。五刑之属三千"。⑦具体种类如下。

1. 墨刑

墨刑又称黥刑，为五刑中最轻刑。郑玄《周礼注》曰："墨，黥也，先刻其面，

---

① ［汉］孔安国传，［唐］孔颖达疏，李学勤主编：《十三经注疏·尚书正义》，北京大学出版社1999年版，第550页。

② ［汉］孔安国传，［唐］孔颖达疏，李学勤主编：《十三经注疏·尚书正义》，北京大学出版社1999年版，第384页。

③ 杨伯峻编著：《春秋左传注》（修订本）（四），中华书局1990年版，第1413页。

④ ［汉］孔安国传，［唐］孔颖达疏，李学勤主编：《十三经注疏·尚书正义》，北京大学出版社1999年版，第535页。

⑤ ［汉］孔安国传，［唐］孔颖达疏，李学勤主编：《十三经注疏·尚书正义》，北京大学出版社1999年版，第538页。

⑥ 《历代刑法志》，群众出版社1988年版，第206页。

⑦ ［汉］孔安国传，［唐］孔颖达疏，李学勤主编：《十三经注疏·尚书正义》，北京大学出版社1999年版，第546页。

以墨窒之。"①即被施墨刑者,首先在面部用刀刻痕,再施涂墨色的刑罚。墨刑作为一种肉刑,对身体造成伤害,为受刑人带来肉体上的痛苦。同时墨刑作为一种羞辱刑,给人带来精神上的痛苦。《尚书大传》言:"非事而事之,令所不当为也,出入不以道义,而诵不详之辞者,其刑墨。"②根据西周赎刑制度,对于墨刑罪证据不确定者,可通过缴纳罚金以赎罪。墨罪所缴罚金为一百锾铜。

2. 劓刑

劓刑在五刑中重于墨刑,而轻于其他刑。被施劓刑者,割去鼻子。《尚书大传》言:"触易君命,革舆服制度,奸宄盗攘伤人者,其刑劓。"③与墨刑不同,劓刑在形成对受刑人羞辱的同时,也造成对其人体器官功能的损害。根据赎刑制度,对于劓刑罪证据不确者,可缴纳二百锾铜,以赎其罪免其刑。

3. 刖刑

刖刑又称剕刑,重于墨、劓,而轻于宫、大辟。被施刖刑者,砍去脚趾或者腿脚。受刑者既遭受肉体上的痛苦,更丧失部分劳动能力。对于刖刑罪证据不确定者,可缴纳五百锾铜以赎罪免刑。

4. 宫刑

宫刑又称腐刑、阴刑、淫刑,在五刑之中是仅次于死刑的重刑。被施刑者,男子割去生殖器,女子幽闭宫中。被处宫刑者,即破坏人的生殖功能的残酷刑罚。以犯淫乱罪为主。"男女不以义交者,其刑宫。"④对于宫刑罪证据不确者,可缴纳六百锾铜,以赎罪免刑。

5. 大辟

大辟即死刑,是五刑中最重刑。"'辟,罪也',死是罪之大者,故为死刑为'大辟'。"⑤"降叛寇贼劫略夺攘矫虔者,其刑死"。⑥ 大辟刑的执行方式多种多样。

在商朝的死刑执行方式除斩外还有炮烙、醢、脯、焚、剖心、刭、剔等手段,其中,炮烙是一种在铜柱上涂油,铜柱下烧炭,命罪犯在铜柱上行走,撑不住就坠

① [汉]孔安国传,[唐]孔颖达疏,李学勤主编:《十三经注疏·尚书正义》,北京大学出版社1999年版,第548页。
② [清]皮锡瑞:《尚书大传疏证》卷六《吕刑传》。
③ [清]皮锡瑞:《尚书大传疏证》卷六《吕刑传》。
④ [清]皮锡瑞:《尚书大传疏证》卷六《吕刑传》。
⑤ [汉]孔安国传,[唐]孔颖达疏,李学勤主编:《十三经注疏·尚书正义》,北京大学出版社1999年版,第549页。
⑥ [清]皮锡瑞:《尚书大传疏证》卷六《吕刑传》。

入火中烧死的刑罚;醢是一种把罪犯死后剁成肉酱的刑罚;脯是把罪犯处死后,切成肉块,晒成肉干的刑罚。这些充分暴露出商朝刑法制度的野蛮与残忍性。

西周的死刑执行方式包括磬、斩、焚等。"磬"指的是缢死,适用于有贵族身份的死刑犯。"斩"为斩首或腰斩,适用于普通死刑犯。"焚"为用火烧死,一般适用于杀死尊亲属、奸淫等重大犯罪。除了上述执行方式外,还有"踣""辜""磔""正"等。死刑罪证据不确者,可缴纳一千锾铜,以赎罪免刑。

(二)赎刑

夏朝开始有了赎刑,这是一种用金来赎罪的刑罚,《尚书·吕刑》中记载"训夏赎刑",到了周穆王时期赎刑制度化,主要适用原则是"五刑之疑有赦,五罚之疑有赦",即在五刑中证据不确定者,适用赎刑的刑罚。具体规定为"墨辟疑赦,其罚百锾;劓辟疑赦,其罚惟倍;非辟疑赦,其罚倍差;宫辟疑赦,其罚六百锾;大辟疑赦,其罚千锾。"[1]

(三)株连刑

夏商时期,还存在株连刑,《甘誓》中记载"弗用命,戮于社,予则孥戮汝",《尚书正义》解释,"所戮者非但止汝身而已,我则并杀汝子以戮辱汝"。[2]《汤誓》中有类似的记载:"尔不从誓言,予则孥戮汝,罔有攸赦"。[3]《盘庚》记载:"乃有不吉不迪,颠越不恭,暂遇奸宄,我乃劓殄灭之,无遗育。"[4]这些都是株连子孙的刑罚。

(四)"圜土"制和"嘉石"制

"圜土"制和"嘉石"制是西周时期具有劳役刑和教育刑特征的刑罚。

圜土,即监狱,对于已造成危害社会的后果、但尚未达到以五刑进行处罚的轻罪犯人,将其囚禁于圜土之中,强迫其从事劳役。"以圜土聚教罢民。凡害人者,置之圜土而施职事焉,以明刑耻之。"[5]被禁圜土者,一般为三年圜土囚禁期。期满能悔过者,允其回归家乡,不能悔过者出圜土而杀之。"反于中国,不齿三

---

① [汉]孔安国传,[唐]孔颖达疏,李学勤主编:《十三经注疏·尚书正义》,北京大学出版社1999年版,第546页。

② [汉]孔安国传,[唐]孔颖达疏,李学勤主编:《十三经注疏·尚书正义》,北京大学出版社1999年版,第173—174页。

③ [汉]孔安国传,[唐]孔颖达疏,李学勤主编:《十三经注疏·尚书正义》,北京大学出版社1999年版,第191页。

④ [汉]孔安国传,[唐]孔颖达疏,李学勤主编:《十三经注疏·尚书正义》,北京大学出版社1999年版,第241页。

⑤ 《周礼·秋官·大司寇》。

年。其不能改而出圜土者杀"①。

嘉石制,被罚嘉石静坐及服劳役者,对于既达不到处以五刑,也不够囚禁圜土的轻微罪犯,令其身带桎梏刑具,罚坐嘉石之上,静思过错。满一定罚坐时间后,再从事一定时间的劳役。即"以嘉石平罢民,凡万民之有罪过而未丽于法而害于州里者,桎梏而坐诸嘉石,役诸司空"。② 其具体的处罚方式为:"重罪,旬有三日坐,期役;其次,九日坐,九月役;其次,七日坐,七月役;其次,五日坐,五月役;其下罪,三日坐,三月役。使州里任之,则宥而舍之。"③可见,按照规定,其处罚程度分作五等:第一,重罪,静坐十三日,服劳役一年;第二,静坐九日,服劳役九个月;第三,静坐七日,服劳役七个月;第四,静坐五日,服劳役五个月;第五,即最轻者,静坐三日,服劳役三个月。

除此之外,夏商西周时期还存在其他一些刑种,包括鞭刑、扑刑、流刑等。

三、夏商西周的罪名

(一)夏朝的罪名

夏朝的罪名有多种,主要有以下内容。

1. 弗用命罪

弗用命罪,是指不听从王命令的犯罪,在夏朝主要用于战争。夏启在征伐有扈氏而发布的《甘誓》中规定:"左不攻于左,汝不恭命;右不攻于右,汝不恭命;御非其马之正,汝不恭命""弗用命,戮于社,予则孥戮汝"。④ 即对从征人员不从"王命"者,一律处死在祖庙前,并且株连妻、子,罚作祭坛上的牺牲。

2. 不孝罪

章太炎在《孝经本夏法说》中认为,《孝经·五刑章》"五刑之属三千,罪莫大于不孝"为夏法内容。⑤ 因为夏朝是建立在以血缘关系为纽带的家族统治基础上的国家,为巩固新生的政权,不仅需要大力提倡忠孝礼仪规范,充分发挥忠孝理念,以便使"忠孝合一",同时又运用法律手段,把"不孝"罪,规定为最严重的犯罪,予以严惩。这有利于维护国家统治和宗法制的统一。

① 《周礼·秋官·大司寇》。
② 《周礼·秋官·大司寇》。
③ 《周礼·秋官·大司寇》。
④ [汉]孔安国传,[唐]孔颖达疏,李学勤主编:《十三经注疏·尚书正义》,北京大学出版社1999年版,第173页。
⑤ 《章太炎全集:太炎文录初编》,上海人民出版社2014年版,第7页。

3. 昏、墨、贼罪

这是本节案例所涉及的罪名。据《左传》引《夏书》说："昏、墨、贼，杀，皋陶之刑也"。昏是"恶而掠美"，墨是"贪以败官"，贼是"杀人无忌"，夏代因袭皋陶之法，将此三种罪都处以死刑。

（二）商朝的罪名

商朝的罪名一方面继承了夏朝的罪名，同时又有自己的发展。主要有以下罪名。

1. "不从誓言"罪

商汤在征伐夏朝的战争中，规定了不从誓言罪，并作为重罪加以惩罚。《尚书·汤誓》说："尔不从誓言，予则孥戮汝，罔有攸赦。"①商汤突出对"不从誓言"罪的处罚，目的很明显，就是依靠严厉的军令保障战争的顺利进行，这个罪名类似于夏朝的"弗用命"罪。

2. 不孝罪

商朝沿用了夏朝的不孝罪。《吕氏春秋·孝行》引《商书》言："刑三百，罪莫大于不孝。"

3. 颠越不恭、奸宄罪

《尚书·盘庚》记载，盘庚在迁都时严厉规定："乃有不吉不迪，颠越不恭；暂遇奸宄，我乃劓、殄灭之，无遗育"②。即对不正、不善者，违命不敬者，以及奸诈和内外作乱者（乱在外为奸，在内为宄），作为反抗国家统治的重罪，结合肉刑（割鼻）与族刑（殄灭），全部处以死刑，以此维护商朝的国家统治。

4. 巫风、淫风、乱风罪

这主要是针对贵族官吏的犯罪，规定于《官刑》中。《尚书·伊训》记载："敢有恒舞于宫，酣歌于室，时谓巫风；敢有殉于货色，恒于游畋，时谓淫风；敢有侮圣言，逆忠直，远耆德，比顽童，时谓乱风。惟兹三风十愆，卿士有一于身，家必丧；邦君有一于身，国必亡。臣下不匡，其刑墨，具训于蒙士。"③这说明《官

---

① ［汉］孔安国传，［唐］孔颖达疏，李学勤主编：《十三经注疏·尚书正义》，北京大学出版社 1999 年版，第 191 页。

② ［汉］孔安国传，［唐］孔颖达疏，李学勤主编：《十三经注疏·尚书正义》，北京大学出版社 1999 年版，第 241 页。

③ ［汉］孔安国传，［唐］孔颖达疏，李学勤主编：《十三经注疏·尚书正义》，北京大学出版社 1999 年版，第 204—205 页。

刑》对于卿士与邦君等奴隶主贵族具有严格约束的职能,凡有三风十愆者,卿士丧家,邦君亡国,甚至臣下不匡正也要判处墨刑。

(三)西周的罪名

西周的主要罪名包括以下几个方面。

1. 侵犯王权的犯罪

王权是国家权力的象征,侵犯王权便构成最严重的犯罪。有关侵犯王权的罪名主要有:

违抗王命罪。据《国语·周语·仲山父谏宣王立戏》载:"犯王命必诛,故出令不可不顺也。"①即要求臣下绝对服从王命,凡违抗王命者,定斩不赦。

变更礼乐制度罪。在西周,"礼乐征伐自天子出",即制礼作乐是王或天子所独具的权力,据《礼记·王制》记载:"变礼易乐者,为不从(王命),不从者,君流";"革制度衣服者,为畔(叛),畔者,君讨。"为维护王权的不可侵犯性,西周严惩变革礼乐制度的各种犯罪行为。

放弑其君罪。《周礼·夏官·司马》说:"放弑其君则残之。"放逐或杀死国君,严重侵犯君主人身安全的犯罪,西周把放逐或杀死国君视为最严重的犯罪,实行碎裂肢体的酷刑。

2. 侵犯生命财产和危害社会的犯罪

杀人罪。《周礼·秋官·掌戮》说:"凡杀人者,踣诸市,肆之三日。"即是说对杀人犯实行死刑,并陈尸闹市三日,以示惩罚。

窃诱牛马臣妾罪。《尚书·费誓》说:"窃马牛,诱臣妾,汝则有常刑。"臣妾,男女奴隶的称谓。意思是指,军人盗窃马牛,诱偷奴婢,汝则犯军令之常刑。② 可见,在奴隶制社会,臣妾与牛马一样,均被奴隶主视为私有财产,不容侵犯。凡盗窃牛马诱拐臣妾者,要给予一定的处罚。

寇攘奸宄罪。寇,指贼类犯罪;攘,指抢劫等盗类犯罪。《尚书·康诰》记载:"凡民自得罪,寇攘奸宄,杀越人于货,暋不畏死,罔弗憝。"③按西周法律规定,凡属寇攘犯罪,均按常刑处死,不得赦免。

杀人越货罪。指的是以杀伤人而取得财物的罪名。《尚书·康诰》把"凡民

---

① [吴]韦昭注,明洁辑评:《国语》,上海古籍出版社 2008 年版,第 10 页。

② [汉]孔安国传,[唐]孔颖达疏,李学勤主编:《十三经注疏·尚书正义》,北京大学出版社 1999 年版,第 565 页。

③ [汉]孔安国传,[唐]孔颖达疏,李学勤主编:《十三经注疏·尚书正义》,北京大学出版社 1999 年版,第 366 页。

自得罪,……杀越人于货"视为严重的犯罪行为。按西周法律规定,凡犯图财害命的抢劫杀伤人罪者,一律依据常刑处死,绝不宽贷。

群饮罪。西周统治时期为防止饮酒聚众闹事,规定周人群饮为罪。严重的要处以死刑。《尚书·酒诰》说:"群饮,汝勿佚,尽执拘以归于周,予其杀。"①

3. 破坏宗族制度罪

不孝不友罪。西周统治时期出于维护宗法等级制的需要,把不孝、不友等行为视为严重犯罪,加以惩处。《尚书·康诰》说:"元恶大憝,矧惟不孝不友。……乃其速由文王作罚,刑兹无赦。"②其中善父母为孝,善兄弟为友。意思是说,最大的恶,莫过于尊亲不孝、对兄妹不友,因此主张对尊亲不孝,对兄弟不友者,严加制裁,不予赦免。

杀亲罪。据《周礼》记载:"凡杀其亲者,焚之。"③即杀伤尊亲属者,一律处以焚刑(火刑)。而"贼杀其亲则正之"。④ 即对杀害父母双亲者,实行碎尸刑。

内乱罪。为了维护宗法家族秩序,西周刑律严禁家庭内部有悖人伦的不正当行为。《周礼·夏官·大司马》记载:"外内乱,鸟兽行,则灭之。"意思是说有外内悖乱人伦,行为如同禽兽的,就诛灭他。

二、夏商西周的民事法律

(一)夏商西周土地所有权的演变

|【案例】西周恭王九年(前 913 年),裘卫易林地契约|

▶【基本案情】> > >

西周恭王九年正月既死魄庚辰,王在周的驹宫,到了宗庙。眉敖的使者肤见于王,王举行了盛大的接待礼。矩向裘卫取了一辆好车,附带着车旁的钩子,车前横木中有装饰的把手,虎皮的罩子,长毛狸皮的车幔,裹在车轸上的套子,鞭子,大皮索,四套白色的缰绳,铜的马嚼口等。又给了矩的妻子矩姜帛三两。

① [汉]孔安国传,[唐]孔颖达疏,李学勤主编:《十三经注疏·尚书正义》,北京大学出版社 1999 年版,第 382 页。
② [汉]孔安国传,[唐]孔颖达疏,李学勤主编:《十三经注疏·尚书正义》,北京大学出版社 1999 年版,第 366—367 页。
③ 《周礼·秋官·掌戮》。
④ 《周礼·夏官·大司马》。

矩乃给裘卫林𧟀里。这林木是颜的，矩又给了颜陈两匹大马，给了颜的妻子颜姒一件青黑色的衣服，给了颜有司寿商貉裘一件和罩巾。矩乃到濂邻那里令寿商和意办成了。踏勘付给裘卫的林𧟀里。于是在四面堆起土垄为界，颜小子办理立垄。寿商查看了，给了盉冒梯两张公羊皮，两张羔羊皮，给业两块鞋筒子皮，给朏一块银饼，给厥吴两张喜皮，给了濂虎皮罩子，用柔软的带装饰的皮绳子裹的把手，给东臣羔裘，给颜两张五色的皮。到场受田的是卫小子宽，送礼物的是卫臣虤朏，卫用来做父亲的鼎，卫其万年永宝用。①

▶【案例分析】＞＞＞

　　本案例是一起土地交易的案例，主要涉及西周土地所有权问题和土地交易订立契约的问题。

　　首先，涉及西周土地所有权的问题。西周法律上土地实行的是土地国有制，只有周天子才能代表国家享有完整的土地所有权，其他贵族禁止买卖土地。在这个案例中矩用土地与裘卫换的车、绢帛等物品，并到官府备案，实际上使得土地所有权通过交易的方式发生了转移，并得到国家的承认，说明在西周后期土地所有权已经发生了变化，除周天子之外的贵族实际上享有土地的所有权。

　　其次，土地交易要订立契约。契约的订立过程，首先是订立契约的矩和裘卫双方协商，达成一致后上报濂那里签约，接着勘查地界、过户和盟誓。

▶【基本问题】＞＞＞

　　这个案例主要涉及夏商西周的土地制度，主要了解夏商西周的土地制度的基本内容是什么？有什么变化？关于涉及的契约将在"债和契约"中详细介绍。

▶【知识分析】＞＞＞

　　夏商西周的土地制度是土地国家所有制，夏王、商王和周王是奴隶制国家的象征，所谓的土地国有制，实际上就是土地王有制。故《诗经·小雅·北山》曰："溥天之下，莫非王土；率土之滨，莫非王臣。"按照夏、商和西周法律规定，王掌管全国的田土，享有充分的所有权，《大盂鼎》铭文言："受民受疆土"，王有权把田土分封或赏赐贵族功臣使用，但他们只享有占有和使用权。受封土地的诸

―――――――――――――――

① 张传玺主编：《中国历代契约粹编》（上册），北京大学出版社2014年版，第13—14页。

侯,必须按照所受土地的数量,向周天子缴纳一定的贡赋。周天子有权以"削地"的方式,收回已分封给诸侯的土地。禁止土地买卖流通,史书上言:"田里不鬻,墓地不请。"①但是到西周中叶以后,随着王权的衰微,土地所有权发生了变化。表面上维护的仍是土地国有制,但是实际上土地所有权开始下移,并且土地可以买卖流通。上述案例"裘卫易林地契约",正说明这种变化,一方面土地可以交易,另一方面交易由官方执政大臣主持宣誓与交接仪式。另外《卫盉》铭文记载:矩伯以田为代价,从职为司裘(管理毛皮的职官)的卫那里先后两次交换礼玉和皮币。这类事实同样表明,西周中叶以后各级领主已有一定的土地所有权,并将土地作为赏赐、交易、赔偿的标的物,并且得到包括王在内的官方认可。

(二)西周债和契约

|【案例】西周孝王二年(前883年),曶买奴隶契约|

▶【基本案情】> > >

井叔在异受理了曶为原告,限为被告的诉讼案件,曶的代理人诉限之词为:"我曾以马一匹、丝一束。交于效父,以订赎汝奴隶属五人,汝不从约,许我曰命曶还马于我。命效父还丝。曶与效父又约我与王参门改订券契,改用百夺之债以赎该五人之奴隶。并相约,如不出五夫,则再相告。并将原金退还。"井叔的判词为:限乃王室之人,不应卖约既成而不付,应毋使曶有贰言。经井叔判定,曶获胜讼,终得购定五人,用羊、酒及丝三夺为贽以招致之,并命败诉者之曶赠胜诉者矢五束。②

▶【案例分析】> > >

此案例涉及西周时期的奴隶交易事件的记载,涉及周孝王时期交易的内容和过程及其订立契约、悔约、改订契约、再悔约,并通过诉讼判决方式履约的过程。

在买卖交易中,双方首先就买方针对标的物"五个奴隶"的价格和给付方式协商,协商结果是买方曶给付卖方限"马一匹、丝一束",订立契约,曶把"马一匹、丝一束"交给效父,但是限没有交付"五个奴隶"。后限悔约,重新到王参门

① 《礼记·王制》。
② 张传玺主编:《中国历代契约粹编》(上册),北京大学出版社2014年版,第16—17页。

订立契约,价格和给付方式改为金属货币"百孚",后限仍未履约。于是导致了民事诉讼,法官井叔根据契约判曶获胜讼,终得购定五人。这说明西周之时,买卖交易一般要订立契约,既可以以物易物,也可以以货币为媒介进行交换,这个契约对双方当事人具有约束作用,是买卖进行的保障,一旦其中一方悔约,另一方往往寻求公力救济,通过诉讼强制不履约者履行合约。这时买卖契约就成了诉讼中的关键证据。

▶【基本问题】 > > >

通过这个案例,我们需要了解西周包括买卖关系在内的各种财产关系及其相应的契约文书的情况,除此之外,还要了解一下侵权行为引起的债。

▶【知识分析】 > > >

民事法律规范所要调整的财产关系,其中主要是物权和债的关系。关于现代民法上,债的概念是指特定当事人之间可以请求一定给付的民事法律关系。它包括合同关系、因无因管理引起的权利义务关系、因不当得利返还产生的关系和因侵权行为而引起的权利义务关系。[①] 结合西周的史料,西周的债主要包括因契约而产生的债和因侵权行为产生的债。

一、契约的种类和内容

因契约而产生的债,是西周主要的债。西周的契约按其所调整的不同法律关系,涉及买卖交换、租赁借贷、债权债务、租佃雇佣等各个方面。契约的种类已有傅别、质剂与书契、判书和约剂等。其主要和常见的有以下几种。

(一)傅别

傅别是债权债务关系的借贷契约。《周礼·天官·小宰》称:"听称责(债)以傅别。"郑玄注:"称责(债)谓贷予,傅别谓券书也。听讼,责(债)者以券书决之。"[②]这里的债指的是借贷关系,故"称责"亦即"称债",指债权债务方面的借贷关系;傅别,即借贷契约性质的券书,是处理债权纠纷的法律依据。关于傅别的形式据"刘勰《文心雕龙·书记篇》所谓:'字形半分'者是也,傅别,破别为二,各执其一,责(债)时则合而为一者以为验"。[③]郑玄注:"傅别,则为手书大

---

① 魏振瀛:《民法》,北京大学出版社、高等教育出版社 2000 年版,第 301 页。

② [清]孙诒让撰,王文锦、陈玉霞点校:《周礼正义》(第一册),中华书局 1987 年版,第 167 页。

③ [清]孙诒让撰,王文锦、陈玉霞点校:《周礼正义》(第一册),中华书局 1987 年版,第 175 页。

字,中字而别其札,使各执其半字""傅别札字半别。"①总括这两种说法,其含义大致相同,也就是说傅别的形式是在一份券书,从字的中间一分为二,双方当事人各执契约的一半。所以,傅别的券书形式和字形被分为两半。如遇到违约出现债务纠纷的可以通过诉讼来解决,但是必须附有借贷契约券书,官方才受理,并且官方依据券书而审理和判决。正如《周礼·秋官·朝士》所言:"凡有责(债)者,有判书以治,则听""凡属责(债)者,以其地傅而听其辞"。

（二）质剂

质剂是商品交易关系的买卖契约。西周商品交易主要是以物易物的物物交换和以货币为媒介的交易两种形式。《周礼·天官·小宰》载:"听卖买以质剂。"贾公彦疏:"质剂谓券书,有人争市事者,则以质剂听之。"故质剂是处理"争市事者"即买卖交易纠纷的法律依据。据《周礼·地官·质人》载:"大市以质,小市以剂。"据贾公彦疏:"质剂,谓两书一札,同而别之,长为质,短为剂。"②质剂是买卖交易关系的长短不同的两种契约券书,凡人口、牲畜之类的大宗交易谓之"大市",使用"长券"即质;而器具、珍异之类的小宗交易则称为"小市",使用"短券"即剂。正如郑玄注:"大市,人民牛马之属,用长券,小市,兵器珍异之物,用短券。"③质剂形式与傅别的形式不同,郑玄注:"质剂,手书一札,前后文同而中别之使各执其半札""质剂则唯札半别,而字全具。不半别。"④它是在同一件券书上书写内容相同的一式两份契约,再从中一分为二,双方当事人各执一份契约。所以,作为契约载体的质剂虽被分为两半,但双方各自的契约内容却是完整的。

对于有关契约事务及其诉讼纠纷的处理,西周设置司约、士师等专职人员进行管理。据《周礼·秋官·司约》载:"司约掌邦国及万民之约剂。"《周礼·秋官·士师》载:"凡以财狱讼者,正之以傅别、约剂。"所谓"约剂",即契约文书之类的法定凭证,由司约统一掌管,并作为士师处理诉讼纠纷的法律依据,上述案例里匌买奴隶契约就是佐证。

二、因侵权责任所发生的债

因不法侵害了他人的人身或财产,而必须承担的债,主要是补偿受害人的损失。在西周主要是不法侵害了他人财产而发生的债务,这在《匌鼎》铭文、《散

① [清]孙诒让撰,王文锦、陈玉霞点校:《周礼正义》(第一册),中华书局1987年版,第177页。
② [清]孙诒让撰,王文锦、陈玉霞点校:《周礼正义》(第一册),中华书局1987年版,第176页。
③ [清]孙诒让撰,王文锦、陈玉霞点校:《周礼正义》(第一册),中华书局1987年版,第176页。
④ [清]孙诒让撰,王文锦、陈玉霞点校:《周礼正义》(第一册),中华书局1987年版,第177页。

氏盘》铭文中多有记载。

《曶鼎》铭文记载,在一个荒年里,匡季指使手下抢劫了曶的禾十秭,于是曶向东宫提起诉讼,请求赔偿,"必唯朕禾是偿",司法官试图通过匡季主动提出以五田四夫,叩头陪情了结此案,但是在曶坚持赔偿原物的情况下,东宫作出判决:匡季赔偿十秭,馈赠十秭,树艺二十秭,对于所寇(抢劫)共有四倍之罚。由此可知,西周对于损害赔偿带有惩罚性的性质。不过这类案子,西周时期也允许双方当事人私下解决,当东宫判决后,匡季和曶并没有执行,而是双方另外达成协议,由匡季在赔偿七田五夫及禾十秭的情况下解决了纠纷①。

(三)夏商西周的婚姻制度

【案例】声伯之母不聘案

► 【基本案情】> > >

《左传·成公十一年》记载:声伯之母不聘(没有举行媒聘之礼),穆姜(鲁宣公正妻)曰:"吾不以妾为姒。"生声伯而出之,嫁于齐管于奚。意思是说声伯的母亲没有举行媒聘之礼就和叔肸同居,穆姜说:"我不能把妍妇当成嫂嫂。"声伯的母亲生了声伯,就被遗弃了,嫁给齐国的管于奚。②

【案例】宋共公聘共姬为夫人例

► 【基本案情】> > >

《左传·成公八年》《左传·成公九年》记载:鲁成公八年,宋国华元来鲁国聘问,为宋共公聘共姬为夫人。夏季,宋共公派公孙寿前来纳币,这是合于礼的。卫国人送女子前来鲁国作为共姬的陪嫁,(卫人来媵共姬)这是合于礼的。凡是诸侯女儿出嫁,同姓的国家送女作为陪嫁,异姓就不送。九年二月,伯姬归于宋。晋人来媵。③

033

---

① 张传玺主编:《中国历代契约粹编》(上册),北京大学出版社2014年版,第17—18页。
② 杨伯峻编著:《春秋左传注》(修订本)(二),中华书局1990年版,第852—853页。
③ 杨伯峻编著:《春秋左传注》(修订本)(二),中华书局1990年版,第838、840、841页。

第二章 中国礼治时期的法律制度

|【案例】崔武子娶妻例|

▶【基本案情】＞＞＞

《左传·襄公二十五年》记载齐国棠公的妻子,是东郭偃的姐姐。东郭偃是崔武子的家臣。棠公死,东郭偃为崔武子驾车去吊唁。崔武子看到棠姜很美,便很喜爱她,让东郭偃为他娶过来。东郭偃说:"男女婚配要辨别姓氏。现在您是丁公的后代,下臣是桓公的后代,同为姜姓,故不可婚嫁。"……但最后崔武子还是娶了棠姜。①

▶【案例分析】＞＞＞

以上案例是春秋时期关于婚姻方面的案例。由于西周相关案例少见,而春秋时期的婚姻制度与西周时期一脉相承,故借此案例分析西周的婚姻制度。

这些案例反映了西周婚姻的基本原则、媒聘之礼即六礼及其媵嫁制度等婚姻法律制度问题。

声伯之母不聘案和宋共公聘共姬为夫人例,反映了西周时期婚姻成立必须经过媒聘之礼,否则就不被夫家承认,就像鲁宣公正妻穆姜不承认声伯之母一样。关于媒聘之礼,指的是婚姻六礼,在六礼前,男方遣媒向女方表示有通婚之意,士昏礼是为"下达"。其后是六礼的过程:纳采、问名、纳吉、纳币、请期和亲迎。

宋共公聘共姬为夫人例中涉及媵嫁制度。诸侯娶妻,按照礼仪,一国国君之女嫁给另一国君,他国应当送女陪嫁。规定"同姓媵之,异姓则否"。鲁宣公之女共姬出嫁,则有卫国、晋国、齐国三国来媵。

崔武子娶妻例中涉及婚姻的一项基本原则——同姓不婚。按照这一原则,崔武子和东郭偃的姐姐是不能婚嫁的,从这个案例中,可以看到一方面人们仍然承认"同姓不婚"的原则,另一方面在实践中默认破坏这一原则的事实存在。

▶【基本问题】＞＞＞

通过上述三个案例,我们需要具体了解夏商西周婚姻制度的内容,包括夏

---

① 杨伯峻编著:《春秋左传注》(修订本)(三),中华书局1990年版,第1095—1096页。

商西周婚姻制度的演变、主要内容，重点是西周时期的婚姻制度。

▶【知识分析】＞＞＞

一、夏商的婚姻制度

夏朝建立先后，婚姻关系反映了母系制婚姻残余与父权制婚姻的频繁纠缠。禹的婚姻本身就充满了由母系婚姻向父系婚姻的过渡，禹与涂山女的婚姻起始于母系走访婚，后发展成比较稳定的对偶婚。但是禹对儿子启的争夺，使得其归禹，使得禹确立了与启的父子血缘关系。可见婚姻制度向着父权婚姻制度的转变。夏代确立之后在王室和贵族中呈现出一夫多妻制，妻的地位也开始有所不同。

商代法律在确立婚姻关系上，商王前期是一夫一妻制，自中丁以后至康丁，每王少则二妻，多则五妻八妻均有之。[①] 可见商朝后期是一夫多妻制。妻之外，有多妇。商代的平民百姓适用一夫一妻制。此外，商朝王及贵族之间还盛行媵嫁制度，即王族或贵族娶妻，往往连同妻的随嫁女一同收纳为妾，但更多的妾则是奴隶主贵族从女奴中强娶的。

二、西周婚姻制度

西周时期随着礼的成熟完备，周人的统治权与家族和婚姻的关系更为密切，因此周人非常重视婚姻和家庭的立法问题。为了确保婚姻家庭的稳定，周统治者对婚姻的原则、婚姻成立及其终止的条件及形式等作了相应的法律规定。

（一）西周婚姻原则

其一，一夫一妻制原则。

按西周法律规定，婚姻采取一夫一妻制，但并不限制王和贵族除娶正妻外，大量纳妾。据《礼记·曲礼下》载："天子有后，有夫人，有世妇，有嫔，有妻，有妾"，"公侯有夫人，有世妇，有妻，有妾。"但要求平民必须实行一夫一妻制。

其二，"同姓不婚"的婚姻原则。

周人在总结了千百年的历史经验的基础上，为了巩固周人长久统治的需要，确立并实行了"同姓不婚"的原则。西周法律明文规定具有相同血缘关系的同宗同姓男女不得婚配，即"取妻不取同姓，故买妾不知其姓则卜之。"[②]原因有二：一是子孙的繁衍是周人确立婚姻关系的主要目的。在长期的生产生活过程

---

① 胡留元、冯卓慧：《夏商西周法制史》，商务印书馆 2006 年版，第 219 页。

② 《礼记·曲礼上》。

中周人逐渐认识到"男女同姓,其生不蕃"①的朴素道理,而姓是代表着共同的血缘关系,是出于同一氏族的称号,"同姓"婚配意味着同祖同宗血亲近缘结合,不利于后代的健康成长。故《国语·晋语四》亦言"同姓不婚,恶不殖也。"周的立国者要考虑国家社稷和家族宗祧家业后继有人,子孙的繁衍是周人确立婚姻关系的主要目的。二是周人不娶同姓而娶异姓,还有政治统治的需要,通过与异姓联姻,到达"附远厚别"②的目的。这样,既有利于扩大统治集团范围,巩固统治集团的凝聚力,维护宗法等级制度,最大限度地维护周政权的统治,也从客观上促进了人口质量的不断提高,推动整个国家和民族的健康发展。

随着社会的发展,到了春秋时期,就有违背"同姓不婚"原则的情况出现,如上例中崔武子娶妻案中,崔武子和东郭偃之姐姐均是姜姓后裔,依法不能婚配,但最终二人成婚。晋国公子重耳的母亲是狐姬,"狐姬出自唐叔",③与晋俱是唐叔之后,说明重耳的父母是"同姓为婚"。但"同姓不婚"的原则,法律上一直在被后世所继承。

(二)婚姻关系成立的要件

按照西周时期的法律规定,婚姻关系的成立,必须具备以下要件,方可成立,否则即使婚配也被视为非法。

首先,"父母之命,媒妁之言"是婚姻成立的前提条件。《诗·齐风·南山》言:"娶妻如之何,必告父母。"《诗·伐柯》也言:"娶妻如何?匪媒不得。"婚姻关系如果没有父母同意和媒妁作为媒介,则婚姻不能成立。

其次,婚姻年龄。西周的法定结婚年龄为男子三十,女子二十。《周礼·媒氏》载:"令男三十而娶,女二十而嫁。"《礼记·内则》同样记载男子"二十而冠,始学礼,……三十而有室,始理男事……女子……十有五年而笄,二十而嫁;有故,二十三年而嫁"。可以得出,周代的法定婚龄为男三十,女二十。

再次,婚姻关系必须经过"六礼"聘娶程序。所谓"六礼"程序,即男女双方关于婚礼聘娶方面的六项仪式。一是纳采,即男家父母请托媒妁"下达纳采,用雁"④为礼物,向女方父母求婚。二是问名,几乎与纳采同时,"宾执雁,请问名",⑤即男家请媒妁求取女方姓氏、生辰等情况,一为防止同姓为婚,二为占卜

---

① 杨伯峻编著:《春秋左传注》(修订本)(一),中华书局1990年版,第408页。
② 《礼记·郊特牲》。
③ 《国语·晋语四》。
④ 《仪礼·士昏礼》。
⑤ 《仪礼·士昏礼》。

所用。三是纳吉,"纳吉用雁,如纳采礼",①即男家在宗庙祭祀,卜问婚配吉凶,入得吉兆,则将所得吉兆告知女家并决定婚配。四是纳征,又叫纳币、纳成。"玄纁束帛、俪皮,如纳吉礼",②即男家向女家送交聘财,商定正式订婚,这是婚约成立的主要标志,婚姻关系成立,女子不能再聘他人。五是请期,"请期用雁,主人辞,宾许告期,如纳征礼",③即男家向女家请定婚期,择取成婚吉日。六是亲迎,即成婚之日,男方亲自前往女家迎娶。经过六礼的过程,婚姻关系才正式成立,女方的地位才被社会承认。虽然西周对于"奔者不禁",④但"聘则为妻,奔则为妾"。⑤ 妾是没有保障的,随时可能被遗弃。上述案例中声伯之母虽然与其父生有声伯,由于没有举行聘娶之礼,故不被当事人所认可,最终遭到遗弃。

(三)关于婚姻关系的解除

西周有"七出""三不去"的规定。其中"七出",又叫"七去",是夫家借口休弃妻子的七种借口。据《大戴礼记·本命》记载:"妇有七出:不顺父母,去;无子,去;淫,去;妒,去;有恶疾,去;多言,去;窃盗,去。"他们认为,不孝顺父母,是指违背亲亲、尊尊的道德伦理;无子是指不能为夫家生育子嗣,导致夫家断绝后代;淫乱是指女子不贞节,使得子嗣身份不明,为宗法制度所不容;妒忌则影响家庭关系;有恶疾是指有严重疾病无法共同生活;多言是指多嘴多舌离间亲属感情;偷盗是指妻蓄私财和盗窃他人财物。因此,只要妻子有其中之一者,即可将其冠冕堂皇地合法地予以休弃。"三不去"是指妻子有以下三种情况之一的,可以免遭被休弃的命运:"尝更三年丧不去,不忘恩也;贱取贵不去,不背德也;有所受,无所归不去,不穷穷也。"⑥亦即妻子与丈夫一同为公婆服过三年大丧的,娶妻时贫贱而婚后富贵的,被休弃后无家可归的,可以不被遗弃。所谓"三不去",虽然是对"七出"的某种限制,但是其并非维护妻子的权利,而是为了"不忘恩""不背德""不穷穷",维护的仍然是宗法等级制。

---

① 《仪礼·士昏礼》。
② 《仪礼·士昏礼》。
③ 《仪礼·士昏礼》。
④ 《周礼·地官·媒氏》。
⑤ 《礼记·内则》。
⑥ 《大戴礼记·本命》。

(四)夏商西周的继承制度

|【案例】帝辛的王位继承案|

▶【基本案情】> > >

"帝乙立,殷益衰。帝乙长子曰微子启,启母贱,不得嗣。少子辛,辛母正后,辛为嗣。帝乙崩,子辛立,是为帝辛,天下谓之纣。"①

▶【案例分析】> > >

商朝之时,帝乙的长子是微子启和少子辛是同母同父兄弟,其母生长子微子启时,不是正妻,地位低下,其母后来做了王后,生了少子辛。在君臣夫妻商讨立谁为继承人时,大臣以辛为正妻所生为由,主张立辛为王位继承人,于是帝乙驾崩后,辛当上了商王,是为帝辛,也就是商纣王。这个案例说明至少到了商朝后期已经确立了嫡长子继承制。

▶【基本问题】> > >

帝辛的王位继承案涉及夏商西周的王位继承问题。通过本案例需要了解夏商西周的继承制度的发展演变情况。

▶【知识分析】> > >

夏商西周的继承制度主要是王位和爵位的世袭继承制度。夏朝的王位继承主要是父死子继制度,商代的王位继承制度经历了从"兄终弟及"到嫡长子继承的发展演变。所谓"兄终弟及",实际上是"弟及为主,子继为辅"。亦即兄死弟继,无弟子继,弟死兄子继。《史记·殷本纪》言:"商人祀其先王,兄弟同礼,即先王兄弟之未立者,其礼亦同,是未尝有嫡庶之别也。""兄终弟及"有利于年富力强者掌权,但往往也会引起叔侄为争夺王位互相残杀。于是商代自第十一代王武丁起,确立了嫡长子继承制,即对全国的统治权由正妻所生的长子作为王位的继承人。

西周的继承制度涉及身份继承和财产继承,其中身份继承实行"王位继承"

---

① [汉]司马迁:《史记》,中华书局2006年版,第15页。

或"封爵继承"与"宗祧继承"的双轨制。

在西周周王和被封为公、侯、伯、子、男五等爵位者,本人死亡后,其王位或爵位由嫡长子继承,实行嫡长子继承制。庶出之子及兄弟之子不得继承,没有继承权。

宗祧继承,又叫祭祀继承,主要继承祖宗的宗族和祭祀,其中宗祧是指宗族宗庙。宗祧继承是宗法制的产物,实行宗祧继承主要是明确祖宗的正统后嗣,从而使后嗣取得祖先正统继承人的地位和祭祀祖宗的权利和义务。[①] 西周的宗祧继承是由嫡长子承袭祖宗的宗族和祭祀祖宗的权利与义务。宗祧继承强调血缘和辈分。立嫡的方法,是"立嫡以长不以贤,立子以贵不以长",即正妻所生的长子为第一继承人,如正妻无子,则从庶子中立其母最尊贵者所生之长子为继承人。若庶子亦无,才可从同宗辈分相当者中选立嗣子,如《礼记·月令》所规定:"无子者,听养同宗于昭穆相当者。"

西周的财产继承与身份继承密切相关,身份继承是财产继承的先决条件。由于西周实行的是家族共财制度,家长或族长掌握了家族中财产的所有权和管理权,继承家长的权力和地位,必然要继承家族财产的所有权和管理权。

第四节　礼治时期的司法制度

|【案例】牧牛争讼案|

▶【基本案情】＞＞＞

佳(唯)三月既死霸甲申,王在上宫,伯扬父乃曰:"牧牛,虞乃可(苟)湛(扰),女(汝)敢以乃师讼,女(汝)上先誓,今女(汝)亦既又(御)誓,尃(溥)、啬,亦兹五夫,亦既御乃誓,女(汝)亦既从辞从誓,弋(式)可(苟),我义(宜)便(鞭)女(汝)千,……今我赦女(汝),义(宜)便(鞭)女(汝)千,黜(剧)女(汝),今大赦女(汝),鞭女(汝)五百,罚女(汝)三百寽(锊)。"伯扬

---

① 占茂华主编:《中国法制史》,中国政法大学出版社 2010 年版,第 53 页。

父乃或事（使）牧牛誓，曰："自今余敢（扰）乃小大事，乃师或以女（汝）告，则到，乃鞭汝千……牧牛则誓，厥以告吏吏爵于会，牧牛辞誓成，罚金。用乍（作）旅盉"。①

▶【案例分析】＞＞＞

这是一件民告官诉讼案，案例的大意是：一个叫牧牛的人，状告他的上司管理者。司法官伯扬父对牧牛的判决，判词说："牧牛！喔，在这之前你的行为何其过分。你竟敢与你的上司打官司，你违背了先前的誓言。现在你只有再一次盟誓。……你也只有服从判词、听从誓约。最初的责罚，我的本意是打你一千鞭，处你以黥劓刑，先把你刺面，然后再蒙上黑巾。……现在我决定大赦你，免除你五百鞭刑，其余五百鞭和墨刑折合罚铜三百寽。"伯扬父又让牧牛发誓说："从今以后，我大事小事再也不敢扰乱你了。"伯扬父说："如果你的上级再把你告上来的话，只要到了我手上，我就要加重惩罚。"这个案例中涉及的主要问题不是诉讼的具体问题，而是诉讼双方的身份问题，作为下级的牧牛没有资格起诉自己的上司，牧牛的行为违反了礼制在诉讼中对身份等级制度的规定。

▶【基本问题】＞＞＞

这个案例涉及了西周的司法制度的具体问题，通过这个案例我们需要掌握夏商西周的司法机关、诉讼制度等问题。

▶【知识分析】＞＞＞

一、夏商西周的司法机关

夏朝中央最高司法官称"大理"。在《礼记·月令》中记载，夏有"大理"掌审判。地方司法官称"士"。基层则称"蒙士"。他们分别掌管夏朝中央、地方乃至基层的司法审判工作。

商朝之时，商王是国家元首，也掌握着国家的最高司法权，商王之下司寇为中央最高专职审判官，处理中央案件，司寇对于重大案件的审判必须奏请商王批准，商王掌握生杀予夺和决定诉讼胜负的权力。商朝司寇以下，设"正""史"等审判官。在京城附近，地方与基层的司法审判官则称"士"与"蒙士"，审理地

方和基层案件。

西周时期,周王或者天子是国家最高司法审判官,不但有权处理全国性的重要案件,而且兼理各诸侯间的争讼。在中央,周王以下,设置中央司法机关——司寇。"立秋官司寇,使帅其属而掌邦禁,以佐王刑邦国。"①刑官之属为大司寇、小司寇等六十六官,大司寇"掌建邦之三典,以佐王刑邦国,诘四方""以五刑纠万民""以圜土聚教罢民""以两造禁民讼,入束矢于朝,然后听之,以两剂禁民狱,入钧金""以嘉石平罢民""以肺石达穷民""布刑于邦国、都鄙乃县(悬)刑象之法于象魏,使万民观刑象""凡诸侯之狱讼,以邦典定之。凡卿大夫之狱讼,以邦法断之。凡庶民之狱讼,以邦成弊之"。② 大司寇不仅听讼狱,而且"布刑于邦国",监督刑罚的执行。大司寇之下有小司寇二人,"以五刑听万民之狱讼,附于刑,用情讯之""以五声听狱讼,求民情""以八辟丽邦法,附刑罚""以三刺断庶民狱讼之中",③直接负责具体案件的审理和狱讼的处理。小司寇之下设有六十四属官,主要有:士师、乡士、遂士、县士、方士、讶士、司刑、司刺、司厉、司圜、掌囚、掌戮、布宪、禁杀戮、禁暴氏等掌刑法狱讼的官,有司约、司盟等掌司盟约的官,等等,各官各司其职。

西周地方上分别设"乡士"、"遂士"、"县士"和"方士"审理其辖区诉讼,处理一般案件,对于重大案件尤其是死刑案件则司寇复审,"旬而职听于朝,司寇听之,断其狱,弊其讼于朝"。④ 由司寇及其属官共同作出判决,由乡士、遂士、县士择日施刑或诛杀,各就本辖区行刑。

西周受封诸侯国的司法机关,与中央大致相同。但司法机构的称谓有差异,如晋称司寇为"大理",在楚则称"司败"。

这里说明的一点是西周的司法职能并非为司法机构所专有,如《曶鼎》中的

---

① 《周礼·秋官·叙官》。
② 《周礼·秋官·大司寇》。
③ 《周礼·秋官·小司寇》。
④ 《周礼·秋官·士师—朝士》:"乡士掌国中,各掌其乡之民数而纠戒之,听其狱讼,察其辞,辨其狱讼,异其死刑之罪而要之。旬而职听于朝,司寇听之,断其狱,弊其讼于朝,群士司刑皆在,各丽其法,以议狱讼,狱讼成,士师受中""遂士掌四郊,各掌其遂之民数而纠其戒命,听其狱讼,察其辞,辨其狱讼,异其死刑之罪而要之。二旬而职听于朝,司寇听之,断其狱,弊其讼于朝,群士司刑皆在,各丽其法,以议狱讼。狱讼成,士师受中,协日就郊而刑杀,各于其遂肆之三日""县士掌野,各掌其县之民数,纠其戒令而听其狱讼,察其辞,辨其狱讼,异其死刑之罪而要之。三旬而职听于朝,司寇听之,断其狱,弊其讼于朝,群士司刑皆在,各丽其法,以议狱讼。狱讼成,士师受中,协日刑杀,各就其县肆之三日""方士掌都家,听其狱讼之辞,辨其死刑之罪而要之。三月而上狱讼于国,司寇听其成于朝,群士、司刑皆在,各丽其法,以议狱讼。狱讼成,士师受中,书其刑杀之成,与其听狱讼者。"

曶把抢了其稻米的匡季告到了东宫,并且东宫受理了此案。①

二、夏商西周的诉讼制度

由于夏商史料比较少,关于夏商西周的诉讼制度主要以西周为主分析。

(一)起诉

在西周,通常由原告提起诉讼,司法机关才予受理。按许慎《说文解字》:"诉,告也""讼,争也"。即在原告向官府提起诉讼后,"两造具备",原告被告当庭争讼,最后由司法机构裁决。一般诉讼,有原告口头诉说即可。但重要案件,原告必须持有"剂"这类诉状,官府才立案审理。

由于西周宗法观念盛行、等级制度严格,西周诉讼中严格禁止庶民及下级贵族告上级贵族,臣子告君主(诸侯);严禁子告父,卑幼控告尊长,以为"父子将狱,是无上下也"。② 上述案例中作为下级贵族的牧牛控告上级贵族曶的案件,就是牧牛违背了宗法等级制度,因此受到了刑罚制裁。

一旦起诉受理,涉讼双方要依据案情缴纳诉讼费,民事案件须当事人都到法庭才受理,并缴纳"束矢"作为诉讼费用,即"以两造禁民讼,入束矢于朝",刑事案件须双方提供书面诉状和答辩状,并缴纳"钧金"作为诉讼费用,即"以两剂禁民狱,入钧金",然后听之。若不付,即依"自服不直"定案。

(二)证据制度

西周的证据制度相对来说比较完备,其证据形式包括口供、人证、物证、书证及其盟誓。

1. 口供

在各种证据中,口供是西周断案的主要依据,强调法官"听狱之两辞",③没有被告的供词,一般不能定案,同时也禁止当事人任意更改口供。为了口供的真实有效,西周法官总结了审理判断案情趋于真实的方法——五听,并记载于《周礼》之中。所谓五听,一曰辞听(观其出言,不直则烦);二曰色听(观其颜色,不直则赧然);三曰气听(观其气息,不直则喘);四曰耳听(观其听聆,不直则惑);五曰目听(观其眸子,不直则眊然)。④ 西周统治者认为,对诉讼当事人而言,倘若供词有诈,往往通过察言观色,可以从他们

---

① 杨一凡、徐立志主编:《历代判例判牍》(第一册),中国社会科学出版社 2005 年版,第 3 页。
② 《国语·周语》。
③ 《尚书·吕刑》。
④ [清]孙诒让撰,王文锦、陈玉霞点校:《周礼正义》(第十一册),中华书局 1987 年版,第 2770—2771 页。

的言语、表情、呼吸、听力、视觉等外部形态中,判断其心理活动和口供的真实程度。尽管这种靠法官察言观色、辨别真伪的方法带有很强的主观性,存在着一定的弊端,但是这种利用心理学的司法实践,在中国法律史上产生了深远的影响。

2. 人证、物证与书证

西周为了判明案情往往也需要人证、物证与书证。《周礼·地官·小司徒》说:"凡民讼,以地比正之,地讼,以图正之。"即民众在赋税、徭役方面有争讼,就依据当地清查居民的簿册来判决;有关土地的争讼,就依据土地图册来判决;"凡以财狱讼者,正之以傅别约剂"①"凡有责(债)者,有判书以治,则听",②责指的是债,指借贷关系,是财产一类的纠纷,关于有关财产一类的纠纷,主要依据傅别、约剂、判书等契券作为判案的证据。"司厉掌盗贼之任器货贿",③可见,盗贼所用的凶器和盗得的财货作为审理案件的物证。

3. 宣誓

西周的另外一个重要证据是宣誓。宣誓是指在诉讼和审判中,当事人发誓,以示真实陈述和对判决的坚决执行。宣誓有三种类型:强迫宣誓、自愿宣誓和合意宣誓。④ 如《鬲攸从鼎》判例中的攸卫牧,被判为败诉后,司寇属员眚史南便奉命将其押送到专管宣誓的司法机关——司誓那里去宣誓,是为强迫宣誓;上述案例中牧牛在审判中的宣誓也是强迫宣誓。大量的宣誓仪式见于西周的民事诉讼之中。民诉中的宣誓都是为了给审判过程中确定犯罪与非罪和进而定罪科刑寻找证词,例如上述案例中牧牛在第一次宣誓时承认他"上邨(代)先誓",这就给司法官确定牧牛有罪即犯有违背前誓罪找到了供词。⑤《周礼》也记载:"凡民之有约剂者,其贰在司盟。有狱讼者,则使之盟诅。"⑥

(三)审理

夏商西周时期,在神权法思想的支配下,形成了"天罚"与"神判"制度。

---

① 《周礼·秋官·朝士》。
② 《周礼·秋官·朝士》。
③ 《周礼·秋官·司厉》。
④ 胡留元、冯卓慧:《西周誓审——兼与殷代神判之比较》,《西北政法学院学报》1987 年第 2 期,第 78—79 页。
⑤ 胡留元、冯卓慧:《西周誓审——兼与殷代神判之比较》,《西北政法学院学报》1987 年第 2 期,第 82 页。
⑥ 《周礼·秋官·司盟》。

天罚就是奉天罚罪。夏商西周认为统治者的统治来自上天,"有夏服天命""有殷受天命"①"昊天有成命,二后受之"。② 对违背天命的要"恭行天之罚"③"致天之罚",④因此启讨伐有扈氏、汤讨伐夏桀、周武王讨伐商纣王,都是打着"代天行罚"的旗号。

神判是借神明之意进行审理判决,主要有"獬豸决讼"和卜筮决狱。

"獬豸决讼"就是借助神兽獬豸,审断案件。神兽断案,相传原始社会就已出现。"獬豸者,一角之羊,性识有罪,皋陶治狱,有罪疑者令羊触之。"⑤我国神兽断案,至夏商时极为盛行,这种断案方式的下限大约可定在春秋晚期。⑥

卜筮决狱,是指通过占卜的方式,假借上天之神进行审判。卜筮决狱在原始社会就有了,到了商朝商王每逢审判时,必先通过占卜求天问神,然后作出决定。如利用甲骨卜辞的"贞:王闻惟辟?""贞:王闻不惟辟?",从而为商王的审判赋予了神圣的权威。

西周之时,随着神权法思想向"以德配天"的转变,审判方式褪下了神秘的外衣,更多地体现了人在审判中的作用,西周的基本审判方式是"两造具备",要求原、被告都到法庭,席地相对,即所谓"古者取囚要辞,皆对坐"。⑦ 法官采用五听的审判方式,慎重地审理案件。但是,"命夫命妇不躬坐狱讼",即贵族享有不亲自出庭的特权,可以指定代理人出庭。

(四)判决

西周审判中贯彻"明德慎罚"的原则,并要求法官审案要经五至十天的反复考虑才能最后定案。如《尚书·康诰》所说:"要囚,服念五六日,至于旬时,丕蔽要囚。"另外,在"断庶民狱讼之中",还要求广泛征求意见,实行所谓"三刺":"一曰讯群臣,二曰讯群吏,三曰讯万民,听民之所刺宥,以施上服下服之刑。"⑧在裁断贵族和官吏的案件中,法律规定了对于贵族、官吏的司法特权,"以八辟丽邦法,附刑罚:一曰议亲之辟,二曰议故之辟,三曰议贤之辟,四曰议能之辟,五曰议功之辟,六曰议贵之辟,七曰议勤之辟,八曰议宾之辟"⑨。这是八议制度

---

① 《尚书·召诰》。
② 《诗经·周颂·清庙之什》。
③ 《尚书·甘誓》。
④ 《尚书·汤誓》。
⑤ 黄晖撰:《论衡校释》(第3册),中华书局1990年版,第760页。
⑥ 胡留元、冯卓慧:《夏商西周法制史》,商务印书馆2009年版,第41页。
⑦ [清]孙诒让撰,王文锦、陈玉霞点校:《周礼正义》(第十一册),中华书局1987年版,第2768页。
⑧ 《周礼·秋官·小司寇》。
⑨ 《周礼·秋官·小司寇》。

的渊源,法律还规定可以宽宥和赦免的情形,称为"三赦""三宥",其中"三宥"是为:"一宥曰不识,再宥曰过失,三宥曰遗忘。""三赦"是为"一赦曰幼弱,再赦曰老耄,三赦曰蠢愚"。在充分考虑到这些因素后,作出判决。宣读判决书称为"读鞫"。凡当事人对判决不服者,还允许上诉,是为乞鞫,相关机关在规定时间内复审。

(五)典狱官的责任

西周统治时期非常重视典狱官的责任。周穆王颁布的《吕刑》中,曾规定典狱官承担"五过"责任。所谓"五过之疵,惟官、惟反、惟内、惟货、惟来,其罪惟均,其审克之"。五过的意思是,"一是官,涉及过去或现在在同一衙门的官员,或者其他官员请托,或者屈服于权势;一是反,报德或者报怨;一是内,内亲干预,或关连内亲,或者妻妾以及其他亲近女性的请求;一是货,典狱官受贿索贿;一是来,涉及过去或一直交往的友人或受其请托,或者与诉讼当事人私下交往,受其请托"。① 典狱官出入人罪,依法应当同坐,以其罪处罚,因此典狱官要详审精察,克己私意。

三、夏商西周的监狱

夏商西周的监狱均称之为"圜土"。据《竹书纪年》载:"夏帝芬三十六年作圜土。"②据《墨子·尚贤下篇》记载:"昔者傅说,居北海之州,圜土之上。"《周礼·秋官·大司寇》言:"以圜土聚教罢民,凡害人者,置之圜土而施职事焉,以明刑耻之,其能改者,反于中国,不齿三年。其不能改而出圜土者杀。""圜土",或是在地下挖成圆形的土牢,或是在地上用土构筑圆形的土墙,以关押犯罪者。周代监狱,又称为囹圄,周时还设置了管理监狱的官吏司圜,"司圜掌收教罢民。凡害人者,弗使冠饰,而加明刑焉。任之以事,而收教之"。③

《史记》中有夏桀"召汤而囚于夏台",④商"纣囚西伯羑里"。⑤ 可见夏台、羑里因囚禁汤、周文王而成为监狱的代称。

---

① 尤韶华:《归善斋〈吕刑〉汇纂叙论》,社会科学文献出版社 2013 年版,第 481 页。
② 王国维撰、黄永年校点:《古本竹书纪年辑校·今本竹书纪年疏证》,辽宁教育出版社 1997 年版,第 55 页。
③ 《周礼·秋官·司圜》。
④ [汉]司马迁:《史记》,中华书局 2006 年版,第 11 页。
⑤ [汉]司马迁:《史记》,中华书局 2006 年版,第 15 页。

▶【案例与思考】＞＞＞

|【案例】西周恭王三年,矩伯庶人买宝璋等朝觐礼器等契约|

西周恭王三年三月壬寅当日,周王在丰都举行建立太常的典礼,矩伯庶人在裘卫那里取了朝觐用的宝璋,作价贝八十串,根据折价给裘卫田一千亩。矩又取了两个赤玉的琥,两件鹿皮披肩,一件杂色的椭圆围裙,作价贝二十串,折成田三百亩。裘卫详细告知了伯邑父、荣父、定伯等执政大臣,大臣们命令三个职官:司徒微邑、司马单旗、司空邑人服,到场付给田。①

【思考】试结合本章相关内容,分析该案比较集中地反映了西周哪些法律问题? 如果交易双方一方违约的话,能否通过诉讼解决纠纷? 需要做哪些准备? 司法官听断的依据是什么?

---

① 张传玺主编:《中国历代契约粹编》(上册),北京大学出版社 2014 年版,第 10、11 页。

第三章

礼治衰微时期的法律制度

第一节　春秋时期的法律制度

│【案例】卫成公和元咺争讼案│

▶【基本案情】＞ ＞ ＞

　　鲁僖公二十八年(公元前632年)，晋文公重耳伐卫，分其地予宋国，卫国亲近楚国，当听说楚国战败，卫成公害怕，于是逃离，先逃到楚国，又逃到陈国。使元咺辅佐叔武摄政去接受盟约。有人在卫成公面前毁谤元咺说："他已立了叔武做国君了。"元咺的儿子角跟随卫成公，卫成公派人杀了他。元咺并没有因此而废弃卫成公的命令，还是奉事叔武回国摄政。六月，晋国人听任卫侯回国。公子歂犬、华仲用箭射死了出来迎接卫成公的叔武，辅佐叔武的元咺逃奔到晋国。

　　卫成公和元咺争讼，宁武子作为卫成公的诉讼人，针庄子作为卫成公的代理人，士荣作为卫成公的答辩人。卫成公没有胜诉。作为诸侯领袖的晋国杀了士荣，砍了针庄子的脚，认为宁武子忠诚而赦免了他。逮捕卫成公，把他送到京师，关在牢房里。宁武子负责给卫成公送衣食。元咺回到卫国，立公子瑕为国君。

　　鲁僖公三十年(公元前630年)春，晋侯使医衍毒杀卫成公，宁俞贿赂医生，少放一些毒药，卫成公得不死，鲁僖公为卫成公求情，分别献给周襄王和晋文公十对玉，周襄王允许了。秋季，卫成公被释放。卫成公派人贿赂周歂、冶廑两人杀了元咺和子适、子仪。卫成公回国。①

————————————

　　① 杨伯峻编著:《春秋左传注》(修订本)(一)，中华书局1990年版，第466、468—470、472、478—479页。

|【案例】周公阅与王孙苏争讼案|

▶【基本案情】＞＞＞

鲁文公十四年(公元前 613 年),周公阅打算和王孙苏在晋国争讼,周匡王违背了支持王孙苏的诺言,而让周卿士尹氏和周大夫聃启在晋国为周公阅诉冤求理。赵宣子调停了王室之间的纠纷而使各人恢复了原来的职位。①

|【案例】晋郤至和周室争夺鄇田案|

▶【基本案情】＞＞＞

鲁成公十一年(公元前 580 年),晋国的郤至和周室争夺鄇的土地,周简王命令刘康公、单襄公到晋国争讼。郤至认为温邑本为郤氏所有,鄇为温的别邑,自应归其所有,于是郤至说:"温地,过去就是我的封邑,所以不敢丢失。"刘康公、单襄公说:"以前周朝战胜商朝,让诸侯据有封地。苏忿生据有温地,做了司寇,和檀伯达封在黄河边上。苏氏投奔狄人,又和狄人不合而逃到卫国。襄王为了慰劳晋文公,将温地赐给了他,狐氏、阳氏先住在这里,然后才轮到您。如果要追查过去的原因,那么它是周天子属官的封邑,您怎么能得到它?"晋厉公下令要郤至不要争夺。②

▶【案例分析】＞＞＞

卫成公和元咺争讼案,是指卫国的国君和卫国大臣元咺,围绕着元咺和叔武是否执行卫成公命令的真相与否而展开的诉讼,而诉讼的裁断者是晋国,结果是晋国处罚了卫的大臣,并囚禁了卫成公。后在周王和鲁僖公的求情下,释放了卫成公。

周公阅与王孙苏争讼案,说的是周王的属臣周公阅和王孙苏诉讼,而诉讼的裁断者是晋国赵宣子,并且周匡王派人作为一方当事人的支持者参与了诉讼。

晋郤至和周室争夺鄇田案,是发生在周王和晋国贵族之间为争夺鄇田的诉讼,周天子为一方当事人,而诉讼的裁断者是晋厉公。

---

① 杨伯峻编著:《春秋左传注》(修订本)(二),中华书局1990年版,第604页。
② 杨伯峻编著:《春秋左传注》(修订本)(二),中华书局1990年版,第854页。

通过这三个案例我们看到周天子的司法权力已经下移,春秋霸主晋国代替了西周时期周王审理各诸侯之间和诸侯国内部的重大争讼案件。卫成公和元咺争讼案是其中一例;周王不仅丧失了审断诸侯间诉讼的权力,就是自己王室内部的纠纷也要求助于春秋霸主,周公阅与王孙苏争讼案可见一斑;更有甚者,晋国贵族郤至竟敢挑战周天子的权威,在晋国与周天子分庭抗礼,争夺土地。由此可见,一方面周天子自己的诉讼也要求助于春秋霸主;另一方面周天子的权力的衰微不仅仅只体现在司法领域,还体现在其他领域,这些案例预示着周王权力的全面衰落。

▶【基本问题】> > >

通过上述三个案例,我们不仅要了解和掌握春秋时期在法律方面王权衰微的表现,并且还要了解其不是独立的,而是礼崩乐坏的一个组成部分。

▶【知识分析】> > >

一、春秋时期王权衰微的表现

春秋时期王权衰微主要表现在立法和司法两个方面。

(一)春秋时期各国立法和公布成文法

孔子言"天下有道,礼乐征伐自天子出;天下无道,礼乐征伐诸侯出。"[1]周朝的立法权自应出自周王,但是到了春秋时期,本来属于周王的立法权力开始转移到各个诸侯国。各个诸侯国开始法律制度的变革,纷纷制定新的法律,以适应社会发展的变化和维护自己统治的需要,尤其是以维护私有制为中心的成文法的公布最为典型。

(二)春秋时期成文法的公布及历史意义

1. 春秋时期成文法的公布

春秋时期王权衰微的一个重要方面就是公布成文法。最早公布成文法的诸侯国是郑国。公元前 536 年(周景王九年,郑简公三十年),郑国执政子产,率先"铸刑书于鼎,以为国之常法",[2]从而开公布成文法之先河,"郑人铸刑书"[3]被认为是中国历史上首次公布成文法。

---

① 章培恒等主编,孙钦善译注:《论语注译》(修订版),凤凰出版社 2011 年版,第 305 页。
② 杨伯峻编著:《春秋左传注》(修订本)(四),中华书局 1990 年版,第 1274 页。
③ 杨伯峻编著:《春秋左传注》(修订本)(四),中华书局 1990 年版,第 1274 页。

随后于公元前 513 年,"冬,晋赵鞅、荀寅帅师城汝滨,遂赋晋国亦鼓铁,以铸刑鼎,著范宣子所为刑书焉"。① 这是继郑国子产公布成文法之后,晋国成为第二个正式公布成文法的诸侯国。

2. 公布成文法的意义

春秋后期成文法的公布,顺应了历史发展的趋势,无疑在中国法制史上具有重大的意义。

首先,公布成文法是国家治理和社会控制的新型方式。用"法"这种方式代替原来的神权方式和礼治方式。② 这种新型的治国方式的一个最显著特点是公开法律,实行"事断于法",③ 冲破奴隶主阶级垄断法律的局面,动摇"临事制刑"的秘密刑的司法传统。同时,成文法的公布,一方面提高了法的地位,另一方面还使得广大民众知晓法的内容,为法的执行和遵守提供了可能,这就既使得民众了解了行为的规范和准则,又约束了贵族和官吏的不法行为。

其次,成文法的公布有利于提高民众的社会地位,促进社会的发展。这种用"法"以新的标准代替以宗法等级制为核心的礼,有利于打破被血缘固化的身份等级制度,虽不能达到今天的法律面前人人平等,但仍能有利于激发社会各阶级的积极性,有利于促进社会政治、经济的发展。事实上郑国和晋国成文法的公布,确实促进了这两个国家的发展。

(三)其他的立法情况

根据史料,除了郑国和晋国两次典型地公布成文法,比较重要的立法活动还有:

1. 郑国

郑国的大夫邓析私自制定法律——竹刑,因邓析将法律条文写在竹简上而得名,史称"竹刑"。在公元前 501 年,郑国执政驷颛杀邓析而用其竹刑。④ 通过执政驷颛代表国家的确认,使得原为邓析所私造并无法律效力的竹刑,具有法律效力。

2. 晋国

据史书记载,晋国自文公以后,除铸刑鼎外,还有三次立法活动。

① 《左传·昭公二十九年》。
② 《中国法制史》编写组:《中国法制史》,高等教育出版社 2017 年版,第 58 页。
③ 《邓析子·转辞》。
④ 《左传·定公九年》。

第一次是晋文公之时"作被庐之法"。① 被庐,地名。当时晋楚争霸,势在必战,晋文公在被庐举行大蒐(搜,检阅军队)礼,制定"被庐之法"。

第二次是晋国执政赵盾制定《常法》。《左传·文公六年》载:赵宣子(即赵盾)"始为国政,制事典(改施政之方针),正法罪(预先制定刑法,按犯罪者罪行轻重,予以处断),辟狱刑(辟,理也,设置一定司法官吏,以受理未经决断之案件),董逋逃(董,督也,追捕惩治因犯罪而逃亡者),由质要(由,用也,质要券契也,要根据契书来裁断民事方面的纠纷),治旧洿 (洿,同污,治理洿秽),本秩礼(贵贱不失其本),续常职(官有废缺,使贤能者任其职),出滞淹(提拔贤能人才)。既成,以授大傅阳子与大师贾佗,使行诸晋国,以为常法"。②

第三次是晋国执政范宣子制定的刑书。范宣子在晋平公时期,任执政,制定刑书。据说这部刑书"施于晋国,自使朝廷承用,未尝宣示下民"。③ 可能当时并未公布。

3. 楚国

依照文献可知,楚国在春秋时期制定了《仆区法》和《茆门法》。

《仆区法》是楚文王所制定。《左传·昭公七年》记载,芊尹无宇曰:"吾先君文王(楚文王),作仆区之法。"杜预注:"仆区,刑书名。"服虔曰:"仆,隐也。区,匿也。为隐匿亡人之法也。"不仅严禁隐匿逃亡之人,而且规定"盗所隐器,与盗同罪"。④

《茆门法》是楚庄王(又称荆庄王)制定。茆门,也叫雉门,是宫门之一,《茆门法》是有关王宫宫门之禁的法律。《韩非子·外储说右上》载:荆庄王有茆门之法,"群臣、大夫、诸公子入朝,马蹄践溜者,廷理斩其辀,戮其御"。廷理,楚国的最高司法官。根据《茆门法》规定,诸侯、大夫、公子入朝时,车不得进入宫门,马不得践踏屋檐下排水的长槽,违者,砍断车辕,处死驾车者,以保障国君的安全。

---

① 《左传·僖公二十七年》。
② [周]左丘明传,[晋]杜预注,[唐]孔颖达正义,李学勤主编:《十三经注疏·春秋左传正义》(上),北京大学出版社1999年版,第510页。
③ [周]左丘明传,[晋]杜预注,[唐]孔颖达正义,李学勤主编:《十三经注疏·春秋左传正义》(下),北京大学出版社1999年版,第1512页。
④ [周]左丘明传,[晋]杜预注,[唐]孔颖达正义,李学勤主编:《十三经注疏·春秋左传正义》(下),北京大学出版社1999年版,第1237—1238页。

（四）周天子司法权力的旁落

西周之时，周王掌握着最高的司法权，天下重要的案件，均由周天子听断。春秋时期，司法审判活动的主要变化是周天子司法权力旁落，春秋霸主代替周王行使最高司法权。

首先，春秋霸主代替周王行使审理各个诸侯国之间纠纷的案件和诸侯国内部的重大争讼案件的权力。卫成公和元咺争讼案是其中一例，卫国大臣元咺不是向周王而是到晋国提起诉讼，卫成公到晋国应诉，这说明了周天子和各个诸侯国承认了霸主晋国最高司法权的地位。虽然期间，表面上从维护周天子尊严出发，把囚禁卫文公的权力还给了周王，但是囚还是放，周王只有求情的份，掌握决定权的却是晋文公。

其次，春秋霸主代替周王审理王室内部纠纷最高司法权。周王不仅丧失了审断诸侯间诉讼的权力，就是自己王室内部的纠纷也要求助于春秋霸主，周公阅与王孙苏争讼案可见一斑。

最后，春秋霸主有审理周王涉讼案件的权力。周天子成为诉讼的一方，这在西周是不可能出现的，但是在春秋时期却出现了晋国贵族郤至竟敢挑战周天子的权威，在晋国与周天子分庭抗礼，争夺土地的诉讼案件，周天子成为诉讼被告人。对此，由霸主来审理案件。由此可见，周天子权力的衰微不仅仅体现在司法领域，这些案例预示着周王权力的全面衰落。

二、春秋时期公布成文法的司法权力旁落的原因分析

为什么春秋时期会出现公布成文法的司法权力旁落的现象呢？

春秋时期正是中国由奴隶制社会向封建制社会转变时期。代表着土地国有制的井田制遭到破坏，分封制逐步让位于郡县制，王权逐渐旁落，各诸侯国相互兼并，争夺霸权地位。在诸侯国内，卿大夫专权，架空诸侯，政权逐渐下移，宗法制日趋衰落，出现了礼崩乐坏的局面。

在经济上，井田制遭到破坏。春秋以后，随着铁制工具在农业的应用和牛耕的普遍推广，为开垦荒地、兴修水利、提高农业生产力创造了有利的条件。到了春秋晚期，在公田之外，出现了大量的"私田"。由于私田的不断增加，反过来影响着"井田制"的存在和发展。同时各国为了能在诸侯国中立足，至少不被其他诸侯国兼并，唯一能做的就是壮大自己的实力，发展经济。因此在维护统治需要和私田的推动下，各个诸侯国开始变革土地和赋税制度。公元前685年，齐国"相地而衰征"，根据土地肥瘠征收赋税。公元前645年，"晋于是乎作爰

田"，《左传·僖公十五年》服虔、孔晁注云："爱，易也，赏众以田，易其疆畔。"①改易田制，承认土地私有。公元前594年，鲁宣公十五年"初税亩"，鲁国开始按亩收税，实际上等于承认私田的合法性。公元前548年，楚国实行"书土田"，"量入修赋"，进行土地登记，按照收成的多少缴纳赋税。郑国子产"作封洫"，②改革田制，承认土地私有。这些记载，都说明井田制已经遭到破坏，封建土地私有制开始形成。

政治上，到春秋时期周王逐渐失去了驾驭诸侯的权势，大权旁落，王室衰微，各大诸侯相互攻伐，兼并不断，在诸侯国内的郡县制代替分封制。公元前493年，晋国赵鞅在一次战前的誓师大会上宣布："克敌者，上大夫受县，下大夫受郡。"③说明当时已经有了郡县制的萌芽，一种新的国家结构形式开始出现。

在经济和政治上的变化，预示着在诸侯国内，诸侯的统治权力逐渐强大和集中，与周天子相比，呈现出了强枝弱干的局面。天子无力维护独尊的地位，诸侯朝觐周天子和纳贡的义务也由周天子转向霸主，鲁国曾朝觐于晋、楚两国。④本来"国家大事，在祀在戎"。除了春秋初年之时，周天子有能力讨伐不臣外，其后周天子的这一权力旁落到春秋霸主手中，霸主随时可以召集盟国讨伐敌人，并能裁决诸侯国之间的争端。诸侯国在相互兼并中，周天子的土地亦成了他们抢夺的对象，结果，周天子的土地只剩下洛阳周围，与小国的土地相差无几。⑤由于实力的衰落，更使得诸侯轻视周天子，甚至出现郑周交战中"郑师合以攻之，王卒大败。祝聃射王(周桓王)中肩"的"诸侯失礼于天子"的事件，⑥纵观春秋时期，诸侯僭越于天子之事，已成普遍现象，"臣弑其君者有之，子弑其父者有之""春秋之中，弑君三十六，亡国五十二"，⑦礼制和礼治全面崩溃，而这又是春秋时期周王权力和公布成文法的司法权力旁落的很好注脚。

①　[周]左丘明传，[晋]杜预注，[唐]孔颖达正义，李学勤主编：《十三经注疏·春秋左传正义》(上)，北京大学出版社1999年版，第378页。
②　[周]左丘明传，[晋]杜预注，[唐]孔颖达正义，李学勤主编：《十三经注疏·春秋左传正义》(中)，北京大学出版社1999年版，第1122页。
③　《左传·哀公二年》。
④　蒲坚主编：《中国法制通史》(第一卷：夏商周)，法律出版社1999年版，第480页。
⑤　蒲坚主编：《中国法制通史》(第一卷：夏商周)，法律出版社1999年版，第479页。
⑥　《左传·桓公五年》。
⑦　[汉]司马迁：《史记》，中华书局2006年版，第760页。

第二节 战国时期的法律制度

|【案例】李悝著《法经》例|

▶【基本案情】＞＞＞

（李）悝撰次诸国法，著《法经》。以为王者之政，莫急于盗贼，故其律始于《盗》《贼》。盗贼须劾捕，故著《网》《捕》二篇。其轻狡、越城、博戏、借假不廉、淫侈、逾制以为《杂律》一篇，又以《具律》具其加减。是故所著六篇而已，然皆罪名之制也。[①]

▶【基本问题】＞＞＞

通过李悝制定《法经》，我们需要了解和掌握《法经》的制定、体例、内容、地位和意义等几个问题。

▶【知识分析】＞＞＞

一、《法经》的制定

《法经》是中国历史上第一部比较系统、完整的封建成文法典，在中国法制史上具有重要的地位。

《法经》的制定者是战国时魏文侯相李悝，魏国人，按照《汉书·艺文志》的说法，是法家学派的创始人。公元前445年，魏文侯即位之后，为了巩固新生的政权，实行多次变法，其中李悝变法是最成功的一次，这也是战国时期各国变法最早的一次。其中李悝制定、颁布《法经》，既是变法的一项重要内容，又是变法顺利进行的强有力保障。李悝的变法改革，主要包括经济、政治和法律三个方面的内容。

其一，在经济上，主要推行"尽地力之教"和"善平籴"政策。

所谓"尽地力之教"，就是要求农民尽可能地开垦荒地增加田地面积和提高

---

① 《晋书·刑法志》。

单位面积产量的法令。其目的是最大限度地发挥土地的功能，积聚更多的物质财富。正如《汉书·食货志》载："是时，李悝为魏文侯作尽地力之教，以为地方百里，提封九百顷，除山泽、邑居三分去一，为田六百万亩，治田勤谨则亩益三升，不勤则损亦如之。地方百里之增减，辄为粟百八十万石矣。"因此，要鼓励农民最大限度地开垦荒地增加田地数量和采用精耕细作的方式耕种土地增加农业产量。

所谓"善平籴"，就是针对"籴甚贵伤民，甚贱伤农，民伤则离散，农伤则国贫"的社会问题，认为"善为国者，使民毋伤而农益劝"，那就必须采取丰年由国家平价收购多余的粮食储存起来，用以备荒，具体方案为"是故善平籴者，必谨观岁有上、中、下孰。上孰其收自四，余四百石；中孰自三，余三百石；下孰自倍，余百石。小饥则收百石，中饥七十石，大饥三十石，故大孰则上籴三而舍一，中孰则籴二，下孰则籴一，使民适足，贾平则止"；荒年时由国家平价出售这些存粮，以平抑粮价，具体方案是"小饥则发小孰之所敛，中饥则发中孰之所敛，大饥则发大孰之所敛而粜之"。通过国家平衡粮价的方式，防止了商人囤积居奇，使百姓和农民"故虽遇饥馑、水旱，籴不贵而民不散"，这种"取有余以补不足"的方法，不仅有利于民众的生产和生活，而且"行之魏国，国以富强"。[①]

其二，在政治上，实行"食有劳而禄有功，使有能，而赏必行、罚必当"[②]政策。

所谓的"食有劳而禄有功，使有能"，是指依照才能或功劳赏赐官职和禄位，任用有才能的人，废除世卿世禄制度。对那些无功受禄、无劳而食的贵族子弟，李悝斥之为"淫民"，并主张取缔他们的权力、没收他们的财产。在实践中李悝大力提拔和重用有能力、有才能的人，为魏国所用。

所谓"赏必行、罚必当"，是指在赏功罚过方面，必须做到赏罚得当，有功有劳的一定要赏，有过有罪的一定要罚。实践中，他严格"赏必行、罚必当"的措施，从而打破"刑不上大夫，礼不下庶人"的旧传统。

其三，在法律上，制定《法经》。

李悝在经济、政治改革的基础上，为了巩固改革成果和进一步推进和深化政治、经济方面改革，巩固新兴政权，在总结借鉴各诸侯国已有法律的基础上，制定和颁布了《法经》。这是中国历史上第一部比较系统、完整的封建成文法典。

---

① 《汉书·食货志》。
② ［汉］刘向：《说苑·政理》。

二、《法经》的篇目和主要内容

《法经》早已失传,其详细内容已不可具考。记载《法经》主要篇目和部分内容的主要文献有《晋书·刑法志》《唐律疏议》,明代董说的《七国考》转引西汉桓谭的《新论》,其中《七国考》记载最为详尽。

根据上述文献记载,《法经》共有六篇,即《盗法》《贼法》《囚法》《捕法》《杂法》《具法》;根据《七国考》引《新论》的记载,《法经》可分三部分:正律、杂律、减律。

第一部分正律,包括前四篇,即《盗法》《贼法》《囚法》《捕法》。

其主要内容是惩治盗贼罪的有关规定。李悝"以为王者之政,莫急于盗贼,故其律始于《盗法》《贼法》",因此《盗法》《贼法》位于法典的前列。所谓的"盗""贼",根据《荀子·修身篇》的解释:"窃货曰盗""害良为贼"。《盗法》主要是打击侵犯财产权犯罪和保护封建私有制和封建私有财产权利的法律规定。《贼法》主要是打击侵犯人身权犯罪和保护人身安全和维护封建社会秩序的法律规定。为了有效地打击盗贼,就需要对触犯了《盗法》《贼法》的人,进行囚捕查办,所以接着制定了《囚法》《捕法》两篇。《囚法》是纠劾、关押人犯的法律规定。《捕法》是关于追捕罪犯的法律。根据正律的内容,《法经》对盗贼罪的惩处是相当严厉的。它规定:"杀人者诛,籍其家,及其妻氏,杀二人及其母氏;大盗戍为守卒,重者诛;窥宫者膑,拾遗者刖,曰:'为盗心焉'",①把犯罪扼杀在意识之中。

第二部分杂律,指《杂法》,是关于《盗法》《贼法》以外的其他犯罪和刑罚的法律规定。其中《七国考》前后记载杂律的具体内容的名称有所不同,在《七国考·法经》部分开始记载的杂律内容"其轻狡、越城、博戏、借假、不廉、淫侈、逾制"与《晋书·刑法志》的记载相同;而后谈到杂律的具体内容,《七国考》中记载为杂律有"六禁":淫禁、狡禁、城禁、嬉禁、徒禁、金禁及"逾制"方面的法律规定。比较两者,虽然名称有所不同,但内容大致一致。"六禁"的具体犯罪行为和刑罚为:淫禁,即惩治夫妻正式婚姻关系之外的奸淫行为,"夫有二妻则诛,妻有外夫则宫";狡禁,即惩治盗窃官府符玺及议论国家法令的政治狡诡行为,"盗符者,诛,籍其家;盗玺者诛;议国法令者诛,籍其家,及其妻氏";城禁,即违法翻越城池应受刑罚处罚的行为,"越城一人则诛,自十人以上夷其乡及族";嬉禁,

---

① [明]董说:《七国考》,中华书局1956年版,第366—367页。

即惩治赌博行为，如"博戏罚金三市，太子博戏则笞"；徒禁，即惩治私相聚众或群居行为，"群相居一日则问，三四五日则诛"；金禁，即惩治官员受贿行为，"丞相受金，左右伏诛，犀首以下受金则诛"。"逾制"的内容是指惩治官员违制僭越享用不应享用的器物服饰的犯罪行为，"大夫之家有侯物，自一以上者族"。①

第三部分减律，指的是《具法》，相当于后世封建法典中的《名例律》。从《晋书·刑法志》所说的"具其加减"看，应该包括不同情节予以加减的两个方面，但《减律》名篇，当以减刑内容为主。据《七国考》引《新论》所载，减律内容是指"罪人年十五以下，罪高三减，罪卑一减，年六十以上，小罪情减，大罪理减"。②

三、《法经》的历史地位

《法经》作为中国历史上第一部较为系统的、完整的封建成文法典，在中国法制史上具有重要的历史地位。

首先，《法经》起着承前启后的作用。《晋书·刑法志》称李悝"撰次诸国法，著《法经》"，可知《法经》是李悝在参考、总结、汲取了春秋战国以来各国立法与公布成文法的历史经验的基础上制定的，是春秋以来各国制定成文法的结晶。同时他创立了主要以罪名类型分立篇目并且以严惩盗、贼罪为核心，区分总则和分则的新的篇章体例结构和主要内容，对后世立法产生了深远的影响。正如《唐律疏议·名例篇》记载："商鞅传授，改法为律，汉相萧何，更加悝所造户、兴、厩三篇，谓九章之律，魏因汉律为十八篇……晋命贾充等，增损汉、魏律为二十篇……唐因于隋，相承不改。"③由此可知，《法经》以后，基本上各个朝代的立法主要是在前朝的基础上有所损益而成，而追根溯源，乃是《法经》。

其次，《法经》的制定和公布，保障了魏国政治、经济改革的顺利进行，使得魏国更加富强，新兴地主阶级的政权更加巩固。

|【案例】秦太子犯法案|

▶【**基本案情**】 ＞ ＞ ＞

令行于民期年，秦民之国都言初令之不便者以千数。于是太子犯法。

① ［明］董说：《七国考》，中华书局 1956 年版，第 366—367 页。
② ［明］董说：《七国考》，中华书局 1956 年版，第 367 页。
③ ［唐］长孙无忌等：《唐律疏议》，中华书局 1983 年版，第 2 页。

卫鞅曰:"法之不行,自上犯之。"将法太子。太子,君嗣也,不可施刑,刑其傅公子虔,黥其师公孙贾。明日,秦人皆趋令。行之十年,秦民大说,道不拾遗,山无盗贼,家给人足。民勇于公战,怯于私斗,乡邑大治。秦民初言令不便者有来言令便者,卫鞅曰"此皆乱化之民也",尽迁之于边城。其后民莫敢议令。①

▶【案例分析】＞＞＞

　　这是《史记·商君列传》记载的秦国太子嬴驷犯法的案例。商鞅在秦国颁布新法整一年,百姓中认为新法不方便的数以千计,这时候,秦国太子嬴驷犯了法,由于太子是储君,于是处罚了太子的两位师傅公子嬴虔、公孙贾。然后秦国民众逐渐依法令行事。十年之后,秦国出现了"道不拾遗,山无盗贼,家给人足"的大治景象。这个案例一是反映了商鞅对"法之不行,自上犯之"主张的思考。商鞅新法起初并不被秦人认可,更谈不上遵守法律,太子的犯法使得商鞅思考并分析,为什么新法不被大家认可和遵守呢?商鞅得出结论是:"法之不行,自上犯之。"于是依照新律处罚了太子的两位师傅。随后人们逐渐形成依法行事。二是对太子师傅的惩罚,反映了商鞅"刑无等级""法不阿贵"的主张。三是从案例中看到商鞅新法的部分内容,奖励公战,严禁私斗及严禁议论法令。四是商鞅变法的效果,"民勇于公战,怯于私斗""民莫敢议令",使得民众达到了法出即从,出现了乡邑大治的局面。

▶【基本问题】＞＞＞

　　这个案例只是商鞅变法的冰山一角,但通过这个案例我们还要掌握商鞅变法的主要内容、历史意义。

▶【知识分析】＞＞＞

　　一、秦国商鞅变法内容
　　战国时期,在各国的变法改革运动中,秦国的商鞅变法是最成功的一次。
　　商鞅(公元前390年—前338年),卫国人,姬姓,公孙氏,名鞅,又称卫鞅。因在秦变法有功而被封于商(今河南内乡县东),号商君,因此史称商鞅。他是

---

　　① ［汉］司马迁:《史记》,中华书局2006年版,第420页。

先秦法家主要代表人物之一。商鞅"少时好刑名之学",①曾在魏相公叔痤门下担任中庶子(类似家臣),研讨过李悝、吴起等人的法家理论和变法经验,深受公叔痤的赏识。公叔痤死后,商鞅遂携带李悝的《法经》离魏入秦,受到秦孝公重用,于公元前359年与公元前350年,先后两次主持秦国变法,为秦国的富强和统一天下奠定了基础。秦孝公死后,遭陷害被车裂而死,但商君死"而秦法未败"。②

通过两次变法,在《法经》的基础上,根据秦国变法的实际需要,商鞅对《法经》作了修订、补充,制定了新的秦国法律。其主要内容有如下。

(一)改法为律

商鞅变法首先从名称上改"法"为"律"。在我国古代社会,刑、法、律三者均有法律规范的含义,并且三者之间彼此是不连用的,其出现前后有一个演变过程。

从夏至春秋时期一般称为刑,如《禹刑》《汤刑》《九刑》《竹刑》等,据《说文解字》解释,刑指的是"罚罪"之义。春秋战国之际,多用"法"字,如《被庐之法》《仆区之法》《茆门之法》《法经》等。法字本作灋,据《说文解字》解释:"灋,刑也,平之如水",用刑解释法,但又赋予了法"公平正直"的含义。商鞅变法时改法为律。据《说文解字》解释:"律,均布也。"所谓均布,即像调节音律一样,统一规范人们的行为举止,使其按照法律规范的要求,各守其分,各得其所,明确合法与违法行为,并普遍适用于整个社会,强调"律"的统一性和普遍性,强调法律的实施。

(二)奖励耕战

富国强兵是商鞅变法的目的,因此关于奖励耕战就成了商鞅立法的一项重要内容。

1. 公布法令"废井田,开阡陌",在全国全面确立土地私有制

《史记·商君列传》记载:"为田开阡陌封疆,而赋税平",《汉书·食货志》亦记载:"及秦孝公用商君,坏井田,开阡陌,急耕战之赏,虽非古道,犹以务本之故,倾邻国而雄诸侯""用商鞅之法,改帝王之制,除井田,民得卖买"。③井田制的废除,土地私有的全面确立,标志着秦国封建土地所有制的最后确立,从而为

---

① [汉]司马迁:《史记》,中华书局2006年版,第419页。
② 《韩非子·定法》。
③ 《汉书·食货志》。

秦国颁行奖励耕战的立法提供了前提条件。

2. 奖励耕织,重农抑商

商鞅规定:"僇力本业,耕织致粟帛多者复其身。事末利及怠而贫者,举以为收孥。"为了充分发挥新兴地主阶级和农户中劳动者的潜力,商鞅规定:"民有二男以上不分异者,倍其赋。"① 为了增加从事农业生产的劳动力,商鞅认为采取优惠政策,吸引其他诸侯国的人到秦国开荒种地,对来秦国的山东之民"利其田宅,而复之三世,此必与其所欲,而不使行其所恶也"。② 这些措施,有利于秦国经济的发展。

3. 奖励军功,严禁私斗

据《史记·商君列传》记载,"有军功者,各以率受上爵;为私斗者,各以轻重被刑大小。""明尊卑爵秩等级,各以差次名田宅,臣妾衣服以家次。"③对有军功的人,根据其军功大小,分别给予爵位、良田、美宅的赏赐。商鞅规定的秦国的爵位,从最低一级"公士"到最高一级"彻侯",共二十级,各级都享有与其等级相适应的政治、经济特权,以确立尊卑爵秩等级,④"宗室非有军功论,不得为属籍"。使有功者显荣,"无功者虽富无所芬华",⑤十年后,使得秦"民勇于公战,怯于私斗"。

奖励耕战是富国强兵和巩固秦国统治的重要保障,同时按照军功赐爵授禄制代替了奴隶主贵族的世卿世禄制,无疑剥夺了旧贵族特权。

(三)取消分封制,普遍推行封建县制

商鞅规定:"令民为什伍""集小乡邑聚为县,置令、丞,凡三十一县"。⑥ 即全面实行秦献公开始的编户制,五家为伍,十家为什,什伍以上设乡、邑,乡、邑之上设县,秦国全境共设三十一个县。县级行政组织直接隶属于国君,县令、县丞等地方行政长官,由国君直接任免。从制度上取消了分封制,确立了君主中央集权制度和官僚政治制度。

(四)明法重刑

为了保证变法的顺利进行,商鞅实行明法重刑措施。具体包括明法和重刑

---

① [汉]司马迁:《史记》,中华书局 2006 年版,第 420 页。
② 《商君书·徕民第十五》。
③ [汉]司马迁:《史记》,中华书局 2006 年版,第 420 页。
④ 具体内容参见《商君书·境内第十九》和《汉书·百官公卿表》。
⑤ [汉]司马迁:《史记》,中华书局 2006 年版,第 420 页。
⑥ [汉]司马迁:《史记》,中华书局 2006 年版,第 420 页。

两项内容。

所谓"明法"，主要是公布统一的法律，并普及法律。商鞅认为要做到"法必明，令必行"①"行法令，明白易知"，还应当全国设置主法官吏，教百姓懂得法令，即"为置法官，置主法之吏，以为天下师，令万民无陷于险危""为置法官吏为之师，以道之知，万民皆知所避就，避祸就福"。②

所谓"重刑"，就是轻罪重罚。为了达到以刑去刑，"刑去事成"③的天下大治，商鞅认为"故禁奸止过，莫若重刑"④。其具体措施为：

1. 行刑重轻

即以严厉的刑罚惩处轻微的犯罪行为。商鞅的法律规定，对往路上倒灰这样的小过，处以黥刑，即商君之法，"弃灰于道者，黥"。⑤

2. 刑用于将过

即要仅仅根据犯意的表示来处刑，实际上就是要按照人们的思想倾向来定罪，而不是根据行为来惩治。其原因是商鞅认为刑罚加在人民已经犯了罪的时候，奸邪就不会断绝，"故王者刑用于将过，则大邪不生"。⑥

3. 不予赦宥

商鞅认为，为了确保秦国上下遵守法律，提出"刑无等级"，统一适用刑罚，"自卿相、将军以至大夫、庶人，有不从王令、犯国禁、乱上制者，罪死不赦。有功于前，有败于后，不为损刑。有善于前，有过于后，不为亏法。忠臣孝子有过。必以其数断。守法守职之吏有不行王法者，罪死不赦，刑及三族。"⑦这一规定既否定奴隶主贵族的法律特权，也否定了功、善、忠、孝，甚至守法等以前认为可以赦宥罪的各种情理的成分，适用刑罚的唯一准则就是秦律。

4. 奖励告奸

奖励告奸是商鞅轻罪重刑的又一项内容。商鞅明令规定，"不告奸者腰斩，告奸者与斩敌首同赏，匿奸者与降敌同罚"。⑧

① 《商君书·画策第十八》。
② 《商君书·定分第二十六》。
③ 《商君书·说民第五》。
④ 《商君书·赏刑第十七》。
⑤ 《汉书·五行志》。
⑥ 《商君书·开塞第七》。
⑦ 《商君书·赏刑第十七》。
⑧ ［汉］司马迁：《史记》，中华书局 2006 年版，第 420 页。

5. 连坐法

连坐法是指一人犯罪,不仅惩罚罪犯本人,还要惩罚与罪犯有各种身份关系,但没有犯罪的人员的一种刑罚方式,实际上是加重处罚的表现。《汉书·刑法志》载:"秦用商鞅,连相坐之法,造三夷之诛。"商鞅保留的原来法律中的族诛连坐法,进一步把族诛连坐法系统化和严密化,具体包括家族连坐、什伍连坐、职务连坐、士卒连坐。

另外,酷刑也是重刑的表现。据《汉书·刑法志》说,秦起用商鞅,增加肉刑、大辟,有凿颠、抽胁、镬亨(烹)之刑。

二、商鞅变法的历史意义

商鞅变法是战国时期最为彻底的一个变法,其意义重大。

首先,商鞅变法改变了秦国落后于山东六国的状况,并为秦的统一大业奠定了基础。

商鞅变法顺应了历史发展的潮流,促进了秦国经济、政治、军事的快速发展,稳定了社会秩序,取得了良好的社会效果,商鞅变法十年之后出现了"秦民大说,道不拾遗,山无盗贼,家给人足。民勇于公战,怯于私斗,乡邑大治"①的国泰民安的盛世局面。由于变法的成效改变了秦落后于山东六国状况,使秦国迅速由落后跻身于先进强国之列,受到周天子和诸侯国的重视,"居五年,秦人富强,天子致胙于孝公,诸侯毕贺"。② 后发展成战国时期最强大的国家,为统一全国的大业奠定了基础,正如王充所言:"商鞅相孝公,为秦开帝业。"③

其次,商鞅变法为建立中央集权的国家结构形式奠定了基础。

商鞅在秦国建立县制,县下设乡邑,并由君主直接任命县令和县丞,用官僚制度代替分封制,加强了中央对地方、君主对官吏的控制。在秦国初具中央集权的单一制国家结构形式,为以后秦统一全国后,在全国范围内建立中央集权的单一制的国家结构形式作了有益的尝试,为完备的国家结构形式的形成奠定了坚实的基础。

最后,商鞅变法首创了律的法律形式。

商鞅变法,首先改法为律,首创了"律"这种法律形式。使得秦律成为中国

① [汉]司马迁:《史记》,中华书局 2006 年版,第 420 页。
② [汉]司马迁:《史记》,中华书局 2006 年版,第 420 页。
③ [汉]王充:《论衡·书解》。

法制史的第一部律。此后,律成为中国封建时代主要法典的名称和法律形式,一直延续到中华民国之前。同时商鞅之律,又是在《法经》的基础上制定的,因此在历史上它又起到承上启下的作用。

▶ **【案例与思考】** > > >

【案例一】许灵公在楚国控告郑悼公案

鲁成公三年(公元前 588 年)冬,郑国讨伐许国,掠夺田地,四年冬十一月,郑国的公孙申带兵去划定所得许国田土的疆界。许国人在展陂打败了他们。郑伯进攻许国,占领了鉏任、冷敦的田土。晋将栾书率领中军,荀首作为副帅,士燮为上军副帅,救援许国,进攻郑国,占领了汜地、祭地。楚国的子反救援郑国,郑悼公和许灵公在子反那里争论是非,皇戍代表郑悼公发言。子反不能判断,说:"您二位如果屈驾去问候寡君,寡君和他几个臣子共同听取两位君王的意见才可以判断出是非。否则,侧不大了解两国之间的是非。"鲁成公五年(公元前 586 年),许灵公在楚国控告郑悼公。六月,郑悼公去到楚国争讼,没有取得胜利,楚国人抓住了皇戍和子国。①

【思考】结合教材相关内容,分析这一案例反映了春秋时期的哪些法律问题?

【案例二】商鞅谋反案

后五月而秦孝公卒,太子立。公子虔之徒告商君欲反,发吏捕商君。商君亡至关下,欲舍客舍。客人不知其是商君也,曰:"商君之法,舍人无验者坐之。"商君喟然叹曰:"嗟乎,为法之敝一至此哉!"去之魏。魏人怨其欺公子卬而破魏师,弗受。商君欲之他国。魏人曰:"商君,秦之贼。秦强而贼入魏,弗归,不可。"遂内秦。商君既复入秦,走商邑,与其徒属发邑兵北出击郑。秦发兵攻商君,杀之于郑黾池。秦惠王车裂商君以徇,曰:"莫如商鞅反者!"遂灭商君之家。②

【思考】结合商鞅变法,分析商鞅谋反案反映出的法律问题。

第三章 礼治衰微时期的法律制度

---

① 杨伯峻编著:《春秋左传注》(修订本)(二),中华书局 1990 年版,第 817、819、823 页。
② [汉]司马迁:《史记》,中华书局 2006 年版,第 422 页。

|【案例三】楚太子车至茆门案|

楚王急召太子。楚国之法,车不得至于茆门。天雨,廷中有潦,太子遂驱车至于茆门。廷理曰:"车不得至茆门。至茆门,非法也。"太子曰:"王召急,不得须无潦。"遂驱之。廷理举殳而击其马,败其驾。太子入为王泣曰:"廷中多潦,驱车至茆门,廷理曰'非法也',举殳击臣马,败臣驾。王必诛之。"王曰:"前有老主而不逾,后有储主而不属,矜矣!是真吾守法之牙也。"乃益爵二级,而开后门出太子,勿复过。①

【思考】结合相关知识,分析此案例反映了哪些法律问题?

① 《韩非子·外储说右上》。

第二编

礼法合一时期的法律制度

CHAPTER 4

第四章

礼法合一时期的法律形式

第一节 礼与律的一般关系

┃【案例】误杖伤父案┃

▶【基本案情】＞＞＞

甲父乙与丙争言相斗,丙以佩刀刺乙,甲即以杖击丙,误伤乙,甲当何论? 或曰殴父也,当枭首。论曰:臣愚以父子至亲也,闻其斗,莫不有怵怅之心,扶杖而救之,非所以欲诟父也。《春秋》之义,许止父病,进药于其父而卒。君子原心,赦而不诛。甲非律所谓殴父,不当坐。[①]

┃【案例】王式违礼案┃

▶【基本案情】＞＞＞

时淮南小中正王式继母,前夫终,更适式父。式父终,丧服讫,议还前夫家。前夫家亦有继子,奉养至终,遂合葬于前夫。式自云:"父临终,母求去,父许诺。"于是制出母齐衰期。壸奏曰:"就如式父临终许诺,必也正名,依礼为无所据。若夫有命,须显七出之责,当存时弃之,无缘以绝义之妻留家制服。若式父临困谬乱,使去留自由者,此必为相要以非礼,则存亡无所得从,式宜正之以礼。魏颗父命不从其乱,陈乾昔欲以二婢子殉,其子以非礼不从,《春秋》《礼记》善之。并以妾媵,犹正以礼,况其母乎! 式母于夫,生事奉终,非为既绝之妻。夫

---

① 《太平御览》卷六百四十。

亡制服,不为无义之妇。自云守节,非为更嫁。离绝之断,在夫没之后。夫之既没,是其从子之日,而式以为出母,此母以子出也。致使存无所容居,没无所托也。寄命于他人之门,埋尸于无名之冢。若式父亡后,母寻没于式家,必不以为出母明矣。许诺之命一耳,以为母于同居之时,至没前子之门而不以为母,此为制离绝于二居,裁出否于意断。离绝之断,非式而谁!假使二门之子皆此母之生,母恋前子,求去求绝,非礼于后家,还反又非礼于前门,去不可去,还不可还,则为无寄之人也。式必内尽匡谏,外极防闲,不绝明矣。何至守不移于至亲,略情礼于假继乎!继母如母,圣人之教。式为国士,闺门之内犯礼违义,开辟未有,于父则无追亡之善,于母则无孝敬之道,存则去留自由,亡则合葬路人,可谓生事不以礼,死葬不以礼者也。亏损世教,不可以居人伦诠正之任。案侍中、司徒、临颍公组敷宣五教,实在任人,而含容违礼,曾不贬黜,扬州大中正、侍中、平望亭侯晔,淮南大中正、散骑侍郎弘,显执邦论,朝野取信,曾不能率礼正违,崇孝敬之教,并为不胜其任。请以见事免组、晔、弘官,大鸿胪削爵土,廷尉结罪。"疏奏,诏特原组等,式付乡邑清议,废弃终身。①

|【案例】女方悔婚案|

▶【基本案情】 > > >

得乙女将嫁于丁,既纳币,而乙悔。丁诉之,乙云:未立婚书。

判词:女也有行,义不可废。父兮无信,讼所由生。虽必告而是遵,岂约言之可爽?乙将求佳婿,曾不良图;入币之仪,既从五两;御轮之礼,未及三周。……婚书未立,徒引以为辞。聘财已交,亦悔而无及。请从玉润之诉,无过桃夭之时。②

▶【案例分析】 > > >

这三个案例分别反映了汉朝和魏晋南北朝时期的礼律关系问题。

第一个案例,误杖伤父案,董仲舒从"许止进药"③的春秋典故中概括出"君

---

① 《晋书·卞壸传》。
② [唐]白居易,顾学颉校点:《白居易集》,中华书局1979年版,第1392页。
③ 所谓"许止进药"的典故来源于《春秋·昭公十九年》,经曰:"夏五月戊辰,许世子止弑其君买。冬,葬许悼公。"《春秋》之书处处微言大义,用词十分严谨。这里用"弑"字意为贬谪,许止为父择医不慎,又没有尽到为父亲尝药的义务,因此,是弑君之大过。然而书"葬"又说明许止的行为本无主观上的恶意,因此宽宥其过失。《公羊传》解说:"曰'许世子弑其君买'是君子之听止也;葬许悼公,是君子之赦止也。赦止者,免止之罪辞也。"

子原心,赦而不诛"的司法原则,然后运用在本案中。他指出子甲杖伤其父的行为是出于过失,按照《春秋》存心之恕,有宽宥之意,于是援引许止的故事中产生的君子原心之原则,不坐子甲殴父之刑。

第二个案例,王式违礼案,淮南郡中正王式继母改嫁王式的父亲。王式父亲临死前,对继母留有遗命,同意继母返回前夫家。式父死后继母仍依礼服丧一年,期满后方回前假子家,死后与前夫合葬。后来继母去世,王式因继母已经返回前夫家,所以只为其服丧一年,未按亲母一样服丧三年。王式的做法受到卞壶的弹劾,卞壶认为:王式父临死前虽有出妻的表示,但"依礼为无所据",并且继母在父死之后仍以妻的身份服丧,"不为不义之妇"。所以王式的行为是"亏损世教"。在执法者看来,王式身为官吏没有尽到孝道,违反礼的规定,因此应该给予处罚。

第三个案例,女方悔婚案,该案选自白居易的《百道判》。《百道判》虽然是为参加"举子守选"的"书判拔萃科"考试所预备的应试练习题,并非司法实践中的真实案件,但颇能反映礼法合一时代司法实践中的礼、律关系。该判所涉法律争点在于婚姻的成立要件,婚姻成立的时间究竟从何时起算?《礼记·内则篇》中规定:"聘则为妻",可见礼的要求以受聘财为婚姻成立的要件。而《唐律疏议》中规定:"诸许嫁女,已报婚书及有私约,而辄悔者,杖六十。虽无许婚之书,但受聘财,亦是。"可见,唐律中以婚书与私约为婚姻成立之要件,而已接受聘财可以视为默示接受了婚姻的事实。白居易主张"聘财已交,亦悔而无及",不赞成以未立婚书而悔婚,其判决的理由主要援引了礼的精神而没有提及律的规定,也没有依律追究乙"六十杖"的刑事责任。

▶【基本问题】＞＞＞

该案体现了古代法律形式中"礼法结合""礼融于法"的法制特点。我们通过此案可以了解"礼法合一"时代律与礼之间的一般关系,汉代董仲舒"春秋决狱"开启法律儒家化之先河,使儒家之礼渗透到法律审判中。魏晋南北朝时期,礼法结合的趋势进一步加强,从而使得法律儒家化,礼的内容逐渐被直接规定到法律中。

▶【知识分析】＞＞＞

在"礼法合一"时期的法律形式中体现了"礼法结合""礼融于法"的特点,

礼的精神在法律儒家化的进程中逐步与律融为一体。在"礼法结合"的过程中，礼的原则和规范逐步法律化，礼之所许，法亦不禁，而礼之所非，则刑之所去，儒家的伦理关系被赋予法律关系的性质。维护儒家伦理关系的，就是尊礼、守礼，反之，则不仅违礼而且犯法。同时，即使没有入律的礼，人们也应该遵守。如果礼与律发生冲突，统治者往往选择屈法以申礼教，对遵守礼教而违反律令的人加以高度的道德评价。

礼法之间的结合经历了一个漫长的过程。崇尚法家的秦朝二世而亡，汉承秦制之后，一方面吸收秦朝迅速败亡的历史教训，另一方面适应国家统一的发展，开始推动礼法结合的发展。董仲舒以经义决狱，编纂"春秋决狱"案例。汉儒对法律进行章句解释之后，礼法结合进入了新的阶段。魏晋南北朝以后，张斐、杜预著律时，大量研究儒家经典对法律条文进行解释，开启了法律儒家化的进程。这时，有关封建等级伦理的"礼"的内容逐渐被吸收进法律的正式规定之中，比如这一时期儒家思想中的"八议""官当"等伦理原则进入法律。礼律合一的一个重要表现在于"服制"制度入律。为了在亲属间怀念死者，于是产生了体现亲属间伦理关系尊卑长幼、亲疏远近的丧服制度，根据自身与死者直系或旁系的亲属关系，分为五个等级：斩衰（服丧期三年）、齐衰（服丧期一年）、大功（服丧期九个月）、小功（服丧期五个月）、缌麻（服丧期三个月）。将亲属间的服制关系作为亲属之间相犯案件中定罪量刑的标准，这就是所谓"峻礼教之防，准五服以制罪"的制度。服制制度在晋朝入律，唐朝以后的刑律都规定了丧服制度，清律卷首更是附"五服图"，以国家律例的强制力确认礼制规范的效力。

第二节　律的发展、演变

一、秦汉时期：律的初步发展

|【案例】南郡守腾谓县、道啬夫文|

▶【基本案情】＞＞＞

古者，民各有乡俗，其所利及好恶不同，或不便于民，害于邦。是以圣王作为法度,以矫端民心,去其邪避(僻),除其恶俗。法律未足,民多诈巧,故后有闲令下者。凡法律令者,以教道(导)民,去其淫避(僻),除其恶俗,而使之之于为善(也)。今法律令已具矣,而吏民莫用,乡俗淫失(泆)之民不止,是即法(废)主之明法(也),而长邪避(僻)淫失(泆)之民,甚害于邦,不便于民。[①]

【案例】“约法三章”与汉承秦制

▶【基本案情】＞＞＞

汉兴,高祖初入关,约法三章曰:“杀人者死,伤人及盗抵罪。”蠲削烦苛,兆民大说。其后四夷未附,兵革未息,三章之法不足以御奸,于是相国萧何攈摭秦法,取其宜于时者,作律九章。[②]

【案例】跸马案

▶【基本案情】＞＞＞

顷之,上行出中渭桥,有一人从桥下走出,乘舆马惊。于是使骑捕,属之廷尉。释之治问。曰:“县人来,闻跸,匿桥下。久之,以为行已过,即出,见乘舆车骑,即走耳。”廷尉奏当,一人犯跸,当罚金。文帝怒曰:“此人亲惊吾马,马赖柔和,令他马,固不败伤我乎? 而廷尉乃当之罚金!”释之曰:“法者天子所与天下公共也。今法如此而更重之,是法不信于民也。且方其时,上使立诛之则已。今既下廷尉,廷尉,天下之平也,一倾而天下用法皆为轻重,民安所措其手足? 唯陛下察之。”良久,上曰:“廷尉当是也。”[③]

▶【案例分析】＞＞＞

这三个案例分别从不同侧面反映了秦汉时期的主要法律渊源——律的发展演变情况、地位和特点。

南郡守腾谓县、道啬夫文事例来自《睡虎地秦墓竹简》中的《语书》,《语书》是秦王政二十年(公元前 227 年)南郡郡守对其辖区内县、道啬夫所发布的

---

① 睡虎地秦墓竹简整理小组编:《睡虎地秦墓竹简》,文物出版社 1978 年版,第 15 页。
② 《汉书·刑法志》。
③ 《汉书·张释之传》。

文告。在这段文告中,论及了圣王制律的功能与目的。秦人认为,律的目的在于统一社会风俗,去除社会风俗中的陋俗与恶习,将律视为纠正百姓恶行、端正人心的工具。

"约法三章"为汉承秦制事例阐述了汉初立法的过程。高祖入关时,天下未定,高祖刘邦为了稳定人心,所以才尽废秦法,对百姓约法三章。汉朝统一全国之后,丞相萧何在继承秦律的基础上制定汉律九章,也被称之为《九章律》。因此,也有汉承秦制的说法。

跸马案的经过大致是:汉文帝一次经过中渭桥时,有人从桥下突然走出,惊了皇帝坐骑,于是抓捕此人,请廷尉张释之治罪。廷尉据法认为应当罚金,而文帝认为此人罪不可赦。张释之说,法是天子与天下所公共,如果廷尉不依法治罪,则是法律失信于民。

▶【基本问题】> > >

商鞅携李悝的《法经》入秦,并在变法过程中改法为律,律之名自秦始。秦始皇称帝以后,采取了在全国统一推行秦律的做法。史称"诸产得宜,皆有法式",[①]即将人们的行为统一到法律的规定上来,使人成为步调一致的守法者。汉初在制定法律过程中,丞相萧何捃摭秦法,在秦律的基础上制定了汉律,这就是所谓的"汉承秦制"。

▶【知识分析】> > >

一、秦律

秦始皇二十六年(公元前221年),秦统一六国,建立了中国历史上第一个中央集权的大一统帝国。秦国的历史经验使秦始皇充分认识到健全法制对于国家富强的重大意义,所以,初并天下,他便立刻"一法度",使"法令由一统",将原秦国的法制推广到统一后的全国各地;同时又采取种种立法措施来进一步完善法制,特别是在秦始皇三十四年,由丞相李斯主持"明法度,定律令",对原有法律加以全面修订和补充,颁行全国。通过这一系列的立法活动,统一后的秦代法制比过去更加多样化,并形成了律、令、式、法律答问、法律文告以及程、课、廷行事等多种法律形式。

---

① [汉]司马迁:《史记》,中华书局2006年版,第44页。

"律"是朝廷就某一专门事类正式颁布的法律。自商鞅改"法"为"律"之后，"律"便成为秦的主要法律形式。至秦统一六国后，秦"律"的数量更加繁多，仅湖北云梦睡虎地出土的秦墓竹简便记载有《田律》《仓律》《金布律》《除吏律》《戍律》等二十九种秦律，它显然构成了秦代法制的主体。"律"在后世成为中国古代法的代表形式，其地位即由此奠定。但秦的"律"尚很分散，还远远没有法典化。

二、汉律

汉朝，律已经成为经常适用的基本法律形式，即通常所说的"法典"。汉律的内容比较广泛，它不是针对某一事项颁布的，也不是随时修订的，所以具有相对的稳定性和适用的普遍性。汉初，主要是废除秦代苛法，减轻人民负担，使百姓得以休养生息，以巩固封建政权。刘邦非常重视法律，在他攻进秦都咸阳以后，即派萧何接管秦代的律令文书档案，并以废除秦代苛法为号召，与关中父老"约法三章"："杀人者死，伤人及盗抵罪"。这与繁苛的秦法相比，简便易懂，故"兆民大悦"，受到秦人的欢迎。

汉朝统一全国之后，汉高祖面临统治全国的新形势，感到"三章之法，不足以御奸"，于是命萧何参照秦律，"取其宜于时者，作律九章"。《九章律》是在《法经》六篇的基础上增加了《户律》(主要规定户籍、赋税和婚姻之事)、《兴律》(主要规定征发徭役、城防守备之事)、《厩律》(主要规定牛马畜牧和驿传之事)三章，合为九章。通常所说的汉律，主要指《九章律》。此外，还命韩信定军法，张苍作章程，叔孙通定朝仪，其中叔孙通定朝仪，即是《傍章》十八篇。此外，为打击和控制诸侯王的势力，文帝时制定《酎金律》，武帝时又定《左官律》等。

东汉基本上仍沿用西汉旧律。初期，由于新统治者慑于汉末农民大起义的威力，曾"议省刑法""解王莽之繁密，还汉世之轻法"，[①]以缓和阶级矛盾。并几次颁布释放和禁止残害奴婢以及废除苛法的诏令。尽管如此，据记载："光武承王莽之余，颇以严猛为政，后代因之，遂成风化。"说明光武时法律就很严苛。所以到章帝时，采纳尚书陈宠的建议："遂诏有司，绝钴鑽诸惨酷之科，解妖恶之禁。"[②]但到后来，法律又日渐严苛，特别是东汉中后期屡兴大狱，滥杀无辜，从而使本来日益尖锐的社会矛盾进一步激化。

---

① 《后汉书·循吏列传》。
② 《后汉书·陈宠传》。

二、魏晋南北朝:律的儒家化

|【案例】张斐晋律表|

▶【基本案情】> > >

律始于《刑名》者,所以定罪制也;终于《诸侯》者,所以毕其政也。王政布于上,诸侯奉于下,礼乐抚于中,故有三才之义焉,其相须而成,若一体焉。《刑名》所以经略罪法之轻重,正加减之等差,明发众篇之多义,补其章条之不足,较举上下纲领。其犯盗贼、诈伪、请赇者,则求罪于此,作役、水火、畜养、守备之细事,皆求之作本名。告讯为之心舌,捕系为之手足,断狱为之定罪,名例齐其制。自始及终,往而不穷,变动无常,周流四极,上下无方,不离于法律之中也。①

|【案例】许允职事犯罪案|

▶【基本案情】> > >

(许)允字士宗,世冠族。父据,仕历典农校尉、郡守。允少与同郡崔赞俱发名於冀州,召入军。明帝时为尚书选曹郎,与陈国袁侃对,同坐职事,皆收送狱,诏旨严切,当有死者,正直者为重。允谓侃曰:"卿,功臣之子,法应八议,不忧死也。"侃知其指,乃为受重。允刑竟复吏,出为郡守,稍迁为侍中尚书中领军。②

▶【案例分析】> > >

所选两个案例从不同角度反映了魏晋时期律典发展的特点,魏晋时期是律典发展的重要阶段,不仅在律的形式和内容方面均有新的重大发展,而且是法律儒家化的转折时期,儒家伦理原则大量进入律典,成为国家正式法律。

张斐晋律表案例讨论了《晋律》的结构体例进步。《晋律》的体例更加严谨,结构也更合理。张斐认为《刑名》篇具有"经略罪法之轻重,正加减之等差,明发众篇之多义,补其章条之不足,较举上下纲领",所以应该成为律的篇首。

许允职事犯罪案体现了"八议"在曹魏《新律》中正式加以规定,成为正式

---

① 《晋书·刑法志》。
② 《三国志注·魏书·诸夏侯曹传第九》。

的法律制度。本案中,许允与袁侃因为共同职务犯罪而被处罚,首犯应当被判处死刑。但是由于八议制度,对功臣之子赋予特权,一般不会处死。于是袁侃在许允的暗示之下,主动承担重罪,因为袁侃是功臣之子,所以两人均被免死。

▶【基本问题】> > >

随着"经义决狱""经义注律"的盛行,魏晋南北朝出现了法律的"儒家化"问题,其主要表现和特点是什么? 需要我们进一步了解和掌握。

▶【知识分析】> > >

随着"经义决狱""经义注律"的盛行,西汉后期出现了私家注律的现象,许多儒家世代以解释法律为业,他们凭着对法律的研究,总结传统法律的发展经验,使得传统律学在魏晋南北朝时期得到了长足发展。律学的发展促进了封建法典编纂技术的提高,因此,这一时期律的体例结构进一步科学化、规范化,律条之间的逻辑更加严谨,法律概念也更加明确和规范化。

魏晋南北朝时期律的发展变化主要呈现了以下三个方面的特点:

第一,律的体例结构和内容的逻辑关系上日趋严谨合理。一方面是形成了总则在前,分则居后的体例结构;另一方面是律典的内容不断增加,由《法经》六篇而发展至九篇、十八篇、二十篇、二十五篇,北齐定律十二篇,依一定逻辑关系排列顺序的各篇名及相应内容都基本确定,并且为礼法合一时代的唐、宋律典所承袭。

第二,律中的法律概念及术语的解释更加规范化,律的条文也由繁至简逐步合理化发展。西晋时期的律学家张斐、杜预对晋律的理论分析和注释,代表了当时律学发展的较高水平。律学发展直接推动了法律解释的规范化和科学化,同时也使律典条文逐渐实现了"文简事繁"。至《北齐律》十二篇,九百四十九条,史称"法令明审,科条简要",体现了礼法技术的提高,为隋唐律的成熟完备奠定了基础。

第三,律的内容发展也呈现了儒家化的特点,儒家的典型伦理原则在这一时期相继法律化,诸如八议、官当、重罪十条、准五服以制罪等儒家原则均在这一时期成为律的正式规定。具体体现在以下的法律中。

一、曹魏《新律》

三国时期的魏国立法较蜀、吴卓有成效。"魏之初霸,术兼名法",早在曹操被封魏王时,就针对汉律繁芜和不适于动乱年代的状况,而对汉律有所改易。魏明帝时又着手制定新律。史载:太和三年(公元229年)诏令陈群、刘邵、韩逊等"删约旧科,傍采汉律,定为魏法,制新律十八篇"。魏《新律》对汉旧律的改革,其中主要有如下几项:

一是增加篇目。将刑事条款尽入于律,作为正典,所谓:"律以正罪名。"针对汉律"一章之中或事过数十,事类虽同,轻重乖异",篇章间"错糅无常"的庞杂状况加以损益调整。如汉《九章律》的《盗律》中有劫略、恐吓等项,皆非盗事,魏律遂增《劫略律》一篇;汉《贼律》有欺谩、矫制、诈伪等项,《囚律》有诈伪生死,《令丙》有诈自复免,事类众多,所以魏律增《诈伪律》一篇。二是体例上的调整。汉《九章律》中《具律》在第六篇,《具律》类似现代刑法总则,放在中间很不恰当,故魏《新律》将其改称《刑名》列于律首。这一改动为以后的晋律、北齐律所肯定。此外是对新增篇目与"故五篇"的统一调整,其中的《告劾》《捕》《系讯》《断狱》四篇的先后排列顺序,正与当时的司法程序相吻合,不能不说是立法技术进步的体现。魏《新律》成为三国时期具有代表性的法典,并成为晋律的直接渊源。三是首次将"八议"制度写入法律,将儒家伦理原则进一步制度化、法律化。

二、西晋的《晋律》

曹魏末年,晋王司马昭即命贾充、羊祜、杜预、裴楷等人以汉、魏律为基础,修定律令,历时四年,至晋武帝司马炎泰始三年(公元267年)完成,次年颁行全国,史称《晋律》或《泰始律》。该律又经张斐、杜预作注释,为武帝首肯"诏颁天下",与律文同具法律效力,故又称《晋律》为"张杜律"。这一形式成为以《唐律疏议》为代表的律疏并行的先河。《晋律》共二十篇,六百二十条,二万七千六百五十七字。同时颁行的还有《晋令》四十篇,二千三百零六条,九万八千六百四十三字,此外还有《晋故事》三十卷,与律令并行。"式"作为一种法律形式也已出现。《晋律》为东晋、宋、齐沿用,至南朝梁武帝改律共承用达二百三十五年,是两晋、南北朝时期行世最久的一部法典,对后世立法影响深远,促进了封建法律和律学的发展。

晋律的篇章内容和体例结构设置较之曹魏更有进步,主要体现在以下两点:一是严格区别律令界限,这是较魏律的重大进展。二是篇章体例合理,分魏律《刑名》为《刑名》《法例》两篇。所谓"刑名所以经略罪法之轻重,正加减之等差,明发众篇之多义,补其章条之不足,……名例齐其制"。并因关津交往频繁,贸易活动发展,救火防火,分封侯王、郡国并行而增设《关市律》《水火律》和《诸侯律》。《晋律》在魏律基础上共分二十篇:刑名、法例、盗律、贼律、诈伪、请赇、告劾、捕律、系讯、断狱、杂律、户律、擅兴、毁亡、卫宫、水火、厩律、关市、违制、诸侯。晋代律令将多达七百余万字的汉末律令,精简到约十二万六千字,称得上是"蠲其苛秽,存其清约"。《晋律》对魏律的改进,特别是张斐、杜预二人对律文的注释,促进了传统法制和律学的发展。由于《晋律》出自名儒之手,因而儒家的礼义道德观念和规范越来越多地渗透于法典之中,最突出的表现就是第一次把以往属于儒家礼义范畴的服制制度引入法律,史称"峻礼教之防,准五服以制罪"。

《晋律》是三国两晋南北朝时期唯一颁行全国的律典,也是这一时期影响最大的律典之一。南北对峙后的东晋和宋、齐、梁三代均承用晋律,其间有《永明律》和篇目同于《晋律》的《梁律》,都无创见。《陈律》不过是《梁律》的翻版,故仍无出《晋律》之右。由此看来,东晋及南朝 270 年间,基本沿用《晋律》,在法制建设方面少有建树,以至形成"自晋氏而后,律分南北二支"①"南北朝诸律,北优于南"②的局面。

三、北朝的《北魏律》和《北齐律》

北朝始自北魏,后分裂为东、西魏,经北齐取代东魏,北周取代西魏,最后由北周灭北齐,直至隋朝灭北周而统一天下。北朝诸统治者均为鲜卑贵族或鲜卑化了的贵族,他们在入主中原之后,积极学习中原文明的先进文化,起用大批汉族律学家,继承秦汉以来的法律传统,进行大规模的法律编纂、修订工作,其中最有影响的《北魏律》和《北齐律》成为后世各王朝礼法的蓝本。

北魏首开北朝重视法典编纂之风。自太祖拓跋珪天兴元年(公元 398 年)命三公郎中王德定律令、"申禁",到孝武帝太昌元年(公元 532 年)诏议改条格的一百多年中,大大小小的立法活动见于记载的有九次,前八次均是修订《北魏律》,至孝文帝太和年间(公元 477—公元 499 年)始告成,前后经历一个多世纪的改定,这大约是历史上修订最久的一部法律。以后虽续有纂修但变化不大。《北魏律》共二十篇,其中篇目可考者有:刑名、法例、宫卫、违制、户律、厩牧、擅兴、贼律、盗律、斗律、系讯、诈伪、杂律、捕亡、断狱十五篇。其中《捕亡律》似是《晋律》中《捕律》与《毁亡律》的合并,并从《晋律》的《系讯律》中分出《斗律》。

① 程树德:《九朝律考》,中华书局 2006 年版,第 339 页。
② 程树德:《九朝律考》,中华书局 2006 年版,第 393 页。

《北魏律》的颁行,一改魏初"礼俗纯朴,刑禁疏简""临时决遣"的状况。因参与修律的崔浩、高允、游雅等人均是当时汉族中著名律学家,加之北魏历代君臣都重视法律,使《北魏律》能"综合比较,取精用宏",熔汉、魏、晋律于一炉,开北系诸律之先河。

公元550年,东魏权臣高洋自立为帝,改东魏为北齐。初沿用《麟趾格》,至武成帝河清三年(公元564年)在封述等人主持下,以《北魏律》为蓝本,校正古今,锐意创新,省并篇名,务存清约,编定成《北齐律》十二篇,九百四十九条。以"法令明审,科条简要"著称。上承汉魏律之精神,下启隋唐律之先河,成为隋唐法典的蓝本。近人程树德说:"南北朝诸律,北优于南,而北朝尤以齐律为最。"①

《北齐律》集中总结了汉魏晋以来的律典编纂经验,使律典的体例和内容进一步完善。在体例结构上,《北齐律》进一步改革体例,省并篇目确定十二篇。将《刑名》《法例》合为一篇,称《名例》,冠于律首增强了法典结构上的科学性。改《宫卫》为《禁卫律》,将原来宫廷警卫扩及到关禁。增加《违制律》,完善吏制的法律规定,以保证国家机器的正常运转。在内容上,《北齐律》首次将严重危机统治和儒家伦理原则的重大犯罪归纳为"重罪十条",至隋经修改确立为"十恶",此后便成为传统法律中的一项重要核心制度。

三、唐宋至明清:律的成熟稳定

|【案例】贺敬盗御席三十事|

▶【基本情】> > >

监贺敬盗御茵席三十事,大理断流二千五百里,敬不伏,云其物虽部分未进,不得为御物。沉沉少府,掌其山海之资,隐隐内藏,职在瑰奇之货。玳瑁象牙之宝,万里云奔,珊瑚玛瑙之珍,三邦辐辏。百万钱之重宝,实表贞廉,二千石之崇班,方求清素。薛宣之材茂行洁,乃应斯荣,王观之守法不移,方堪此任。贺敬挈瓶小智,荷黄庸才,谢杨阜之公清,非孔融之朗悟,只如桃笙象簟,拟进乘舆,翠被鸳褥,咸供御用,岂得外为鼠盗,内纵狼贪。未闻匡鼎之贤,已陷敬声之

---

① 程树德:《九朝律考》,中华书局1963年版,第393页。

谴。赤衫之席,辄入私家,文袥之衿,拟移公室。盗物数逾三十,断流遂越二千,理合甘从,仍怀苦诉,款称物虽部分未进御前,执此曲途,深乖直道。但供奉玩好,奏进珍奇,监当各有司存,拟进便为御物。何必要须入内,方可为偷。法有正条,理须明典。①

【案例】"女婿不应中分妻家财产"案

►【基本案情】＞＞＞

在法:父母已亡,儿女分产,女合得男之半。遗腹之男,亦男也,周丙身后财产合作三分,遗腹子得二分,细乙娘得一分,如此分析,方合法意。李应龙为人子婿,妻家见有孤子,更不顾条法,不恤孤幼,辄将妻父膏腴田产,与其族人妻母摽拨,天下岂有女婿中分妻家财产之理哉?妄作妻父、县尉所引张乖崖三分与婿故事,即见行条令女得男之半之帖委东尉,案上周丙户下一宗田园干照并浮财帐目,意也。将硗腴好恶匹配作三分,唤上合分人,当厅拈阄。金厅先索李应龙一宗违法干照,毁抹附案。②

【案例】阻挡耆民赴京案

►【基本案情】＞＞＞

洪武十九年三月二十九日,嘉定县民郭玄二等二名,手执大诰赴京,首告本县首领弓兵杨凤春等害民。经过淳化镇,其巡检何添观刁蹬留难,致使弓兵马德旺索要钞贯,声言差人送京来。如此沮丧,除将各人押本处,弓兵马德旺依前大诰行诛,枭令示众,巡检何添观刖足枷令。今后敢有如此者,罪亦如之。③

►【案例分析】＞＞＞

"贺敬盗御席三十事"案例中,贺敬因为盗窃御茵席而被判处流刑二千五百里,贺敬对判决不服,认为盗窃的垫子虽然已分在御物之内,但未上交宫廷,不能算御物。《唐律·贼盗律》规定"诸盗御宝者,绞;乘舆服御物者,流两千五百

---

① [唐]张鷟编:《龙筋凤髓判》卷二。
② 《名公书判清明集》卷之八:《户婚门·女婿不应中分妻家财产》。
③ 《御制明大诰续编·阻挡耆民赴京第六十七》。

里"。注曰"谓供奉乘舆之物。服通衾、茵之属,真、副等",即盗窃供奉皇帝的物品,服包括被、垫之类的物品,正在使用的与备用品一样都是触犯律法。张鷟在判词中也认为进贡的各类物品,只要存留在各部门,而无须上交宫廷,即可推定为御物。最后张鷟主张"法有正条,理须明典",支持原案依律判决。

"'女婿不应中分妻家财产'案"中,女婿李应龙在岳父母过世后,谎称岳父母生前有命将膏腴之田摽拨给自己,将这些田产转给了自己的族人,侵吞了妻家的财产。法官刘后村援引《宋刑统》中"应分田宅及财物者,兄弟均分。……姑姊妹在室者,减男娉财之半"的法律规定,①对此案中周丙的遗产分作了三份,其中遗腹子得二份,细乙娘得一份。

"阻挡耆民赴京案"中,嘉定县百姓郭玄二等两人手持《明大诰》上京控告本县弓兵杨凤春等人欺压民众。访民途经淳化县时被巡检何添观故意刁难,唆使属下弓兵马德旺敲诈勒索,进行阻挠。事发之后,弓兵马德旺依前大诰行诛,枭令示众,巡检何添观刖足枷令。并且申令全国官员再敢阻挠百姓进京控告者,依本案处理。

▶【基本问题】>>>

隋唐以后的律已经发展成为一种稳定的法律形式,是国家的基本法典。所谓"律以正刑定罪,令以设范立制,格以禁违止邪,式以轨物呈式",说明律居于基本法典的地位,稳定性最强,作用在于"正刑定罪"。前两个案例正是为了说明律在司法实践中所起的作用,无论民、刑事案件,律都是司法官员在裁判案件时所参考的重要规范。明朝太祖朱元璋为了重典治乱,制定了《大诰》,《明大诰》是明律之外最重要的法律。

▶【知识分析】>>>

一、唐宋时期

隋文帝统一全国后,认真总结以往立法经验,制定了著名的《开皇律》,并为唐律的产生奠定了坚实的基础。唐王朝建立以后,为适应封建政治、经济关系的发展,对以往法律制度,特别是对隋代法律制度作了重大改革,使中国封建法律制度进入了定型化与完备化的阶段。中华法系也发展到成熟时期。武德七

---

① 《宋刑统·户婚》,"卑幼私用财"条。

年(公元 624 年),左仆射裴寂等承旨修成《武德律》,同年颁行天下。自贞观元年(公元 627 年)春正月到贞观十一年(公元 637 年)正月,前后耗时十一年之久,修订了著名的《贞观律》,并且诏颁天下。《贞观律》总共十二篇,五百条。唐高宗永徽元年(公元 650 年)初,敕令太尉长孙无忌等共同编制律、令、格、式,次年九月,长孙无忌等编成《永徽律》,共十二篇,五百零二条,绝大部分是沿袭《贞观律》。《永徽律》最大的贡献,就是对律文本身作出详尽的注疏。永徽三年(公元 652 年),高宗因律文没有注疏造成适用法律困难的情况,就广召解律者进行疏议工作。其后,长孙无忌等承旨领导此项工作。他们在继承汉晋以来,特别是在晋代张斐、杜预的注释律文的已有成果基础上,历时一年,终于完成了《永徽律》的疏议工作。永徽四年(公元 653 年),经高宗批准,将疏议分附于律文之后,颁行天下,时称《永徽律疏》。因《贞观律》等都已轶失,所以《永徽律疏》就成为我国历史上迄今保存下来的最完整、最具有社会影响的封建法典。永徽年间将律文与疏议有机地合为一体,提供了封建刑律的新形式,并为后世封建立法所继承。经过开元年间的刊定,唐律及其疏议变得更加完善。其后,中经唐末、五代、两宋,直至元朝,最终定名为《唐律疏议》。

宋太祖建隆四年(公元 963 年)八月修成三十一卷的《建隆重详定刑统》,遂刻板颁于天下,与令、式及《新编敕》并行,简称《宋刑统》。《宋刑统》是宋代系统制订的基本刑事法典。《宋刑统》作为综合法典,将有关令式、格敕、朝廷禁令、州县常科等条文都分类编附于后,因此被称为一部具有统括性和综合性的法典。与唐律不同者,《宋刑统》将原五百零二条按罪类分为二百一十三门;对原唐律中散见于各分则条文的四十四条"余条准此"的总则性条款突出单列一门,附于名例之后,以便检索;增加"起请"三十二条,对律敕令格式条文应作轻重变化或增加刑名者,予以补充。

二、明清时期

《大明律》是明代的基本法典,在朱元璋的主持下,经过三十年几次重要修改而成。朱元璋洪武元年(公元 1368 年)称帝后,于洪武六年(公元 1373 年)冬,令刑部尚书刘惟谦等人议定《大明律》,每成一篇,朱元璋都"亲加裁酌"。洪武七年(公元 1374 年)修成,并颁行天下。至洪武三十年完成的《大明律》共七篇四百六十条。《名例律》计四十七条作为统帅以下六律的总纲。《吏律》包括"职制""公式"两目共三十三条,主要是关于官吏公务方面的法律规定。《户律》包括"户役""田宅""婚姻""仓库""课程""钱债""市廛"七目共九十五条,主要是关于民事和经济方面的法律规定。《礼律》包括"祭祀""仪制"两目共二十六条,主要是关于维护礼制方面的法律规定。《兵律》包括"宫卫""军政""关津""厩牧""邮驿"五目共七十五条,主要是关于军事方面的法律规定。《刑律》包括"贼盗""人命""斗殴""骂詈""诉讼""受赃""诈伪""犯奸""杂犯""捕亡""断狱"十一目共一百七十一条,主要是关于诉讼和处罚各种刑事犯罪的法律规定。《工律》包括"营造""河防"两目共十三条,主要是关于工程兴造和水利交通方面的法律规定。《大明律》的刊布,标志着明代基本法典的最后定型,它是明初三十年中君臣"日久而虑精""斟酌损益"的一代名典。对此,朱元璋曾诏令:"子孙守之,群臣有稍议更改,即坐以变乱祖制之罪"①。《大明律》的产生,不仅标志着明代封建立法的成就,而且影响了清代立法的格局。

朱元璋以明初乱世为原因,制定了《明大诰》。《明大诰》是朱元璋亲自编纂的一部特别刑法,包括《大诰一编》七十四条,《大诰续编》八十七条,《大诰三编》四十三条,《大诰武臣》三十二条,总计四编二百三十六条。《明大诰》是明前期除《明律》之外最重要的法律,它以案例的形式出现,起到了宣传法制的作用。

清代第一部综合性律典完成于清顺治四年(公元 1647 年)。顺治二年(公元 1645 年),清廷即设置律例馆,负责修律。顺治三年初,律成,名曰《大清律集解附例》,次年三月正式颁行,律文四百五十九条,比明律仅少一条,篇门条目之名一准明律。康熙继位后,刑部奏请校正律文获准,并于康熙九年(公元 1670 年)完成。康熙十八年(公元 1679 年),为了解决律与例之间轻重互异的矛盾,帝命刑部将所有新旧条例重新酌定并酌拟新则,刑部于次年编制成《刑部现行则例》。康熙三十六年(公元 1697 年)刑部奏呈修订的律例,但一直为皇帝"留览未发",修律便搁置了起来。终康熙之世,修律一直未正式完成,真正行用的是《刑部现行则例》。雍正帝即位后,又命大学士朱轼为总裁负责修律。朱轼等人以康熙时期的工作为基础,于雍正三年(公元 1725 年)完成了律文修订。雍正五年(公元 1727 年)新律颁布,仍曰《大清律集解附例》,律文有些增删调整,定为三十门四百三十六条,比顺治三年律少二十六条,每条律文之后又加上了康熙年间拟而未发的总注;附例也有整理,定为八百二十四条(一说八百一十五条),分为"原例"(顺治及以前之例)、"现行例"(或"增例",即康熙朝所增之

———————

① 《明史·志第六十九·刑法一》。

例)、"钦定例"(雍正帝新定之例)三个部分。乾隆继位后,命大臣三泰为总裁负责修律。乾隆五年(公元 1740 年)完成,定名《大清律例》。此次修改中,律文逐条考证,定例也折中损益,删除了律后总注。这次修定律文仍为四十七卷三十门,四百三十六条。附例编定为一千零四十二条(一说一千零四十九条)。此次修律,律名删去"集解"二字,因为自顺治三年律本以来并无诸家注解汇集之事,可见其对明律之亦步亦趋之甚。至此次修律止,清律基本稳定,直至清末律文未变,从前简单模仿明律的清律,现在略有个性。

第三节 其他的法律形式

|【案例】唐之刑书有四|

▶【基本案情】> > >

唐之刑书有四,曰:律、令、格、式。令者,尊卑贵贱之等数,国家之制度也;格者,百官有司之所常行之事也;式者,其所常守之法也。凡邦国之政,必从事于此三者。其有所违及人之为恶而入于罪戾者,一断以律。[①]

|【案例】"有亲有邻在三年内者方可执赎"案|

▶【基本案情】> > >

埂头之田,既是王子通典业,听其收赎,固合法也。至若南木山陆地,却是王才库受分之业。准令:诸典卖田宅,四邻所至有本宗缌麻以上亲者,以帐取问,有别户田隔间者,并其间隔古来沟河及众户往来道路之类者,不为邻。又令:诸典卖田宅满三年,而诉以应问邻而不问者,不得受理。王才库所受分陆地,使其果与王子通同关,亦必须与之有邻,而无其他间隔,及在三年之内,始可引用亲邻之法。如是有亲而无邻,及有亲有邻而在三年之外,皆不可以执赎。[②]

---

① 《新唐书·刑法志》。
② 《名公书判清明集》卷之九:《户婚门·有亲有邻在三年内者方可执赎》。

|【案例】旗人吸烟犯徒罪折枷|

▶【基本案情】﹥﹥﹥

提督咨送:孙得禄吸食鸦片烟,不将贩卖之人供出,按例应杖一百,徒三年,系旗人,止折枷号四十日,较之食烟本罪应枷号两个月者转轻,应再酌加枷号一个月以昭平允。道光十二年贵州司案。①

▶【案例分析】﹥﹥﹥

"唐之刑书有四"史料说明的是唐朝主要的法律形式,即律、令、格、式之间的关系。律是唐代有关罪名和刑罚的法典,违反了令、格、式的规定和"人之恶者",一断以律;令是系统整理公布的关于国家各种制度的法规,格是皇帝针对某一国家机关或具体事项而发布的临时规定,经分类整理之后成为"永格";式是国家机关的办事细则和公文程式。

"有亲有邻在三年内者方可执赎"案例中,该案的法官直接引用令中关于典卖田宅须先问亲邻的条款,指出法律中对于所谓"亲邻"的定义应该是"与之有邻,而无其他间隔",并且又引用了令中关于"先问亲邻"条的诉讼时效规定,指出在买卖成立三年之后,司法官员就不得再受理"应问邻而不问"的案件。这个案例是古代司法官员直接援引令裁判案件的典型例证。

"旗人吸烟犯徒罪折枷"案例是孙德禄吸食鸦片烟,如果按例应处"杖一百,徒三年"的刑罚,因为孙是旗人,因此只枷号四十日。考虑到量刑过轻,最终认为"应再酌加枷号一个月以昭平允"。该案定罪时直接引用了例的规定,说明当时对于吸食、贩卖鸦片等新型犯罪,统治者使用"例"的法律形式加以调整。

▶【基本问题】﹥﹥﹥

贯穿礼法合一时代法律形式演变的重要问题是国家基本法典——律和其他法律形式令、格、式、敕、条例、则例之间的关系。西晋的律学家杜预说:"律以正罪名,令以存事制。"说明当时开始明确区分律令界限,律是关于定罪量刑的刑法规定,而令则是国家各方面的行政管理制度,"施行制度,以此设教,违令有

---

① 《续增刑案汇览》卷四。

罪则入律"。① 唐代的法律形式主要有四种:律、令、格、式,其中律是国家的基本法典,令、格、式则是其他的重要法律形式。《唐六典》认为四种法律形式之间的基本关系是:"律以正刑定罪,令以设范立制,格以禁违止邪,式以轨物程式。"四者之间相互配合,相辅相成,组成了一个严密的法律体系,共同实现社会管理的任务。明清时期,传统的"律令体系"逐渐演化成"律例体系"。例是在不违背律的基本规定的前提下,根据实际需要作出的新规定,以弥补"律"的不足。

▶【知识分析】> > >

一、令

令起源于秦汉时期,秦汉时期的"令"是君主或皇帝针对一时之事而以命令形式发布的法律文件,它同"律"一样也是一种主要法律形式,但其效力高于律。秦始皇统一天下之时,更定名号,君主称为"皇帝",并规定皇帝的"命为'制',令为'诏',天子自称'朕'"。由此开始,"制"与"诏"成为皇帝命令的专称,从而不仅使之与其他人发布的命令区别开来,而且更赋予其最高威严,使之具有最高的法律效力。汉代的杜周说:"三尺法安出哉,前主所是著为律,后主所是疏为令,当时为是,何古之法乎?"②可见,在时人看来,律与令均是皇帝意志的体现,并无明确区别。

魏晋南北朝时期,令也得到了进一步的发展。三国时期,魏、蜀、吴皆定有令,仅曹魏就有《州郡令》《尚书官令》《军中令》等180余篇。至西晋时,开始明确区分律令的界限,西晋的律学家杜预说:"律以正罪名,令以存事制",说明当时律是关于定罪量刑的刑法规定,而令则是国家各方面的行政管理制度。据此,西晋将不宜入律的规定从律典中分离出来,汇集为《晋令》四十卷,与《晋律》同时颁行。

唐令是经过系统整理公布的关于国家各种制度的法规,涉及的领域也非常广泛。令的作用是"设范立制",即律的重要补充,故"律无正文者,则行令"。《唐六典》曾说:"凡律以正刑定罪,令以设范立制,格以禁违止邪,式以轨物程式。"宋人修订的《新唐书·刑法志》则解释说:"唐之刑书有四,曰:律、令、格、式。令者,尊卑贵贱之等数,国家之制度也;格者,百官有司之所常行之事也;式者,其所常守之法也。凡邦国之政,必从事于此三者。其有所违及人之为恶,而

① 《晋书·刑法志》。
② 《汉书·杜周传》。

入于罪戾者,一断以律。"由此可以看到,唐代以及后世公认律、令、格、式是唐代四种最主要的法律形式,都是唐代法律的重要渊源。但律、令、格、式并不是并列的。其中以律为主,律是封建国家的大法,令、格、式则是律的重要补充。令在《说文解字》中解释为"发号也"。实际上是封建皇帝针对特定事项、临时颁布的各项命令,上至国家的大政方针、政权组织方面的制度与规定,下至某个特定对象,内容相当广泛。所以,令的主要作用是规范国家体制与严格尊卑贵贱的等级秩序。唐代重要的令,有《武德令》《贞观令》《开元令》等。

二、格

格源于汉魏时期的科,内容为定罪科刑的单行法规。三国时期的曹魏政权大量使用"科"作为临时性的法律渊源,魏武帝曹操在位时期因在名义上仍为汉臣,因此体现以曹操为首的统治集团意志的法律便只好以"科"的形式出现。《唐六典》中记载:"梁易故事,为梁科三十卷,蔡法度所删定。"在删制科的同时"增损晋律,为二十篇"。因此学者认为,在汉晋及南朝时,科是"分类集成"的判例。而在三国时,科因形势需要而成为主要的法律形式通行于世。①

北魏以格代科,将律无正条的罪名编入格,与律并行,于是,格成为了独立的法律形式。北魏初,科作为副法仍在行用。《魏书·太祖纪》卷二略云:"(天兴元年)十有一月辛亥,诏三公郎中王德定律令,申科禁。"《魏书·刑罚志》也载:"(太祖)约定科令,大崇简易。"至东魏定有《麟趾格》,北齐在此基础上"撰《权格》,与律令并行"。

唐代的格,是由皇帝发布的、国家机关必须遵行的各类单行敕令与指示的汇编。汇编后的格,唐时称之为"永格",使单行的敕条上升为普遍性与经常性的法律,是"百官有司所常行"的定制。唐代重要的格有《武德格》《贞观格》《开元格》等。唐代的格涉及范围广、灵活具体,成为系统法律的重要补充。

三、式

式的名称源于秦,秦简中有《封诊式》,多数是行政性法规。西魏文帝时苏绰编定了《大统式》,这是我国历史上第一部式的汇编。唐代,式是有关封建国家各级政权组织或各类机关活动的规则,以及中央与地方、上级与下级之间的

---

① 马小红:《"格"的演变及其意义》,《北京大学学报(哲学社会科学版)》1987年第3期,第110—118页。

公文程式的细致规定。唐代编定的式称之为"永式",是带有行政法规性质的经常适用的法律规范。唐代重要的式,有《武德式》《贞观式》《开元式》等。

四、例

例是另一可以征引的法源。宋代编例、断例起自仁宗赵祯庆历时命"刑部、大理寺以前后所断狱及定夺公事编为例"之诏,附在编敕之后;神宗熙宁时又将"熙宁以来得旨改例为断,或自定夺,或因比附辩定、结断公案堪为典型者,编为例",形成《熙宁法寺断例》十二卷;后又有神宗《元丰断例》六卷、哲宗赵煦《元符刑名断例》三卷、徽宗赵佶《崇宁断例》、南宋《绍兴编修刑名疑难断例》二十二卷、《乾道新编特旨断例》二十卷、《开禧刑名断例》十卷。事例则是以皇帝"特旨"和尚书省等官署发给下级指令的"指挥"编类为例。神宗以后,"御笔手诏"等特旨和指挥的地位渐高。例在宋神宗时就出现了"引例破法"的情况,至宋徽宗崇宁时依然如故。南宋时更有"吏一切以例从事,法当然而无例,则事皆泥而不行,甚至隐例以坏法"①。宋代敕、例的广泛应用是导致宋代法制混乱的重要原因之一,但宋例对明清时期例的发展有较大影响。

以例或条例作为断案的根据,以补法律之不足的做法,到明代愈益发展。其主要原因是明祖有训,《大明律》不可擅改,否则,"即坐以变乱祖制之罪"。但是,随着社会关系的不断变化,为了使法律更有效地调整社会关系,就必须进一步发挥例的作用。虽然在明宪宗以前对用例基本持比较谨慎的态度,甚至禁止"妄引榜文条例""令谳囚者,一依正律,尽革所有条例"。但至宪宗成化十八年(公元1482年)时首肯《挟诈得财罪例》后,运用条例之风,迅速蔓延开来,以致出现明代中后期"因律起例、因例生例……庶几人知律意。因循日久,视为具文。由此奸使法,任意轻重"②的混乱局面。明代统治者为了克服这种混乱的局面,即着手删修条例。明孝宗弘治十三年(公元1500年),尚书白昂与九卿等删修《问刑条例》,正式颁示天下,与律并行。

清朝的主要法典《大清律集解附例》和《大清律例》,都是采取了律、例合编的法典编纂模式。在清朝法典中,"律"是作为法典主干的正式律文,例则是律文之外另议的"条例"或称"定例"。

---

① 《宋史·刑法志》。
② 《明史·志第六十九·刑法一》。

► 【案例与思考】> > >

|【案例一】养子怒打亲父案|

甲有子乙以乞丙，乙后长大，而丙所成育。甲因酒色谓乙曰：汝是吾子。乙怒杖甲二十。甲以乙本是其子，不胜其忿，自告县官。仲舒断之曰：甲生乙，不能长育，以乞丙，于义已绝矣。虽杖甲，不应坐。①

【思考】结合上述案例分析春秋决狱中律与经义的关系。

|【案例二】叔父谋吞并幼侄财产|

李文孜蕞尔童稚，怙恃俱亡，行道之人，所共怜悯。李细二十三为其叔父，非特略无矜恤之心，又且肆其吞噬之志，以己之子为兄之子，据其田业，毁其室庐、服食、器用之资，鸡、豚、狗、彘之畜，毫发丝粟，莫不奄而有之。遂使兄嫂之丧，暴露不得葬，孤遗之侄，逃遁而无所归。其灭绝天理，亦甚矣！纵使其子果是兄嫂生前所养，则在法，所养子孙破荡家产，不能侍养，实有显过，官司审验得实，即听遣还。今其不孝不友如此，其过岂止于破荡家产与不侍养而已，在官司亦当断之以义，遣逐归宗。况初来既无本属申牒除附之可凭，而官司勘验其父子前后之词，反复不一。又有如主簿之所申者，上则罔冒官司，下则欺虐孤幼，其罪已不可逃，而又敢恃其强悍，结集仇党，恐喝于主簿体究之时，劫夺于巡检拘收之后，捍拒于弓手追捕之际，出租赋、奉期约之民，当如是乎？若不痛惩，何以诘暴！准敕：诸身死有财产者，男女孤幼，厢耆、邻人不申官抄籍者，杖八十。因致侵欺规隐者，加二等。厢邻不申，尚且如此，况叔侄乎？因致侵欺，尚且如此，况吞并乎？又敕：诸路州县官而咆哮凌忽者，杖一百。凌忽尚且如此，况夺囚乎？又律：诸斗以兵刃斫射人，不着者杖一百。斫射平人，尚且如此，况拒州县所使者乎？合是数罪，委难末减。但子听于父者也，李少二十一岂知子从父令之为非孝。原情定罪，李细二十三为重，李少二十一为轻，李细二十三决脊杖十五，编管五百里，李少二十一勘杖一百，押归本生父家，仍枷项，监还所夺去李文孜财物、契书等。李文孜年齿尚幼，若使归乡，必不能自立于群凶之中，而刘宗汉又是外人，亦难责以托孤之任，此事颇费区处。当职昨唤李文孜至案前，问

---

① ［唐］杜佑撰，王文锦等点校：《通典》（第二册），中华书局 1988 年版，第 1911 页。

其家事,应对粗有伦叙,虽曰有以授之,然亦见其胸中非顽冥弗灵者,合送府学,委请一老成士友,俾之随分教导,并视其衣服饮食,加意以长育之。其一户产业,并从官司检校,逐年租课,府学钱粮,官与之拘榷,以充束修服食之费,有余则附籍收管,候成丁日给还。①

【思考】本案法官援引了哪些法律形式作为裁判案件的依据?结合本案,请分析宋代敕与律之间的关系。

【案例三】长孙无忌带刀入殿案

贞观元年,(戴胄)迁大理少卿。时吏部尚书长孙无忌尝被召,不解佩刀入东上阁。尚书右仆射封德彝议以监门校尉不觉,罪当死;无忌误带入,罚铜二十斤。上从之。胄驳曰:"校尉不觉与无忌带入,同为误耳。臣子之于尊极,不得称误,准律云:'供御汤药、饮食、舟船,误不知者,皆死。'陛下若录其功,非宪司所决;若当据法,罚铜未为得衷。"太宗曰:"法者,非朕一人之法,乃天下之法也。何得以无忌国之亲戚,便欲阿之?"更令定议。德彝执议如初,太宗将从其议,胄又曰:"校尉缘无忌以致罪,于法当轻。若论其误,则为情一也,而生死顿殊,敢以固请。"上嘉之,竟免校尉之死。②

【思考】本案的裁判依据是什么?根据本案,分析唐代法律形式中律的作用和地位。

---

① 《名公书判清明集》卷之八:《户婚门·叔父谋吞并幼侄财产》。
② 《旧唐书·戴胄传》。

CHAPTER 5

第五章

礼法合一时代的身份法律制度

第一节　礼法合一的身份保障法制

|【案例】北魏费羊皮卖女案① |

▶【基本案情】＞＞＞

　　北魏宣武帝时，冀州阜城（今河北阜城）有个叫作费羊皮的人，母亲病亡，家里非常贫穷无法安葬，思来想去，无奈将七岁的女儿卖给同城的张回作奴婢。张回贪图钱财，很快就将其高价转卖给郿县人梁定之，但却没有明确告知其良人之情况。梁定之买婢女之事很快被官府获知，依照"和卖人为奴婢"之律，张回故意买卖费羊皮女儿，图谋转卖获利，拟依律处以绞刑。

|【案例】东晋太守羊聃适用"八议"案 |

▶【基本案情】＞＞＞

　　东晋成帝时，庐陵太守羊聃性格暴戾，管辖地方时，常常为非作歹，对无辜百姓滥用刑罚。在简良一案中，他无端怀疑简良等为贼盗，徇私枉法，竟然一次冤杀无辜者一百八十人之多，甚至还牵涉一些无知幼童，引起了当地强烈的民愤。后有右司马向成帝直言上奏，称羊聃滥杀无辜，罪当处死，征西大将军庾亮遂将羊聃绑缚京都治罪。但是，因为景献帝皇后是羊聃的祖姑，属于皇亲国戚，身份尊贵，一般应予以"八议"。晋成帝下诏说："这种事情从古到今都没有发生

---

① 《魏书·刑罚志》。

过,如果这样的冤错都能忍受得了,那就没什么事不能忍受了。怎么还能对他施以八议呢?当然我也不忍心把他公开处死,就把他赐死在监狱中吧!"也就是说,皇帝都认为羊聃的罪行极为严重,是不能被宽恕的,但考虑到他的特殊身份,就不公开处死,而采取比较体面的赐死。然而,成帝的诏书下达不久,就出现了反对的声音。羊聃的外甥女,也就是当时琅琊王太妃山氏向成帝叩头求情,希望能饶其性命,朝中另一位有威望的大臣王导也上奏说:"羊聃的罪行确实是不容宽恕,应该处以重罚,但山太妃因此而忧虑成疾,陛下不如法外施恩,给羊聃一条生路吧!"成帝衡量轻重,左右为难,最终还是听从了众人建议,下诏改变了刑罚,诏书中说:"山太妃就这么一个舅舅,听说要处以死刑,情虑深重,以致吐血。我小时候曾经受过山太妃的养育之恩,对待山太妃就像自己的母亲一样。如果因此导致山太妃难以忍受伤痛而病故,我还有什么脸面存活于世呢?现在就宽恕羊聃一命,以报答山太妃对我的养育之恩吧。"最终,成帝免除了羊聃的死罪,只是将其除名为平民。虽然羊聃最终由于担心受到报复,在担惊受怕中抑郁而终,但他却逃脱了法律上的制裁。[①]

▶【案例分析】＞ ＞ ＞

北魏费羊皮卖女案中涉及良贱身份的区分,是因血统或职业等被区别开来的社会集团,亦是中国古代法律制度的重要原则,律令严格保障良贱之界限,防止良人坠入"贱籍",北魏《盗律》明确规定:"掠人、掠卖人为奴婢者,死。"[②]这一法条延续到了唐代,《贼盗律》中亦规定:"诸略人、略卖人(不和为略。十岁以下,虽和,亦同略法)为奴婢者,绞;为部曲者,流三千里;为妻妾子孙者,徒三年。"[③]从律文原意看,都是要严格保障良人的身份,惩治将良人略卖为贱之行为。

依照律令的规定,尚书李平认为,对张回适用"掠人"的规定,应该处绞刑。然而,这一提议在朝堂中引起了争议,宣武帝下诏说:"'和卖人',是指两人串通,共同诈取他人财物。现费羊皮卖女,并告诉张回该女为良人,张回图谋卖价低贱,知道是良人而公然收买。但是两个人都没有欺诈。此女虽然被父亲出卖为奴婢,但是本身为良人。张回转卖于他人之时,应当考虑到这一点,诚然两个人行为都是违反法律,但是张回却决然地将其转卖,于情不可。需要再加推究,

① 赵晓耕:《中国法制史》,中国人民大学出版社2004年版,第138页。
② 《魏书·刑罚志》。
③ 长孙无忌等著,刘俊文点校:《唐律疏议》,中华书局1983年版,第369页。

作出判决,并以之作为可以沿用的典型案例。"

对此案,廷尉少卿杨钧认为,虽然根据"知人掠盗之物,而故买者,以随从论"的规定,张回为从犯,但是根据"群盗、强盗,无首从皆同"的规定,首犯、从犯处罚应当相同。所以对张回应当适用有关"掠人"的规定,处死刑。只是考虑到亲属之间的关系,法律从轻处罚卖者,所以买者也应当从轻处罚,可以适用流刑。

三公郎中崔鸿则认为,杨钧所言并非周全。首先,按照律令,卖子女者徒一年,而对于卖五服以内亲属,特别是出卖尊长的,虽然并非掠人,法律仍规定为死刑,因此对于买者,也应当处以死刑,而不是处以比卖者较轻的刑罚,这是由于尊卑身份不同;其次,对于买者而言,如果只是收买而没有转卖,适用"知人掠盗之物而故买者,以随从论",可以根据对卖者刑罚的减轻,对买者也减轻处罚,判处五年徒刑较为合适;再次,对于收买后又隐瞒真实情况而出卖的,则不能减轻,因为此行为可能导致良人最终辗转被买卖,家人想要求访追赎,十分困难,遂会永远沦为奴隶,最终不能从良,其社会危害性很大,此与"掠人"无异,应当处以死刑。

高阳人王元雍则从礼刑合一之法律精神及法律政策的角度出发,认为:第一,本案在法律无明文规定的情况下,既不宜适用"群盗、强盗,无首从皆同"的规定,也不宜适用"知人掠盗之物而故买者,以随从论"的规定。此两者都不适合亲属之间相卖的情形。因为前者不分首从,比谋杀处罚还重;后者立法的本意只是为了杜绝掠盗的根源。第二,买者是不是转卖他人都是没有差别的。因此,将张回处罚鞭一百即可。第三,费羊皮卖女实为葬母,符合礼法,是孝心的表现,不但不应处,反而应当颂扬。

宣武帝总结大臣们的意见后,最后作出决定:张回虽然转卖费羊皮之女,但"掠人"与"强盗"等毕竟不同,适用"知人掠盗之物而故买者,以随从论"的规定,同时根据主犯从轻,对从犯也从轻发落,在张回流刑的基础上,减为徒刑五年;根据出卖子孙的,只处以一年的徒刑的法律规定,以及高阳人王元雍所提倡的尊崇孝道、礼法一致的法律精神,最终免除了对费羊皮的处罚。①

费羊皮案的裁断,处处体现出尊卑、良贱身份上的区别,以及儒家礼义的影响。魏晋以至唐代,律令制度严格禁止掠卖、和卖良人,就是要防止良人沦入没有法律地位的贱籍,维护良人阶层的身份。律令中再对人口买卖中之尊卑作出

---

① 赵晓耕:《费羊皮卖女葬母案》,《法律与生活》2006年第16期,第52—53页。

区分,从重处罚出卖尊长的行为,亦体现出对等级身份的维护。由身份的法律保障出发,封建时代的律令制度,实际上是在维系等级森严的封建秩序,任何对这种秩序构成威胁的行为,必然会受到法律的严惩,尽管最终的裁断还是会受到儒家礼义的影响。

东晋太守羊聃适用"八议"案中羊聃罪行严重,涉及上百人的性命,本应该判处死刑,最终能够脱罪,正是由于其身份上的特殊性,故晋成帝不得不作宽纵。羊聃案涉及的"八议"制度,是指对贵族、官僚、地主等身份的人作法律上的特别保护,这些人犯罪可以减轻或免除刑罚。"八议"最初见于《周礼》之八辟,汉朝法律虽然没有完全相同的制度,但已经有类似的案例,到曹魏时期,"八议"作为刑法原则正式入律。正如《唐六典》所载:"八议自魏、晋、宋、齐、梁、陈、后魏、北齐、后周及隋,皆载于律。"所谓八议,就是议亲、议故、议贤、议能、议功、议贵、议勤、议宾。"若亲贵犯罪,大者必议,小者必赦",大多数受到了减刑或免刑的优待。

法律之所以要对贵族、官僚等作出法律上的优待,实际上与魏晋以来世家大族的发展有极大关系,世家大族源起于东汉后期的察举制,当时一些家族在官吏选任中相互推荐,辅之以联姻及其他利益交换,逐步就形成了一些兼具财富和权力的大家族,这些经过几代人形成的大家族,逐渐在政治生活中发挥重要的作用,"八议"制度在曹魏时入律,正反映出世家大族强大的影响力。成帝处理羊聃案时,最初并不想适用"八议",但是,由于羊聃在世家大族和皇亲国戚中的双重角色,成帝也不得不作出免除死刑的决定,也就是说,家族的"私情"超越了国家的法令,最终法律应有的正义性被搁置。

现代法治以"平等"为最基本原则,法律面前人人平等,是实现公平正义的最重要前提。司法中的依法裁断,必须要摒弃身份、等级的不当影响,只是根据事实与法律作出判决,这也是正义女神蒙上双眼的原因。羊聃案作为一个反例,恰说明特权与法治绝然相悖,施行法治就必须拒斥特权,唯其如此,法治的权威才能有效树立,普通公民的权利才能得到保护。

▶【基本问题】> > >

通过上述案例我们了解到身份的不同,在法律上享有的权利、应当承担的责任也不同,关于封建社会身份的种类和内容是我们进一步了解的问题。

► **【知识分析】** > > >

身份是指人的出身、地位或者资格,亦即能够把某人与其他人区分开来的出身、地位或资格等。主要涉及在家族中上下、尊卑身份;国家中的贵族官僚、一般常人与贱民之分。有关身份问题在中国传统法制中经历了一个发展演变的过程。关于家族中的尊卑身份和官僚贵族身份中的相关法律规定在刑事法律中详细规定。本节主要涉及的是有关良贱身份的法律规定。

先秦时代,存在着大夫、士、庶人及奴隶等身份的区别。西周时,爵制分为公、侯、伯、子、男五等;秦国变法,改以军功为标准,设立"二十等爵"。侯爵、士人之外,还有"庶人",秦汉时期,庶人是介于奴隶和自由小农之间的阶层,享有一定的人身自由。庶人是因出生或是刑徒、奴婢通过赎、免、赦等方式获得的自由人男女的阶等身份。庶人可以立户受田。庶人中的成年男子因傅籍而取得士伍身份。① 除此以外,还有广大的不享有人身自由的人,属于奴隶阶层。

五代至隋唐,出现了作为贱民阶层的部曲和奴婢。部曲原本是军队用语,即部队的意思,后来逐步成为唐律上的私属贱民,或者是庄园劳动者。奴婢是家内劳动者,他们一般通过牙人的中介,签订"卖契"或"雇契"而来。

到了宋代,逐渐打破了过去的身份等级制度,建立起君主独裁之下万民彼此平等的原则。《续资治通鉴长编》中记载:"上以今之僮使本庸雇良民。"这里的僮使就是身份卑微的奴婢,也即过去被从良民中划分出去的奴婢、部曲等贱民,本来就是良民,只不过是临时受人金钱、为人雇佣而已,学者宫崎市定对之高度评价,认为"这在东洋史上是前所未见的,无可比类的人权宣言"。② 尽管宋代以来,贱民获得了一定程度的解放,但法律和社会实际中的身份等级仍然是存在的,甚至在元代还出现了蒙古、色目、汉人、南人的等级划分,以法律强化民族间的不平等。

良贱身份的区分,一直延续到清代,如《大清律例》规定了涉及房舍车服器物的尊卑贵贱之等,"贵贱各有等第",违者要依律惩处。康雍时期虽颁布了"除

---

① 吕利:《律简身份法考论》,法律出版社 2011 年版,第 206 页。

② [日]宫崎市定:《从部曲走向佃户》,刘俊文编:《日本学者中国史论著选译》(第五卷),中华书局 1993 年版,第 57 页。

贱为良"的法令,反映人身依附关系的减轻,但律例条文上的良贱严格差别并无改变。

第二节　身份的继承

一、身份的延续

|【案例】王文植家同宗争立互诉案|

▶【基本案情】> > >

　　王文植没有儿子,起初立其兄文枢次子伯大为自己的儿子,后伯大不幸夭亡,又立其亲房侄志学之子志道为伯大继。王文植最初以志道立继之时,文枢长子伯达,希望以其另一弟伯谦争立为文植之子,却未能遂愿。伯谦又名为鹤翁,王文植对之不满,曾赴官起诉,称鹤翁打碎了家堂香火。志道立为文植之后已经四年,此四年间,鹤翁贪图王文植的家业,欲染指其间,故一直在暗中观察志道的错失,没有一天停止他的图谋。某一次,乘王文植患小病,马上派了两个婢女服侍,端汤给药,甚为殷勤。人年纪大了,自然对有人孝顺侍奉十分在意,文植知道此术,但在自己身上却不自知,因此喜怒爱憎之心就生发了,而鹤翁的图谋逐渐要得逞了。志道作为王文植过继的子嗣,曾承祖母重服,又娶妻生子,祖孙相依四年多,其间并无间言。在家中,志道常常能考虑到祖父年事已高,当他偶然发怒时,总是能和颜而开解,有所命,即竭力以奉承之;有疾,夜不解带,亲自尝汤药以侍奉,则尊者之心,自然快乐,一家之内,"益然如春",故所谓志道与尊长有"间言"并不属实。主审官认为,王文植见恶于志道之词,大多是鹤翁纵横之笔为之,非出于尊长之本心。驱逐志道而别令立鹤翁,于立嗣遣子孙条无碍,但鹤翁曾经被王文植起诉,昔日讼之而今日又立,文植自己的逻辑不通。志道之立继,已经书立有契据,四年后突然遭到遣逐,鹤翁占据其田,夺其耕牛,能心安理得吗? 再看文植诉志道之词,多是欲加之罪,只是泛泛的"狠戾自用"罢了,狠戾自用,皆可以消平驯化,志道携妻带子,屡次在祖辈尊长前悔罪悔过,天理"油然而生"。立继承嗣,孝道最为重要,"达孝在承宗",子孙辈若能天天奉养无缺,能顺适尊亲之心意,使之心怀喜乐,不致伤害伦谊,就可以承宗了。①

【案例】黄廷珍诉廷吉妻毛氏立继案

▶【基本案情】 > > >

　　黄廷吉亲兄弟共四人,上有两兄长,长兄廷珍,次兄廷新,一弟廷寿。廷吉娶妻毛氏,端平元年五月,廷吉发生意外短命身死,没有留下儿女。当时毛氏的年纪,仅仅有二十三岁,又没有一个儿子可以作为终身之托。毛氏发誓不再嫁人,但无子而守节,确实为人之所难。当时,廷新虽然娶妻,但还未有嗣,廷寿病风丧心,未娶妻。廷珍虽然有三个儿子,却与廷吉年岁相当,并且廷吉在时,素来与廷珍存有罅隙,兄弟不合,生前就不相互往来。廷吉身死之后,廷珍父子袖手旁观,竟然没有一个人来表达哀思或慰问。再加上这些儿子不肖,所以阿毛于当年十一月内,问其表姑廖氏,乞请将其次子法郎,立为廷吉后,名曰黄臻。虽然黄臻改换名姓,但因其为异姓子,又未得到家族的一致认同,故而引发了争议。有人提出,黄臻之立继,实际是在黄廷吉身死之后,现在却称是其生前收养,不过是想以此掩盖其异姓的事实罢了。这一立继,一没有“除附”的凭据,二没有宗族认可的证明,不过是在廷吉既死之后,所造的墓碑经簿有所体现,以及毛景山、黄仲元等人的有限证词,这样的证据,可信度是存有疑问的。正因为担忧家族产业为外姓所侵占,故“黄廷珍”等提出诉讼,请求法律确认对黄臻的立继无效。然而,黄臻被立继已经有十八年,子母相安无事,甘当门户,又听从差役,增置田产,并没有一丝一毫的过错。伯父廷新、廷寿连年聘师教导,又主持其婚姻,起初也没有什么异议。之后,廷新、廷寿相继病亡,毛氏与黄臻遂失去了伯父的倚靠。长兄廷珍之子黄汉龙遂起了吞谋的心思,又开始以之兴讼,意图驱逐黄臻,而以其自立。故提出诉讼的实际是黄汉龙,而不是其父廷珍。尽管黄汉龙存在觊觎之心,但他提出的质疑并非完全无理,最终,主审官要求在廷新、廷寿子侄八人中再选,毛氏选立黄廷新次子禹龙为子嗣。另外,将阿毛现存产业,摽拨分作两份,经官府印押,付黄臻及新立之子各人收执,仍听阿毛掌管。②

<hr>

　　① 中国社会科学院历史研究所宋辽金元史研究室点校:《名公书判清明集》(第2版),中华书局2002年版,第209页。
　　② 中国社会科学院历史研究所宋辽金元史研究室点校:《名公书判清明集》(第2版),中华书局2002年版,第218—219页。

▶【案例分析】 > > >

中国古代的继承,不止是财产继承,更多是宗祧、爵禄等身份继承,它关系着家族的延续。在慎终追远的传统中,家族身份的继承,意味着有人可以接替祭祀祖先的香火。这一系列制度,都是在儒家礼义的原则下出现的,它的实际运用,亦要受到礼义精神的制约。

在王文植争立继案中,鹤翁有意找寻志道的错失,曲意奉承王文植,其实意在图谋王文植的家产。主审官员反复强调的,是作为礼义的孝道,只有诚心实意善待尊长,坚持践行孝道,才能作为"承宗"的前提条件。如果在孝道方面,不能符合礼义的基本要求,即便是符合形式条文中的继承法令,也不能取得立继的资格。

在黄廷吉妻毛氏立继案中,最初因家族不合,立黄臻为异姓子,其间确有隐情,但若严格依照宋时继承法律,立妻家异姓子是不合法的。家族胞兄及其子提出诉讼,除了防止外姓坐占祖宗积累的产业,更多意在维系家族身份的继承。最终司法裁断,从圣人"制礼立法,妇人从夫"的婚姻家庭原理出发,既考虑了人伦之大节,又照顾到家族之情理,从继承身份和财产两个方面,作出了较为适当的安排。

▶【基本问题】 > > >

这两个案例主要涉及身份继承的特殊情况,即事主无子如何继承的问题,由此我们需要全面了解和掌握身份继承的主要内容和发展演变的情况。

▶【知识分析】 > > >

在中国古代法律中,身份不仅是受到保障的,更是可以继承的,甚至身份的继承,构成中国传统社会最为重要的继承,它确保了家族社会地位以及各种社会特权,同时也保证了社会等级结构的稳定,有利于"宗法社会秩序的维护"。[①]这一特征,在礼法合一的时代表现尤为明显。

汉代以来,多数朝代实行嫡系宗祧继承制度。汉代的立继被称为"置后"或者"代父后",立继的对象一般是嫡长子。唐代同样要求嫡长子继承,对于无子

---

① 赵晓耕:《身份与契约:中国传统民事法律形态》,中国人民大学出版社 2012 年版,第 292 页。

的,"听养同宗中昭穆相当者",即所立继承人一般是被继承人的同族,又是晚辈。对立嫡违法者,"徒一年",疏议解释说:"立嫡者本拟承袭,嫡妻之长子为嫡子,不依此立,是名违法,合徒一年。即嫡妻年五十以上无子者,谓夫人年五十以上不复乳育,故许立庶子为嫡,皆先立长,不立长者亦徒一年。"①

到了宋代,身份继承法制更趋于完备。《宋刑统》专列一条规范嫡长子继承制度,"诸立嫡违法者,徒一年"。所谓立嫡者,"本拟承袭,嫡妻之长子为嫡子,不依此立,是名违法,合徒一年"。该法同时禁止违法收养异姓男,"异姓之男,本非族类,违法收养,故徒一年"。② 一般情况下,妻家族中的人不能被立,只有在不得已时才允许立妻家人为后,以补充"同宗"继承原则,《名公书判清明集》(第 2 版)中有:"其环视本宗,无人可立,不得已取诸其妻家之裔,亦曰关于九族之一,庶几亲亲以睦,而相依以生。"这就是所谓立继"不得已"的情形。

明清时期,同样延续了"有子立长,无子立嗣"的原则,清律中规定了承继和立继两种宗祧继承方式,承继要按照嫡长子、嫡长孙、嫡次子、嫡次孙等顺序进行。清代还出现了"兼祧"的形式,即允许独子出继,同时也不断绝与亲生父母的关系,将来"一人承两房宗嗣"。

总体而言,中国古代法中,继承人本来就不仅是单纯的遗产取得者的意思,而是作为"被继承人的人格代表者""带有传下祖名继续祭祀者"。③ 故继承的这些形式,主要目的就是要继承祖先的政治身份或地位,同时实现祖先祭祀的延续,同样说明了身份继承的重要性。

二、女性身份与继承权

|【案例】田县丞立继分产争讼案|

▶【基本案情】> > >

宋理宗中期,田县丞身故后遗留下两房,长房是抱养子世光,已经去世,遗下两个年幼的女儿和她们的生母秋菊,是世光的婢女;二房有一子珍郎、二女,及三人的生母,是县丞的侧室刘氏,对世光一房来说是庶母和庶祖母。若要分

---

① 长孙无忌等著,刘俊文点校:《唐律疏议》,中华书局 1983 年版,第 238 页。
② [宋]窦仪等撰,吴翔如点校:《宋刑统》,中华书局 1984 年版,第 193 页。
③ [日]滋贺秀三:《中国家族法原理》,张建国、李力译,商务印书馆 2013 年版,第 136 页。

家,应该是世光和珍郎各得一份,两位妹妹得到作为嫁妆的财产。县丞还有一胞弟,名叫通仕,他以两房子侄年幼,意图谋取财产,声称存有世光遗嘱二纸,言明首以其子世德为世光之后。主审者发现了通仕的图谋,指出其趁县丞与世光不娶、侄孙等皆孤幼,欲为欺凌,"在法:诸户绝人有所生母同居者,财产并听为主。"本案中,刘氏系珍郎之生母,秋菊是二女的生母,母子皆从,财产当然听其为主,故通仕不得以立继为由,入头干预。县丞的遗产原来由庶母刘氏掌管,她不打算生分,也不打算替长房立嗣,反而有意把长房应得的一份并入二房。主审者从维护长房的权益出发,准备为长房立嗣,还要替他与二房分家,如此两房的产业分明,可以防止任何一方的觊觎或侵夺。作为庶母的刘氏原本想侵夺财产,经过司法审理后变成分产,自己所掌管的财富几乎减少了一半,自然很不满意。主审驳斥说:"在法:惟一母所生之子不许摽拨,今珍郎刘氏所出,二女秋菊所出,既非一母,自合照法摽拨,以息日后之讼。"①

▶【案例分析】 > > >

　　女性继承权,按照宋代继承法,家族之身份与财产,首先应由嫡长子继承,"诸户绝财产尽给在室诸女""惟一母所生之子不许摽拨",这是指诸子都是同父同母时,父母不得"生分",②并非是说诸子同父异母时,父母就必须得生分。从庶母在夫君死后独掌嫡子一房和亲子的产业可知,当嫡子不存时,庶母未尝可以不分家,继续保管亡夫的所有遗产,但当嫡子立嗣之后,加上庶母图谋不轨在先,也就被逼生分了。③ 该司法判断,实际体现了在室女与男子同享承分权,及唐宋继承法制的变革,若依照唐律,财产应当由珍郎一人独得,但实际判决系世光二女与命继子共同代父继承,且亲女之继承份额占据大多数。④ 最终的司法裁断,虽然处理了财产问题,但本质上仍是要保证家族承嗣,实现身份的继承,当然宋时继承法更多保障了在室女的权利,这代表了法制的进步。

▶【基本问题】 > > >

　　女性的继承问题是中国封建社会与当今不同的地方,它是如何发展演变

---

①　中国社会科学院历史研究所宋辽金元史研究室点校:《名公书判清明集》(第2版),中华书局2002年版,第251页。
②　除非父母愿意在生时分家,谓之"生分",否则诸子要等到父和母都去世或丧服期满后才能分家。参见柳立言《宋代的宗教、身分与司法》,中华书局2012年版,第209页。
③　柳立言《宋代的宗教、身分与司法》,中华书局2012年版,第218页。
④　李淑媛:《争财竞产:唐宋的家产与法律》,五南图书出版股份有限公司2005年版,第123—124页。

的,其内容是什么? 还需要我们进一步了解。

▶【知识分析】>>>

事实上,古代女性并非全无继承权,在特殊情况下女性拥有一定的继承权。主要牵涉妻、妾的继承和女儿的继承的问题。

其一,妻、妾的继承权。

在唐宋时期,妻妾在丈夫死后无子的情况下,可以代丈夫继承遗产。《开元令》与《宋刑统》中均规定:"诸应分田宅及财物者……,寡妻妾无男者,承夫分。若夫兄弟皆亡,同一子之分。"①可知,妻妾代替丈夫继承遗产的条件必须是在"无男"的情况下,"有男者不得别分"。无子寡妻妾可以代承夫份;无子寡妻妾同辈夫家兄弟均已死亡,在晚辈子侄均分的情况下,可以分得相当于一个子侄的份额。寡妻妾代承夫份的前提必须是"在夫家守志者;若改适,其见在部曲、奴牌、田宅不得费用,皆应分入均分"。②即她们必须守节不改嫁,如果事后改嫁,她分得的遗产应当归还给夫家,由原来的继承人平均分配。别居无户籍的妻妾无继承权。这一规定为明清法律所继承。如《明户令》规定:"凡妇人夫亡无子而守志者,合承夫分,须凭族长择昭穆相当者继嗣。其改嫁者,其财产及原有妆奁,并听前夫之家为主。"③

其二,女儿的继承问题。

唐代法律将女儿的继承分为在室女继承和出嫁女继承。

一是在室女继承,即与父母共同居住(或与兄弟共同居住)的未婚女性的继承权。《唐令拾遗》记载:"诸应分田宅及财物者,兄弟均分,妻家所得之财不在分限,兄弟亡者子承父分,兄弟俱亡则诸子均分,其未娶妻者,别与聘财,姑姊妹在室者,减男聘财之半。"④唐代在室女在父母去世后从家庭中继承遗产的份额,应为家庭中未婚男子聘财的一半作为以后出嫁的妆奁。北宋时期基本上继承了唐代的规定。到了南宋,有亲子在,女儿也能继承财产,其继承份额是其兄弟的一半。《名公书判清明集》载:"在法,父母已亡,儿女分产,女合得男之半。"⑤

---

① [日]仁井田陞:《唐令拾遗》,栗劲、霍存福等译,长春出版社1989年版,第155页;吴翊如点校:《宋刑统》,中华书局1984年版,第197页。
② 吴翊如点校:《宋刑统》,中华书局1984年版,第197页。
③ 怀效锋点校:《大明律》,法律出版社1999年版,第241页。
④ [日]仁井田陞:《唐令拾遗》,栗劲、霍存福等译,长春出版社1989年版,第155页。
⑤ 中国社会科学院历史研究所宋辽金元史研究室点校:《名公书判清明集》(第2版),中华书局2002年版,第277页。

这里所指明显不是男子聘财之一半,而是儿子家财之一半,上述案例中"县丞二女合与珍郎共承父分,十分之中珍郎得五分,以五分均给二女",就是明证。

如父母死亡,家中无其他男性继承人,则遗产尽归在室女所有。唐开元二十五年《丧葬令》规定:"诸身丧户绝者,所有部曲、客女、奴婢、店宅、资财,并令近亲(亲依本服,不以出降)。转易货卖,将营葬事及功德之外,余财并与女(户虽同,资财先别者亦准此)。无女均入以次近亲。若亡人在日,自有遗嘱处分,证验分明者,不用此令。"①此令中的"女",仅指在室。宋代基本上继承了唐代的法律规定。宋代法律规定在室女与命继子共同继承时,在室女可得四分之三;在室女、归宗女与命继子共同继承时,在室女和归宗女可得五分之四。依《名公书判清明集》载:"诸已绝之家而立继绝子孙,谓近亲尊长命继者。于绝家财产,若只有在室诸女,即以全户四分之一给之;若又有归宗诸女,给五分之一,其在室并归宗女即以所得四分,依户绝法给之。止有归宗诸女,依户绝法给外,即以其余减半给之,余没官。止有出嫁诸女者,即以全户三分为率,以二分与出嫁女均给,一分没官。"②《大明令·户令》规定:"凡户绝财产,果无同宗应继者,所生亲女承分,无女者入官。"所生其女应当包括在室女、出嫁女和归宗女,这一制度为清代所继承。③

出嫁女的继承权,即已婚同丈夫家族一同居住的妇女财产继承权。唐开成元年(公元836年)七月五日的敕令明确规定了出嫁女的继承权:"自今后,如百姓及诸色人死绝无男,空有女,已出嫁者,令文合得资产,期间如有心怀觊望,孝道不全,与夫合谋有所侵夺者,委所在长吏严加纠察,如有此色,不在给与之限。"④可见,出嫁女在娘家无任何子女并且不违背孝道的情况下才可继承家产。《宋刑统》规定:"请今后户绝者,所有店宅、畜产、资财,营葬功德之外,有出嫁女者,三分给与一分,其余并入官。如有庄田,均与近亲承佃。如有出嫁亲女被出,及夫亡无子,并不曾分割得夫家财产入已,还归父母家,后户绝者,并同在室女例。"⑤到了南宋《名公书判清明集》载:"诸已绝之家而立继绝子孙,谓近亲尊

---

① [日]仁井田陞:《唐令拾遗》,栗劲、霍存福等译,长春出版社1989年版,第770页。
② 中国社会科学院历史研究所宋辽金元史研究室点校:《名公书判清明集》(第2版),中华书局2002年版,第266—267页。
③ 怀效锋点校:《大明律》,法律出版社1999年版,第241页。
④ 吴翊如点校:《宋刑统》,中华书局1984年版,第198页。
⑤ 吴翊如点校:《宋刑统》,中华书局1984年版,第198页。

长命继者。……止有出嫁诸女者,即以全户三分为率,以二分与出嫁女均给,余一分没官。"①

第三节　身份与刑事责任

一、家族身份与刑事责任

|【案例】清代贾希曾因借贷砍伤堂叔案|

▶【基本案情】＞＞＞

　　清代乾隆年间,河南人贾希曾向堂叔贾嵩秀借贷,贾嵩秀因故未予应允,贾希曾遂怀恨在心。某天,贾希曾召唤同胞弟弟贾望曾等,一齐去往堂叔贾嵩秀家,以言辱骂后又持刀相向,贾希曾先砍了两刀,贾嵩秀慌忙奔走躲避,贾望曾又跟着多次以刀砍,最终致贾嵩秀左手与两脚俱伤,不能正常行动,造成残疾。②

▶【案例分析】＞＞＞

　　斗殴、杀人本是一般社会常见之犯罪,但在礼法合一时代,律令制度基于不同尊卑身份,对斗殴、杀人处置结果悬殊,卑幼殴杀尊长者,刑罚要重于尊长殴卑幼。《大清律例》规定:"凡卑幼殴本宗及外姻缌麻兄姊,杖一百;小功兄姊,杖六十,徒一年;大功兄姊,徒一年半;尊属又各加一等。折伤以上,各递加凡斗伤一等,笃疾者,绞;死者,斩。若尊长殴卑幼非折伤,勿论。"③依据律例规定,河南抚初审将贾希曾依照殴本宗小功尊亲属至笃疾者拟以绞决,贾望曾比照为从犯,依照律例拟处流刑。

　　该初审判决上奏后,受到乾隆帝批驳:认为贾希曾、贾望曾兄弟同为贾嵩秀的堂侄,虽用刀殴砍有先后之别,但因为服制攸关,不可按照凡人斗殴例分别轻

---

①　中国社会科学院历史研究所宋辽金元史研究室点校:《名公书判清明集》(第2版),中华书局2002年版,第266—267页。

②　[清]祝庆祺、鲍书芸、潘文舫、何维楷:《刑案汇览三编》(三),北京古籍出版社2004年版,第1491页。

③　《大清律例》,天津古籍出版社1993年版,第489—490页。

重,况且贾希曾刀砍后,贾嵩秀奔逃,贾望曾随即再砍致多处伤,亦不得以下手先后区分首犯、从犯,着由军机大臣会同刑部悉心详议,确定更为适当的刑罚,并作为以后遵行的定例。

刑部等详查案情、律例后认为,服制有期、功、缌麻之不同等级,案情有谋杀、故杀、殴杀之区别,故拟定罪名即因之有不同等差。依照律例,谋杀期亲以上尊长,无论杀伤与否,亦不分首犯从犯,皆拟以斩决、凌迟等极刑,殴杀、故杀等亦皆不分首犯、从犯。至于小功、大功,及缌麻尊长,与期亲有所不同,只有在谋杀造成死亡的情况下,不分首犯从犯皆处以斩刑。唯有殴死、殴伤的情形,才区分首犯、从犯,但是较凡人殴杀首从罪名为重。仔细分析律条原意,凡是卑幼殴杀功服缌麻尊长,导致残疾的,将起意犯罪、且下手伤重之犯定为绞罪,主要是由于尊长还未至死亡的后果,故只是惩罚下手较重的首犯,以其一人性命抵罪,其余从犯自然不再加重至死刑。如果是一案中数罪犯一起殴杀尊长,既然未造成命案,也难以将其一概处以极刑,故酌情减刑一等,处以“满流”。这样处理,比较之凡人斗殴伤至笃疾,首犯处流刑、从犯止于徒刑之例,已经属于从重了。根据案情轻重作出区分,如果是尊长起意谋殴,从犯只是勉强下手,并无金刃重伤,尚可以减等为流刑。若是首犯仅令帮忙殴打,却以刀刃砍杀,或者有折损重伤等情形,并未事先预谋,却造成笃疾者,自然应详议定科条以示区别。刑部等以为,卑幼殴打本宗外姻缌麻以上尊长造成笃疾的情形,除了主谋首犯及下手伤重的一人应处以绞刑外,听从帮殴之犯,只是以手足他物轻伤,处以流刑;若听从帮殴有折伤或刀刃伤的,应于流刑之上加重发极边烟瘴充军。贾希曾殴伤一案中,检视刀刃及伤势,贾嵩秀受到刀刃伤共十二处,左手两足不能行动,已经成为笃疾。查左手及两足等处伤都是由起意首犯贾希曾所砍,贾望曾只是用刀砍一处,但系刃伤,情亦凶横,应即从重改拟极边烟瘴充军。

本案亦是古代法因尊卑身份有别而量刑各异的例证。在尊卑等级秩序下,一家之尊长本来就有训诫、教育卑幼之权力,故尊长以理殴训卑幼,是律例所允许的行为,只有无理殴伤,或者情节严重者,才纳入刑法惩治的范畴。反之则不同,卑幼本来有尊重、顺从尊长之义务,任意骂詈尚且不可,殴伤、杀害尊长更是被归入十恶不赦之重罪。然而,卑幼殴杀尊长究竟如何确定罪名、刑罚,还有区分服制亲疏,以及犯罪情节。由大功至缌麻,越是服制关系亲近,卑幼殴杀尊长的,处刑越重;同时,使用刀刃,反复殴击等,也构成犯罪的加重情节。该案中,贾希曾等挟私愤,以刀刃致堂叔笃疾,情节殊为严重,故在凡人殴的基础上再加等处罚,以示警诫,这恰恰体现了"服制攸关"、身份等差的律例原意。

▶【基本问题】> > >

家族内部因尊卑身份有别而量刑各异,那么在中国封建社会法律中又是如何规定的? 对此,需要我们进一步了解和掌握。

▶【知识分析】> > >

在以"亲亲、尊尊"为核心的礼治社会中,国几乎就是放大的家,对于天下的治理,亦等同于家族和睦秩序的维护,"亲亲"就成了首要的伦理原则。注重家族内部的尊卑等级秩序的维护,就成了当时法律的重点内容。同一宗族的人应当和睦相处,相亲相爱。在法律制度中亲疏远近的确定则是丧服制度。《仪礼·丧服》所规定的丧服,是指亲属成员死后,要为其服丧,亲属关系愈亲者服愈重,愈疏者服愈轻,由重至轻,有斩衰、齐衰、大功、小功、缌麻五个等级,称为五服。五服分别适用于与死者亲疏远近不等的各种亲属,每一种服制都有特定的居丧服饰、居丧时间和行为限制。这不仅规定了亲属之间的亲疏远近关系,同时也规定了亲属之间的权利和义务的内容。其中,一家之尊长本来就有训诫、教育卑幼之权力,故尊长以理殴训卑幼,是律例所允许的行为,只有无理殴伤,或者情节严重者,才纳入刑法惩治的范畴。反之则不同,卑幼本来有尊重、顺从尊长之义务,任意骂詈尚且不可,殴伤、杀害尊长更是法律所不容的行为。晋律首次规定了"准五服以治罪"。① 准五服以治罪是指亲属相犯时,要依照双方当事人的服制关系来确定是否构成犯罪及衡量罪行轻重。基本原则是:亲属相犯,以卑犯尊者,处罚重于常人,关系越近,处罚越重;以尊犯卑者,处罚轻于常人,关系越近,处罚越轻;亲属相奸,处罚重于常人,关系越近,处罚越重;亲属相盗,处罚轻于常人,关系越近,处罚越轻。"准五服以治罪"在晋律中首次规定后,以后历代法律继承了这一立法精神。

《唐律疏议》规定:"诸谋杀期亲尊长、外祖父母、夫、夫之祖父母、父母者,皆斩。谋杀缌麻以上尊长者,流二千里;已伤者,绞;已杀者,皆斩。即尊长谋杀卑幼者,各依故杀罪减二等;已伤者,减一等;已杀者,依故杀法。"②"诸盗缌麻、小

---

① 《晋书·刑法志》。
② 钱大群撰:《唐律疏义新注》,南京师范大学出版社 2007 年版,第 563 页。

功亲财物者,减凡人一等;大功,减二等;期亲,减三等。杀伤者,各依本杀伤论。"①"诸同居卑幼,将人盗己家财物者,以私辄用财物论加二等;他人,减常盗罪一等。若有杀伤者,各依本法。"②唐律的这些规定意在据"准五服以制刑"原则,对于杀伤行为,对犯尊长者加刑而对犯卑幼者减刑。对于相盗行为,关系越近,处罚越轻。宋代法律规定与唐代法律相同。

明清法律规定基本相同。《大清律例》规定:"凡谋杀祖父母、父母及期亲尊长、外祖父母、夫、夫之祖父母、父母,已行者,皆斩;已杀者,皆凌迟处死。谋杀缌麻以上尊长,已行者,杖一百,流二千里;已伤者,绞;已杀者,皆斩。其尊长谋杀卑幼,已行者,各依故杀罪减二等;已伤者,减一等;已杀者,以故杀法。"③《大清律例》规定:"凡卑幼殴本宗及外姻缌麻兄姊,杖一百;小功兄姊,杖六十,徒一年;大功兄姊,徒一年半;尊属又各加一等。折伤以上,各递加凡斗伤一等,笃疾者,绞;死者,斩。若尊长殴卑幼非折伤,勿论。"④"凡各居亲属,相盗财物者,期亲,减凡人五等;大功,减四等;小功,减三等;缌麻,减二等;无服之亲,减一等。并免刺。若行强盗者,尊长犯卑幼,亦各依上减罪;卑幼犯尊长,以凡人论。若有杀伤者,各以杀伤尊长卑幼本律,从重论。"⑤

从上述法律规定来看,在礼法合一的社会中,虽然具体规定有所不同,但是"准五服以制罪"精神确实是一以贯之的。

二、良贱身份与刑事责任

|【案例】清代陈老么等听从谋杀他人奴婢案|

▶【基本案情】＞＞＞

清代道光年间,贵州陆春芳查访获知,同姓不宗的陆位"故绝",田产归其胞弟陆耀经管,虽起意争占。此事经官府讯明,将陆春芳等责处完结后,他又带着其母亲的婢女阿米,以及佃户陈老么、李沙把、陈糯儒、李老五等占住陆位庄房,主使陈老么等将陆位佃户王灿等吊打,逼着索要钱米。王灿等往向陆耀告知,

① 钱大群撰:《唐律疏义新注》,南京师范大学出版社2007年版,第628页。
② 钱大群撰:《唐律疏义新注》,南京师范大学出版社2007年版,第630页。
③ 田涛、郑秦点校:《大清律例》,法律出版社1999年版,第422页。
④ 《大清律例》,天津古籍出版社1993年版,第489—490页。
⑤ 田涛、郑秦:《大清律例》,法律出版社1999年版,第400页。

陆耀嘱咐王灿等将庄房拆毁，陆春芳等同阿米与陈老么等遂回归。返回后，婢女阿米腿疼，埋怨陆春芳。回忆起拆房时被陆耀追撵，现在又被阿米埋怨，陆春芳内心愤恨不平，临时起意将阿米殴伤致死，意图诬赖陆耀。陆春芳与陈老么等密商，令李老五前行走至途中，陈糯儒故意落后，李沙把与陈老么等用棍将阿米殴毙，意图诬赖陆耀，事情很快暴露，陆春芳、李沙把、陈老么等被拘捕。①

▶【案例分析】>>>

　　奴婢虽然法律地位卑微，但享有基本权利，并不能肆意伤害，无故杀伤奴婢的行为受到历代法律的禁止，如唐律规定"良人殴伤或杀他人部曲者，减凡人一等；奴婢，又减一等。若故杀部曲者，绞；奴婢，流三千里"。同时，良贱相殴、杀，依身份区别处置，《大清律例》"良贱相殴"条规定：凡奴婢殴良人者，加凡人一等。至笃疾者，绞。死者，斩。其良人殴伤他人奴婢者，减凡人一等。若死及故杀者，绞监候。若奴婢自相殴伤、杀者，各依凡斗伤、杀法。② 这一规定，延续了唐律良贱相殴处罚不同的原则。

　　该案地方初审认为，陆春芳谋杀其母亲契买婢女阿米，意图诬赖未成，罪止徒杖刑。唯其主使吊打陆耀佃户王灿等索要钱米，实属情凶势恶，从重依照凶恶棍徒例拟军。佃户陈老么、李沙把听从陆春芳谋害阿米性命，但律例无良人听从谋杀他人奴婢治罪明文，援引嘉庆十一年奉天省吴文谋杀为奴遣犯刘汉云伤而不死量减拟流的成案，将陈老么、李沙把于良人谋杀他人奴婢，依故杀法绞罪上量减拟流，陈糯儒"行而不加功"，李老五听从却未实行，再各减一等拟徒。

　　刑部复审后认为，陈老么等听从陆春芳谋杀其母亲的婢女阿米，律例并无良人谋杀他人奴婢治罪明文，自然应该比照故杀法，以良人故杀他人奴婢论处。只是良人故杀他人奴婢，为首者最高刑罚为绞监候，则谋杀为从犯者，自然不能与为首者同等处罚，而应该与凡人殴杀分别差等。陈老么等犯听从陆春芳谋杀他人奴婢，虽然与奉天省吴文谋杀他人奴婢，伤而不死情节不完全相符，但在绞罪上量为减轻则是一样的。初审将陈老么等于良人故杀他人奴婢绞罪上量减拟流，未实际参与殴打的陈糯儒等递减拟徒，是较为适当的。

　　这一案例，虽然涉及谋杀、故杀的比照适用，但实际反映的是因身份的差

---

　　① ［清］祝庆祺、鲍书芸、潘文舫、何维楷：《刑案汇览三编》（二），北京古籍出版社 2004 年版，第1412—1413 页。

　　② 《大清律例》，天津古籍出版社 1993 年版，第 483 页。

异,良贱相殴的法律结果不同,奴婢殴良人的,依照凡人相殴加重一等;而良人殴他人奴婢的,依照凡人相殴减轻一等。也即是说,同样的殴伤行为,因为良贱身份的差异,处刑是不相同的。律例优先保障良人的权益,贱民在利益享有上则受到明显的限制。根据《大清会典》,"四民为良""奴仆及倡优隶卒为贱",其中奴婢是贱民的基本组成。良贱之间法律地位不平等,不仅表现为同罪异罚,更严禁通婚,奴娶良人为妻者,杖八十并强制离异。[①] 良贱身份做法律上的区分,一直延续到清代末期。清宣统元年,随着变法修律,"奴隶"制度在法律上被一概废止,但在很长一段时期内,类似贱民的"奴婢"在中国社会中仍然存在。

|【案例】清代刘廷游殴死缌麻亲有罪奴婢案|

► 【基本案情】 > > >

清代睢宁县刘廷游是李克敬次婿,他与李克敬白契所买婢女牛氏,一向并无嫌隙。乾隆五十年四月十八日,李克敬物故,刘廷游同妻子刘李氏,以及妻姊吕李氏等一同回家料理丧事,刘李氏、吕李氏在同一房间住宿,李克敬孀媳洪氏,令婢女牛氏作为陪伴。五月初八日更余时分,刘李氏幼子不时啼哭,牛氏心生厌恶,吕李氏等当即予以叱责。牛氏不服气,取来一根轿杠横木殴伤刘李氏右手背,以及吕李氏左臂。争斗中,吕李氏将牛氏推跌扑地,擦伤了左额角,以及左右两边膝盖。吕李氏趁乱夺取了牛氏横木,殴打牛氏左胁腋,以及左右两边脚踝。在外的刘廷游听闻打闹,进来劝解,获知殴斗缘由后,又将吕李氏手上的横木夺下,并将牛氏叱责。牛氏爬起来后,随即以刘廷游帮护拉偏架,对其出言辱骂,还咬伤刘廷游左胳膊。刘廷游气愤不过,用夺下的横木殴伤牛氏右臂左大腿,牛氏则捡起石块向其投掷。刘廷游用横木架格阻挡,不巧正伤在牛氏肚脐左部。此事被李克敬的雇工人韩仁发现,告知了李洪氏,才将各方赶出喝散。后牛氏伤重,延至第二日殒命。报县验讯,供认不讳。查例载旗人白契所买之人,若殴打死者,仍照殴死奴婢本律治罪。又律载,殴打内外缌麻亲之奴婢致死者,杖一百,徒三年。因牛氏殴伤家长之女刘李氏,故为有罪之身,故刘廷游应比照家长及家长家期亲殴杀有罪奴婢减等满杖律,于满徒上减一等,杖九十,徒二年半。[②]

---

① 张晋藩、徐立志:《中国法律的传统与近代转型》,法律出版社 2005 年版,第 46 页。
② 杨一凡、徐立志主编:《历代判例判牍》(第八册),中国社会科学出版社 2005 年版,第 151—152 页。

▶【案例分析】＞＞＞

刘廷游案中,奴婢牛氏系李克敬白契所买,初审依照清代律例规定,旗人白契所买之奴婢,若殴打死者,仍照殴死奴婢本律治罪。律文又规定:殴内外缌麻亲之奴婢至死者,杖一百,徒三年。民人红契所买奴婢,例照满洲主仆论;则民人殴死白契所买奴婢,亦应与旗人一例问罪。该案中,牛氏被吕李氏等殴伤,并非致命主因。刘廷游殴伤其右臂、左大腿等处,也不是致命处所,唯无意殴伤其肚脐一处,色至青紫,实属于致命重伤,故其为刘廷游殴伤致死无疑。牛氏是李克敬契买之婢女,刘廷游是李克敬之女婿,服制属于缌麻。刘廷游应该依照殴内外缌麻亲之奴婢至死者,杖一百,徒三年律,应处以杖一百、徒三年。吕李氏与牛氏虽有殴斗,却无折伤,照律勿论。牛氏殴伤吕李氏等情,因其业已被殴身死,应该毋庸再议。

复审考虑了奴婢牛氏自身的过错,再查询律例条文,凡奴婢有罪错者,其家长及家长之期亲殴杀者,杖一百,无罪而杀者,杖六十,徒一年。该案是殴死有罪的奴婢,比照无罪者,律例系减一等定罪。奴婢牛氏殴伤家长之女刘李氏右手,以及吕李氏左臂膊,本来就是干犯尊长有罪之人。刘廷游闻讯进内叱责,牛氏又先行辱骂,还咬伤刘廷游的左胳膊,以致刘廷游气愤殴伤至毙命。刘廷游系牛氏家长的缌麻亲属,律内虽无殴死缌麻之有罪奴婢作何治罪明文,但较之将无罪奴婢殴死者,情节轻重自然不等同,应该酌量予以区别,以昭示律法平允。初审仍旧将刘廷游依照殴缌麻亲属之奴婢至死律问拟满流,并不十分恰当。刘廷游应该比照家长及家长期亲殴杀有罪奴婢减等满杖律,于满徒上量减一等,杖九十,徒二年半。

该案的处理,是清代身份法司法适用的典型。依照律例规定,家长、家长期亲等与奴婢身份有别,同样犯罪处罚则有不同。清代律例中,奴婢是概指,具体还区分红契或白契所买,以及是否恩养已久等,初审先分析了白契所买奴婢,将其比照红契所买,归入主仆关系,也就是属于家内奴隶。刘廷游与李克敬系缌麻亲,殴死奴婢,即比照殴内外缌麻亲之奴婢至死律,处以徒、杖不等之刑罚。然而,这一裁断只是简单考虑了服制和良贱关系,以及刘廷游殴死奴婢牛氏的片段情节,而未综合考量全案,即奴婢牛氏之前的殴斗、辱骂情节,它构成了古代身份等级法制下不可原谅的"罪错"。《大清律例》刑律中,明确规定:凡奴婢骂家长者,绞监候。骂家长之期亲及外祖父母者,杖八十,徒二年。① 检视其律

---

① 《大清律例》,天津古籍出版社1993年版,第503—504页。

意,骂詈家长尚且不可,与家长及期亲等殴斗,更为律例所不容。复审考虑奴婢过错,将殴死奴婢之刘廷游量减一等,恰恰透露出清代身份法的本质,家长、奴婢身份差等,法律权利有别,奴婢必须服从恭顺,若有不敬不恭,作出"干犯尊长"之事,家长,乃至其缌麻亲自然有权予以训诫,因此而殴死奴婢,亦可以减等治罪。

|【案例】清代雇工人刃伤家长案|

▶【基本案情】> > >

　　山阳人刘洪亮,年幼时随人学习木匠手艺作为营生。乾隆五十一年间,因为山阳年岁荒歉,生活没有着落,就带着儿子、媳妇,一同逃荒到铜山。在铜山,刘洪亮托中人推荐,投雇于郑楷家作为雇工,双方立有书面契约,约定每年工钱四千文。平日里,郑楷与刘洪亮一般以主仆相称呼,日常饮食起居,也是各自独立,不敢在一起共食。乾隆五十四年十月二十七日,刘洪亮喝多了酒,用小刀刮削烟袋。恰逢郑楷嚷骂其媳妇王氏衣服洗得不干净,越骂越凶,最后欲将刘洪亮父子一同逐出。王氏不住地啼哭,本就有醉意的刘洪亮心怀愤怒,忍不住出言顶撞郑楷。郑楷随即用手殴打其腮颊,刘洪亮恰好手握着小刀,顺势以之抵挡。郑楷再扑过去殴打,刘洪亮收手不及,以致小刀戳伤郑楷右边肋骨。郑楷随即令雇工人宗三等,将刘洪亮用绳子绑缚准备送官惩治。王氏见其丈夫被绑缚,又想到这一场争端都是因为自己洗衣事而引起,自怨自艾,啼哭不止。当天晚上,王氏乘人不备竟然上吊自杀。一伤一命,此事遂通知了乡保,并投告州县,请求处理。州县依法进行了详细的检验、讯问,发现案情大致清晰明了,杀伤并非故意为之,也不存在其他隐情。再查刘洪亮受雇于郑楷已经服役有数年,并且立有书面契约,饮食起居不敢与共,是有主仆名分,应该依照雇工人伤害主人例处理。大清律例中雇工人殴伤家长者杖一百、流三千里,故依法对刘洪亮处杖一百、流三千里。刘洪亮之妻王氏,因争端系由其引起,她悔恨而轻生,并无其他致命缘由,故毋庸再议。①

▶【案例分析】> > >

　　乾隆时期刘洪亮案的司法处理,实际上同样是首先区分他的身份,即是属

---

① 杨一凡、徐立志主编:《历代判例判牍》(第八册),中国社会科学出版社 2005 年版,第 153—154 页。

于奴婢还是雇工人,身份不同,伤害家长的罪责与刑罚就不同。该案中,刘洪亮与雇主郑楷虽然以主仆相称,饮食起居也"不敢与共",但双方立有雇佣的书面文契,他本质上属于雇工人,故依照雇工人伤害主人例作处罚。可以说,犯罪人的身份,构成他最终量刑的重要标准,这正是礼法合一时代身份法的突出特征,也是身份法维系礼制之下身份等级制度的本质要求。

|【案例】清代贾氏殴死雇工随带就食之女案|

▶【基本案情】> > >

清代嘉庆年间,陕西发生一起命案,该案被殴身亡的刘四儿是刘七的幼女,刘七受雇于王天喜家服役,约定每月工钱是一千文。因为王天喜认为刘七为人诚实可靠,还为其娶妻张氏,后陆续生下了二子四女。其中,长女、二女、三女早经聘出,刘七与张氏,以及儿子大拴、二拴,小女刘四儿一起住在王天喜家继续服役。某日,年幼无知的小女刘四儿不小心溺炕,被王天喜之妻贾氏发现,她怒而用竹板殴伤其致命额角等处,因刘四儿哭闹不停,贾氏又令大拴、二拴各殴其两脚、两腿多次,最终致刘四儿伤重死亡。后经查明,刘七在贾氏家服役,每月工钱一千,并无典卖契据,应该属于雇工。因为刘七配有妻室,恩养已久,如本身有犯杀伤,尚可以比照奴婢律论罪,其幼女刘四儿曾言明在贾氏家服役,止管衣食,并无工钱,故止可谓之为雇工,难以被归入奴婢。①

▶【案例分析】> > >

该案的处理,疑难点就在于刘四儿的身份,即她究竟是属于雇工还是奴婢,身份的定性直接影响到定罪量刑。查《大清律例》规定:典当家人隶身长随,若恩养在三年以上,或配有妻室者,如有杀伤,各依照奴婢本律论。其一切受雇服役人等,素有主仆名分,并无典卖字据者,如有杀伤,各依照雇工人本律论。律文又规定:家长殴雇工人死者,杖一百,徒三年。又兄姊殴弟妹,笃疾至折伤以下俱勿论。

刑部等分析认为,律例对奴婢、雇工人区分极为详细,典当家人为奴婢,必须立有书面文契,或者长随情愿隶身仕宦之家,均是久受豢养之恩,有犯杀伤等

① [清]祝庆祺、鲍书芸、潘文舫、何维楷:《刑案汇览三编》(二),北京古籍出版社2004年版,第1426—1427页。

罪,才能以奴婢本律论罪。法律从宽对待家长,是因为要"尊名分",如果不是典当家人,及齐民之家,使用下走,就不能比照仕宦所用长随。如果只是受雇佣服役,或者议有工价,或者议管衣食,素有主仆名分者,止可谓之雇工人,有犯杀伤者,应该以雇工本律论罪。严雇工者,律所以重人命也。至于雇工人所生子女,常常是同在主家服役,也只能称之为雇工,不得与奴婢子女并论。其中缘由,是因为典当家人年满,应该准其赎身。隶身长随若不愿在主家服役,亦应听其辞工,较之奴婢所生子女世世在家永远服役者,名分迥然有别。如果有杀伤行为,自然不能以奴婢本律论罪。该案中,刘七并无典卖字据,又有固定工钱,系雇工人,只因其长年在贾氏家服役,又配有妻室,尚可比照奴婢律论罪,但其幼女刘四儿系刘七之女,只能称之为雇工,不能算奴婢。故此,负责审理的陕西司认为,贾氏将刘四儿殴打致死,并不是有心故杀,可以将其依照殴死雇工人定拟。至于帮助殴打的大拴、二拴,系听从贾氏主令,殴伤刘四儿不致命的两脚、两腿等处,据检验刘四儿系死于贾氏所殴致命重伤,大拴等系刘四儿胞兄,且系听从贾氏主使,原判照余人律拟杖刑,并不妥当,应该照律勿论。

该案的判决,一方面凸显了清代律例对奴婢、雇工人身份上的精细区分,进而体现在定罪量刑上;另一方面,也反映出奴婢、雇工人等所谓"贱籍"法律地位的低微,幼女刘四儿不过因"溺炕"小事,就遭受主人贾氏的殴打,并令其胞兄帮忙殴伤,其权利无保障可见一斑。事实上,自汉唐至明清,历代法律均允许主人对奴隶加以制裁,如主人之鞭笞、杖打奴隶,乃是家常便饭的事。当然,法律也有所限制,即如果没有官府的许可,主人是不能擅杀奴隶的。按照唐代律令,主人如果擅杀了部曲,最重要处以徒一年半的刑罚,如果擅杀奴婢,则徒一年。然而,如果是有罪的奴婢,即使主人擅杀了也止杖一百,以示警诫,若因奴婢犯罪而致死,或者因主人过失而被杀死,即使是部曲,法律也是不追究的。不过,无论宋元,还是明清的法律都禁止主人任意杀害奴隶,这种主人对奴隶的生杀之权,自古以来就是受到限制的。就记录的范围内所见,中国法律上主人的权力,似乎也不是完全如法律所规定的那么绝对,在现实的生活中,"奴婢往往置身于不待官方允许便被主人专杀的危险之中"。① 这也解释了为何在前案中,刘四儿因小事被贾氏殴打致死,即虽然律例上家长不能无故擅杀,奴婢与雇工人也有差别,在实际生活中,他们的权利并不能得以保障。

① 仁井田陞:《中国法制史》,上海古籍出版社 2011 年版,第 100 页。

▶【基本问题】＞＞＞

　　身份的不同,同样违法行为所承担的刑法责任也就不同,那么在中国封建社会法律中又是如何规定的,就需要我们进一步了解和掌握。

▶【知识分析】＞＞＞

　　身份等级差别,是中国古代法律的固有特征,商代的身份,区分为奴隶主贵族、众人、庶人和小人、奴隶,①奴隶是毫无自由可言的,更不可能受到法律的保护。自汉魏以来,中国社会又有了良民、贱民的法律区分,一直延续至清末。唐代有两个被视为是贱民的阶层,就是奴婢和部曲。奴婢就是家内奴隶,男性为奴,女性为婢,一般不直接参与生产劳动;部曲是农业劳动者,他位于奴婢和自由民之间,近乎农奴。②也即是说,虽然二者都属于贱民阶层,但在法律上,部曲却不是像奴隶那样,被视为家畜一类,所谓"部曲不同资财",而是半自由意义上的人,也不能被当作买卖对象,如果酬偿其衣食之值后,允许转换所事的主人,甚至也允许拥有财产,法律上能够结婚等。

　　唐代法律虽然号称"得古今之平",但实际上,有身份、地位的主人与奴婢、部曲是处在不平等地位的。主人与奴婢的不平等关系,表现在唐律的多个方面,在"贼盗律"中,谋杀人,一般减杀人罪数等处罚,但"部曲、奴婢谋杀主者,皆斩。谋杀主之期亲及外祖父母者,绞;已伤者,皆斩"。也就说,身份卑贱的部曲、奴婢谋杀主人的,一律要处以死刑。在"斗讼律"中,一般常人间的斗杀规定:"诸斗殴杀人者,绞。以刃及故杀人者,斩。"如果主人杀死奴婢,"诸奴婢有罪,其主不请官司而杀者,杖一百。无罪而杀者,徒一年"。也就是说,奴婢有罪,主人若有理杀死奴婢,一般是要预先报告官府的,如不履行"请官司"程序,则杖一百。若奴婢无罪,主人滥杀者,则须判处一年徒刑。常人与奴婢、部曲相殴、杀,亦依身份区别处置,如唐律规定"良人殴伤或杀他人部曲者,减凡人一等;奴婢,又减一等。若故杀部曲者,绞;奴婢,流三千里"。

　　对部曲、奴婢如此对待,实因他们与主人,或者是良民在法律上处于绝对不平等的地位,奴婢等属于贱籍,不具有法律上的人格,不享有法律上的权利,甚

　　①　胡留元、冯卓慧:《夏商西周法制史》,商务印书馆2006年版,第179页。
　　②　［日］宫崎市定:《从部曲走向佃户》,刘俊文编:《日本学者研究中国史论著选译》(第5卷),中华书局1993年版,第1—3页。

至被当作财物,如"贼盗律"中规定"奴婢畜产,即是总同财物""奴婢同资财,故不别言"。奴婢伤主人,要处以绞刑;而主人伤奴婢,则减凡人四等,过失杀奴婢无罪,即便是故杀者,也不过"徒一年"。部曲虽然不同于"资财",不能被当作买卖对象,在刑法上的地位是有责任能力者,甚至可以拥有一定的财产,但仍然受到法律的歧视,比如部曲不能告发主人,部曲伤害主人同样要加重处罚。这些都说明,在严格的身份等级制度下,中古时代的法律,不可能做到平等适用,法律只是强化了等级秩序而已。

同样是殴打、杀伤家长,因身份不同,量刑有所区别。奴婢杀伤家长,《大清律例》中规定:凡奴婢殴家长者,皆斩;杀者,皆凌迟处死;过失杀者,绞监候。伤者,杖一百,流三千里,若奴婢殴家长之尊卑期亲及外祖父母者,绞监候,伤者,皆斩监候;过失杀者,减殴罪二等;伤者,又减一等;故杀者,皆凌迟处死。条例中有:凡家长及家长之期亲若外祖父母殴死赎身奴婢,及该奴婢之子女者,杖一百,徒三年;故杀者,拟绞监候。大功亲属,殴死赎身奴婢者,杖一百,流二千里;小功、缌麻,递加一等;殴死赎身奴婢之子女者,以良贱相殴论。总的原则是,依照犯罪主体身份不同,处罚相异,奴婢殴伤家长及期亲,从重处罚,且服制越近,处罚越重;家长及期亲殴伤奴婢,从轻处罚,服制越远,处罚越重。

雇工人杀伤主人,定罪量刑又有不同。《大清律例》"奴婢殴家长"条规定:若雇工人殴家长期亲若外祖父母者,即无伤,亦杖一百,徒三年;伤者,不问重、轻,杖一百、流三千里。折伤者,绞监候,死者,斩。殴家长,斩决。殴家长期亲若外祖父母,斩监候。故杀者,凌迟处死。甚至,雇工人骂詈家长要处以杖八十徒二年。相反,若家长及家长之期亲若外祖父母殴雇工人,不分有罪无罪,非伤,勿论;至折伤以上,减凡人折伤罪三等;因而致死者,杖一百,徒三年;故杀者,绞监候。

总体上说,尽管在对家长及其家族有服成员相犯处刑方面,雇工人和奴婢适用的规定大多相同,但在某些罪行的论罪量刑上又有区别。凡是不同的,雇工人犯家长比奴婢犯家长处刑轻,家长犯雇工人比犯奴婢罪重。例如,雇工人骂詈家长杖八十徒二年,奴婢骂詈家长则绞候;家长殴杀奴婢,杖六十徒一年,殴杀雇工人杖一百徒三年。[①] 这是因为,雇工人在家内的仆从身份是暂时的,雇工人与家长的主仆名分随雇佣契约的解除而中止,而奴婢则不同。这也反映

① 蒋燕玲:《论清代律例对雇工人法律身份的界定》,《社会科学家》2003 年第 5 期,第 154 页。

出，雇工人既非平民，也非贱民，而是介于两者之间的一个等级。

▶【案例与思考】＞ ＞ ＞

｜【案例】主事殴死白契恩养未久婢女｜

中城察院奏送：兵部主事刘肇垣，因婢女绒花秽污衣服不肯浣洗，喝令仆妇李氏并伊妾赵氏等责打，复因绒花哭泣，该员又自行殴打致死。因恐伊妾赵氏等到官有失颜面，即向坊书面许银两，尚未给付，破案。查已死绒花，系刘肇垣白契所买奴婢，因养未及三年，应依家长殴雇工人致死律满徒。唯身系职官，恐伊妾到官，面许坊书银两，应请旨发往军台效力赎罪。

【思考】结合所学知识，分析杀伤奴婢、雇工人罪责区别的原因，它实际上如何反映出奴婢、雇工人法律地位的不同？

第六章

礼法合一时期的财产法律制度

第一节　所有权

一、土地所有权

|【案例】吴肃吴镕吴桧互争田产案①|

▶【基本案情】＞＞＞

　　吴肃嘉定十二年一契,典到吴镕帝字号田六亩二角,官字号田二亩三十步,约限九年,亦已投印,其间声载批破祖关去失[一],上手不在行用,无不分明。吴肃拘收花利,过割税苗,凡经五年。近有吴桧遽来争占,吴肃入词,追到在官,就索干照。据桧赍出[二]绍兴二十年其祖吴武成卖与吴镕之曾祖吴四乙赤契一纸,又于空纸后批作淳熙八年赎回,就行租赁与元佃人耕作。且当元立契虽可照证,厥后批凿何所依凭[三]?况元契既作永卖立文,其后岂容批回收赎?纵所赎果无伪冒,自淳熙八年至今,已历四十二年,胡为不曾交业?

　　若曰就行佃赁,固或有之,然自吴四乙至吴镕凡更四世,未有赁田可如是之久者。准法:诸典卖田宅,已印契而诉亩步不同者,止以契内四至为定;其理年限者,以印契之日为始,或交业在印契日后者,以交业日为始。又准法:诸理诉田宅,而契要不明,过二十年,钱主或业主死者,官司不得受理。吴桧所赍干照已经五十余年,其间破碎漫灭,不明已甚,夫岂在受理之数。所批收赎已经四十余年,其田并未交业,仍在元户,岂应不以吴肃交业为正?原其争端,实以吴镕

---

　　① 中国社会科学院历史研究所宋辽金元史研究室点校:《名公书判清明集》(第2版),中华书局2002年版,第111—112页。

不曾缴纳上手,寻将与元出产人吴桧通同昏赖。吴桧乃吴镕之叔,同恶相济,为谋已深。彼吴肃故为聚敛之家,前后交易未必无违法之契,近因本县根究一二,已行惩断,故嗜利之人从而萌昏赖之心。夫岂知民讼各据道理,交易各凭干照。在彼则曲,在此则直,曲者当惩,直者当予,其可执一,以堕奸谋。吴镕初焉附合,^[四]志在得田,不思奸计果行,亦不免盗卖之罪。及送狱根勘,供招自明。吴镕、吴桧各勘杖六十,废契毁抹入案,田照吴肃交易为业。

[一]批破祖关去失"祖",上海图书馆校勘本作"租"。

[二]据桧赟出"桧",据上海图书馆校勘本补。

[三]厥后批凿何所依凭"凿",明本作"作"。

[四]附合原作"符合",据明本改。

► 【案例分析】> > >

本案例是宋代的案例,载于《名公书判清明集》,反映了宋代的土地所有权归属、诉讼时效、买卖和典卖等问题。宋代的土地所有权归属问题,除对官僚颁布《限田条格》外,平民编户在宋代不立田制,承认土地私有,土地可以通过自由买卖、继承等方式转移土地所有权。但买卖土地必须过割赋税。案中绍兴二十年吴桧之祖吴武成卖与吴镕之曾祖吴四乙赤契一纸,本是买卖土地和土地归属的证据。但是此案情比较复杂,又涉及卖了的土地赎回的情况,这就涉及卖与典的不同,卖不能赎回,典又称活卖,约定年限,可以赎回。但是本案中疑点重重,卖地本不能赎回,契约中既是卖又回赎,属于"契要不明";卖掉土地,按理应当交业,但案中四五十年未交业等问题,属于与理不符,按照当时的法律"诸典卖田宅,已印契而诉亩步不同者,止以契内四至为定;其理年限者,以印契之日为始,或交业在印契日后者,以交业日为始""诸理诉田宅,而契要不明,过二十年,钱主或业主死者,官司不得受理"。因此案件"废契毁抹入案,田照吴肃交易为业"。

► 【基本问题】> > >

本案反映了宋代的土地所有权归属、诉讼时效、买卖和典卖等问题。本节需要进一步了解中国封建社会的土地所有权和诉讼时效问题。关于买卖和典卖的法律问题将在之后分析。

► 【知识分析】＞＞＞

一、土地所有权

早在西周中期，井田制瓦解，土地开始私有化，春秋战国时期，各个诸侯国通过一系列变革，以设定土地私有者义务的方式承认土地的私有权。[1] 如齐国管仲改革中的"相地而衰征"，按照土地质量等级征收不同的赋税；郑国子产"作丘赋"，按土地征收赋税，等等，这一做法被后世所继承。秦国自商鞅变法以来，废井田，开阡陌，及授田制和军功爵制的推行，土地所有权不断由国有向私有转移，土地私有制迅速建立起来。秦统一全国后，秦始皇于公元前216年下令"使黔首自实田"，要求百姓私人如实地向政府申报占有的田地，作为政府征收赋税的依据，同时政府也承认了土地的私有，但是秦朝国家仍拥有大量土地。秦律确保官私土地所有权，禁止非法侵犯。秦简中的"盗徙封"就是专门为侵犯官私土地所有权而制定的罪名。

两汉时期，土地所有权仍旧是土地国有和私有并存。但除国家掌握一部分土地即所谓"官田"外，大量土地掌握在地主阶级手里，特别是少数官僚贵族以及大商人手里。为此，汉武帝以来，屡颁"限田"和"抑兼并"诏令，严厉打击"强宗豪右，田宅逾制"的现象。汉统治者并制定"田律"、"田令"和"田租税律"等法律，对公私土地所有权严加保护。

西晋进一步制定品官占田荫客令和占田令。品官占田荫客令，颁于太康元年（公元280年），是有关按照官品占田、占客、荫亲属的法规。主要内容是：一品官占田50顷，占佃客无过50户，按品级逐级减少，至九品官占田10顷，占佃客1户。此外可依官品高低，荫庇一定亲属，高者可荫"九族"，低者亦可荫三世；不在官府任职之士族地主，均可依门第高低享受荫庇特权，受荫庇的亲属佃客不在官府立籍，不向国家纳税服役。从法律上确认豪门士族从国家总户口中割取一部分为私属，从国家总赋税中割取一部分为私租。占田令规定：平民男子占田70亩，女子30亩；丁男课田50亩，丁女20亩；次丁男课田25亩。[2] 所谓"占田"是农民可占土地数的额定指标，而"课田"则是应负田租的土地数。西晋太康元年颁"户调之式"：50亩收租4斛，即每亩8升。除田租外，还规定农户缴纳户调，丁男为户主的每年交绢3匹，绵3斤；户主是妇女或次丁男，则折半

---

① 郭建等著：《中国法制史》，浙江大学出版社2011年版，第151页。
② 《晋书·食货志》。

缴纳①。

北魏太和九年(公元485年)颁布《均田令》:15岁以上男子受露田(植谷物)40亩,女20亩;男子授桑田(植桑树)20亩,女子5亩,产麻区男子授麻田10亩。桑田"皆为世业,终身不还";露田所有权归官府,授者年老免役或死时,归还朝廷,并规定奴婢与良人一样授田;家有四岁以上耕牛,每头授露田30亩,以4头牛为限。次年颁布《租调法》,规定一对夫妇年纳租粟2石,调帛1匹②。

隋朝继续实行北齐的均田制度。开皇二年(公元582年),朝廷颁布关于均田和租调的诏令。依据均田法,男丁每丁受露田80亩,桑田20亩,妇人受露田40亩③。贵族、官僚可于此之外根据其身份、官品,再获得一些田亩。

唐随隋制,仍旧推行均田制和租庸调制。但随着国家的授田,国家所有的土地逐渐减少,均田制无法推行,至迟到780年实行两税法,将赋税的征课对象由丁男转向资产时,均田制实际上已经瓦解了。

宋朝对于平民编户已是不立田制,只是对于官僚的私有土地在享有免役特权方面在宋仁宗及徽宗年间分别下诏"限田"。其中徽宗政和初年的《政和令格》规定:"一品百顷,以差降杀,至九品为十亩(顷),限外之数,并同编户差科。"④至南宋时立法减半享有免役特权。

元明清时期不再限制私有土地规模的立法。

二、土地取得时效和诉讼时效制度

土地取得时效和诉讼时效问题,主要在于确立土地等重要不动产的所有权。

每逢改朝换代、或战乱、或灾荒之后,存在大量的弃田,针对这些田地,朝廷往往按照"溥天之下,莫非王土"的原则,一切无主的田地,都被认为属于国家所有。各个朝代通过授田、占田、均田等法令分给农民耕种。到宋初太祖、太宗为鼓励百姓开垦荒田,规定:"垦田即为永业。"对于战乱、灾荒之后的弃田,两宋时均规定,耕种者可以享有事实上的占有,并在前几年内减免赋税,如果十年内原主不来复业,则官府承认占有者对土地的所有权。也就是说弃田的土地所有权的取得时效为十年。明朝建立当年,明太祖下令,所有在战乱中失去原主的土

① 《晋书·食货志》。
② 《魏书·食货志》。
③ 《隋书·食货志》。
④ 《宋史》卷一百七十三《食货志一》。

地,允许任何人占有耕种,并直接登记为个人私有土地。如原主归来,当地官府另拨给土地,占有者仅负有归还坟墓、房舍的义务。洪武二十年颁布了"额外垦荒,永不起科"的诏令,规定山东、河南、河北、陕西四省农户,所垦荒地,即为永业,政府永远不征赋税。① 这说明弃田和荒田自开垦登记之日开垦之人就获得了土地所有权。到了清代,继承了明代的这一传统,顺治六年诏令,"无主荒地,州县官给印执照,开垦耕种,永准为业。"②后来对于有主荒地,如果本主不能开垦者,地方官招民开垦,土地归开垦者所有。荒地由官府给印执照,开垦之时,就归开垦者所有。

除了荒地、弃地通过开垦者开垦,官府确认,取得所有权外,还有可以通过继承、买卖等方式获得。但是买卖土地往往因权利不明确,纠纷不断,为了实现权利的确定和社会的稳定,法律往往规定诉讼时效制度来保证土地的归属。《宋刑统》规定:"应田土、屋舍有连接交加者,当时不曾论理,嗣后家长及见证亡殁,子孙幼弱之际,便将难明契书扰乱别县,空烦刑狱,证验终难者,请准唐长庆二年八月十五日敕,经二十年以上不论,即不在论理之限。"③《名公书判清明集》中记载宋代法律:"诸典卖田宅,已印契而诉亩步不同者,止以契内四至为定;其理年限者,以印契之日为始,或交业在印契日后者,以交业日为始。又准法:诸理诉田宅,而契要不明,过二十年,钱主或业主死者,官司不得受理。"④卑幼未经尊长允许,私自出卖田产;或者欺骗尊长,擅自典卖的,钱没官府,田还原主,买卖无效。南宋还规定了诉讼时效:"诸同居卑幼私辄典卖田地,在五年内,听尊长理诉。"即使尊长盗卖卑幼产业,法律也允许卑幼"不以年限陈乞"。以示对所有权的尊重和维护。明代法律规定:"告争家财田产,但系五年以上,并未及五年、验有亲族写立分书已定,出卖文约是实者,断令照旧管业,不许重分再赎,告词立案不行。"⑤清代沿袭了这一规定。

① [明]徐光启:《农政全书·国朝重农论》。
② 《清世祖章皇帝实录》卷四十三。
③ [宋]窦仪:《宋刑统》,中华书局 1984 年版,第 206 页。
④ 中国社会科学院历史研究所宋辽金元史研究室点校:《名公书判清明集》(第 2 版),中华书局 2002 年版,第 112 页。
⑤ 怀效锋点校:《大明律》,法律出版社 1999 年版,第 371 页。

二、遗失物、宿藏物的归属

【案例】王敬则处置拾遗案

▶【基本案情】＞＞＞

南齐建元二年,王敬则为吴兴太守,郡旧多剽掠,有十数岁小儿于路取遗物,杀之以徇,自此道不拾遗,郡无劫盗。①

▶【案例分析】＞＞＞

这个案例反映的是南齐路取遗物被处死刑的法律实践。

【案例】拾获饷鞘银两私行隐匿不报案②

▶【基本案情】＞＞＞

道光三年直督奏:胡有荣因见有饷鞘遗失在途,辄即拾取,先后易钱留用,不行送官,实属有心欺隐。第所得银鞘究由遗失,核与实在窃取及诈欺取财者不同,按得遗失物本律罪应满徒,唯该犯于拾鞘之后胆敢将鞘壳摔碎,又将印花封皮等项分别撩弃,多方掩饰,且到案时并不吐实,复挟嫌诬扳陈洛化起意伙拾,藉图陷害,情殊刁诈,应于满徒上酌加一等,拟杖一百,流二千里。

▶【案例分析】＞＞＞

这个案例反映了清朝关于拾得遗失物不送官的处罚规定。按照《大清律例·户律·钱债·得遗失物》篇:"凡得遗失之物,限五日内送官。官物尽数还官,私物召人识认。于内一半给与得物人充赏,一半给还失物人。如三十日内,无人识认者,全给。五日限外不送官者,官物,坐赃论,私物减二等,其物一半入官,一半给主,若无主全入官。"③按照清律规定坐赃在"一百两,杖六十,徒一年;二百两,杖七十,徒一年半;……五百两,罪止杖一百,徒三年"。④ 本案例中拾得银鞘应在五百两以上,故"按得遗失物本律罪应满徒",即徒三年,杖一百。

---

① 《南齐书》卷二十六《王敬则陈显达传》。
② [清]祝庆祺、鲍书芸、潘文舫、何维楷:《刑案汇览三编》(一),北京古籍出版社2004年版,第373—374页。
③ 田涛、郑秦点校:《大清律例》,法律出版社1999年版,第266页。
④ 田涛、郑秦点校:《大清律例》,法律出版社1999年版,第499页。

但是其对拾得银鞘进行毁损，并不吐实情，故加重处罚。

|【案例】杨马儿刨得银锭案① |

▶【基本案情】> > >

元贞元年闰四月，中书省刑部呈：大都路杨马儿告，于梁大地内与杨黑厮刨土作畜，马儿刨出青磁罐一个，于内不知何物，令杨黑厮坐着，罐上盖砖看守。马儿唤代母阿张将罐刨出，觑得有银四锭，银盏一个，私下不敢隐藏。本部议得：杨马儿于梁大地内刨出课银四锭，银盏一个，拟合依例与地主梁大中分。却缘杨黑厮曾经看守，量与本人银三十两，余数杨马儿与地主两停分张，都省准拟。

▶【案例分析】> > >

这是元朝地下埋藏物的归属问题的案例。根据《大元通制》"禁令"："诸锄获宿藏之物，在他人地内者，得与地主平分；在官地内者，一半纳官，在己地内者，即同业主。"②因此本案中杨马儿和地主中分地下埋藏物：课银四锭，银盏一个。

▶【基本问题】> > >

通过这三个案例，我们还需要了解和掌握古代对于遗失物、宿藏物的归属相关法律问题。

▶【知识分析】> > >

一、遗失物的归属

关于遗失物的规定，早在西周就有相关规定，《周礼·秋官·朝士》中记载："凡得获货贿人民六畜者，委于朝，告于士。旬而举之，大者公之，小者庶民私之。"即凡是拾得遗失物，应当交给官府公告 10 日，如果没有人认领，则大的物件归官府，小的物件归拾得人所有。

战国时期《法经》则规定，对"拾遗者"，处以刖刑。秦国有同样的规定。正如《七国考》中引西汉桓谭所著《新论》言："秦、魏二国，律文峻法相近。正律略曰：……窥宫者膑，拾遗者刖，曰：为盗心焉。"③汉律一方面规定："得遗丢物及

① 郭成伟点校：《大元通制条格》，法律出版社 2000 年版，第 326—327 页。
② 《元史》（第 9 册），卷一百零五《刑法志·禁令》，中华书局 1976 年版，第 2686 页。
③ ［明］董说：《七国考》卷十二，中华书局 1956 年版，第 366 页。

放丢六畜,持诣乡亭、县廷。大者公之,大物没入公家也;小者私之,小者自界(音必,给与)也。"①意思是凡拾得遗失的财物以及家禽家畜(六畜,指马牛羊鸡狗猪)者,要送到乡亭或县廷地方官府招领,十日内无人认领者,贵重的物件由官府收为公有,小的物件则归拾得人。同时又提倡路不拾遗。到了晋朝,张斐在《注律表》言:"若得遗物强取强乞之类,无还赃法随例界之文。法律中诸不敬,违仪失式,及犯罪为公为私,赃入身不入身,皆随事轻重取法,以例求其名也。"②张斐把"拾遗"称为"得遗物",并且将"得遗物"与"强取强乞"并列,很明显"得遗物"在晋被认为是一种非法行为,"得遗物"被认为是"赃物",可见统治者仍要求"路不拾遗"。而南朝法律继承了晋律,因此,本案例中的王敬则处死"路取遗物",应当是符合法律精神的。

唐代把遗失物称为阑遗物,"阑遗物"是官私遗失物品。《唐律·杂律》规定:"诸得阑遗物,满五日不送官者,各以亡失罪论;赃重者,坐赃论。私物,坐赃论减两等。"③凡拾得阑遗物,满五日内不按规定及时缴还者,即构成非法隐匿占有他人财物的侵权行为,须视具体情况给予一定处罚。凡拾得官府阑遗物逾期不缴还者,各按亡失有关物品论处;计赃价值重于亡失行为者,则按坐赃罪论处。凡拾得私人阑遗物逾期不归还或不上缴者,按坐赃行为减二等论处。宋代承袭了唐的规定。《宋刑统·杂律》引唐代《捕亡令》:"诸得阑遗物,皆送随近县,在市得者送市司,其金吾各在两京巡察,得者送金吾卫,所得之物,皆悬于门外,有主识认者,检验记责保还之。虽未有案一记,但证据灼然可验者,亦准此。其经三十日,无主识认者,收掌,仍录物色目,牓村坊门,经一周年无人认者,没官录帐,申省听处分。没入之后,物犹见在,主来识认,证据分明者,还之。"④《宋刑统·杂律》引唐代《厩牧令》:"诸官私阑遗马、驼、骡、牛、驴、羊等,直有官印,更无私记者,送官牧。若无官印、及有官印复有私记者,经一年无主识认,即印入官,勿破本印。并送随近牧,别群牧放。若有失杂畜者,令赴牧识认,检实印作还字付主。其州镇等所得阑遗畜,亦仰当界内访主。若经二季无主识认者,并当处出卖。先卖充传驿,得价入官。后有主识认,堪当知实,还其价。"⑤宋代在《庆元条法事类》中也有相关规定。总之,唐宋有关拾得遗失物的律令格都无一例外地保护了失

① 《周礼·秋官·朝士》郑玄注引汉律。
② 《晋书·刑法志》。
③ 钱大群:《唐律疏义新注》,南京师范大学出版社 2007 年版,第 916 页。
④ [宋]窦仪:《宋刑统》,中华书局 1984 年版,第 446 页。
⑤ [宋]窦仪:《宋刑统》,中华书局 1984 年版,第 446 页。

主的所有权,拾得人无任何权利可言,只有交官的义务,否则将面临着刑罚。

元代在无主物的法律中有关于阑遗物的规定。元代的阑遗物被称作"孛兰奚"或写作字兰奚。《大元通制条格》卷二十八《杂令·阑遗门》(共 9 条)规定:"诸处应有字兰奚人口、头匹等,从各路司收拾,仍将收到数目于应收置去处收置,限十日以里,许令本主识认;如十日以外,作字兰奚收系,每月申部。如有隐匿者,究治施行。"①即阑遗的奴婢、牲畜,若公告十天,无人认领,即由官收系。被不兰奚总管府(阑遗监)收系的阑遗人口、头匹如有主人识认,仍还本主。"诸阑遗奴婢私相配合,虽生育子女,有主识认者,各归其主,无本主者,官与收系。"②元代较为特殊的阑遗物,是蒙古贵族巡游狩猎用的鹰犬。依元朝法律之规定,获得阑遗鹰犬,应即刻护送至就近官府,若隐匿,笞三十七,没其家财之半。

《大明律》有关拾得遗失物的规定在《大明律·户律·钱债·得遗失物》篇:"凡得遗失之物,限五日内送官。官物还官,私物召人识认。于内一半给与得物人充赏,一半给还失物人。如三十日内,无人识认者,全给。限外不送官者,官物坐赃论,私物减二等,其物一半入官,一半给主。"③清代法律沿用的这一规定,实际上在继承了拾得遗失物必须送交官府的前提下,有人认领,拾得物的一半以充赏的方式,归属拾得人所有;对于无人认领物,以官府"全给"的方式,确认了拾得人的所有权。

总之,对于遗失物的归属,总的趋势是承认遗失人对遗失物的所有权,国家或通过惩治拾得人,或通过鼓励奖赏拾得人交公的手段,其目的是塑造路不拾遗的社会风尚。

二、宿藏物的归属

"宿藏物"即地下埋藏物。唐律规定:"诸于他人地内得宿藏物,隐而不送者,计合还主之分,坐赃论减三等"。疏议的解释是"谓凡人于他人地内得宿藏物者,依令与地主中分。若有隐而不送,计应合还主之分,'坐赃论减三等',罪止徒一年半。注云'若得古器形制异,而不送官者',谓得古器、钟鼎之类,形制异于常者,依令送官酬直。隐而不送者,即准所得之器,坐赃论减三等"。④ 按照《唐令拾遗》载:"诸官地内,得宿藏物者听收,他人地内得者,与地主中分之。即

---

① 郭成伟点校:《大元通制条格》,法律出版社 2000 年版,第 321 页。
② [明]宋濂等撰:《元史》(第 9 册),卷一百零五《刑法志·禁令》,中华书局 1976 年版,第 2686 页。
③ 怀效锋点校:《大明律》,法律出版社 1999 年版,第 83 页。
④ 钱大群:《唐律疏义新注》,南京师范大学出版社 2007 年版,第 914、915 页。

古器形制异者,悉送官酬其直"①,即凡在土地中发现"古器、钟鼎之类,形制异于常者"者,必须将原物上缴官府,由官府付给一定酬金;而在他人土地中发现埋藏物者,则须如实告诉土地的主人,双方平分所得物品。如非法隐匿占有官私地下埋藏物,不按规定及时交还,即构成非法占有的侵权行为,将视其具体情况给予一定处罚。前者以所发现的"古器、钟鼎之类,形制异于常者"的价值计算赃值,后者以应归还部分的价值计算赃值,按坐赃行为减三等论处,即二匹一尺笞十,五十匹以上徒一年半。宋代继承了唐代的法律规定。

对于宿藏物,《元史·刑法志》载《大元通制》"禁令":"诸锄获宿藏之物,在他人地内者,得与地主平分;在官地内者,一半纳官,在己地内者,即同业主,得古器珍宝之物者,闻官进献,约量给价,若有诈伪隐匿,断罪追没。"②关于宿藏物在《大元通制条格》中有时又称埋藏物,如"元朝至元十三年闰三月,中书户部呈:王拜驴等于贺二地内掘得埋藏之物"。③从而使得宿藏、埋藏并用。

明朝法律有关宿藏物的名称是埋藏物。《大明律·户律·钱债·得遗失物》篇规定:"若于官私地内掘的埋藏之物者,并听收用,若有古器、钟鼎、符印异常之物,限三十日送官,违者,杖八十,其物入官。"④一般埋藏物全归个人所有,但是"有古器、钟鼎、符印异常之物"则全部归官府所有,并且没有报酬。

第二节 契 约

一、买卖契约

|【案例】汉长乐里乐奴卖田券⑤|

▶【基本案情】＞＞＞

置长乐里乐奴田卅五锤,贾钱九百,钱毕已。丈田即不足,计锤数环钱。旁

---

① [日]仁井田陞著:《唐令拾遗》,栗劲、霍存福等译,长春出版社1989年版,第791页。
② [明]宋濂等撰:《元史》(第9册),卷一百零五《刑法志·禁令》,中华书局1976年版,第2686页。
③ 郭成伟点校:《大元通制条格》,法律出版社2000年版,第326页。
④ 怀效锋点校:《大明律》,法律出版社1999年版,第83页。
⑤ 张传玺主编:《中国历代契约粹编》(上册),北京大学出版社2014年版,第34页。

人淳于次孺、王充、郑少卿,古酒旁二斗,皆饮之。

|【案例】汉七月十日居延县张中功赍买单衣券①|

► 【基本案情】> > >

七月十日,鄣卒张中功赍买皂布章单衣一领,直三百五十三。堠史张君长取钱,约至十二月尽毕已。旁人临桐史解子房知券。

► 【案例分析】> > >

这是汉代买卖田地和单衣的两份契约。汉代涉及买卖,都要订立契约。因为作为买方来说,只有握有买契,才算取得了土地或物品的所有权,从这两个契约来看,买卖土地或单衣等个人财物,均可自行买卖,成交之后订立契约。各种买卖契约,格式大体一致,其包括买卖日期、标的、价钱、双方姓名、见证人等。甚至对见证人(或介绍人)沽酒若干作为酬谢,也写入契约。并且买卖契约的种类来看有即时买卖契约,如案例一的田地买卖,还有佘买佘卖契约,如案例二的佘买佘卖单衣。

|【案例】游成讼游洪父抵当田产|

► 【基本案情】> > >

准法:应交易田宅,过三年而论有利债负准折,官司并不得受理。又准法:应交易田宅,并要离业,虽割零典买,亦不得自佃赁。游朝将田一亩、住基五十九步出卖与游洪父,价钱十贯,系在嘉定十年,印契亦隔一年有半。今朝已死,其子游成辄以当来抵当为词,契头亡没,又在三年之外,岂应更有受理。且乡人违法抵当,亦诚有之,皆作典契立文[一]。今游朝之契系是永卖,游成供状亦谓元作卖契抵当,安有既立卖契,而谓之抵当之理。只缘当来不曾交业,彼此违法,以至争互。今岁收禾,且随宜均分,当厅就勒游成退佃,仰游洪父照契为业,别召人耕作。②

① 张传玺主编:《中国历代契约粹编》(上册),北京大学出版社2014年版,第34页。
② 中国社会科学院历史研究所宋辽金元史研究室点校:《名公书判清明集》(第2版),中华书局2002年版,第104—105页。

［一］皆作典契立文"作"，明本作"依"。

｜【案例】高七一状诉陈庆占田① ｜

▶【基本案情】＞＞＞

据乡司供首，陈文昌起立高七一诡名，寻出引告示归并，已系陈文昌承认，入本户讫。今高七一辄来陈状，谓自己所置田产，不应归并陈文昌户。及索干照呈验，税钱一百二十，有令契立价钱五十贯，已是不登[一]。于内即无号数亩步，别具单帐于前且无缝印。乡原体例，凡立契交易，必书号数亩步于契内，以凭投印。今只作空头契书，却以白纸写单帐于前，非惟税苗出入可以隐寄，产业多寡皆可更易，显是诈欺。勘杖六十，照陈文昌责状归并[二]。寻具案引断，系高七一当厅责状归并，再与照行免断。

［一］税钱一百二十，有令契立价钱五十贯，已是不登，明本无前一个"十"字，"令"，明本作"零"、"登"，明本作"证"。

［二］责状归并"状"，明本作"杖"。

▶【案例分析】＞＞＞

这是宋代关于买卖田地而发生的田土纠纷的案例。宋代不动产交易中分为买卖和典卖两种形式，凡称为绝卖、断卖、永卖是为买卖，是为无任何附加条件的将包括土地在内的不动产所有权让渡给买主的买卖，只转让使用权、收益权而保留所有权的，是为典卖，又称活卖。买卖与典卖的主要区别在于有无回赎权。宋代法律规定买卖土地程序有：第一，田产买卖先问亲邻。第二，契约制度的规范化，"立契交易，必书号数亩步于契内"，即在契约中写明契约双方当事人的姓名、交易顷亩、田色、坐落、四邻界至等内容。《名公书判清明集》中记载宋代法律："诸典卖田宅，已印契而诉亩步不同者，止以契内四至为定。"②并到官府购买统一的契约用纸，填写清楚，经官核实无误，缴纳契税。第三，过割赋役。第四，离业是田宅买卖的最终体现。宋仁宗皇祐时规定："凡典卖田宅，听其离业。"在《名公书判清明集》中载宋代法律"应交易田宅，并要离业，虽割零

① 中国社会科学院历史研究所宋辽金元史研究室点校：《名公书判清明集》（第2版），中华书局2002年版，第103页。

② 中国社会科学院历史研究所宋辽金元史研究室点校：《名公书判清明集》（第2版），中华书局2002年版，第112页。

典买,亦不得自佃赁"。南宋宁宗嘉定时吴恕斋称"在法:诸典卖田宅并须离业。又诸典卖田宅投印收税者,即当官推割,开收税租。必依此法,而后为典卖之正"。① 游成讼游洪父抵当田产案中,游成永卖田地后因没有离业,试图以抵挡的方式争夺游洪父的田产,此案中交易双方都存在违法问题。高七一状诉陈庆占田案中,契约中没有田土名号及四至,并且并无缝印,又非官府所定契约用纸,虽然写有税钱,但缺乏宋代契约的标准要求,因此官府认为这个诉讼存在欺诈问题,不予承认,并依照法律规定给予惩处。

▶【基本问题】> > >

通过上述四个案例,我们初步了解汉、宋的买卖契约的情况,但基于此,我们需要进一步了解中国封建社会买卖契约的发展、变化,及各个时期买卖契约的基本内容。

▶【知识分析】> > >

一、买卖物品须订立契约

买卖契约是中国古代很受重视的契约种类,早在西周时期就有关于买卖的契约,当时称作"质剂"。汉代的买卖契约叫"券书"。《周礼·秋官·士师》东汉郑玄注云:"今时(指汉代)市买,为券书以别之,各得其一,讼则按券以正之。"买卖关系的建立,要订定契约,一式两份,买卖双方各执其一,日后发生纠纷,则以契约为证。可见,"券书"在当时起着重要的法律作用。从当时地券的内容来看,卖方必须向买方保证标的不会被第三人追夺。例如,东汉灵帝光和七年(公元184年)九月癸酉朔六日,平阴男子樊利家从雒(洛)阳男子杜謂子所立的买地券,言明"若一旦田为吏民秦胡所名有,(卖主)谱子自当解之。时旁人杜子陵、李季盛"。② 旁人,就是见证人。

订立契约的买卖标的不仅有土地,还有衣服、宝剑等其他物品。出土汉简关于这方面的简文很多。上述案例中"汉七月十日居延县张中功赍买单衣券"就是一例,再如,元帝"建昭二年闰月丙戌,甲渠令史董子方买鄣卒欧威袭一领,直七百五十,约至春钱毕已。旁人杜君隽"。③ 可见,凡属个人所有财物,均可自

---

① 中国社会科学院历史研究所宋辽金元史研究室点校:《名公书判清明集》(第2版),中华书局2002年版,第167—168页。

② 罗振玉:《罗振玉学术论著集》(第十集上),上海古籍出版社2010年版,第122页。

③ 张传玺主编:《中国历代契约粹编》(上册),北京大学出版社2014年版,第31—32页。

行买卖,成交之后订立契约。各种买卖契约,格式大体一致,其包括买卖日期、标的、价钱、双方姓名、见证人等。甚至对见证人(或介绍人)沽酒若干作为酬谢,也写入契约。并且买卖契约的种类来看有即时买卖契约,如案例一的田地买卖,还有佘买佘卖契约,如案例二的佘买佘卖单衣。

这一订立契约的制度为后世所继承。唐代开元二十五年(公元737年)《田令》明确规定:"凡卖买皆须经所部官司申牒,年终彼此除附。若无文牒辄卖买,财没不追,地还本主。"①除土地转让之外,凡进行奴婢、牲畜、宅舍等重要动产的买卖交易,也要经官府登记许可,按规定订立书面契约文券;否则,将根据情节追究当事人的法律责任。据《唐律疏议·杂律》规定:诸买奴婢、马、牛、驼、骡、驴,双方自愿买卖,已商定价格后,三日内不订立契券者,买方笞三十,卖者减一等。订立契券之后发现有问题者,允许三日之内悔券;逾期或无问题不得随意悔券,违者笞四十。如买卖双方已经进行交易,市司不及时办理核准契券手续,则按延期天数予以处罚;每延期一天笞三十,每递增一天加一等,罪止杖一百。②宋代规定土地房屋交易必须使用官府统一印制的契约用纸,宋徽宗崇宁三年敕规定:"田宅契书,并从官司印卖。除纸笔墨工费外,量收息钱",③后世承袭了请买官契的制度。土地买卖契约的内容,大都包括双方姓名、土地顷亩及其坐落位置、相邻四至、交易地价和中人等内容。在宋代法律强调:"立契交易,必书号数亩步于契内。"

二、土地买卖经官批准

其中土地买卖必须先经过官府批准,依法订立契约。唐代《田令》即明确规定:"凡卖买皆须经所部官司申牒,年终彼此除附。若无文牒辄卖买,财没不追,地还本主。"按照这一法律规定,凡进行土地买卖交易,须向当地官府申报登记,并将书面契约"文牒"交由官方验证,以便作为年终统一变更土地产权关系或发生产权纠纷时备查的法律依据;如果违反法律规定,将转让土地依法追回。宋代继承了唐代的规定。元朝成宗元贞元年(公元1295年)规定:"今后典卖田宅,先行经官给据,然后立契,依例投税,随时推收。"④明朝建立后废除了这一制度。

---

① 《通典》卷二《食货·田制下》,转引钱大群:《唐律疏义新注》,南京师范大学出版社2007年版,第412页。

② 钱大群:《唐律疏义新注》,南京师范大学出版社2007年版,第879—880页。

③ 《宋会要·食货》卷三十三。

④ 《元典章》卷十九《户部五》。

三、先问亲邻

先问亲邻，即亲邻享有先买权。中国古代是以家族为基础，以农业为主的社会，田宅买卖的"先问亲邻"的规定始于北魏。《魏书·食货志》载："诸远流配谪、无子孙、及户绝者，墟宅、桑榆尽为公田，以供授受。授受之次，给其所亲；未给之间，亦借其所亲"，对于主人因犯罪被流放，或者绝户人家的永业田和墟宅，在进行授受时，原主人的亲属具有优先权。唐代进一步确立了亲邻的先买权，在《宋刑统》中记载："臣等参详，自唐元和六年后来条理，典卖物业，敕文不一，今酌详旧条，逐件书一如后中有'先问亲邻'的规定"，①可以证明在唐代确立的先问亲邻的制度。五代时承袭这一制度。后周广顺二年规定，典、卖田宅，都应先与"房亲邻人"商量，在同等价钱条件下，"亲邻不要"，才能卖于外人。②

宋代进一步发展了这一制度，规定田产买卖先问亲邻。"应典卖、倚当物业，先问房亲，房亲不要，次问四邻，四邻不要，他人并得交易。"③在四邻中，还有先上邻、后下邻的规定，东、南为上邻，西、北为下邻。④北宋后期又改为只问有亲之邻。到南宋《庆元重修田令》中规定，如果不问亲邻而出典出卖者，在三年之内可有赎回的权利。

元代沿用了金律，在田宅买卖上的规定："诸典卖田宅及已典就卖，先须立限，取问有服房亲（先亲后疏），次及邻人，次见典主。若不愿者，限三日批退，愿者，限五日批价。若酬价不平，并违限者，任便交易。"⑤

明清时期，民间习惯仍保留了这一田宅买卖先问亲邻的习俗。

四、缴纳契税

缴纳契税起始于到晋代。晋代规定买卖成交后，无论是否订立契约，官府按成交总额百分之四"契税"（估税），卖方负三分买方负一分。交完税后官府加盖官印，加盖了官印的契约称为红契或赤契。此制为南朝沿用，隋代取消，唐德宗建中四年（公元783年），向交易双方抽取百分之五的交易税。⑥宋朝建立后于开宝二年"令民典卖田宅，输钱印契，税契限两月"，正式征收契税和印契。所有"立券投税者，谓之红契。"又叫赤契。红契既是已纳税的标志，又是土地所

---

① ［宋］窦仪：《宋刑统》，中华书局1984年版，第206—207页。
② 《册府元龟》卷六百一十三《刑法部·定律令五》。
③ ［宋］窦仪：《宋刑统》，中华书局1984年版，第207页。
④ 《宋会要·食货》卷三十七。
⑤ 《元典章》卷十九《户部五》。
⑥ 《旧唐书》卷四十九。

有权的凭证,一旦发生争讼,就是无可置疑的证据。到了宋孝宗时期,民间买卖田宅、舟船、骡马,"人户合纳牙契税钱,每交易一十贯,纳正税钱一贯"。①即契税增至十分之一。实际上征收的更多,因此,在实际生活中,买卖双方的当事人为规避契税,往往私立草契,以白契成交。对此两宋政府多次申明,发现使用白契的契税加倍征收;但自首者,不仅免除处罚,还可免交一半的契税。红契制度的实行,使国家不致因土地交易,丧失原有的税赋等财政收入,又保护了购买者的土地所有权。

元代继承金朝"旧例"的规定:"私相贸易田宅、奴婢、畜产及质押交业者,并合立契收税,违者从匿税科断。"②

《大明律·户律·典卖田宅门》规定:"凡典、卖田宅不税契,笞五十,仍追田宅价钱,一半入官。"③即通过责令典卖田宅的当事人缴纳契约税的形式,确认买卖或典当田宅交易的合法性,用以避免以后在田宅使用上的各种纠纷。这种缴纳买卖或典当田宅税契的法律规定,为清代法律继承。

五、过割赋税

自唐代实行两税法后,官府强调土地赋税必须随买卖行为而转移到买方,即过割赋役。宋代法律规定,契约上必须写明买卖田产的租税、役钱,并由官府在双方赋税簿帐内改换登记后,才能加盖官印。违反者,田产还原主,价钱一半没入官府。宋徽宗政和元年规定:凡以田宅契投税,同时要"勘验元业税租、免役钱。纽定应割税租分数,令均平取推收状入案,当日于簿内对注开收。"宣和七年再次强调:"自今典卖田宅,并赍元租契赴官,随产割税,对立新契,其旧契便行批凿除豁,官为印押。本县人口等第簿,亦仰随时销注,以绝产去税存之弊。"④南宋时期对于过割赋税的要求更为严格。

"过割赋税"在元代法律规定是:"诸典卖田宅,从有司给据立契,买主卖主随时赴有司推收税粮。若买主权豪,官吏阿徇,不即过割,止令卖主纳税,或分派别户包纳……笞五十七,仍于买主名下验元价追征,以半没官,半付告者"⑤,即在买卖田宅的同时,必须将附着其上的赋税义务转移给新业主(占有者)。大清律例规定:凡典卖田宅,"不过割者,一亩至五亩,笞四十,每亩加一等,罪止杖

---

① 《宋会要·食货》三十五之十五。
② 《元典章》卷二十二《户部八·杂课》。
③ 怀效锋点校:《大明律》,法律出版社1999年版,第55页。
④ 《宋会要·食货》六十一。
⑤ 《元史》(第9册),卷一百零五《刑法志》,中华书局1976年版,第2641页。

一百,其田入官"。①

六、离业

北宋仁宗时期专门规定买卖契约达成后,必须转移土地的占有,卖主必须离业,不允许由卖主租佃该地,以防止自耕农减少、佃农增多,有利于官府赋税征收以及减少土地纠纷。南宋时又反复强调这一规定。《元史·刑法志》记载:诸典卖田宅者,"业主欺昧,故不交业者,笞四十七"。②

二、典当契约

|【案例】曾沂诉陈增取典田未尽价钱③|

▶【基本案情】>>>

曾沂元典胡元珪田,年限已满,遂将转典与陈增。既典之后,胡元珪却就陈增名下倒祖[一],曾沂难以收赎。虽是比元钱差减,然乡原体例,各有时价,前后不同。曾沂父存日典田,与今价往往相远,况曾沂元立契自是情愿,难于反悔。若令陈增还足元价,则不愿收买,再令曾沂收赎,无祖可凭,且目今入务已久,不应施行。仍乞使府照会。

[一]就陈增名下倒祖"祖",上海图书馆校勘本作"租"。

▶【案例分析】>>>

这是宋代关于田地典卖回赎的案件。宋代不动产交易中分为买卖和典卖两种形式,凡称为绝卖、断卖、永卖是为买卖,是为无任何附加条件的将包括土地在内的不动产所有权让渡给买主的买卖,只转让使用权、收益权而保留所有权的,是为典卖,又称活卖。买卖与典卖的主要区别在于有无回赎权。宋代法律规定买卖与典卖土地必须经过先问亲邻、输钱印契、过割赋役与离业,才能最终完成田宅买卖与典卖(详细见宋代买卖契约案例)。但是典卖与买卖的最大不同是可以回赎。回赎的依据就是典卖契约,按照宋代法律规定:"典田宅者,

---

① 田涛、郑秦:《大清律例》,法律出版社1999年版,第198页。
② [明]宋濂等撰:《元史》(第9册),卷一百零五《刑法志》,中华书局1976年版,第2641页。
③ 中国社会科学院历史研究所宋辽金元史研究室点校:《名公书判清明集》(第2版),中华书局2002年版,第104页。

皆为合同契,钱业主各收其一,此天下所同行,常人所共晓。"①本案中曾沂典得胡元珪的田地,期满后低于原典价转典给陈增,而胡元珪直接从陈增处按后一典价赎回,陈增认为自己吃亏,但是土地买卖和典卖按照惯例往往是按照时价进行。因此对于陈增要求取回典田时未尽价钱诉讼。当时官员认为,"若令陈增还足元价,则不愿收买,再令曾沂收赎,无祖可凭,且目今入务已久,不应施行"。

这里除了涉及典卖可以回赎的法律规定和转典、典卖田宅依照时价惯例的内容外,还有务限法的问题。在本案中"不应施行"的原因之一是"且目今入务已久",主要涉及的是宋代的诉讼时间限制的法律制度,即务限法。在宋代有关田宅、婚姻、债负等案件的受理审判方面,《宋刑统》"婚田入务"规定:"谓诉田宅、婚姻、债负,起十月一日,至三月三十日检校""取十月一日之后,许官司受理,至正月三十日住接词状,三月三十日以前断遣须毕,如未毕,具停滞刑狱事由闻奏。如是交相侵夺及诸般词讼,但不相干田农人户,所在官司随时受理断遣,不拘上件月日之限。"②从十月一日开始是为"务开",方可受理案件,直到"入务"之时,即此类案件诉讼中止的时间。本案属于田宅典卖案件,属于务限法规定的"入务"时间,不应当受理婚田案件。

|【案例】典契改作卖契投税希冀杜绝回赎案③|

▶【基本案情】> > >

嘉庆二十二年户部咨送安徽司现审案:周廷幅因贪王朝佐未经绝卖之地膏腴,即仿照原典契另行誊写,添捏无力回赎听凭投税字样,混行投税,希图杜绝回赎,即与冒认田亩虚钱实契无异。惟王朝佐之地实系伊家先行承典,并非凭空捏造,全行冒认。周廷幅应于冒认他人田宅,虚钱实契典买罪止杖八十、徒二年律量减一等,拟杖七十,徒一年半。

▶【案例分析】> > >

这个案件涉及的是改典契为卖契投税希冀杜绝回赎的案件,涉及的知识点

---

① 中国社会科学院历史研究所宋辽金元史研究室点校:《名公书判清明集》(第 2 版),中华书局 2002 年版,第 149 页。

② [宋]窦仪:《宋刑统》,中华书局 1984 年版,第 207 页。

③ [清]祝庆祺、鲍书芸、潘文舫、何维楷:《刑案汇览三编》(一),北京古籍出版社 2004 年版,第 241 页。

主要是清代典契和卖契的区别问题。按照《大清律例》规定"卖产立有绝卖文契,并未注有'找贴'字样者,概不准贴赎,如契未载'绝卖'字样,或注定年限回赎者,并听回赎。若卖主无力回赎,许凭中公估,找贴一次,另立绝卖契纸。若买主不愿找贴,听其别卖归还原价。倘已经绝卖,契载确凿,复行告找,告赎,及执产动归原佃亲邻之说,借端掯勒,希图短价者,俱照不应重律治罪"。① 可见这是认为契约如没有注明"绝卖"字样或注明"找贴"或"回赎年限"字样,则认为是典卖,反之其注明"绝卖"字样,而没有"找贴"字样的是为绝卖;到了乾隆十八年(公元1753年)条例则进一步明确了典卖和买卖的概念,其规定:"嗣后民间置买产业,如系典契,务于契内注明回赎字样;如系卖契,亦于契内注明永不回赎字样。"② "凡民间活契典当田产一概免其纳税,其一切卖契无论是否杜绝俱令纳税。"③因此,清朝买卖契约与典卖契约的区别在于:其一,典卖要注明回赎或"找贴"字样,买卖要注明"永不回赎"字样或没有典卖契约中应当注明的字样。其二,典卖不缴纳契税,而买卖必须缴纳契税。本案例中周廷幅通过誊写原典契,添捏无力回赎听凭投税字样,混行投税,并没有契税。虽然契约形式上符合买卖契约的形式,但由于是捏造出来的假的买卖契约,因此要受到法律的处罚。

▶【基本问题】>＞＞

通过这个案例,我们需要掌握的知识点包括各个时期典当契约的主要内容。

▶【知识分析】>＞＞

典卖制度在中国古代颇有特色,起始于北朝隋唐时期。唐代时称谓"典",长庆元年敕文规定"天下典人庄田园店,"必须承担户税。④ 由于买卖与典卖的主要区别在于有无回赎权,宋代时期关于典卖和买卖行为设定共同的程序,规定典卖、买卖都必须有家主尊长出面立契、并且都必须先问亲邻;输钱印契;过割赋税和离业。对于契约的形式规定"典田宅者,皆为合同契,钱主业主各收其

---

① 《大清律例》(乾隆三十三年本)卷九。
② 《大清律例》(乾隆三十三年本)卷九。
③ 《大清律例》(乾隆三十三年本)卷九。
④ 《文苑英华》卷四百二十六,转引郭建等:《中国法制史》,浙江大学出版社2011年版,第176页。

一,此天下所通行,常人所共晓"。①

《宋刑统》规定只要契约尚存,回赎期限不受时间限制,但是如果没有契约,或者契约难辨真伪,则回赎时间是三十年,三十年后不能回赎。具体规定为:"建隆三年十二月五日敕节文,今后应典及倚当庄宅、物业与人,限外虽经久年深,元契见在,契头虽已亡没,其有亲的子孙及有分骨肉,证验显然者,不限年岁,并许回赎。如在典限外,经三十年后,并无文契,及虽持文契,难辩真虚者,不在论理收赎之限,见佃主一任典卖。"②另外宋代典卖契约,还规定,一物不得两典,即法律所说的重叠典当,违者包括本主、牙人、邻人及契上署名的人,各按人己钱数,准盗论;典物归先典者,出典人(业主)要出卖该项不动产时,典主有先买权。价金交付的期限为一百二十天,以钱交付的再以钱赎回,以纸币交付的再以纸币赎回,避免有人借货币贬值,从中渔利。

元明基本上继承了宋代的典卖制度。如元代仍是典卖连称,法律要求典当土地契约须与买卖土地契约同样具备经官给据、先问亲邻、印契税契、过割赋税等程序,而且要求必须以书面合同的形式进行。③《大明律·户律·典卖田宅门》规定:"凡典卖田宅不税契",最重者要"杖一百,其田入官",即通过责令典卖田宅的当事人缴纳契约税的形式,确认买卖或典当田宅交易的合法性,用以避免以后在田宅使用上的各种纠纷。清朝的条例及户部则例进一步丰富了典权制度的内容,使之更为完备。

清代在继承以往典卖制度的继承上有所变化。

一是明确区分了典、卖两种契约。按照《大清律例》规定"卖产立有绝卖文契,并未注有'找贴'字样者,概不准贴赎,如契未载'绝卖'字样,或注定年限回赎者,并听回赎。若卖主无力回赎,许凭中公估,找贴一次,另立绝卖契纸。若买主不愿找贴,听其别卖归还原价。倘已经绝卖,契载确凿,复行告找,告赎,及执产动归原侭亲邻之说,借端揾勒,希图短价者,俱照不应重律治罪。"④可见,这是认为契约只要注明"找贴"或"回赎年限"字样,则认为是典卖,反之是为绝卖;到了乾隆十八年(公元1753年)条例则进一步明确了典卖和买卖的概念,其规定:"嗣后民间置买产业,如系典契,务于契内注明回赎字样;如系卖契,亦于

---

① 中国社会科学院历史研究所宋辽金元史研究室点校:《名公书判清明集》(第2版),中华书局2002年版,第149页。

② [宋]窦仪:《宋刑统》,中华书局1984年版,第206页。

③ 《通制条格》卷十六《田合·典卖田产事例》。

④ 《大清律例》(乾隆三十三年本)卷九。

契内注明永不回赎字样。"①并规定乾隆十八年以前的旧有契约如果没有明确注明是否可以回赎,三十年内的可以回赎或由典权人再向原业主支付一次"找价",所有权转归典权人;三十年以上的,尽管没有写明是"绝卖"或注明回赎,仍不得再请求找价或回赎,从而确定以是否允许回赎为典卖与买卖的重要区别标准。

二是明确了典卖契约回赎的年限,清乾隆三十五年事例建议典当契约统以十年为限,十年后如出典人无力回赎即丧失回赎请求权,不动产转归典权人所有。《户部则例》规定:"民人典当田房,契载统以十年为率,限满听赎。"如果约定年限超过十年,即认定为买卖契约,必须纳契税。旗人之间典卖期限亦为十年,旗人将田产出典给汉民的回赎期限为二十年。

三是明确房屋出典后的风险责任。宋元以来历代立法对于房屋出典后的风险承担问题没有任何规定,清朝在乾隆十二年(1747年)定例,"凡典产延烧,其年限未满者,业主、典主各出一半合起房屋,加典三年,年限满足业主以原价取赎。如年限未满,业主无力合起者,典主自为起造,加典三年,年限满足,业主,照依原价加四取赎。如年限未满,而典主无力合起者,业主照依原价减四取赎,如年限已满者,听业主照依原价减半取赎。如年限已满,而业主不能取赎,典主自为起造,加典三年,年限满足,业主仍依原价加四取赎。"②也就是说,如果房屋在承典中延烧时,承典人要全部或部分的负赔偿之责。

三、借贷契约

|【案例】西汉千乘县董永贷钱契约③|

▶【基本案情】> > >

前汉董永,千乘人,少失母,独养父。父亡,无以葬,乃从人贷钱一万。永谓钱主曰:"后若无钱还君,当以身作奴。"

|【案例】唐麟德二年高昌卜老师举钱契④|

唐高宗麟德二年正月廿八日,宁昌乡人卜老师于高叁军家人未豊边举取钱

---

① 《大清律例》(乾隆三十三年本)卷九。
② 《大清律例刑案汇纂集成》卷九。
③ 张传玺主编:《中国历代契约粹编》(上册),北京大学出版社2014年版,第62页。
④ 张传玺主编:《中国历代契约粹编》(上册),北京大学出版社2014年版,第304页。

拾文,月别生利钱一文。若未豊须钱之日,本利俱还。若身东西不在,一仰家妻儿收后上(偿)钱;听摋家财,平为钱直。两和立契,获指为信。

　　钱主高未豊

　　举人卜老师

　　保人翟子隆

　　知见人翟贞信

　　保人石德

【案例】唐麟德二年高昌张海欢、白怀洛贷银钱契①

▶【基本案情】＞＞＞

　　麟德二年十一月廿四日,前庭府卫士张海欢于左憧憙边贷取银钱肆拾捌文,限至西州十日内还本钱使了。如违限不偿钱,月别拾钱后生利钱壹文入左。若延引注托不还钱,任左牵掣张家资杂物、口分田桃(萄),用充钱直取。若张身东西没洛(落)者,一仰妻儿及收后保人替偿。两和立契,画指为信。

　　同日,白怀洛贷取银钱贰拾肆文,还日、别部依上券同。

　　钱主　左

　　贷钱人张海欢

　　贷钱人白怀洛

　　保人张欢相

　　保人张欢德

　　海欢母替男酬练。若不上(偿),依月生利。大女李台明

　　保人海欢妻郭如连

　　保人阴欢德

【案例】唐某年高昌严秃子贷麦契②

▶【基本案情】＞＞＞

　　□□□年二月五日,顺义乡人严秃子并妻、男行〔师等于武〕城乡人张君利

---

①　张传玺主编:《中国历代契约粹编》(上册),北京大学出版社 2014 年版,第 305—306 页。
②　张传玺主编:《中国历代契约粹编》(上册),北京大学出版社 2014 年版,第 326—327 页。

边贷取大麦叁拾斛。其〔麦限到八月〕卅日还了。若过月还不了,一月壹斛上生利麦壹〔斗。若延引〕不还,任听拽家资杂物,平为麦直。其〔身东西〕不在,仰妻儿收后代还。两和立契,画指〔为信。到〕桃、田籍帐了日,秃子此契合破,更不合还麦。

  麦主张

  〔取麦人〕严秃子

  〔同取人〕妻赵

  同取人男行师

  知见人赵申君

  知见人赵士达

▶【案例分析】＞＞＞

这是有关借贷问题的几个案例。中国古代的借贷分为有息借贷和无息借贷,借贷的标的物可以是钱,也可以是物等。其借贷的担保可以是役身折酬、保人代偿或扣押债务人等值家资杂物财产等,借贷利息也往往有一定的限制。

“西汉千乘县董永贷钱契约”案中,反映了汉代借贷以役身折酬偿还债务情况,在习惯上称为“自卖为奴”。

后三个是唐代的借贷案例。唐代有息借贷称为“出举”,无息借贷称为“负债”。凡进行正式借贷,均须按照有关规定订立契约。唐朝《杂令》也明确规定:“诸公私以财物出举者,任依私契,官不为理。每月取利不得过六分,积日虽多不得过一倍。若官物及公廨,本利停讫,每计过五十日不送尽者,余本生利如初,不得更过一倍。家资尽者,役身折酬,役通取户内男口,又不得回利为本,(其放财物为粟麦者,亦不得回利为本及过一倍),若违法积利、契外掣夺及非出息之债者,官为理。收质者,非对物主不得辄卖。若计利过本不赎,听告市司对卖,有剩还之。如负债者逃,保人代偿。”[①]

“唐麟德二年高昌卜老师举钱契”中卜老师是有息借贷,借款十文月息一文,可见月利率达到10%。如果没办法偿还本息,则可用债务人的家资杂物抵偿。

“唐麟德二年高昌张海欢、白怀洛贷银钱契”中,张海欢、白怀洛贷银钱,是

---

① 〔日〕仁井田陞:《唐令拾遗》,栗劲、霍存福等译,长春出版社1989年版,第789页。

无息借贷,在借贷双方约定的时间内没有利息,当时从契约上看,如果过期不还的话,将会按月收取利息,张海欢契约中的借得的本金是四十八文,超过还款期限的每月每十文利息是一文,也就是利率为10%。如果张海欢、白怀洛两债务人到期不还的话,债券人则可以掣夺两债务人等值的财物,由家人收齐后,由保人代偿。

"唐某年高昌严秃子贷麦契"中,同样是无息借贷,但其标的是麦,严秃子贷米是三十斛,如果超过约定三十日还得期限。在按月收取利息,共三斗,即每月利率是10%。如不还,则以严秃子等麦价的家资杂物,平为麦直。

如果这三个契约出现违法积利、契外掣夺及非出息之债者,官府受理词讼。

|【案例】图娶其人之女为媳借给钱文① |

▶【基本案情】＞＞＞

山东司审拟毕大喊告刘七欲将伊女折帐为媳一案。查此案刘七系属刺匪,因图娶毕大之女凤姐为媳,即赁给房屋居住,并先后借给毕大京钱六十吊,令胡二向毕大求婚。毕大因时已岁暮,佯许明年再商,刘七如期即预备簪布等物交与胡二送往下定,毕大以并未许亲,且因刘七系属刺匪不允,即将簪布掷出。次日刘七又令胡二将簪布送往,并称如其不从,立即索回钱文,若无钱文,即将伊女折帐。查刘七借给毕大钱文本寓求婚之意,因毕大不允,辄称即将其女折帐,是藉帐而强欲娶人之女为媳,即与准折无异。该司将刘七照依私债准折人子女律杖一百,胡二照为从减一等杖九十,查核情罪相符,应请照办。

▶【案例分析】＞＞＞

本案例涉及借贷违约强抢夺人之妻妾子女的"私债准折人妻妾子女者"的法律问题。按照清朝法律规定,"若豪势之人,于违约负债者,不告官司,以私债……若准折人妻妾子女者,杖一百,奸占加一等论,强夺者,加二等,杖七十,徒一年半,因强夺而奸占妇女者,绞监候,所准折强夺人口给亲,私债免追"。②本案例中刘七借贷给毕大钱六十吊的目的就是娶毕大之女凤姐为媳,在图谋不成的情况下,"立即索回钱文,若无钱文,即将伊女折帐",于是毕大起诉刘七,按照上述法律,将刘七照依私债准折人子女律,杖一百。可见清代是不允许借贷不还以人折合借贷本息的。

▶【基本问题】> > >

通过这五个案例,我们需要进一步了解和掌握的知识点是借贷契约的种类、借贷契约无法偿还的替代方式、借贷契约利息的规定和违法违约法律责任等内容。

▶【知识分析】> > >

一、借贷契约的种类

中国古代的借贷契约,分为使用借贷契约和消费借贷契约。[①] 凡是"以物假人"曰借,即多指无偿的使用借贷,其标的物多是不易损耗的衣物、工具、牲畜、奴隶等,在使用借贷契约中,标的物在出借中并没有转移标的物的所有权,使用者只是在归还前拥有其使用权,归还原物是其主要责任,但如果损毁或死亡,承借方要承担赔偿责任。如秦朝法律规定:"叚(假)器者,其事已及免,官辄收其叚(假),弗亟收者有罪,其叚(假)者死亡、有罪毋(无)责也,吏代尝(偿)。……毁伤公器及□者,令尝(偿)。"[②]即借用器物的,其事务已完成和免除时,官府应即收回所借器物,不及时收回的有罪。如果借用者死亡或犯罪未将出借的器物追还,由吏代为赔偿。……毁损器物……的令其赔偿。凡是"以人求物为贷",即消费借贷,承借人在约定的期限归还数量、质量等相同的钱物即可。也就是说从承借人取得标的物时,就取得了其所有权,但要偿还本息是承借人的主要责任。

消费借贷契约又分为无息借贷和有息借贷。唐朝有息借贷称为"出举",无息借贷称为"负债"。正如《唐律疏议·杂律》疏议曰:"负债者,谓非出举之物。"[③]凡进行正式借贷,均须按照有关规定订立契约。国家对于债务关系的调整分为"官不为理"和"官为理"。唐朝《杂令》明确规定:"诸公私以财物出举者,任依私契,官不为理。每月取利不得过六分,积日虽多不得过一倍。若官物及公廨,本利停讫,每计过五十日不送尽者,余本生利如初,不得更过一倍。家

---

① 郭东旭:《宋代法制研究》,河北大学出版社 1997 年版,第 522 页。
② 睡虎地秦墓竹简整理小组编:《睡虎地秦墓竹简》,文物出版社 1990 年版,第 45 页。
③ 钱大群:《唐律疏义新注》,南京师范大学出版社 2007 年版,第 846 页。

资尽者,役身折酬,役通取户内男口,又不得回利为本,(其放财物为粟麦者,亦不得回利为本及过一倍),若违法积利、契外掣夺及非出息之债者,官为理。"①唐代对于有息借贷规定利息比例的限度,官府不干预订约和还本付息之事。但对于出现违法取利之事、契外掣夺及非出息之债的情况,官府就会干预,并受理此类案件,从而保护债权人或债务人的合法利益。

元明清的借贷,在法律上不再明确地划分为有息与无息,但在民间仍存在着有息、无息的不同称谓。

二、借贷契约无法偿还的替代方式

古代借贷契约无法偿还的替代方式主要有以财产抵挡、役身折酬、保人代偿等方式。

(一)以财产抵挡债务

债务到期不偿,宋代以前,允许债权人扣押债务人等值的财产,在唐代称为"牵掣",疏议曰:"谓公私债负,违契不偿,应牵掣者,皆告官司听断。"②牵掣债务人的财物抵债,应当经由官府听断。财产只能相当于契约上的原本,但私下牵掣只要不超过本契原本,则不予处罚。因此上述契约之内有"听掣家资财物,平为钱直"的话语。宋代继承了上述规定。

明清法律禁止债权人私自以债务人的财产抵债。清代法律规定"若豪势之人于违约负债者不告官司,以私债强夺去人孳畜产业者杖八十,无多余利,听赎不追,若所夺畜产之价过本利者,计夺余之物,罪有重于杖八十者,坐赃论"③。

(二)役身折酬

役身折酬,是以债务人劳役抵偿债务。在唐代称为"役身折酬"。

秦代法律规定:"有责(债)于公,以其令日问之,其弗能入及尝(偿),以令日居之,日居八钱;公食者,日居六钱。"而且规定"一室二人以上居赀赎责(债)而莫见其室者,出其一人,令相为兼居之"。如果"百姓有赀赎(责)债,而有一臣若一妾,有一马若一牛,而欲居者,许"。④ 汉代借贷以役身折酬偿还债务情况,在习惯上称为"自卖为奴",如董永谓钱主曰:"后若无钱还君,当以身作奴。"唐朝《杂令》规定:"家资尽者,役身折酬,役通取户内男口。"⑤但《唐律疏

① [日]仁井田陞:《唐令拾遗》,栗劲、霍存福等译,长春出版社1989年版,第789页。
② 钱大群:《唐律疏义新注》,南京师范大学出版社2007年版,第847—848页。
③ 田涛、郑秦:《大清律例》,法律出版社1999年版,第264页。
④ 睡虎地秦墓竹简整理小组编:《睡虎地秦墓竹简》,文物出版社1990年版,第51页。
⑤ [日]仁井田陞:《唐令拾遗》,栗劲、霍存福等译,长春出版社1989年版,第789页。

议》规定："诸妄以良人为奴婢,用质债者,各减自相卖罪三等;知情而取者,又减一等。仍计庸以当债直。"①宋代法律亦然。债务人只能以男性家属劳役抵偿债务。以后法律不再明确认定这一抵偿债务的方式。

（三）保人代偿

保人代偿是由保证人附带连带偿还债务。唐宋代在负债人不能偿还债务时,则由"保人代偿"。唐朝《杂令》规定："如负债者逃,保人代偿。"②《宋刑统》中也有如此规定,"如负债者逃,保人代偿"。③而在上述唐代案例中也有"若张身东西没洛(落)者,一仰妻儿及收后保人替偿"的保证。所谓"身东西"是当时死亡的隐语。后世继承了这一保人代偿的形式,但在实际中保人代偿在借贷不偿中起不到代偿的作用。

三、借贷契约利息的规定

古代放贷为了取利,而取利往往又是高利盘剥。债务人到期无力偿还,致使社会矛盾激化。历代朝廷为了缓和这种矛盾,曾明令限制利率,往往规定最高利息比例。如汉代超过法定利率的行为叫作"取息过律",要受到惩罚。

唐代从利率及利息总额上限进行规定。唐玄宗时对借贷利息率进行"厘革"："自今已后,天下私举质,宜四分收利,官本五分收利。"④即私人借贷利息四分,官府借贷利息五分。而唐朝《杂令》也明确规定："诸公私以财物出举者,任依私契,官不为理。每月取利不得过六分,积日虽多不得过一倍",宋代承袭这一规定。⑤即凡属"出举",有息借贷,借贷双方须自觉履行契约,官府一般不予干预,但利息最高不得超过六分,且利息累计不得超过本金。

元律明确规定以本金数额为借贷利息总额的上限,也就是"一本一利",禁止高利贷盘剥,但这一规定在实践中并无普遍的约束力。蒙古贵族、达官、回回人放高利贷是元代社会生活中经常出现的现象,史称"其年则倍之,次年则并息又倍之,谓之羊羔利,积而不已,往往破家散族,至以妻子为质,然不能偿"。⑥

《大明律·户律》中明确限制利率及利息总额,规定:私人借贷钱物"每月取利

---

① 钱大群：《唐律疏义新注》,南京师范大学出版社2007年版,第849页。
② ［日］仁井田陞：《唐令拾遗》,栗劲、霍存福等译,长春出版社1989年版,第789页。
③ ［宋］窦仪：《宋刑统》,中华书局1984年版,第413页。
④ 《全唐文》卷三十《玄宗皇帝·禁公私举放重利诏》。
⑤ ［宋］窦仪：《宋刑统》,中华书局1984年版,第412页;［日］仁井田陞：《唐令拾遗》,栗劲、霍存福等译,长春出版社1989年版,第789页。
⑥ 《元文类》卷57。

并不过三分,年月虽多不过一本一利"①(百分之二百)。清朝法律承继了这一规定。

四、违法违约法律责任

关于借贷方面违法违约的问题一般视为犯罪,各个时期给予不同的法律制裁,其中债权人或债务人要承担相应的法律责任。这些犯罪行为主要有违法不还、违约不偿、违法取利等。

（一）违法不还、违约不偿的法律责任

对于违法不还的使用借贷情形,一方面要求赔偿,秦律规定"其叚(假)者死亡、有罪毋(无)责也,吏代尝(偿)。……毁伤公器及□者,令尝(偿)"。② 如果过期不还,则对承借者给予法律处罚。按照宋朝法律规定:"诸假请官物,事讫过十日不还者,笞三十,十日加一等,罪止杖一百,私服用加一等。"③对于消费借贷如果违期不还,要承担法律责任。例如,汉代河阳侯陈涓,汉文帝四年,"(嗣)侯信坐不偿人责过六月,夺侯,国除。④ 唐代凡违反契约构成"负债违契不偿"行为的,根据《唐律疏议·杂律》的有关规定,要由债权人报告官府,按照违约的标的价值和逾期时间进行处罚。"诸负债违契不偿,一疋以上,违二十日笞二十,二十日加一等,罪止杖八十;三十疋,加二等;百疋,又加三等。各令赔偿。"⑤法律规定:"诸负债不告官司,而强牵财物,过本契者,坐赃论。"⑥《宋刑统》规定与唐律相同。⑦ 明清法律均规定,"负欠私债违约不还者",要给予债务人笞刑至杖刑的处罚,并且追还本金与利息给债权人。

（二）违法取利

汉武帝元鼎元年(公元前 116 年),旁光侯刘殷,坐"取息过律",会赦,免。⑧ 如果不是遇到大赦,就要依律治罪。又陵乡侯刘诉,成帝建始二年坐"贷谷息过律,免"。⑨ 夺侯免国,可见处罚之重。

明清法律中明确限制高利盘剥的借贷行为,《大明律·户律》与《大清律例》规定:"凡私放钱债及典当财物,每月取利并不过三分,年月虽多不过一本一

---

① 怀效锋点校:《大明律》,法律出版社 1999 年版,第 81 页。
② 睡虎地秦墓竹简整理小组编:《睡虎地秦墓竹简》,文物出版社 1990 年版,第 45 页。
③ [宋]窦仪:《宋刑统》,中华书局 1984 年版,第 243 页。
④ 《史记·高祖功臣侯者年表》。
⑤ 钱大群:《唐律疏义新注》,南京师范大学出版社 2007 年版,第 846 页。
⑥ 钱大群:《唐律疏义新注》,南京师范大学出版社 2007 年版,第 847—848 页。
⑦ [宋]窦仪:《宋刑统》,中华书局 1984 年版,第 412 页。
⑧ 《汉书·王子侯表》。
⑨ 《汉书·王子侯表》。

利,违者,笞四十,以余利计赃。重于笞四十者,坐赃论,罪止杖一百。"①明清朝通过法律手段限制高利贷盘剥,以防激化社会矛盾,影响王朝的长久统治。

凡是违法计算征收利息、违反契约规定强行掠夺财产人质以及无息借贷的"负债"纠纷,均由官府依法受理。

（三）非法清偿债务人的财物

在宋代以前承认债权人可以债务人的等价财物抵偿债务,但是债权人不报告官府,强取债务人财物超过契约规定标的的,要按坐赃罪论处。如:唐代法律规定:"诸负债不告官司,而强牵财物,过本契者,坐赃论。"②《宋刑统》规定与唐律相同。③ 当从明朝开始禁止私下债权人以债务人的等价财物抵偿债务的行为。明清律规定"豪势之人不告官司,以私债强夺去人孳、畜产业者,杖八十;若估价过本利者,计多余之物坐赃论,依数追还（本主）"。④

第三节　人身损害赔偿

|【案例】命案减等著追埋葬银两⑤ |

▶【基本案情】＞＞＞

南抚题:王四等共殴杨大和身死,原谋监毙,将王四减等拟流,声明仍追埋银。又北抚题:姚作伦等殴死罗延均,殴有重伤之余人在监病故,将姚作伦减等拟流,并未声叙应追埋银二案。查例载应该偿命罪囚遇蒙赦宥,俱追银二十两给付被杀家属。又命案内减等发落人犯应追埋葬银两勒限三个月追完等语。是律例内应该偿命人犯或蒙赦宥减等或例内不应抵命,即减为军流徒杖等罪者,均应勒追埋银,例内既有明文,办理未便歧异。此二案均系应绞减等拟流之犯,湖北省并未声明系属疏漏,应即添叙明晰。道光六年说帖。

① 怀效锋点校:《大明律》,法律出版社 1999 年版,第 81 页;田涛、郑秦点校:《大清律例》,法律出版社 1999 年版,第 263 页。
② 钱大群:《唐律疏义新注》,南京师范大学出版社 2007 年版,第 847—848 页。
③ ［宋］窦仪:《宋刑统》,中华书局 1984 年版,第 412 页。
④ 田涛、郑秦:《大清律例》,法律出版社 1999 年版,第 264 页。
⑤ ［清］祝庆祺、鲍书芸、潘文舫、何维楷:《刑案汇览三编》（二）,北京古籍出版社 2004 年版,第 1133—1134 页。

|【案例】扫墓放炮烧毙四命追银四分①|

▶【基本案情】> > >

福抚咨：吴七理点放火炮，失火烧毙陈朝玉等四人一案。此案吴七理因赴山祭扫祖坟，点放花炮，烧残炮纸被风吹入草丛，以致烧毙陈朝玉等四人。核其情节，实系耳目所不及，思虑所不到，自应照过失杀人律准其收赎。唯过失杀人至数命之案，例应按死者名数着追银两。今该省仅在吴七理名下着追埋葬银十二两四钱二分，系属错误，应行令着追赎银四分，分别给领。嘉庆十八年说帖。

▶【案例分析】> > >

这是清代三件关于人身损害赔偿的案件。结合案例按清律规定，追征埋葬银主要包括以下几种情况：（1）"应该偿命罪因，过蒙赦宥，俱追银二十两给付被杀家属。如果十分贫难者，量追一半"。（2）"收赎过失杀人绞罪，与被杀之家营葬，折银十二两四钱二分"。② 第一个案例中的两起案件属于"偿命罪因，过蒙赦宥"，减为流刑，因此俱追银二十两给付被杀家属。第二个案例中因吴七理点放火炮，失火烧毙陈朝玉等四人，属于过失杀人，给予"被杀之家营葬，折银十二两四钱二分"。结合案件可以进一步清楚，丧葬费的给付应当是每个被害人为"十二两四钱二分"，四个被害人就应当是四十九两六钱八分。

从这几起案件来看，实施伤害的一方在赔偿受害人丧葬费的同时，仍要接受刑事处罚。

▶【基本问题】> > >

通过这几个案例，我们需要掌握的知识点主要有在中国传统社会中人身损害赔偿的具体规定有哪些？ 是如何规定的？

▶【知识分析】> > >

《唐律疏议》对于因过失损害人身行为，在处刑时往往转换为赎刑，赎刑所

---

① ［清]祝庆祺、鲍书芸、潘文舫、何维楷：《刑案汇览三编》（二），北京古籍出版社2004年版，第1134页。

② 田涛、郑秦点校《大清律例》，法律出版社1999年版，第433—434页。

缴纳的钱财在某种情况下能够交给受害人。通过赎刑的方式给予受害人一定的损害赔偿。主要是有关过失杀、或从过失杀的一些损害人身的犯罪。

《贼盗律》规定："脯肉有毒，曾经病人，有余者速焚之，违者杖九十；即人自食致死者，从过失杀人法。"疏议曰"有余不速焚之，虽不与人，其人自食，因即致死者，从过失杀人法，征铜入死家"。① 《斗讼律》规定：妻妾过失杀伤故夫之祖父母、父母者，"依凡论，谓杀者，依凡人法赎铜一百二十斤；伤者，各依凡人法征赎。其铜入被伤杀之家"。② 《杂律》规定：在市场及人群中，"其误惊杀伤人者，从过失法""从过失法收赎，铜入被伤杀之家"。③ 车马因"惊骇，力不能制，而杀伤人者，减过失二等，听赎，其铜各入被伤之家"。宋代《宋刑统·五刑门·死刑二》中"准《狱官令》：诸伤损于人及诬告得罪，其人应合赎者，（铜入）被告及伤损之家"。④ 对于上述部分误杀、过失杀人致死，只追赎银，不再拟罪科刑。用罚银代替了刑罚，并以刑罚的轻重作为罚银多少的标准。这种追银仍带有惩罚性的特点，体现了中国传统社会人身损害的惩罚性功能。

元代时期一方面继承了唐宋的赎铜给付被害之家外，还出现了对于凡人人身伤害的，除了给予刑罚制裁外，法律中附带上了损害赔偿的内容。这一原则为明清两代所继承。

纵观元明清三朝关于人身损害的民法救济的方式主要是损害赔偿。按其赔偿的用途来分主要有以下几种。

一、医药之资

给付医药费一般适用于殴伤人未致死和殴伤人在"保辜限期"的医治费用等情况。元朝通常给付定额医药之资。明清两代给付医药费一般包括赎金和保辜限期内的实际费用。《元史·刑法志四》记载："诸因争误瞎人一目者，杖七十七，征中统钞五十两，充医药之资"。⑤ 赎金制是我国古律令的一个重要的刑罚制度，为赎刑。在一般情况下，赎金收归国有。但也规定了若干条文将赎金给受害人及其家属，以为赔偿，称之为"收赎给苦主"。作为对人身伤害的赔偿。适用的范围，主要有：（1）过失杀伤人。《大明律·刑律·人命》"戏杀误杀过失杀伤人"条规定："若过失杀、伤人者，各准斗杀、伤罪，依律收赎，给付其家。"该

---

① 钱大群：《唐律疏义新注》，南京师范大学出版社 2007 年版，第 583 页。
② 钱大群：《唐律疏义新注》，南京师范大学出版社 2007 年版，第 719 页。
③ 钱大群：《唐律疏义新注》，南京师范大学出版社 2007 年版，第 881 页。
④ 钱大群：《唐律疏义新注》，南京师范大学出版社 2007 年版，第 838 页。
⑤ ［明］宋濂等撰：《元史·刑法志四》（第九册），中华书局 1976 年版，第 2673—2674 页。

条小注云"依律收赎,给付被杀,被伤之家,以为营葬及医药之资"。《大清律例·刑律·人命》"戏杀误杀过失杀"条规定:"若过失杀伤人者,(较戏杀愈轻),各准斗杀伤罪,(依律收赎),给付其(被杀伤之)家。(小注云:'过失,谓耳目所不及,思虑所不到,如弹射禽兽,因事投掷砖瓦,不期而伤人者,或因升高险足有磋跌,累及同伴;或驾船使风,乘马惊走,驰车下坡势不能止,或共举重物,损及同举物者。凡初无害人之意而偶致杀伤人者,皆准斗殴杀伤人罪,依律收赎,给付被杀被伤之家,以为营葬及医药之资。')"①(2)因公驰骤车马致死。《大清律例·刑律·人命》规定,"若因公务急速,而驰骤杀伤人者,以过失论。依律收赎,给付其家"。②(3)动物致人损害。《大清律例·刑律·厩牧》"畜产咬踢人"条规定:"凡马、牛及犬有触觝踢咬人,而(畜主)记号栓击不如法,若有狂犬不杀者,笞四十。因而杀伤人者,以过失论。(各准斗殴杀伤,收赎,给主。)"③(4)庸医杀伤人。《大清律例·刑律·人命》"庸医杀伤人"条规定:"凡庸医为人用药、鍼刺,误不如方,因而致死者,责令别医辨验药饵穴道,如无故害人之情者,以过失杀人论,(依律收赎给付其家。)不许行医。"④"收赎过失杀人绞罪,与被杀之家营葬,折银十二两四钱二分。(其过失伤人收赎银两数目,另载图内。)"⑤据过失杀伤收赎图所示,根据被害人的伤势确定赎金的多少:废疾笃疾二等,分别是七两九分七厘和十两六钱四分五厘;折伤以上三等,分别是一两七钱七分四厘、三两五钱四分八厘、五两三钱二分二厘;折伤以下五等,分别是三钱五分四厘、五钱三分二厘、七钱九厘、八钱八分七厘、一两四钱一分九厘⑥。保辜限期的医药费则根据医治的实际情况给付。《大明律·刑律·斗殴》"保辜限期"条规定:"凡保辜者,责令犯人医治。"⑦《大清律例·刑律·斗殴上》"保辜限期"条规定:"凡保辜者,(注云:先验伤之重轻,或手足,或它物,或金刃,各明白立限。)责令犯人(保辜)医治。"⑧

二、养赡之资

养赡作为一种人身损害的民事救济方式,主要适用于残酷的恶性杀人、重

---

① 田涛、郑秦点校:《大清律例》,法律出版社 1999 年版,第 433 页。
② 田涛、郑秦点校:《大清律例》,法律出版社 1999 年版,第 437 页。
③ 田涛、郑秦点校:《大清律例》,法律出版社 1999 年版,第 349 页。
④ 田涛、郑秦点校:《大清律例》,法律出版社 1999 年版,第 438 页。
⑤ 田涛、郑秦点校:《大清律例》,法律出版社 1999 年版,第 433—434 页。
⑥ 张晋藩:《清代民法综论》,中国政法大学出版社 1998 年版,第 175 页。田涛、郑秦点校:《大清律例》,法律出版社 1999 年版,第 53 页。
⑦ 怀效锋点校:《大明律》,法律出版社 1999 年版,第 160 页。
⑧ 田涛、郑秦点校:《大清律例》,法律出版社 1999 年版,第 446 页。

伤等情况,责令侵权人支付一定资财给付被害人之家,用以赡养被害致残者或被害致死者的家属。其赔偿范围的确定取决于被侵害人的是生命权还是健康权和侵权人(罪犯)财产的多少。元朝以健康权为主要标准,以定额养赡为主,明清以后以犯罪者的财产为标准,即以断付全部财产或财产一半给付死者之家为主;据《元史·刑法志四》记载,"诸以他物伤人,致成残疾者,杖七十七,仍追中统钞一十锭,付被伤人,充养济之资。诸因斗殴,斫伤人成废疾者,杖七十七,仍追中统钞一十锭,付给被伤人,充养济之资。为父还殴致伤者,征其钞之半。诸豪横辄诬平人为盗,捕其夫妇男女,于私家拷讯监禁,……其被害致残废者,人征中统钞二十锭,充养赡之资。……诸以微故残伤义男肢体废疾者,加凡人折跌肢体一等论,义男归宗,仍征中统钞五百贯,充养赡之资。诸尊长辄以微罪刺伤弟侄双目者,与常人同罪,杖一百七,追征赡养钞二十锭给苦主,免流,……诸卑幼挟仇,辄刺伤尊长双目成废疾者,杖一百七,流远。诸以刃刺破人两目成笃疾者,杖一百七,流远。仍征中统钞二十锭,充养赡之资,主使者亦如之"。①《大明律·刑律·人命》规定:"凡杀一家非死罪三人及支解者,凌迟处死,财产断付死者之家。""凡采生折割者,凌迟处死,财产断付死者之家。"《大清律例·刑律·人命》规定:"凡杀(谓谋杀、故杀、放火、行盗而杀)一家(谓同居,虽奴婢、雇工人皆是,或不同居,果系本宗五服至亲亦是)非(实犯)死罪三人及支解(活人)者,……(为首之人)凌迟处死,财产断付死者之家。""凡采生折割者,……凌迟处死,财产断付死者之家。"②因诬告"致死随行有服亲属一人者,绞,将犯人财产一半,断付被诬之人养赡,(仍令备偿命路费,取赎田宅)致死罪,所诬之人已决者,反坐以死,亦令备偿路费,取赎田宅断付财产一半,养赡其家。③"《大明律·刑律·斗殴》规定:因斗殴致使"瞎人两目,折人两肢,损人二事以上及因旧患令致笃疾,若断人舌,及损败人阴阳者,杖一百,流三千里。仍将犯人财产一半,断付被伤笃疾之人养赡"。对因殴伤致他人其他严重残疾的情况,《大清律例·刑律·斗殴》规定:因斗殴致使"瞎人两目,折人两肢,损人二事以上(二事,如瞎一目又折一肢之类)及因旧患令致笃疾,若断人舌,(令人全不能说话)及毁败人阴阳者,(以致不能生育)。并杖一百,流三千里。仍将犯人财产一半,断付被伤笃疾之人养赡。"④《大明律·刑律·人命》《大清律例·刑律·人命》

①　[明]宋濂等撰:《元史·刑法志四》(第九册),中华书局 1976 年版,第 2673 页。
②　田涛、郑秦点校:《大清律例》,法律出版社 1999 年版,第 426 页。
③　梁凤荣:《中国传统民法理念与规范》,郑州大学出版社 2003 年版,第 259 页。
④　田涛、郑秦点校:《大清律例》,法律出版社 1999 年版,第 444 页。

规定:"凡以他物(一应能伤人之物)置人耳鼻及孔窍中,若故屏去人服用饮食之物而伤人者,不问伤之轻重。杖八十。(谓寒月脱去人衣服,饥渴之人绝其饮食,登高、乘马私去梯、篙之类)致成残废疾者,杖一百、徒三年。令至笃疾者,杖一百、流三千里。将犯人财产一半,给付笃疾之人养赡。""若故用蛇蝎毒蛊咬伤人者,以斗殴伤论(验伤之轻重,如轻则笞四十,至笃疾者亦给财产)。因而致死者,斩(监候)。"①对"非理殴子孙之妇及乞养异姓子孙,致令……笃疾者……子孙之妇,追还嫁妆,仍给养赡银一十两。乞养子孙,拨付合得财产养赡"。②

三、烧埋银或埋葬之资

追烧埋银或埋葬之资是一种人身损害的民法救济方式。其适用范围在元朝的范围几乎包括所有的非法杀人行为,到了明清其适用范围绝大多数是过失杀人,只有杀死奴婢时不考虑是否为过失所为。烧埋银或埋葬之资一般为定额追征。元朝一般为烧埋银五十两或中统钞一十锭,明朝一般为一十两,清朝一般为十二两四钱二分、二十两等几种情况。元代法律规定:"诸杀人者死,仍于家属征烧埋银五十两给苦主,无银者征中统钞一十锭,会赦免罪者,倍之。""诸致伤人命,应征烧埋银者,止征银价中统钞一十锭,"伤害致死者,只征中统钞一十锭,"杀有罪之人,免征烧埋银。"③《大明律·刑律·人命》规定:"过失杀人,依律收赎,给付被杀之家以为营葬,车马杀伤人致死者,追征烧埋银一十两;窝弓杀伤人致死者,追征烧埋银一十两;威逼人致死,追烧埋银一十两。"《大明令》规定:"凡杀人偿命者,征烧埋银一十两,不偿者,征银二十两。应偿命而遇赦原者,亦追二十两。同谋下手人,验数均征,给付死者家属。"④按清律规定,追征埋葬银主要包括以下几种情况:(1)"应该偿命罪囚,过蒙赦宥,俱追银二十两给付被杀家属。如果十分贫难者,量追一半"。(2)"收赎过失杀人绞罪,与被杀之家营葬,折银十二两四钱二分"。(3)"凡捕役拿贼,与贼格斗而误杀无干人者,仍照过失杀人律,于犯人名下追银十二两四钱二分。给付死者之家"。(4)"凡因戏而误杀旁人者,照因斗殴而误杀旁人律减一等,杖一百、流三千里,仍追埋葬银二十两"。(5)"疯病杀人者,从犯人名下追取埋葬银十二两四钱二分,给

---

① 怀效锋点校:《大明律》,法律出版社 1999 年版,第 154 页;田涛、郑秦点校:《大清律例》,法律出版社 1999 年版,第 432 页。

② 梁凤荣:《中国传统民法理念与规范》,郑州大学出版社 2003 年版,第 259 页。

③ [明]宋濂等撰:《元史·刑法志四》(第九册),中华书局 1976 年版,第 2675—2679 页。

④ 梁凤荣:《中国传统民法理念与规范》,郑州大学出版社 2003 年版,第 259 页。

付死者之家"。① （6）凡无故向城市及有人居止宅舍,放弹射箭,投掷砖石者……因而致死者,杖一百、流三千里……(仍追埋葬银一十两)。② （7）凡无故于街市镇店驰骤车马,……致死者,杖一百,以上所犯,并追埋葬银一十两。③ （8）"窝弓杀伤人"条规定:"凡打捕户,于深山旷野猛兽往来去处,穿作坑井及安置窝弓,不立望竿及抹眉小索者……因而致死者,杖一百、徒三年,追征埋葬银一十两。"（9）"威逼人致死"条规定"凡因事……威逼人致死……杖一百……并追埋葬银一十两,给付死者之家。"④

被害人致残或死亡必然遭受一定的物质损失,通过人身损害赔偿的各种方式可以得到一定程度的补偿。能够缓解被害人及其家属一定程度的经济困难,有利于伤情的及时医治,尤其对无故向城市及有人居住宅舍,放弹射箭,投掷砖石者,于街市镇店驰骤车马,窝弓杀伤人,威逼人致死,除承担相应的刑事责任外,皆追征埋葬银,这些规定体现了损害赔偿的补偿功能。

▶【案例与思考】＞＞＞

│【案例】漕司送许德裕等争田事│

许奉居安庆之怀宁,绍兴三十年买入金立田业一段。其后许知实为主,知实死,其子许国继之,为许奉后[一],真伪实未可知,或是相传,或是买入,无所凭据。但许奉元来入户赤契,却系许国收掌。至嘉定六年,当典于张志通、杨之才。七年后,卖于朱昌。朱昌得业,系在张志通、杨之才名下赎回,皆有连押可证。交收花利,输纳官物,据本乡勘会,并系相传得产人主之。许奉初契既已投印,张、杨之典,朱昌之买,亦出于照分明。去年之春,忽有许德裕者,来自光之固始,诉于州,自执宗图,称为许奉之孙,而许国系别派,不应盗占己业。考其所供,淳熙九年,其父名多才,自怀宁徙居于光,收得许奉亲弟许嵩扑约一纸,谓元买金立产业,系独众分,唯嵩一位,独留怀宁,自管耕种。依分还租,此理固有之,但方当立约,得裕未生,及至持讼,许嵩已绝,纵有私约,非官文书,更历年深,何所照据? 又嘉定二年入状怀宁,尝诉许国盗耕田业,时只凭和劝,陪还租课[二],得钱五十贯文,不欲尽情根究。果有此项,犹可供对,今既无元案,又无

---

① 田涛、郑秦点校:《大清律例》,法律出版社1999年版,第433—434页。
② 田涛、郑秦点校:《大清律例》,法律出版社1999年版,第437页。
③ 田涛、郑秦点校:《大清律例》,法律出版社1999年版,第437页。
④ 田涛、郑秦点校:《大清律例》,法律出版社1999年版,第438—439页。

对定文字,且典卖之后,又经十四年,不曾有词,平白入状,只据口说,又何所凭?窃详德裕所供,虽曰有扑佃文字,然自淳熙九年至嘉定二年,相去二十七年,胡为全不交租?虽曰续曾陪还价钱,然自嘉定二年至宝庆三年,相去又十九年,胡为不再管业,直至去春,方来入词?许德裕之父多才[三]元与扑佃者既死,许国之父知实元自为业者又死,许奉之弟许嵩元立约还租者又死,却欲妄凭宗派白约,意在昏赖,实难行使。以意度之,许国未必是许奉之后,许嵩却元为同分之人,若谓许国冒占许嵩之田,决无此理,必是许国之父知实就许嵩名下买入,其他诸位亦已厘革,年深莫知首尾,无可参照。准法:诸祖父母、父母已亡,而典卖众分田宅私辄费用者,准分法追还[四],令元典卖人还价。即典卖满十年者免追,止偿其价,过十年典卖人死,或已二十年,各不在论理之限。倘许嵩尚存,讼在交易十年之前者,只是还价;十年之后,复与免追,且无可分田之理。自淳熙九年至今,首尾通五十七年,许嵩户厥,悉无其人,岂得更在论理之限?合照见佃为业。①

[一]为许奉后"为",明本作"云"。

[二]只凭和劝陪还租课"劝",明本作"勒"。

[三]许德裕之父多才"父"之下,明本有"名"字。

[四]准分法追还"准"之下,明本有"十"字。

【思考】结合本章内容,分析案例所反映的法律问题。

【案例】王拜驴等掘得埋藏之物案②

元朝至元十三年闰三月,中书户部呈:王拜驴等于贺二地内掘得埋藏之物,拟令得物之人与地主停分。今后若有于官地内掘得埋藏之物,于所得物内一半没官,一半付得物之人。于他人地内得者,依上与地主停分。若租佃官私田宅者,例同业主。如得古器珍宝奇异之物,随即申官进献,约量给价。如有诈伪隐匿其物,全追没官,更行断罪。都省准拟。

【思考】结合本章内容,分析其反映的法律问题。

【案例】东汉建宁二年怀县王未卿买田铅券③

建宁二年八月庚午朔廿五日甲午,河内怀男子王未卿从河南街邮部男袁叔

---

① 中国社会科学院历史研究所宋辽金元史研究室点校:《名公书判清明集》(第 2 版),中华书局 2002 年版,第 117—118 页。

② 郭成伟点校:《大元通制条格》,法律出版社 2000 年版,第 326 页。

③ 张传玺主编:《中国历代契约粹编》(上册),北京大学出版社 2014 年版,第 45 页。

威买皋门亭部什三陌西袁田三亩。亩贾钱三千一百,并直九千三百。钱即日毕。时约者袁叔威。沽酒各半。即日丹书铁券为约。

【思考】结合本章内容,分析其反映的法律问题。

|【案例】典卖园屋既无契据难以取赎①|

　　曾氏兄弟,先正之孙,名宦之子也,他族之所观法,当使孝友着闻,乃为不坠先训。今乃不然,始因争奏荐恩泽不和,弟先兄而得官,此固为父之命,为兄者何得有词?然弟既得官,当以远大自将,凡百少逊其兄以补之,则怨自平矣。今又不然,不惟不逊,又或从而掩其有,[一]则其兄之愤憾何从而释哉?自此遂致互起争端,[二]阴结党类,兄或资人以窘其弟,弟或使人以害其兄,无非以横逆相加,以阴诡相陷,以天伦之厚,而疾视如仇雠,以骨肉之亲,而相戕几豺虎,纷纷诉牒,曾无虚月。官司非不知之,如前政赵知县所判,已得其大概,然竟无如之何。良以县道权轻,彼挟官势,劝之以理,则彼有所不从,绳之以法,则此有所不敢,是以其讼方兴而未艾。譬如纵火燎薪,薪若不尽,火无灭期,当职到任之初,[三]首蒙县判,送下胡应卯、曾爓互论赎园及争采桑叶等事,考阅案牍,披详欸状,详加体问,因知曾氏兄弟起讼之由,而前所谓阴结党类,兄弟资人互相窘害者,胡应卯之徒即其人也。请试援胡应卯赎园之事而论之。[四]在法:典田宅者,皆为合同契,钱、业主各取其一。此天下所通行,常人所共晓。胡应卯父子[五]生居县市,岂不晓此,自称典萧屯园屋与曾知府,而乃无一字干照。今人持衣物就质库,解百十钱,犹凭帖子收赎,设若去失,衣物尚无可赎之理,岂有田宅交易,而可以无据收赎也哉?先来县司不知凭何干照,与之交钱寄库,与之出据管业。虽有转运司台判,寄钱给据,然据胡应卯偏词,自合备前后词情具申,听候行下。以此推之,案吏情弊显然,不过以为有曾县尉先交钱五贯,且不知曾县尉凭何文据,见得是典,率先交钱。今人有产业,孰不爱惜,必不得已而后退赎。曾县尉父所置田园屋,必欲使胡应卯得之,不知果有何意?曾爓称萧屯园屋为其父买业,难无正契,而有交钱手领,赵判县已谓可以傍照。又索到丁子昭摊产,[六]县案两处皆说,已转卖与曾知府,如此则曾爓有三项傍照,萧屯园屋是卖。官司岂应舍三项之卖,而从无一字可据之典哉?今为胡应卯之词者,不过曰曾爓无正契,而曾爓又自执出其弟曾县尉批,称契书候寻,一并交纳之文。前

　　① 中国社会科学院历史研究所宋辽金元史研究室点校:《名公书判清明集》(第 2 版),中华书局2002 年版,第 148—152 页。

政陈主簿已见得契书在其弟处矣。如此则曾爁何从而得正契也哉？又详所争萧屯园屋，其地利甚微，而胡应卯之所以必欲得之，曾县尉之所以必欲归之胡应卯者，盖曾县尉为其兄曾爁逐出外爨，而不支公堂钱米，其萧屯园屋下却系置顿公堂米谷之所，曾县尉无以发其□愤，[七]故必欲夺之，以归胡应卯，而资给胡应卯，为无已之讼也。今来事到本厅，以其各是名宦士类，无不再三劝谕，[八]使之从和，庶可以全其恩义，而皆难以告语，故不敢复以官卑位下为惧，只得从公尽情言之，虽招仇怨，有不暇恤。所有胡应卯所论曾爁赎萧屯园屋，既无契据，难以收赎。县司先来所给无凭公据，合缴回县案收毁。所有寄库钱，合申县给还胡应卯。候分析之日，若曾县尉得之，却赎与胡应卯未晚也。所争桑叶，据供系胡应卯父子带领裴丙子等采去，今园既还曾知府，[九]则地利合入有理之家，案后追裴丙子供对，理还曾知府宅。又照得当职下僚小官，尽言无隐，其曾氏兄弟之讼，方胶轕而不可解，此必不足以弭其争。然窃谓官司既不能弭曾氏之争，如胡应卯之徒朋而翼之，独可纵而不治乎？合备申县衙，乞备榜晓示，应今后词诉，[一〇]有与曾氏兄弟干涉者，非弟使人诉其兄，即兄使人讼其弟，并[一一]与根究来历，将套合教唆之徒，痛与惩治，则曾氏之讼庶乎其少息矣！干照除胡应卯公据外，并当厅给还，徐八五留供对采桑叶事，余放。

[一]又或从而掩其有"其"，据明本补。

[二]遂致互起争端"互"，明本作"有"。

[三]当职到任之初"当职"，据明本补。

[四]请试援胡应卯赎园之事而论之"援"，明本作"就"。

[五]胡应卯父子，明本无"父子"两字。

[六]丁子昭摊产"摊"，明本作"推"。

[七]发其□愤，明本作"发其愤"。

[八]无不再三劝谕"无不"，明本作"吾"。

[九]今园既还曾知府"知"，据明本补。

[一〇]应今后词诉"应"，明本作"一应"。

[一一]自"并"字以下，宋本缺页，据明本补。

【思考】结合本章内容，分析其反映的法律问题。

CHAPTER 7

第七章

礼法合一时期的行政法律制度

第一节　中央行政组织

一、皇帝制度

|【案例】秦初议帝号|

▶【基本案情】＞＞＞

秦初并天下，秦王嬴政令丞相御史曰："……寡人以眇眇之身，兴兵诛暴乱，赖宗庙之灵，六王咸伏其辜，天下大定。今名号不更，无以称成功，传后世。其议帝号。"丞相王绾、御史大夫冯劫、廷尉李斯等皆曰："昔者五帝地方千里，其外侯服夷服诸侯或朝或否，天子不能制。今陛下兴义兵，诛残贼，平定天下，海内为郡县，法令由一统，自上古以来未尝有，五帝所不及。臣等谨与博士议曰：'古有天皇，有地皇，有泰皇，泰皇最贵。'臣等昧死上尊号，王为'泰皇'。命为'制'，令为'诏'，天子自称曰'朕'。"王曰："去'泰'著'皇'，采上古'帝'位号，号曰'皇帝'。他如议。"制曰："可。"追尊庄襄王为太上皇。制曰："朕闻太古有号毋谥，中古有号，死而以行为谥。如此，则子议父，臣议君也，甚无谓，朕弗取焉。自今已来，除谥法。朕为始皇帝。后世以计数，二世三世至于万世，传之无穷。"①

▶【案例分析】＞＞＞

本案是皇帝制度确立的集中反映。秦朝统一六国前，没有"皇帝"称谓，国

---

① ［汉］司马迁：《史记·秦始皇本纪》，中华书局 2006 年版，第 43 页。

家最高当权者或称"王",或称"帝",或称"君"。秦朝建立后,秦王嬴政令丞相御史讨论上"尊号"问题,丞相王绾、御史大夫冯劫、廷尉李斯认为,秦王嬴政的功德胜过以往五帝,因此应当以三皇之尊"泰皇"为尊号,秦王嬴政自认为应当取三皇之"皇"及五帝之"帝",合称"皇帝"。于是,中国历史上第一个皇帝诞生了。并且有了自己一套独有的用语:朕、制、诏等。并且废除了西周以来约束帝王的"谥法",体现着皇帝制度的确立,皇帝是最高统治者,独揽全国政治、经济、军事、行政、立法、司法、监察等一切大权,并奉行终身制、世袭制。权力绝对不受限制。

► **【基本问题】** > > >

我们通过始皇帝的设立,进一步了解皇帝制度的主要内容。

► **【知识分析】** > > >

中国封建社会,自从秦王嬴政创立皇帝之名以后,也开始建立相应的皇帝制度,即君主专制制度,皇帝是国家政治生活中处于核心地位,是最高统治者,独揽全国政治、经济、军事、行政、立法、司法、监察等一切大权,并奉行终身制、世袭制。"皇帝"这一尊称从秦朝到清朝,一直是最高统治者的专称。君主专制制度也从秦朝一直延续至清朝。国家通过各种制度的制定和实施来维护皇权,在行政权方面极力维护皇帝处于国家权力体系的顶端,刑事法律方面严惩违犯皇帝人身安全和顶端权威的行为,并且提出一套唯心主义的"君权神授"理论。

董仲舒认为皇帝之所以称为"天子",是体现了"天意",即"皇天佑而子之,号称天子"①。天子的王位是上天赐予的,所谓"受命之君,天意之所予也"②,把皇帝说成是上天在人间的代表。皇帝"受命于天"统治天下,从理论上维护封建君主专制制度。

但并非皇帝制度不受约束,因为上天要求君主施行仁政,以民为本,并以"天人感应"理论为基础,提出天造"谴告"说,当君主的统治有违天意时,上天就会通过灾异"谴告"对君主进行惩罚。因此君主由于对天有敬畏之心,就会自觉约束自己的言行。祖制对皇帝行使权力作出诸多限制。无论是《帝范》,还是《宝训》《皇明祖训》以及散见在上谕、诏令、实录等文献中的祖制内容,均对皇

---

① 《春秋繁露·顺命》。
② 《春秋繁露·深察名号》。

帝本人在治国理政、职官任免、行为举止等方面提出具体要求甚至划出红线,不得逾越。① "谥法"也是一种约束皇帝的手段,谥法是指帝王、诸侯、卿大夫、大臣等死后,朝廷根据其生前事迹及品德,给予一个评定性的称号。始于西周中叶稍后。天子及诸侯死后,由卿大夫议定谥号,秦始皇废不用。汉初恢复,一直到清朝。皇帝为了防止自己死后,臣子给予不好的评价,往往也会约束自己的行为。从这些来看,无论是在理念上还是在制度上,均体现了对君主至高权力一定程度的限制,但这些限制又是以君主自律为前提的,遵不遵守完全取决于君主本人。

二、中央行政组织

|【案例】萧何获罪案|

► **【基本案情】** > > >

萧何为民请曰:"长安地狭,上林中多空地,弃,愿令民得入田,毋收稾为兽食。"上大怒曰:"相国多受贾人财物,为请吾苑!"乃下何廷尉,械系之。数日,王卫尉侍,前问曰:"相国胡大罪,陛下系之暴也?"上曰:"吾闻李斯相秦皇帝,有善归主,有恶自予。今相国多受贾竖金,为请吾苑,以自媚于民。故系治之。"王卫尉曰:"夫职事苟有便于民而请之,真宰相事也。陛下奈何乃疑相国受贾人钱乎! 且陛下距楚数岁,陈豨、黥布反时,陛下自将往,当是时相国守关中,关中摇足则关西非陛下有也。相国不以此时为利,乃利贾人之金乎! 且秦以不闻其过亡天下,夫李斯之分过,又何足法哉! 陛下何疑宰相之浅也!"上不怿。是日,使使持节赦出何。何年老,素恭谨,徒跣入谢。上曰:"相国休矣! 相国为民请吾苑不许,我不过为桀、纣主,而相国为贤相。吾故系相国,欲令百姓闻吾过。"②

► **【案例分析】** > > >

本案反映了汉代丞相的职权。秦汉时期丞相是皇帝之下的行政长官,辅佐皇帝,总理政事。丞,同承;相,助也;合而言之,即秉承皇帝之命掌管全国行政。因此本案中王卫尉说萧何"供职办事有利于民的就向上请求",是真正宰相的责

① 朱勇:《祖制的法律解读》,《法学研究》2016 年第 4 期,第 195 页。
② 《汉书·萧何曹参传》。

任。但这也造成了相权与皇权的冲突,如果皇权强于相权,相权为皇帝所用,即汉高祖所言:"李斯相秦皇帝,有善归主,有恶自予",从而为皇帝收揽人心,天下归于皇帝所有,反之相权强于皇权,皇帝权力可能旁落,汉高祖认为萧何的行径是在与皇帝争夺民心,威胁皇权,故萧何被下狱。

► 【基本问题】 > > >

通过君权和相权之争的案例,需要我们以君权和相权之争为暗线,了解和掌握中国封建社会主要中国行政组织的设立和演变。

► 【知识分析】 > > >

自商鞅变法以来,秦国逐步建立起从中央到地方高度集权的专制政体,相应地制定了一系列行政法规。秦朝统一后,专制政体得到完善、加强,行政立法亦有发展。

一、秦汉三公九卿制

秦汉时期的中央行政组织主要是三公九卿制。秦汉三公是指丞相、御史大夫、太尉。

丞相,又称"宰相",其职权是"掌丞天子,助理万机",[①]即皇帝之下的行政长官,辅佐皇帝,总理政事。丞,同承;相,助也;合而言之,即秉承皇帝之命掌管全国行政。汉哀帝曾说:"丞相者,朕之股肱,所与共承宗庙,统理海内,辅朕之不逮,以治天下也。"[②]

太尉由战国时期的"国尉"发展而来,其职掌全国军事行政和武官的赏罚。《后汉书·百官志》载:"掌四方兵事功课,岁尽,即奏其殿最,而行赏罚。"

御史大夫由战国时期的御史发展而来,其主要职权是管理图籍、奏章,为监察官之首,监察文武官吏,职位低于丞相"宰相之副,九卿之右"。[③]"朝奏事会庭中,差居丞相后"。[④] 也参与商讨军国大事。

在三公之下,设九卿作为中央行政执行机构。汉随秦制,只是名称有所变化。九卿有:秦为奉常,汉改为太常,掌管宗庙祭祀,负责礼仪;秦为郎中令,汉改称光禄勋,掌宫廷警卫;卫尉,秦汉称谓相同,统率卫士,警卫皇城;太仆,秦汉

---

① 《汉书·百官公卿表》。
② 《汉书·孔光传》。
③ 《汉书·朱云传》。
④ 《汉书·萧望之传》。

称谓相同,掌管皇帝车马,负责皇帝出行;廷尉,秦汉称谓相同,负责司法审判;秦称典客,汉称大鸿胪,掌管诸侯及少数民族事务;宗正,秦汉称谓相同,负责皇帝亲属事务;秦治粟内史,汉为大农令,武帝时改为大司农,"掌诸钱谷金帛诸货币",①即掌管全国农田谷物和财政经济等事务;少府,秦汉同,掌管山海湖泽的税收。

三公九卿制,设立的初衷是围绕着皇权,帮助皇帝行使行政、军事、监察等各项权力的,但也潜伏着君权和相权的冲突。皇帝为了加强君权,往往设立新的中枢机构,从汉代开始,随着新中枢机构的形成,三公到了三国两晋南北朝时已无实权,九卿职权亦被各曹尚书所侵夺,到了隋唐时期变为皇族服务的事务机构。

二、尚书台

汉朝初年,皇帝实行无为而治,权力中心转移到三公九卿,汉武帝为了加强君权,力图改变汉初"无为而治"的治国方略,亲自过问军国大事,着手削弱丞相的权力,其重大事情的决策权和公文的处理权开始向中朝官转移,凡办事机构在宫内,而其职务最初主要是侍候皇帝的文墨,相对于在宫廷外办公的三公九卿这些外朝官来说,一般称中朝官或内朝官,如大将军、太傅、侍中、中常侍、中书、尚书等,他们可以自由出入宫廷。武帝以后便由中朝官中品位较高者领尚书事,西汉成帝后,出现尚书台组织。东汉光武帝时加大尚书台职权,进一步削弱三公的职权"虽置三公,事归台阁",②尚书台成为封建国家的实际上中枢机构,使以丞相为首的三公首脑制形同虚设。也可以说,这是君权与相权的较量中君权强化的结果。

尚书台设尚书令一人,一般由士人充当,武帝用宦官,更名中书谒者令。尚书仆射是尚书令副手,协助尚书令工作。下设各曹,分别处理各项政务。汉"成帝初署尚书四人,分为四曹:常侍曹尚书主公卿事",即负责各级官吏的任免与考课等事;"二千石曹尚书主郡国二千石事",即主管郡国上报的各种事项;"民曹尚书主凡吏上书事,客曹尚书主外国夷狄事。世祖承遵,后分二千石曹,又分客曹为南主客曹、北主客曹,凡六曹。"③至此,正式形成尚书台制度。但是,终东汉之世,尚书台在组织上仍隶属少府,品秩亦未逾千石。

---

① 《后汉书·百官志》。
② 《后汉书·仲长统传》。
③ 《后汉书·百官志》。

三、三省六部制

魏初,尚书脱离少府而独立,称为"尚书省",①进而掌理政务。尚书令和尚书仆射为其正副长官。同时,皇帝又设有秘书作为侍从要职,称"秘书令"。魏文帝时,改秘书为中书,尚书的部分职权逐渐移至中书。随其权力的扩大,中书省形成。于是中书省与尚书台间产生了权限划分问题,规定中书省负责起草诏令,为决策、立法机构;尚书省负责奉行诏令,为执行机构,其下设各曹分理事务,为以后六部的形成奠定了基础。

晋代侍中的地位日益显得重要,于是成立了以侍中为主管长官的门下省,用以钳制中书省行使职权。这样,就形成了中书、尚书、门下三省并立的制度。

隋朝初步建立了三省六部制,唐朝建立后,进一步加以完善。唐代的三省称为尚书省、中书省、门下省。其中尚书省属最高行政机关,主持全国行政事务,设尚书令、尚书左右仆射各一人,下辖六部。中书省掌管军国政令,奉皇帝旨意草拟制敕诏命,处理中央及地方的奏章公文,设中书令、中书侍郎、中书舍人等职;门下省负责审核各种政令和奏章公文,对有违失欠妥者进行封驳或订正,设门下侍中、门下侍郎各二人。三省之间分工合作,又彼此互相制约,其长官共同担任宰相职务。为了加强君主专制集权,唐朝皇帝还经常指定一些其他官员,以参预朝政、参议朝政、参知政事或同中书门下平章事、同中书门下三品等名义参加政事堂会议,与三省长官共同行使宰相职权,从而形成集体宰相制度。

六部是直属尚书省的政务执行机关,分掌全国各方面的主要行政事务。吏部掌管官吏的选拔、任用、考绩等事;户部掌管户籍、土地、赋税、钱粮等事;礼部掌管祭祀、礼仪、教育、科举等事;兵部掌管武官的选任、考核及军事行政事务;刑部掌管司法行政、狱政管理及重大狱讼案件的会审等事;工部掌管土木、水利工程及农、林、牧、渔各业生产等事。各部设尚书一人,侍郎一至二人,为正副主管官员。六部之下各设四司,具体负责各项政务的执行管理。

四、宋代的两府三司制

宋初中枢机构以两府三司共治国事。所谓"两府",是指中书门下与枢密院。中书门下是宋朝的最高行政机关,其长官中书门下平章事,通常由二、三个

---

① 《唐六典》卷一:"后汉尚书称台,魏晋以来为省。"

人担任,实际行使宰相的权力。但是宋为防范宰相权力过重,又设副相"参知政事"。同时以枢密院为最高军事行政长官,枢密院的长官枢密使与宰相品级相等,与中书门下并称"二府"。三司是指盐铁司、度支司和户部司三个机构,其长官为"三司使",地位略低于参知政事,但总管国家财政,被称为"计相"。通过设置两府三司,将宰相的财权、军权分割出去,使之难以独揽一切,与皇权抗衡。宋神宗恢复了三省六部制。

五、明清六部

元世祖曾经采纳汉官高鸣的"一省代三省"的建议,[①]裁并撤销原有的门下省、尚书省。把中书省提高成为全国最高行政管理机构,元朝中书省以中书令为长官,由皇太子兼领。其下有左右丞相、平章政事、左右丞、参知政事等。其下又设吏、户、礼、兵、刑、工等六部,具体处理国家行政事务。

明朝初年设中书省,作为中央行政执行机关,其长官为宰相,下设六部。洪武十三年(公元 1380 年),朱元璋以宰相胡惟庸谋反为由,罢废中书省,撤销宰相制度,使中央一切权力都集中于皇帝。原属中书省的吏、户、礼、兵、刑、工等行政六部,直接归属皇帝指挥,对皇帝本人负责,分别掌管行使中央行政的各项权力。六部各以尚书一人为长官;各以左右侍郎一人为副长官;以下各设众多属官,具体行使中央的行政权力。六部尚书权力为:吏部尚书"本掌天下官吏选授、封勋、考课之政令,以甄别人才,赞天子治",即主管选拔官吏与考课监督官吏等项权力。户部尚书"掌天下户口、田赋之政令",即执掌全国户籍管理、田赋征收、徭役派遣及财政管理等各项权力。礼部尚书"掌天下礼仪、祭祀、宴飨、贡举之政令",即主管礼仪、祭祀及科举考试等各项权力。兵部尚书"掌天下武卫官军选授、简练之政令",即掌管武官的选拔及军队训练与调遣等重要权力。刑部尚书"掌天下刑名及徒隶、勾覆、关禁之政令",即执掌中央司法审判等各项权力。工部尚书"掌天下百官、山泽之政令",具体负责国家工程营造和兴修水利等各项事务。[②] 另外,明朝和隋唐六部二十四辖司管理体制有所不同,而是把六部的户部与刑部按照浙江、江西、湖广、陕西、广东、山东、福建、河南、山西、四川、广西、贵州、云南等划分十三辖司,从而加强了中央六部对地方的集中管理。

清朝六部沿袭明朝制度,只是六部长官分置满汉尚书各一人,满汉侍郎各二人。六部所设满汉复职,名义上权力平等,均可单独向皇帝奏事,但实权多操

---

① 《元史·高鸣传》。

② 《明史·职官志》。

于满官之手。户部按省划分十四清吏司,刑部按照省划分为十七清吏司。

六、宣政院与理藩院的设置

元朝在中央设置宣政院,总管全国宗教事宜,也包括吐蕃地方事宜。

清朝在中央设立理藩院,主要是为了处理满汉及其同蒙、疆民族的关系而设。其前身是崇德三年(公元 1638 年)设置的蒙古衙门。理藩院的职能主要有:掌蒙、回诸藩部王公土司官员的封袭、进贡、宴飨、给俸事务;办理满蒙联姻事务;管理喇嘛事务,保护各种宗教活动;管理蒙古各旗的回蒙划界、驿道以及商业事宜;修订少数民族的法律,参加审理刑案;掌管民族地区的外交以及对外通商事务,尤其对沙俄的通商贸易和外交。①

七、内阁与军机处

清朝的内阁起源于关外时期的内三院(内国史院、内秘书院、内弘文院),顺治十五年(公元 1658 年)正式参照明制改内三院为内阁。内阁成为名副其实的最高中枢机构。此后为防止阁权过重,又曾废内阁,恢复内三院。在康熙九年(公元 1670 年)又将内三院改为内阁。其职权据《大清会典》规定"掌议天下之政,宣布丝纶,厘治宪典,总钧衡之任,以赞上理庶务。凡大典礼,则率百寮以将事"。② 可见内阁除修整档案、典礼祭祀外,其主要职责为赞理机务、代拟谕旨、呈进奏章等。在内阁主事的大学士以满、汉大臣共同组成。内外大臣的奏折概由皇帝批答,一切重大决策完全由皇帝一人作出,内阁大学士的职责只是备皇帝顾问,将皇帝的旨意起草成诏书而矣,不能参与实质性决策。

军机处的设立。军机处的前身是军机房,主要为了用兵西北,筹备军务而建。至雍正十年(公元 1732 年)移军机房于乾清门外,正式更名为军机处。原来是为西北用兵临时设置的机关,便成为常设的中枢机构。乾隆元年一度废除,但第二年又恢复,直到清朝末年为责任内阁取代,先后达 180 余年。

军机处的办事大臣由皇帝任命,其权力也不限于军务,凡是各类机要奏章的处理、人事任免、司法审判、议定条例等重要政务皆经它起草诏旨,由皇帝最后批准。军机处起草的诏旨经皇帝批准后,凡是公开宣示的,由内阁明发各部院;机密的,不经过内阁,由军机大臣密封以后廷寄给各部院及地方都抚。

由于军机处的出现,综揽中央决策的建议权。内阁原来的职权被侵夺,内阁只处理一般性政务。

---

① 张晋藩主编:《中国法制通史》(第八卷:清),法律出版社 1999 年版,第 98 页。
② 《钦定大清会典》(康熙朝)卷 2。

第二节 地方行政组织

【案例】分封制与郡县制之争

► 【基本案情】 > > >

    丞相王绾等言："诸侯初破,燕、齐、荆地远,不为置王,毋以填之。请立诸子,唯上幸许。"始皇下其议于群臣,群臣皆以为便。廷尉李斯议曰:"周文武所封子弟同姓甚众,然后属疏远,相攻击如仇雠,诸侯更相诛伐,周天子弗能禁止。今海内赖陛下神灵一统,皆为郡县,诸子功臣以公赋税重赏赐之,甚足易制。天下无异意,则安宁之术也。置诸侯不便。"始皇曰:"天下共苦战斗不休,以有侯王。赖宗庙,天下初定,又复立国,是树兵也,而求其宁息,岂不难哉!廷尉议是。"分天下以为三十六郡,郡置守、尉、监。①

► 【案例分析】 > > >

    秦朝统一全国之后,关于建立什么样的地方制度——采用分封制还是郡县制而展开了一场激烈的争论。丞相王绾等大多数官员认为应当采取分封制,而廷尉李斯则认为采用郡县制更好,其理由,其一,一是从历史上看,周朝的分封制并不能维护周长久而统一的统治,反而出现连周天子都无法制止的亲族如仇人的相互攻伐的春秋战国状况,因此秦避免重蹈周的覆辙,不能实行分封。其二,郡县制已经实行多年,效果颇佳,并且君主用公赋税重赏赐之诸子功臣,"甚足易制",因此,维护社会统一和社会秩序安定,应当继续实行郡县制。在两派意见中秦始皇站在了李斯一边,支持郡县制。这样秦朝初年在全国设立了36个郡,设郡守、郡尉、郡监为一郡长官。

► 【基本问题】 > > >

    分封制与郡县制之争,揭开了封建社会全国范围内地方行政组织的设立。我们由此应当了解中国封建社会时期地方行政组织的沿革和具体的规定。

---

    ① ［汉］司马迁:《史记·秦始皇本纪》,中华书局 2006 年版,第 44 页。

▶【知识分析】＞ ＞ ＞

一、秦朝郡县制的推行

商鞅变法时期，秦国开始建立县制。统一后，针对建立什么样的地方制度，曾展开过一场激烈争论。李斯力主郡县制，得到秦始皇采纳。于是，郡县制在全国推行。

郡是秦朝地方最高行政机关，全国分为36郡，后增至40郡。郡设郡守，是郡的主管长官；郡尉协助郡守工作，为一郡之武官，主要负责郡内武装。郡下设县，县的长官或称令，或称长，其属官主要有丞、尉。县丞，负责县内的钱粮司法；县尉，掌军事，维持全县治安。道与县并列，是秦朝在少数民族聚居地区设立的行政机关，长官叫"啬夫"。郡、县、道长官均由中央任免，对中央负责。

县以下的基层组织有乡、亭、里。乡设三老，掌教化；设有秩，掌诉讼，处理民间纠纷；设啬夫，掌赋税；设游徼，掌治安。沿道路每十里设一亭，亭设亭长，主要负责接待过路官员，传递公文，捕捉盗贼。里是地方最小行政单位，里内实行什伍制，五家为伍，十家为什，互相监督，有罪连坐。里的长官里典，负责里内工作。汉朝沿用了这种基层组织形式。三国两晋南北朝时期仍设有乡里制度。隋唐时期县下设乡、里、村等基层行政组织，城市设坊等居民组织。百姓每百户一里，五里一乡，郊外设村。乡置乡正一人，里设里正一人，村设村正，负责督课农桑、催征赋役、缉捕盗贼、维护治安等基层行政与民刑事务。坊设坊正，负责坊内居民的生产、治安、税收等事务。宋元明清，开始对基层管理制度实行改革，如明代的里甲制度，一百一十户为一里，里设里长，十户为一甲，甲设甲首，负责民政、赋役和教化。

二、汉代的地方行政组织

汉代地方行政组织，前后有所变化，有一个从郡县制与分封制并存到郡县制的变化过程。西汉前期实行郡县制和分封制并存：郡县与王国、侯国并存；中期以后，王国、侯国实际上趋向于郡县；东汉形成州、郡、县三级制。

王国与侯国。西汉建立之后，汉高祖刘邦总结了历史上的经验教训，认为周的灭亡在于分封太多，对诸侯无法控制，"然天下谓之共主，强大弗之敢倾。历载八百余年"。而秦的亡国在于行郡县，"子弟为匹夫，内亡骨肉本根之辅，外亡尺土藩翼之卫。陈、吴奋其白挺，刘项随而毙之"。因此，"剖裂疆土，立二等（王、侯）之爵，功臣侯者百有余邑，尊王子弟，大启九国"。① 对刘姓子侄及功臣

---

① 《汉书·诸侯王表》。

分封,建立了许多王国和侯国。

郡县。西汉初,一面实行分封制,一面仍实行郡县制。汉朝每个郡的范围缩小了,郡的建置数量增加了,高祖时增加 26 郡,文、景时各增 6 郡,武帝时增加 28 郡,昭帝时增加 1 郡,迄汉末,郡国共达 103 个(秦时共四十余郡),县邑共达 1314 个,道 31 个。

州。东汉地方制度发生重大变化,由秦朝以来的郡、县二级制,发展为州、郡、县三级制。州本来是西汉武帝时设置的监察区,州设刺史,秩六百石,汉成帝时改为州牧,秩二千石。后来,州牧逐渐取代了武帝创设的刺史制度,掌握辖区的行政、财政、军事、司法等权,州成为郡之上的一级地方行政机关,遂形成了州、郡、县的地方行政制度。魏承汉制,沿用未改。西晋则实行分封王国与州、郡、县并存制度,王国的权力比汉代大,各设常备军。

三、隋唐宋代地方行政组织

隋唐时期实行州县制度。隋开皇三年(583 年),改州、郡、县三级地方行政体制为州、县二级体制。唐朝沿用,州设刺史,县设县令。在缘边重要地区,唐初设有总管府,后改为都督府,兼管军事与民政事务。唐玄宗天宝年间,又在沿边、沿海重要地区设置八个节度使;安史之乱以后,内地一些重要军镇也相继增设节度使,统领辖区各州军事、民事、行政、财政等各项大权,史称藩镇。宋朝地方上仍沿用州县制度。州设知州为主官,另置通判,与之联署公文,共同处理地方各项事务,以牵制并监督知州。县设知县。州县长官由中央朝廷派任。

宋代为了加强中央对地方的监管,设路一级中央派出机构,有经略安抚司,其长官为经略安抚使一人,"掌一路兵民之事",[1]因掌军事,又称"帅司";置转运使,"掌一路财赋""按岁钱物斛斗多寡,而察其稽违,督其欠负,以供于上,问诣所部,则用之丰欠,民情之休戚,官吏之勤惰,皆访问而奏陈之",[2]又称"漕司";提点刑狱公事,"掌察所部之狱讼,而平曲直,所至审问囚徒,详复案牍,凡禁系淹延而不决,盗窃捕窜而不获,皆劾以闻,及举刺官吏之事",又称"宪司";[3]提举常平司,置提举常平使,"掌常平、义仓、免役、市易、河渡、水利立法",[4]又称仓司;上述四司均是中央派到地方监督一路州县军事、民政、财赋、司法、盐铁专卖等事。作为皇帝和中央设在地方的监督机关,故有"监司"之称。

---

① [元]脱脱等:《宋史》(第 12 册)卷 167《职官七》,中华书局 1977 年版,第 3960 页。
② [元]脱脱等:《宋史》(第 12 册)卷 167《职官七》,中华书局 1977 年版,第 3965 页。
③ [元]脱脱等:《宋史》(第 12 册)卷 167《职官七》,中华书局 1977 年版,第 3967 页。
④ [元]脱脱等:《宋史》(第 12 册)卷 167《职官七》,中华书局 1977 年版,第 3968 页。

到了元朝,路成了中书省以下级别较高的地方行政机关。路设总管府,以总管为长官,下设属官辅佐总管处理具体行政事务。

四、元明清省的设置

元朝地方行政组织在沿袭唐宋之制的基础上有所发展。分为行省、路、府和县四级,明朝地方行政执行机构分为省、府、州县三级,清朝地方行政机关分为省、道、府、县四级。其中变化比较大的是省或行省的设立。

在元朝设行中书省(简称行省)。行中书省原是中书省的派出机构,以后由于需要,固定在地方。元朝除中书省直辖河北、河南、山东、山西(时称腹里)等要害之地外,宣政院管辖吐蕃等地外,先后在内地设置十一个行中书省,在边疆地区或少数民族聚集地区设置了四个行中书省。行中书省作为元朝地方最高行政管理机关,负有很大的责任。行中书省以丞相为长官,多由蒙古王公贵族充任。元代的行省制,对明清两代地方省的建制确立提供了重要前提。

明朝行省一级分设三司以分省级地方之事权。承宣布政使司,掌一省之政事财赋;提刑按察使司掌一省刑狱审断;都指挥使司掌一省军事。"嗣后因地方用兵,尚书奉旨出使假以总督之名,侍郎或御史出使假以巡抚之名。总督原系总督军事,巡抚亦因事而设,其职责不外督促、纠察所属官吏,终明之世,未成定制。"①

清代沿用明朝制度总督、巡抚成为常设的省一级地方长官,并形成了中央官吏执掌地方的特色。总督统辖一省或数省,巡抚统辖一省。布政使司和按察使司,成为隶属于督抚的两司,分别署理地方民政、刑狱。

第三节 官吏管理制度

一、官吏考选制度

|【案例】赵子厚诈冒袭荫案② |

▶【基本案情】> > >

南抚咨:外结徒犯赵子厚与阵亡外委赵奇同姓不宗,因闻赵奇有补给恩骑

① 聂鑫:《中国法制史讲义》,北京大学出版社 2014 年版,第 69 页。
② [清]祝庆祺、鲍书芸、潘文舫、何维楷:《刑案汇览三编》(一),北京古籍出版社 2004 年版,第209 页。

尉世职,无人袭荫,辄为侄赵名教诈冒承袭,即与自行冒袭无异。今甫经具禀,尚未到官承袭,应将赵子厚照世职用财买嘱,已经到官袭过者,照乞养子冒袭发边远充军例,量减一等,杖一百,徒三年。道光二年案。

【案例】临试托人代取旧作文稿入场案①

▶【基本案情】> > >

嘉庆二十一年湖督奏:王锡荣呈控该县训导王永祚曾代李定连代文传递一案。查李定连因县试题目与家存王永祚旧作文稿符合,恳令县役代取入场,与用财豫倩枪手作文传递者情罪有间。将李定连于用财雇倩夹带传递拟军例上量减一等,杖一百,徒三年。许登泮于李定连传递讯不知情,惟讹夺文稿抄写。应比照生儒怀挟文字例,枷号一个月,杖一百。

【案例】录遗未取冒混入场窃卷改填案②

▶【基本案情】> > >

道光三年苏抚奏:生员庞乔因乡试录遗未取,冒充誊录顶名入场窃取邻邑文生试卷一卷,将卷面挖补填写自己姓名妄思幸进。讯无勾串代情,应比照生儒越舍与人换卷例,发近边充军。

【案例】师徒赴试场内代做诗稿案③

▶【基本案情】> > >

嘉庆二十四年案,顺天乡试监临奏贡生唐金门入场为伊徒昆德代做诗稿。讯因师徒关切并非受贿代倩,核与积惯枪手不同。唐金门应照应试生儒用财雇倩传递拟军例,量减一等杖一百,徒三年。

---

① [清]祝庆祺、鲍书芸、潘文舫、何维楷:《刑案汇览三编》(一),北京古籍出版社2004年版,第210页。

② [清]祝庆祺、鲍书芸、潘文舫、何维楷:《刑案汇览三编》(一),北京古籍出版社2004年版,第213页。

③ [清]祝庆祺、鲍书芸、潘文舫、何维楷:《刑案汇览三编》(一),北京古籍出版社2004年版,第213页。

▶【案例分析】＞ ＞ ＞

上述四个案例是涉及官吏选任的制度。

"赵子厚诈冒袭荫案"反映了清代关于袭荫的制度,清朝法律规定功臣或殉难官员的子弟可以袭荫得官。《大清律例》规定:"武臣出征受伤分别等第给赏,阵亡者按品予恤并给世职。"①《大清律例》规定:承袭人应当是"文武官员应合袭荫者,并令嫡长子孙袭荫,如嫡长子孙又故,次嫡子孙,若无嫡子孙,方许庶长子孙袭荫,如无庶出子孙,许令弟侄合承继者袭荫"。② 赵子厚与赵奇没有上述关系,故属于诈冒袭荫,按照清代法律给予严惩。

后三个案例是有关科举考试中作弊案件。自隋朝以来,科举取士成为官吏选任的主要途径。清朝的科举考试分为:乡试、会试、殿试三级,在乡试之前还有童试。

"临试托人代取旧作文稿入场案"中的考试是童试,通过考试者为生员,又称为庠生,俗称秀才。李定连临试托人代取旧作文抄袭,许登泮讹夺文稿抄写,均触犯了当时法律规定,分别"用财雇倩夹带传递罪"与"比照生儒怀挟文字例"给予处罚。

"录遭未取冒混入场窃卷改填案"中涉及科举考试中的誊录制度,这一制度由宋代创立,又称"糊名"(弥封),以防止考场舞弊,做到公平竞争。这些方法都被后来明清两朝所继承。此案中生员庞乔充誊录顶名入场窃取邻邑文生试卷一卷,将卷面挖补填写自己姓名,是为另一种作弊犯罪。比照生儒越舍与人换卷例处罚。

"师徒赴试场内代做诗稿案"中,在顺天乡试中贡生唐金门入场作为枪手为伊徒昆德代做诗稿,也是一种作弊手段,因作弊双方是师生关系,故此案"应试生儒用财雇倩传递"罪减等处罚。

▶【基本问题】＞ ＞ ＞

通过以上案例,我们需要进一步了解中国封建社会官吏选任制度的基本情况,其中包括汉代的察举、征辟;魏晋时期的九品中正制、科举制度、捐纳和恩荫等。

---

① 田涛、郑秦点校:《大清律例》,法律出版社 1999 年版,第 140 页。
② 田涛、郑秦点校:《大清律例》,法律出版社 1999 年版,第 139 页。

我国古代官吏入仕途径大致可以分为五个阶段："三代出于学,战国出于客,两汉出于郡县吏,魏晋出于九品中正,隋唐以后出于科举。"①实际上在每个时期的主要入仕途径之外,仍存在多种途径。

一、汉代的考选制度

汉代选官制度主要有察举和征辟。

察举。察举制度始于西汉而盛于东汉,是汉朝主要的选官方式。由郡国每年向中央推举一定数量的人才选用为官。被举人的条件和选拔科目,往往因时因事的需要而定,考核合格后任用一定的官职。汉高祖年间颁诏求贤,要求地方官推举贤士,是为察举之始。汉文帝时察举初具规模,武帝时,"建元元年冬十月,诏丞相、御史、列侯、中二千石、二千石、诸侯相举贤良方正直言极谏之士","元光元年冬十一月,初令郡国举孝廉各一人",元光二年五月,诏贤良,"于是董仲舒、公孙弘等出焉"。② 以后察举制度进一步完善,并有法律保障。主要科目有"孝廉""察廉""秀才""贤良方正""孝悌力田""明经""明法""文学"等。

征辟包括征与辟两种形式。征又叫征召,是皇帝特诏征用有特殊才能或德高望重之士,这是选拔特殊人才任官的制度。皇帝所下特诏聘书,由皇帝派遣使者专程聘请。

辟又叫辟除,也叫辟举,是高级主管官吏或地方郡守以上的官吏在其辖管内对有名望而又有统治才能的人,向中央推荐人才或自选属吏的制度。辟除又分为公府辟除与州郡辟除。公府辟除主要由丞相、御史大夫、太尉、大将军行使,被辟除者既有在地方任职的现任官吏,也有无为官经历的州郡名士,辟除后多入公府掾属。州郡辟除是指州刺史和郡守有辟除权,郡守所召充任郡吏,刺史所辟多充任掾属,经考察均有机会升迁。

另外武帝时期,设太学,置博士弟子员,学习儒家经典,通过考试,可以为官。

二、魏晋南北朝时期的九品中正制

曹操提出"唯才是举",只要有才能的,都可选拔为官。他选择各地声望高

---

① 《苏东坡集·后集》卷十一。
② 《汉书·武帝纪》。

的人士出任"中正官",将当地之士人按才能分成九等,由政府按等选任官吏。这是后来实行"九品中正制"的萌芽。

九品中正制度,是曹魏文帝黄初元年(公元 220 年)采纳尚书陈群的建议而定。规定郡设小中正官,州设大中正官,中正官的职责是依照家世、才能、德行将辖区内的士人分成上上、上中、上下、中上、中中、中下、下上、下中、下下九等;由小中正将品评结果申报大中正,再经大中正申报司徒,最后由中央按品第高下任官。

九品中正制创始于曹魏,沿用至宋、齐、梁、陈各代。这一制度巩固了士族制度,保障了士族垄断政治统治权的特殊地位。由于"九品"之标准除家世外,才能和德行的不确定,再加上请托、权势、裙带关系等等影响,中正官的主观作用比较大,不但造成了"上品无寒门,下品无世族",使士族与庶族矛盾加剧的局面,而且贿赂公行,加速了士族官员的腐化。

三、隋唐以后的科举制度

科举制度分为文举和武举制度。武举产生于唐朝武则天时期,考步马武艺,是专门选拔武官而设的科目。到清代光绪二十七年(公元 1901 年)废除。但是中国历代重视文举考试,一般所说的科举考试,均指文举。隋朝文帝时期创设,清光绪三十一年(公元 1905 年)举行最后一科进士考试为止,历经 1300 多年,是隋唐以后中国主要的选官制度。

隋文帝统一全国后,废除九品中正制设"秀才科",令诸州每年选取贡士三人,经考试成绩优秀者,称秀才。隋炀帝又设进士等科,以"及第"者任官,是为科举制的开端。唐因袭隋代科举,并加以完善,唐代科举大致分两类:一是"贡举",应考对象主要是经京师和地方各级学校(京师之广文馆、弘文馆)考试选拔的"生徒",以及经州、县审核身份(非工商等"杂色")并初试合格的"乡贡"。这些"生徒"和"乡贡"参加最初由吏部考功员外郎主持,后改由礼部侍郎主持的考试,称之为"省试"。科举的科目繁多,有史可查的主要有秀才、明经、进士、明法、明书、明算等五十多科。其中明经进士,特别是进士最受重视。明经科先试帖文,再口试经文大义十条,后答时务策三道。进士科主要考诗赋和时务策。明法科考律七条、令三条,全通者为甲第,通八者为乙第(并不被重视)。武则天时期,女皇亲自"策问贡人于洛成殿",这是科举中殿试的开始,但在唐代并没有形成永制。另一类是"制举",即皇帝特召考试,科目、时间及场所均由皇帝临时指定。由制举出身者虽可能得美官,但不受青睐。科举考中后,在隋朝一般即可任官,在唐则只取得"出身",通过吏部主持选试后通常得由八九品官开始入仕。

宋朝在继承唐朝科举制度的同时,又有显著的发展。主要有:第一,宋太祖时期,殿试考选被制度化。从而确立了州试(解试)、省试和殿试三级考试制度。同时殿试的制度化,考生成为天子门生,避免考生与主考官之间以师生为名结成同党。第二,从太祖时期开始有得进士科分三甲发榜,到太平兴国八年正式确立了三甲取士制度。一甲称进士及第,二甲称赐进士出身,三甲称同进士出身。英宗后科举考试改为每三年一次的制度确定下来。第三,录取和任用的范围较宽。仅以进士科为例,唐时进士及第每次不过二三十人,而宋朝进士科每次录取的总额通常在二三百人,多时达到五六百人。唐代录取只是取得了做官的资格,实际授予官职还须通过吏部考试一关,而宋朝一经录取便可任官,排名在前的即可得到高官。第四,创造了"糊名"(弥封)"誊录"和"回避"等考试方法和规则,以防止考场舞弊,做到公平竞争。这些方法都被后来明清两朝所继承。第五,在考试的内容上,改变了唐代只考诗赋的做法,进士科增加了经义等内容;还设有"明法"科,"试律令、《刑统》大义、断案,"①考中者出任司法官员。宋神宗时,还规定进士也须经过"试法",方能授官。

元代,元仁宗始定科举考试,按照元朝法律,每年全国乡试取三百人,然后赴京参加会试,再取一百人。其中,蒙古、色目、汉人、南人各二十五人,参加廷试。无论乡试、会试、廷试,都分两组,蒙古、色目人为一组,汉人、南人为一组,不仅分卷考试,而且分榜题名。考试内容均重视经学,并参以试策和应用文各一道,不再考诗赋。

明朝的科举考试沿用唐宋之制,仍以进士科为重,考试内容以四书五经为命题范围。分三级考试:乡试是地方性的考试,每三年举行一次,由各县童试中考中的秀才参加,乡试有三场,分别考《四书》经义;论、判、诏、诰、章、表;经史、策论。考试通过者称为举人,有资格参加会试。会试是由礼部举行的全国性考试,会试也有三场,程序与乡试大致相同,考试通过者称为贡生,有资格参加殿试。殿试是最高一级考试,又称廷试,由皇帝亲自主持。考试策问一场。分出三甲,一甲三名状元、榜眼、探花,赐进士及第;二甲若干人,赐进士出身;三甲若干人,赐同进士出身。殿试后一甲三名即可授官,其他进士科再参加翰林院组织的考试,考取的就成为庶吉士。

清代以科举为正途,顺治二年(公元1645年)始开科取士。清朝的科举考

① 〔元〕脱脱等:《宋史》(第11册),卷一百五十五《选举志一》,中华书局1977年版,第3618页。

试分为常科和特科两种,常科由礼部具体负责,每三年一考,分乡试、会试、殿试三级。基本内容与明朝大体相同。清朝规定经过科举考试获得官职者,要先到行政机关"观政"三个月,此后才可以就任实职。统治者为招揽人才或应一时之需,在常科之外还开设特科,如"博学鸿儒科""经济特科""孝廉方正科"等。

由于科举考中录选的比例一向甚少,竞争异常激烈,于是衍生了许多科场舞弊问题,科举制历经隋唐宋元明清,弥封、誊录、回避等防弊措施日益严密,但仍不能根除。于是在法律中对于各种科考舞弊现象给予重惩。如唐律规定:"诸贡举非其人及应贡举而不贡举者,一人徒一年,二人加一等,罪止徒三年。"①《大清律例》规定:"凡贡举非其人及才堪时用,应贡举而不贡举者,一人杖八十,每二人加一等,罪止杖一百,所举之人知情,与同罪,不知情,不坐。"条例中列举了考试中各种舞弊现象及处罚,如考官与考生间有"交通、嘱托、贿买等弊"问实则斩决。"有怀挟文字、银两,并越舍与人换写文字者,枷号一个月,满日杖一百,发为民,其夫匠军役人等,受财代替夹带传递,及不举捕拿者,发边外为民"②等。

四、捐纳和恩荫

历朝历代除了主要的入仕途径外,还存在多种途径,其中捐纳和恩荫是其中两个途径。

捐纳主要是通过向官府交纳一定的财物,就可买得相应的官职或科举功名。其始于秦代,称为纳粟,秦王嬴政令"百姓纳粟千石,拜爵一级"。③汉代是称为赀选,是指家资达到一定标准者可以为官。以后历朝存在着不同名称的捐纳为官现象。清朝捐纳的财物主要是银、粮,也有捐牛马、草料等物的。捐纳既可捐得文、武官职,也可捐取贡生、监生的出身。捐纳制度虽然一时可以增加政府的收入,但是出资捐纳者多怀贪心,一旦为官往往极尽贪污纳贿之能,加速了吏治的腐败。

恩荫是依靠父兄的官位受荫而做官。汉代恩荫即任子,是指二千石以上官吏,任满三年可以保举一名子弟为郎官。

唐代,凭先代官爵或功勋而授官,称为资荫,又称门荫、荫袭,唐太宗曾就此作了明确规定,④原则是先人官爵高,得荫者的官品相应就高,荫及的范围也广。

---

① 钱大群:《唐律疏义新注》,南京师范大学出版社 2007 年版,第 295 页。
② 田涛、郑秦点校:《大清律例》,法律出版社 1999 年版,第 146 页。
③ [汉]司马迁:《史记·秦始皇本纪》,中华书局 2006 年版,第 41 页。
④ 《旧唐书·职官志》。

宋代恩荫的机会比以前更多,官员越高,可以通过恩荫进入仕途的子孙越多,甚至与之没有血缘关系者也可以得到恩荫。为此,清人赵翼说:"荫子因朝廷惠下之典,然未有如宋代之滥者。……一人入仕,则子孙亲族,俱可得官,大者并可及于门客、医士,可谓滥矣。①"恩荫之滥也是造成宋朝冗官冗费的原因之一。

元代贵族勋臣之家,依例享有荫袭世选特权。元四年(公元1267年)至九年(公元1272年),元政府为荫叙体例集中构建了基本的实施规则:至元四年(公元1267年)十月"品官荫叙条例"、至元五年(公元1268年)十二月"民官子孙承荫"、至元七年(公元1270年)六月"达鲁花赤弟男承荫"、至元九年(公元1272年)十月"品官子孙当瀑使"等规定了元朝荫叙子孙的条件和程序。通过荫叙子孙可以直接为官外,还有荫叙子孙入国子监读书,因此有人认为从国子监学成而从仕,实际上是荫叙的延续。

明代,文官荫叙制度始定于洪武十六年。明中期后,逐渐形成以阁臣荫叙为核心、以三品京官考满荫子入监为主体的文官荫叙制度体系;相比前代,不仅大大缩小了文官的荫叙范围,而且把荫叙与官员考核相结合,把承荫者纳入国子监教育入仕的轨道。

清代,门荫分为恩荫、难荫、特荫三种。对于"恩荫"早在顺治朝便有规定,凡京官文职四品、外官三品以上,武官二品以上各可送一子入国子监读书,学成以后根据父辈职位授官。"难荫"是指为王室而死者,可荫一子入监读书,读书期满候选。"特荫"是指有大功勋于朝廷者,其子孙可以加恩赐官。门荫制度不以个人品德才干作为选任依据,只是凭借门第出身便可为官,往往造成职官整体素质下降,庸员充斥。

二、官吏的铨叙与考课

|【案例】县令老缪别委官暂权②|

▶【基本案情】＞＞＞

县令之职,最为劳人,自非材具优长,智识明敏者鲜能胜任。王知县年龄已

---

① 赵翼:《二十二史札记》卷二十五,《恩荫之滥》。
② 中国社会科学院历史研究所辽金元史研究室点校:《名公书判清明集》,中华书局2002年版,第39页。

171 第七章 礼法合一时期的行政法律制度

暮,精力已衰,而乃投身于繁剧之地,其以不职得罪此郡也宜矣。观权府所判,则其为人大略已可概见。当职到任之初,正藉同僚相与协济,而有令如此,将何赖焉!若遽去之,又非尊老之意,请刘司法特暂权管县事两月,急更缪政,疾戢吏奸,王知县且燕居琴堂,坐享廪禄,弗烦以事,惟适之安,岂不美欤!刘司法以俊才结知台阃,必能副拳拳之望。仍申诸司,并牒权府照会。

【案例】汰去贪庸之官①

▶【基本案情】＞＞＞

害民莫如吏,官之贪者不敢问吏,且相与为市,官之庸者不能制吏,皆受成其手。于是吏奸纵横,百姓无所措手足。当职入信州境,若贪若庸,具有所闻,贪者更行审访外,今且以庸者言之。元僚任一邑之长,不能婉尽而判,终日昏醉,万事不理,至递当职书,语误不可读。以此书拟,何取其能赞贤明太守之政!邑长乃百里之系命,而上饶庸冗特甚,惟吏言是用,其扰民之事不止一端,至于狱事泛滥追扰为尤甚。官庸则吏贪得行,则庸亦所以为贪也。此等皆当澄汰。牒州且将二人对移,丞、簿、尉,择其能婉尽、能字民者与之对移,庶几郡纲纪、邑政得以振举,只今行牒。

【案例】知县淫秽贪酷且与对移②

▶【基本案情】＞＞＞

当职叨恩将漕,入境交印,职在观风省俗,为朝廷除奸贪秽酷之吏。自到崇安,每日延见吏民,接受词诉,且密察一道官吏,以求无负委寄。领印之日,即闻知县淫秽贪酷之状,甚使人骇马咢,尚以风闻未必得实,日加详审。及到县郭,即追吏妓等究问,不待勘鞫,佥无异词,谓知县日日宴饮,必至达旦,命妓淫狎,靡所不至。谓知县不理民事,罕见吏民,凡有词诉,吏先得金,然后呈判,高下曲直,惟吏是从。他如醉后必肆意施用酷罚,以为戏乐,又非理不法之事,有难载之纸笔者。照的知县早登科第,年事已及五十,曩因作县,自干宪劾,到今岂不

---

① 中国社会科学院历史研究所宋辽金元史研究室点校:《名公书判清明集》,中华书局2002年版,第40页。

② 中国社会科学院历史研究所宋辽金元史研究室点校:《名公书判清明集》,中华书局2002年版,第42—43页。

能少加惩艾，而淫秽贪酷，乃甚骇观听。当职领事之始，自合即行按劾，以修监司之职，载念知县历事已多，不应怙终如此，且与开自新之门，对移本县主簿。赵节推暂摄县事，李主簿考试归日，却令修举邑政。凡兹娼妓流，皆知县蛊心害政之媒，若不屏之他邑，欲端在目，终难悛改。将陈玉、翁瑗、詹媚、梁娟帖寄籍崇安县，汤婉、江韵、吴瑞、陈琼帖寄籍浦城县，陈妙、吴芳、徐昐、彭英帖寄籍政和县，严惜、郑素帖寄籍松溪县，并专人押发，取县交管，候将来圣节启建日申本司取回。叶佑、王嗣不能辅正知县，反利其淫昏，以为奸利之地，各决脊杖十五，编管五百里军州。施达元系配军，知县辄收著后委任，使为奸利，追上决脊杖十五，押送原配所。赵行、施进皆是知县信任，取受不一，不欲穷究，各勘杖一百，勒罢。余吏候到司有词，逐一追究施行。仍榜市曹，并牒本路诸司照会。若知县对移之后，尚怙恶不改，即与奏劾。

▶【案例分析】 > > >

这是三例宋代考课县级官吏的案例。宋太宗四年规定州县官考课法："郡县有治行尤异、吏民畏服、居官廉恪、莅事明敏、斗讼衰息、仓廪盈羡、寇贼剪灭、部内清肃者，本道转运司各以名闻，当驿置赴阙，亲问其状加旌赏焉。其贪冒无状、淹延斗讼、逾越宪度、盗贼竞起、部内不治者，亦条其状以闻，当行贬斥。"真宗时又定"州县三课"法："公勤廉干惠及民者为上，于事而无廉誉、清白而无治声者为次，畏懦贪猥为下。"神宗初年规定："凡县令之课，以断狱平允、赋入不扰、均役屏盗、劝课农桑、振恤饥穷、导修水利、户籍增衍、整治簿书为最，而德义清谨、公平勤恪为善，参考治行，分定上、中、下等。"按照考课的结果决定迁降赏罚。①

案例"县令老缪别委官暂权"中的王知县年老体衰，造成了错政，不符合"莅事明敏"，不能胜任县令职责，是为不称职，在这个案例中对王县令的处理办法是，基于尊老之念，王知县留任，但知县之事权由刘司法暂为代理。

案例"汰去贪庸之官"中的县长元僚既贪又庸，其表现是"不能婉尽而判"，断狱不平允，"终日昏醉，万事不理"，政事不勤，各种文书，错误百出，并且事事惟吏言是用，其扰民之事不止一端，尤其是狱事泛滥成灾。使得一县之内不能治，违背了官员考课的"德义清谨、公平勤恪"，这样的官吏在宋朝一般给予对移

① ［元］脱脱等：《宋史》（第 12 册），卷一百六十《选举志六》，中华书局 1977 年版，第 3758、3759、3761 页。

处分。

案例"知县淫秽贪酷且与对移"案中,知县天天宴饮,必至达旦,命妓淫狎,生活作风腐化。且知县不理民事,如有词诉,属吏先收受贿赂,然后断案,知县惟吏是从,并滥施酷罚,难以断狱公允,不符合居官廉恪、莅事明敏,既贪又酷。因此监司给予知县对移的处分,并提出如果"尚恃恶不改,即与奏劾"。

后两个案例中对于知县的处分均是对移。对移,在宋代是一种调换差遣的制度,也称为"对换"或"两易"。北宋方勺有言:"仕有不称职者,许郡将或部使者两易其任,谓之对移。"①对移的对象是不称职或轻微违法的官吏。《宋会要辑稿》载"其吏部以法差注,而疲懦谬不任事者,许安抚、钤辖、提点刑狱司量人材能否对换,具奏听旨"。② 据绍兴五年的朝廷指挥,"庸懦不可倚伏之人,缘别无罪犯,难以按黜"者,才"许于县丞及监当幕职官内诸司公共选有风力才干之人,两移其任。"③上述两例中的官吏因不称职、贪酷、庸懦被监司上奏皇帝裁决,给予对移的惩罚。

▶【基本问题】> > >

由上述案例可以看到宋代对于不称职、贪酷、庸懦的官吏给予了对移等不同的处罚。由此要问,中国封建社会有什么样选官标准?对官吏又是如何考课的? 为此,我们需要了解和掌握中国封建社会的官吏的选任和考课制度。

▶【知识分析】> > >

一、官吏的选任(铨叙)制度

汉代一般通过察举、征辟等制度,就可任命为各级官吏,至汉成帝时期,才开始有专门的机构主持铨叙,但不成熟。汉代规定了官吏选任的限制,在汉朝初年,禁止商人为官。武帝时废除了这一规定。汉桓帝时,在官吏选任中实行回避制度,制定《三互法》。规定:"婚姻之家及两州人士,不得对相监临。"李贤注:"三互,谓婚姻之家及两州人士不得交互为官也。"④即指甲州人士不得到乙州做官,乙州人士也不得到甲州做官,与这两州有婚姻关系的也不得到这两州

---

① [宋]方勺:《泊宅编》,卷二,中华书局1983年版,第9页。
② [清]徐松辑:《宋会要辑稿》(第7册),中华书局1957年版,第6959页。
③ 刘一止:《苕溪集》卷十一《论移易县令》,线装书局2004年版,第180页。转引吴业国:《宋代地方政治空间中的对移处分制度》,《中州学刊》2014年第8期,第136页。
④ 《后汉书·蔡邕传》。

做官。目的是防止在任官过程中,亲属间互相庇护,结党营私。

晋代明令规定:"不经宰县,不得入为台郎。"①这是重视基层官吏作用在选任方面的表现。

北魏孝明帝时,武人退役争相为官,吏部尚书崔亮创制《停年格》,规定以停解日月为断,依年资深浅而定选用顺序。

铨叙制度经过三国两晋南北朝的发展,至隋唐时期成熟。隋朝规定六品以下官,皆归吏部铨选,令县佐回避本郡,尽用他乡人为地方官。唐承隋制,铨叙制度进一步完善。文官由吏部掌管,武官由兵部掌管。吏部选士任官的标准有四,即:身,体貌丰伟;言,言辞辨正;书,楷法遒美;判,文理优长。而书判尤重。又规定,身言书判"皆可取,则先德行,德均以才,才均以劳",②选官要求德才兼备。唐朝礼部取士与吏部任官分属不同的部门,礼部取士只是取得任官资格,但要做官,必须通过吏部的考试,士人科举及第后三试吏部不中,十年犹布衣者不乏其人,如韩愈,甚至有二十年不获禄位者。吏部、兵部选授之官皆为六品以下,五品以上根据其实际政绩考核,呈报中书门下,由皇帝制敕决定。

唐初规定商人不得任官,官员也不得经商。地方衙门小吏、倡优、巫家、还俗僧道及高祖以内犯死罪者之子孙等均不得参加科举考试。此外,尚有籍贯限制:非经特许,一般不得在本籍任官;亲属的限制:祖孙、父子、兄弟及母、妻、女的亲戚一般不得在同地或同一官署任职,以示回避。此外,未任地方官或曾犯赃者,不得转任中央官,但皇帝特旨任命者,不受任何限制。

宋代科举为任官考试,进士及第就授官。宋代官吏的选任制度中比较有特色的是官职分授和差遣制度。其中,官职分授,是指官员实际从事的工作与其官名、待遇不符,如六部尚书、侍郎等官名在宋代只是表示官阶,作为确定品秩、俸禄、章服和序迁的根据,除非皇帝差遣,不管本部的职事。而官员只有经过差遣,才能获得实职,通常称之为"职事官"。职事官的名称常带有知、权、直、试、提举等字。官名与实职分离形成了两种官:一是有官阶的官员按年资升迁,即使没有差遣,也可依官阶领取俸禄;二是职事官,是朝廷根据实际需要和官员的才干,安置、调动和升降官员。

差遣制度最早始于唐代武则天统治时期。当时只是一种局部的临时性措施。五代时期,任官授职全部是临时差遣。宋初一方面采取授予高官、优加俸

---

① ［唐］杜佑著,颜品忠等校点:《通典》(上),岳麓书社1995年版,第487页。

② 《唐六典》卷二《尚书吏部》。

禄换取交出实权的方法,笼络功臣故旧、地方藩镇和遗老朝臣。另一方面,真正掌握实权、承办各项实务的是皇帝信赖、并确有才干能够胜任其职的人。为了保证皇帝直接控制用人大权,宋代使得差遣制度化,但这一制度也造成了官僚队伍的膨胀,加重了国家的财政负担。

明代任官"文归吏部,武归兵部,而吏部职掌尤重。""在外府、州、县正、佐,在内大小九卿之属员,皆常选官,选授迁除,一切由吏部。"除吏部铨选外,还有推升,主要是针对各部尚书、侍郎、都御史、通政使、大理卿等由皇帝和大臣共同任命的一种形式。保举,是大臣推举吏部铨选范围内的官员,皇帝任命。对于新进士规定有一定时间的观政期,之后根据表现决定是否改任实职。

无论采取哪种途径为官,应当遵循回避制度。明朝的官员任用回避制度包括地域回避、以亲回避和部门回避。地域回避是指地方长官不得由本地人担任。太祖洪武十三年正月,定南北更调用人之法。具体规定:"凡北平、山西、陕西、河南、四川人,于浙江、江西、湖广、直隶用之;浙江、江西、湖广、直隶,于北平、山西、陕西、河南、四川用之;考核不称职及以事降谪者,不分南北,悉于广东、广西、福建、汀漳、江西、龙南、湖广、郴州之地选用。"① 以亲回避,在洪武元年规定,"凡父兄伯叔任两京堂上官,子侄有任科道官者,皆对品改调""凡内外管属衙门官吏,有系父子、兄弟、叔侄者,皆从卑回避",改调其他衙门,万历五年题奏,从卑回避,以官职论,今后除巡按御史从方面官回避外,其余内外官员俱从官职卑者回避。② 部门回避,在洪武二十六年规定:凡户部官不得用浙江、江西、苏松人。③

清朝选官制度基本上继承了明代的分科铨选制度,其变化在于在选任官吏方面还创立了"官缺"制度。"官缺"分为满官缺、蒙古官缺、汉军官缺、汉官缺四种,固定的官缺需要补任官吏时,必须按照原缺的民族要求来补授。但是,汉官缺可以由满人补任,满官缺却不准汉官补任。

二、官吏的考课制度

按一定标准,考核官吏的品质、才能、勤劳、功过,分别等第,据以升降赏罚,称考课。

秦汉时的考课,主要考核其政绩。每年一小考,三年一大考。对地方郡国

---

① 《明太祖实录》卷一百二十九。
② 《明会典》卷五《改调》。
③ 《明会典》卷五《改调》。

守相和县令的考核,通过上计的方式进行考课。汉代《上计律》规定,年终由郡国上计吏携带上计簿到京师丞相、御史大夫两府上计,即汇报工作。上计的范围,包括户口、赋税、盗贼、狱讼、选举、农桑、灾害、道议等。丞相府根据考课的政绩殿最,决定迁降赏罚。赏则升官、赐金、增秩;罚则责问、降级、免官;各部门自行考核,即各部门主管官员考核其属吏的政绩;九卿由丞相考课。

魏明帝时,曾令散骑常侍刘劭作"都官考课之法七十二条",考核百官之政绩,但未施行。

唐初四品以下内外文武官的考课由吏部考功司掌管,亲王、中书门下及京官三品以上,外官五大都督之功过状,报皇帝裁决。每年一小考,评定等第,每四年(或三或五年)一大考,综合数年等级,实行升降赏罚。中央考课一般在年底完成。中央机构及地方州县长官须先将其属下当年的功过行能登录功过状,召集被考者当众宣读,"议其优劣"定为九等考第,注入簿状,是为初考。继之分别按规定日期,送尚书省总考,皇帝并敕派使臣以校之,称校考。考核的标准,唐代一至九品流内官的考核标准是"四善二十七最"。"四善"即"德义有闻,清慎明著,公平可称,恪勤匪懈",简言之为德、慎、公、勤,属于品德范畴,是对官员的普遍要求。二十七最属于才干和政绩范畴,为有关官员所应具。如献可替否,拾遗补阙,为近侍之最;铨衡人物,擢尽才良,为选司之最;扬清激浊,褒贬必当,为考校之最;礼制仪式,动合经典,为礼官之最;音律克谐,不失节奏,为乐官之最;决断不滞,与夺合理,为判事之最;部统有方,警守不失,为宿卫之最;……推鞠得情,处断平允,为法官之最;……访察精审,弹举必当,为纠正之最,等等。① 综合被考者的善、最,评为九等:一最已上有四善为上上,一最已上有三善或无最而有四善为上中,一最已上有二善或无最而有三善为上下,一最已上有一善或无最而有二善为中上,一最已上或无最而有一善为中中,职事粗理,善最不闻为中下,爱憎任情,处断乖理为下上,背公向私、职务废缺为下中,居官谄诈,贪浊有状为下下。②

流外官的考课分四等:"清谨勤公、勘当明审为上",③居官不怠、执事无私为中,不勤其职、数有愆犯为下,背公向私、贪浊有状为下下,每年对定具簿上省。其考下下者,解所任。"④

---

① 《唐六典》卷二《尚书吏部》。
② 《唐六典》卷二《尚书吏部》。
③ 《唐六典》卷二《尚书吏部》。
④ 《唐六典》卷二《尚书吏部》。

考课评等并据以升降赏罚,是加强吏治的需要。考课中中以上可升官、加禄,中中以下降官、夺禄,情节严重者罢官,或依律惩治。唐律规定,"若考校、课试而不以实及选官乖于举状,以故不陈职者",比照"贡举非其人"减一等治罪。①

宋朝非常重视考课。这主要表现在:第一,专设机构主管考课,审官院负责京朝官的考课,考课院负责幕职官和州县官的考课。考课的程序是由上级负责考课下级,由下至上逐级进行。第二,考课制度固定化和法律化,南宋所编的《庆元条法事类》"职制门"汇集了宋有关考课的敕、令、格、式及申明,从中可见宋朝考课制度相当细密和规范。第三,考课的方法主要有二:一是磨勘制;二是历纸制。磨勘制,即磨勘转官,是指定期勘验官员的政绩,以定升迁。真宗时武官员三年一磨勘,仁宗时改为文官三年,武官五年。磨勘实际就是凭资历升官。历纸类似于现代的考勤工作登记。规定官吏按日自计功过,并上交给主管的官员,或由长官平时记录其属下官员的善恶,作为考核的依据。第四,对各级官吏规定了不同的考课标准和内容,尤其对地方官的考课标准最具体和明确。如"以七事考监司:一曰举官当否,二曰劝课农桑,增垦田畴,三曰户口增损,四曰兴利除害,五曰事失案察,六曰较正刑狱,七曰盗贼多寡"。② 南宋时期改为"八事"。对于州县官的考核,宋太宗四年规定州县官考课法:"郡县有治行尤异、吏民畏服、居官廉恪、莅事明敏、斗讼衰息、仓廪盈羡、寇贼剪灭、部内清肃者,本道转运司各以名闻,当驿置赴阙,亲问其状加旌赏焉。其贪冒无状、淹延斗讼、逾越宪度、盗贼竞起、部内不治者,亦条其状以闻,当行贬斥。"真宗时又定"州县三课"法:"公勤廉干惠及民者为上,于事而无廉誉、清白而无治声者为次,畏懦贪猥为下。"神宗初年规定:"凡县令之课,以断狱平允、赋入不扰;均役屏盗、劝课农桑;振恤饥穷、导修水利;户籍增衍、整治簿书为四最,而德义清谨、公平勤恪为四善,参考治行,分定上、中、下等",③是为《守令四善四最》考课法。相比之下,京朝官的考课标准只是笼统地规定为"公勤、廉恪"等。

元朝对官吏的考课,往往由考官组成考核班子进行考核。其中,中书省负责考核京都职官,吏部负责考核外任官吏。即所谓"吏部掌天下官吏考课殿最

---

① 钱大群:《唐律疏义新注》,南京师范大学出版社 2007 年版,第 295 页。

② 〔元〕脱脱等:《宋史》(第 12 册),卷一百六十三《职官志三》,中华书局 1977 年版,第 3839 页。

③ 〔元〕脱脱等:《宋史》(第 12 册),卷一百六十《选举志六》,中华书局 1977 年版,第 3758、3759、3761 页。

之法"。① 此外,元朝非常重视熟悉行政事务,富于办事经验的各类书吏、典吏,往往由参加科举、学校荫袭、荐举出身者挑选,先任吏职,经过考资再迁转为官。故元朝考课有职官类与吏员类两种,内任官以三十个月为满,外任官以三年为满,钱谷典守以二岁为满。内任官一考升一级,外任官一考进一阶,二考升一级或三考升二级。吏员考满,除授六品以下各官。

元世祖时期曾规定考课的法律《五事三等考课升殿法》,即以五事考课不升殿:"户口增、田野辟、诉讼简、盗贼息、赋役均。凡五事全备者为上选""内三事成者为中选""五事具不举者黜降一等"。②

到元武宗至大四年(1311 年)作进一步规定:"凡其清慎公勤,政绩昭著,五事备具者,从监察御史肃政廉访司察举,优加迁擢,废公营私贪污败事诸人,陈告得实依条断罪。"③此外,还规定御史台负责检核考课情况,如大德十一年(1307 年)下诏规定:"监察御史廉访司严加纠察,年终考其殿最者各一人,具实申闻,以凭黜陟。"④

明代的官吏考核制度,主要包括考满、考察和稽查三种形式。考满,是通过考查官员在一定任期内完成本职工作的情况,决定是否给予加级、晋俸或升职的制度。⑤ 六部、都察院及大理寺的长官,由皇帝考核,无定制。六部五品以下官员及大理寺、太常寺、光禄寺及通政司等衙门的属官、布按二司正佐官及州县等官,据《明会典》载:"国家考课之法,内外官满三年为一考,六年再考,九年统考黜陟。"官吏考满的标准并不统一,但主要考核的是政绩。如府州县官,洪武元年以其任内"户口增,田野辟"为上。其考评结果"九年之内,二考称职,一考平常,从称职;二考称职,一考不称职或二考平常,一考称职,或称职、平常、不称职各一考者,俱从平常;二考平常,一考不称职,从不称职"。⑥ 考察是指对官员的德行和能力进行考查以确定去留。侧重于官员的德行和表现的考查,分为京察和外察。外察又称大计。京察和大计考察的内容有八:"曰贪、曰酷、曰浮躁、曰不及、曰老、曰病、曰罢、曰不谨。"稽查主要侧重对每件具体事件的完成情况。

① 《元史·百官志》。
② 《元史·选举志》。
③ 《元典章·饬官吏》。
④ 《元典章·饬官吏》。
⑤ 张晋藩、怀效锋主编:《中国法制通史》(第七卷:明),法律出版社 1999 年版,第 122 页。
⑥ 《明会典》卷十二《考核一》。

清朝的考绩由吏部考功司主持,分为"京察"与"大计"两种。"京察"是对京官的考绩,"大计"是对外官的考绩,都是每三年进行一次。顺治初年在明朝官吏考察规定的基础上形成本朝的"四格八法",作为"京察""大计"考核官吏的共同标准。"四格"是考核官吏的四个项目,又细分为十二级。其具体内容是:1.才,指行政官吏的业务能力,分长、平、短三级;2.守,指行政官吏的操守、品质,分廉、平、贪三级;3.政,指行政官吏对政务是否勤勉以及政绩如何,分勤、平、怠三级;4.年,指行政官吏的年龄,分老、中、青三类。八法为贪、酷、罢软、不谨、不及、浮躁、老、废,是衡量行政官吏为官好坏的八项标准。嘉庆朝曾改八法为六法,去除了贪、酷两项。清朝的"四格八法"考绩标准简明而又不失全面,是在总结历朝考核经验的基础上形成的,具有极强的操作性。

第四节　监察制度

|【案例】苏章察办清河太守案|

▶【基本案情】> > >

苏章字孺文,扶风平陵人也。顺帝时,迁冀州刺史。故人为清河太守,章行部案其奸臧。乃请太守,为设酒肴,陈平生之好甚次。太守喜曰:"人皆有一天,我独有二天。"章曰:"今夕苏孺文与故人饮者,私恩也;明日冀州刺史案事者,公法也。"遂举正其罪。州境知章无私,望风畏肃。①

▶【案例分析】> > >

本案例反映了汉代刺史的监察职能。汉武帝时,对监察体制又作了调整,于元封五年(公元前106年)废除监察郡国的丞相史,分全国为十三州部,除京师所在的州长官称司隶校尉外,余十二州,每个州部设部刺史一人,秩六百石直属御史大夫。其职责是考察吏治、奖惩官吏和决断冤狱。规定"以六条问事"作为刺史行使职权的范围,主要考察郡守的违法之事,具体内容为:"一条,强宗豪

① 《后汉书》卷六十一《郭杜孔张廉王苏羊贾陆列传》。

右田宅逾制,以强凌弱,以众暴寡。二条,二千石不奉诏书遵承典制,背公向私,旁诏守吏,侵渔百姓,聚敛为奸。三条,二千石不恤疑狱,风厉杀人,怒则任刑,喜则淫赏,烦扰刻暴,剥截黎元,为百姓所疾,山崩石裂,袄祥讹言。四条,二千石选署不平,苟阿所爱,蔽贤宠顽。五条,二千石子弟恃怙荣势,请托所监。六条,二千石违公下比,阿附豪强,通行货贿,割损正令也。"①而案例中清河太守有"奸臧"即贪污受贿之事,正是冀州刺史苏章的职权范围之事。

▶【基本问题】> > >

通过这个案例,我们还应当进一步了解中国封建社会的监察制度发展和主要内容。

▶【知识分析】> > >

在中国古代社会设有专事监察的官员或机构,主要职责是监督纠察内外百官违法和参与、监督司法审判等。

一、秦汉监察制度

监察制度正是产生于战国至秦朝。秦朝的中央监察官员是御史大夫,其主要职责是纠察中央百官违法。御史大夫为副丞相,地位低于丞相而高于廷尉。秦朝在诸郡派驻监御史,监察地方官违法之事。监御史不属于地方官职,不受制于地方,而是由中央委派,受御史大夫统领。

汉承秦制,西汉初期中央设御史大夫,《通典》卷二十四《职官六》载:御史大夫下设两丞,一曰御史丞,一曰中丞,亦谓中丞为中执法。每朝会"举不如仪者",②监察中央官吏违法者。汉成帝绥和元年(公元前8年)改御史大夫为大司空,其监察职务则由其属官御史中丞所承担。对于地方的监察,汉朝有一个变化的过程,汉初废除秦朝的监御史,由丞相府派遣"丞相史"监察郡、县。汉武帝元封五年(公元前106年)废除监察郡国的丞相史,分全国为十三州部,除京师所在的州长官称司隶校尉外,余十二州,每个州部设部刺史一人,秩六百石直属御史大夫。"以六条问事"纠举地方不法之事,具体内容见案例分析。诸州部刺史开始时,不得于"六条"之外过问其他事项,但由于他们是皇帝的使者,故随着皇权的膨胀,其权力也跟着膨胀。到西汉末年,部刺史的权力已很重。到东

① 《汉书·百官公卿表》颜师古注引《汉官典职仪》。
② 《汉书·叔孙通传》。

汉后期,刺史便在镇压起义的过程中,不但有权监督地方军队,甚至直接统率军队。到汉灵帝时改称州牧,成为地方最高行政长官。

除十二州设州部刺史外,负责京师所在州的监察官员称司隶校尉。司隶校尉负责"掌察举百官以下,及京师近郡犯法者"。① 汉武帝征和四年初置,据说在西周时已有此官,"以掌徒隶而巡察,故云司隶"。② 西汉时,司隶校尉受御史大夫节制,秩比二千石,位在司直下,但职权很重,与御史中丞大致相仿,并可纠举包括丞相在内的百官,直接弹劾三公。东汉时期,司隶校尉在皇帝面前与尚书令、御史中丞均专席独坐,被称为"三独坐"。可见司隶校尉地位之尊崇。

由于秦汉时期监察制度处于初创时期,监察机关除监察职权外,还有其他的权能,如秦朝的监察机关兼管文秘之类的事务,御史大夫还协助丞相与皇帝商讨国家大事,拥有决策权,汉代的御史大夫还承担的统兵职务,等等。

二、唐宋时期的监察制度

中国古代的监察制度在唐代已趋于完善,最主要的监察机关是御史台,由御史台行使的监察权,叫台官监察。御史台以御史大夫(从三品)一人为台长。唐玄宗时御史台"三院",台院、殿院、察院制开始形成。分别由侍御史、殿中侍御史、监察御史若干人组成。

台院,是御史台最基本的组成部分,"掌纠举百僚,推鞫狱讼",行使御史台最重要的职权。设侍御史4人,另有内供奉2人,共6员。

殿院,"掌殿廷供奉之仪式",设殿中侍御史6人,内供奉3人,共9员。

察院,"掌分察百僚,巡按州县,纠视刑狱,整肃朝仪"。③ 设监察御史,原8人,贞观时增至10员,唐朝以"道"为监察区,初全国共分十道,设监察御史10人分巡州县,每年春秋两季发使,春曰"风俗",秋曰"廉察";开元二十一年(公元733年)改全国为十五道,监察御史亦增为15人。监察御史出巡州县,以"六条"为其监察内容,据《新唐书·百官志三·御史台》:"其一,察官人善恶;其二,察户口流散,籍帐隐没,赋役不均;其三,察农桑不勤仓库减耗;其四,察妖猾盗贼,不事生业,为私蠹害;其五,察德行孝悌,茂才异等,藏器晦迹,应时行用;其六,察黠吏豪宗,兼并纵暴,贫弱冤苦,不能自申者。"监察御史在京,则分察尚书省六部,以第一人察吏部、礼部,兼监察使;第二人察兵部、工部,兼馆驿使;第

---

① 《后汉书·百官志》。
② 《汉书·百官公卿表》注引师古曰。
③ 《唐六典·御史台》。

三人察户部、刑部,岁终议殿最。甚至尚书省诸司七品以上官员开会,必须事先"牒报"御史台,监察御史一人列席旁听,"监其过谬"。察院遂成为御史台三院中最重要的职能部门。

三院御史行使监察权,各有其侧重点。同时,三院御史的职掌又互有交叉,如弹奏之责,三院御史皆有;出巡本应由监察御史,但"州县官有罪,品高则侍御史,卑则监察御史按之,①即在州县高官犯事须委使按察时,侍御史也可出使巡按。

宋朝的监察机关仿唐制,中央设御史台,以御史中丞为长官;其下有台院、殿院和察院,设有侍御史、殿中侍御史、监察御史,分掌三院监察事宜。同时宋代的御史制度又有所发展。由于台院只设侍御史一人,并且是御史中丞之副,其纠举百官和承诏治狱之职归于殿院和察院,三院制组织趋向两院制转化。御史必须由皇帝亲自任命,允许风闻弹奏,不受任何限制。往往成为皇帝牵制宰相等政府官员的一种力量。宋代还加强了对地方的监察。在全国分区设路,宋太宗时期全国有十五个路,宋神宗时期增至二十三个路,路一级以转运司、安抚司、提点刑狱司、提举常平司四监司行监察之权,州则由通判监察,沿边和战事地区以走马承受行使监察权,形成了以监司为主、辅以通判、走马承受等的地方监察体系。

三、明清的监察制度

明洪武十五年(公元 1382 年),明太祖出于强化封建行政监督机构的需要,把御史台更名为都察院,扩大了机构的设置与权力的行使。明朝都察院作为中央一级行政监督的执行机构,直接对皇帝负责,不受其他部门的干预。都察院长官为左、右都御史,他们二人共同负责都察院的工作,"职专纠劾百司,辩明冤枉,提督各道,为天子耳目风纪之司,凡大臣奸邪,小人构党,作威福乱政者,劾;凡百官猥茸贪冒坏官纪者,劾;凡学术不正,上书陈言变乱成宪,希进用者,劾;遇朝觐,考察同吏部司贤否陟黜,大狱重囚会鞫于外朝,偕刑部、大理谳平之。其奉敕内地,拊循外地,各专其敕行事"。② 其中,右都御史则侧重于全国行政监督的工作,左都御史侧重于司法监督和参与司法审判。

与此同时,明朝又在地方设置十三道监察御史,作为中央行政监督机构的派出单位,主管所辖区域行政监督工作,"主察纠内外百司之官邪,或露章面劾,

① 《资治通鉴·唐武则天后长安四年》。
② 《明史·职官志二》。

或封章奏劾。在内两京刷卷,巡视京营,监临乡、会试及武举,巡视光禄,巡视仓场,巡视内库、皇城、五城,轮值登闻鼓"。① 明朝为强化行政监督,防止地方官吏擅权违法,特别设立御史巡按制度。由皇帝钦派都御史或副都御史等高级官吏出使巡按省府州县。他们作为皇帝的"耳目之司",拥有很大的威权,一般都要加上"总督兼巡按""提督兼巡按"等衔,出使省府州县各地,执行行政监督的各项大权。凡"大事奏裁,小事主断",对一般官吏的贪污腐败犯罪以及行政违法行为,外放巡按均有权立即处置,不受当地官府的干预。另外,朱元璋在废除宰相制度后,设六科给事中以监督六部的行政活动,具体是在六部中分设吏、户、礼、兵、刑、工六科,各以给事中一人领事,左、右都给事中各一人作为辅佐。六科给事中作为皇帝派往六部实行监督的代表,有权审查六部长官上奏皇帝的文书。此外,六部奉旨办理的行政事务,应于六科给事中处办理登记手续,以备后查。这样就形成了都察院弹劾百官,六科给事中监督六部的监察体制。

清朝基本沿袭明制,中央监察机关仍为都察院。只是为了加强皇权,把原来分别附属于六部、职掌封驳的六科给事中归并于都察院。六科给事中与十五道监察御史(后来增至二十二道)共同行使对六部及内外官的监察权,合称"科道"。雍正年间还创制了"科道密折言事制度",规定科道官员每日一人上一道密折,一折奏陈一事,加强了对官吏的监督。

清朝的监察法规主要有顺治十八年(公元 1661 年)制定的《巡方事宜十款》,规定了巡按代表皇帝出巡所纠弹的范围以及考核御史等内容。至乾隆年间,已制定了《钦定台规》和《都察院则例》。清朝是监察法规最为完备的时期。

► 【案例与思考】＞ ＞ ＞

│【案例一】临时贿求联号之人更改文字案│

嘉庆二十一年浙抚题:郑球因应童试,临场与认识之李德元联号,央为讲解,许给洋钱,倩为更改,与越舍换写文字者有间。将郑球、李德元均比照越舍与人换写文字拟军例,量减一等,杖一百,徒三年。②

【思考】结合本章内容,分析本案中所涉及的法律问题。

---

① 《明史·职官志二》。

② ［清］祝庆祺、鲍书芸、潘文舫、何维楷:《刑案汇览三编》(一),北京古籍出版社 2004 年版,第 214 页。

【案例二】王尊弹劾匡衡张谭案

王尊,字子赣,涿郡高阳人,大将军王凤奏请尊补军中司马,擢为司隶校尉。初,中书谒者令石显贵幸,专权为奸邪。丞相匡衡、御史大夫张谭皆阿附畏事显,不敢言。久之,元帝崩,成帝初即位,显徙为中太仆,不复典权。衡、谭乃奏显旧恶,请免显等。尊于是劾奏:"丞相衡、御史大夫谭位三公,典五常九德,以总方略、一统类、广教化、美风俗为职。知中书谒者令显等专权擅势大作威福,纵恣不制,无所畏忌,为海内患害,不以时白奏行罚,而阿谀曲从,附下罔上,怀邪迷国,无大臣辅政之义也,皆不道,在赦令前。赦后,衡、谭举奏显,不自陈不忠之罪,而反扬著先帝任用倾覆之徒,妄言百官畏之甚于主上。卑君尊臣,非所宜称,失大臣体。又正月行幸曲台,临飨罢卫士,衡与中二千石大鸿胪赏等会坐殿门下,衡南乡,赏等西乡。衡更为赏布东乡席,起立延赏坐,私语如食顷。衡知行临,百官共职,万众会聚,而设不正之席,使下坐上,相比为小惠于公门之下,动不中礼,乱朝廷爵秩之位。衡又使官大奴入殿中,问行起居,还言:'漏上十四刻行。'临到,衡安坐,不变色改容。无怵惕肃敬之心,骄慢不谨,皆不敬。"有诏勿治。于是衡惭惧,免冠谢罪,上丞相、侯印绶。天子以新即位,重伤大臣,乃下御史丞问状。劾奏尊:"妄诋欺非谤赦前事,猥历奏大臣,无正法,饰成小过,以涂污宰相,摧辱公卿,轻薄国家,奉使不敬。"有诏左迁尊为高陵令,数月,以病免。[①]

【思考】结合案例分析中国古代的监察制度。

第七章　礼法合一时期的行政法律制度

---

① 《汉书》卷七十六《赵尹韩张两王传》。

第八章

礼法合一时期的刑事法律制度

第一节　礼法合一时期的刑法原则

一、一般性刑法原则

（一）刑事责任能力

【案例】秦甲盗牛案

▶【基本案情】＞＞＞

甲盗牛，盗牛时高六尺，系一岁，复丈，高六尺七寸，问甲可（何）论？当完城旦。①

【案例】六岁至毙九岁题请免罪案

▶【基本案情】＞＞＞

嘉庆十七年，黑龙江将军咨：年甫六岁之哈尔呢都用刀戳伤九岁之玛勒塔玛勒身死一案。奉天司查律载：七岁以下虽有死罪不加刑。又例载：七岁以下至毙人命之案，准其依律声请免罪等语。哈尔呢都与玛勒塔玛勒玩耍起衅，将玛勒塔玛勒刀戳殒命。是该犯年止六岁，与七岁以下虽有罪不加刑之律相符。

---

① 睡虎地秦墓竹简整理小组编：《睡虎地秦墓竹简》，文物出版社1990年版，第95页。其中注释：古时一般认为男子十五岁身高六尺，详见孙诒让《周礼正义》卷二十一。秦六尺约合今1.38米，六尺七寸约合今1.54米。

该司将该犯依律免罪,恭候钦定,系属照例办理,应请照办。①

【案例】手折准赎聋哑之人不准赎案

▶【基本案情】 > > >

乾隆五十五年,云南司针对云南巡抚咨询"手折准赎聋哑之人是否准赎"案,进行复核。通过查律可知:废疾犯流罪以下收赎。注云其犯死罪者不用此律。盖以律内另有八十以上,十岁以下及笃疾,犯死罪,议拟奏闻之条,故云不用此律。其虽经问拟死罪,即已援决减流人犯,与现拟死罪不同,遇有废疾,自应一体准其收赎。惟该抚咨内声称,注云:聋哑折一手皆为废疾等语。遍查现行律注,并无此条。且查废疾之中,如瞎一目之人,定例有犯军流徒杖,不得以废疾论赎。诚以若辈瞻视行动,皆与常人无殊,未便概行幸免,致启长奸之渐。口哑之人亦属无妨,动作非折跌肢体可比。是以本(刑)部遇有聋哑之人犯案,向俱不准收赎,今该抚以缓决减流人犯车老八自幼口哑,向老二左手骨断,可否准赎,咨请部示。查向老二左手骨断,实属废疾,自应准其收赎。其口哑之车老八不准收赎,相应咨覆该抚,并同行各省一体遵办。②

▶【案例分析】 > > >

这三个案例分别反映了秦与清朝犯罪主体刑事责任能力的问题。

"秦甲盗牛案"反映了秦朝的刑事责任能力是以身高为标准的。《云梦秦简》之《仓律》规定:"隶臣、城旦身高不盈六尺五寸,隶妾、舂身高不盈六尺二寸,皆为小。"说明秦代男女表示责任能力是不同的,一般认为男不满六尺五寸(另有六尺说),女子不满六尺二寸,免于刑事处罚。另外从这个案例中还看到,犯罪时未到刑罚的身高,免于处罚,但一旦身高达到或超过法定身高时,对不到法定身高时的不法行为承担责任,盗牛案中的甲就是盗牛被捕关押一年后身高六尺七寸后,被判处了完城旦。

① [清]祝庆祺、鲍书芸、潘文舫、何维楷:《刑案汇览三编》(一),北京古籍出版社2004年版,第118—119页。

② [清]祝庆祺、鲍书芸、潘文舫、何维楷:《刑案汇览三编》(一),北京古籍出版社2004年版,第121页。

"六岁至毙九岁题请免罪案"按照清朝法律规定"九十以上,七岁以下,虽有死罪不加刑",①虽然哈尔呢都用刀戳致玛勒塔玛勒死亡,由于哈尔呢都只有六岁,不到法定七岁,因此免于刑事处罚。

"手折准赎聋哑之人不准赎案"主要反映的是清朝除年龄之外的法律规定的刑事责任标准问题,主要有废疾和笃疾,在这个案例中主要是对废疾的理解问题,《大清律例》注中对"废疾"的解释是:"瞎一目,折一肢之类。"按照这个规定可知云南巡抚在咨询中的认识是错误的,"废疾"不包括聋哑问题。因此在这个案件中,由于向老二左手骨断,符合废疾的条件,而车老八不符合,故按照清朝法律规定:"年七十以上,十五以下,及废疾(瞎一目,折一肢之类),犯流罪以下收赎。"②向老二自应准其收赎。而车老八则不准收赎。

▶【基本问题】＞＞＞

这三个案例虽然体现了秦、清时期部分有关刑事责任能力的规定,但我们有必要了解和掌握封建时代刑事责任能力原则的比较全面的知识,掌握在中国封建社会主要朝代刑事责任能力是如何规定的。

▶【知识分析】＞＞＞

关于刑事责任能力的问题早在西周时就有所规定,提出"八十、九十曰耄、七年曰悼,耄与悼,虽有罪,不加刑"的矜老恤幼的原则。被后世所继承。

一、秦朝刑事责任能力

秦朝法律规定以身高作为是否承担刑事责任的标准。具体情况是:男高六尺五寸以上、女高六尺二寸以上要负刑事责任。③ 一般认为,在正常条件下,这个身高相当十六七岁。以身高作为是否承担刑事责任的标准,是秦律的独创,为历代法律所无。

在秦朝的法律中是否承当刑事责任除了身高这一标准外,还与法定婚姻的成立与否交叉使用,从此可以看出身高达到一定高度和婚姻的登记与否均能说明人是否成年,为了弥补身高为标准来区分成年与否存在着不足,秦代用婚姻的成立与否与之相互印证。如果女子身高不足六尺,但已到官府登记

---

① 田涛、郑秦点校:《大清律例》,法律出版社1999年版,第106页。
② 田涛、郑秦点校:《大清律例》,法律出版社1999年版,第106页。
③ 云梦秦简《仓律》:"隶臣、城旦身高不盈六尺五寸,隶妾、舂身高不盈六尺二寸,皆为小。"见睡虎地秦墓竹简整理小组编:《睡虎地秦墓竹简》,文物出版社1990年版,第32页。

结婚,则认为其已经成年则要承担法律责任,否则不承担。就如《法律答问》记载:"女子甲为人妻,去亡,得及自出,小未盈六尺,当论不当?已官,当论,未官,不当论。"①

二、汉朝刑事责任能力

汉朝法律重新确立了按年龄确定刑事责任,依照体恤老幼原则,也重新确定了最低年龄和最高年龄的区别。这一方法为后世封建法典所继承。两汉法律关于刑事责任年龄的规定,前后有几次变化。

汉惠帝初年,定"民年七十以上若不满十岁有罪当刑者,皆完之"②。景帝后元三年着令为"年八十以上,八岁以下,及孕者未乳,师、朱儒当鞫系者,颂系之"。③ 宣帝元康四年春正月诏:"自今以来,诸年八十以上,非诬告、杀伤人,它皆勿坐。"④成帝鸿嘉元年定令:"年未满七岁,贼斗杀人及犯殊死者,上请廷尉以闻,得减死。"⑤平帝元始四年诏曰:"妇女非身犯法,及男子年八十以上,七岁以下,家非坐不道,诏所名捕,它皆勿得系。"⑥成帝建始元年诏曰:"年七十以上,人所尊敬也。非首杀伤人,毋告劾也,毋所坐。""孤、独、盲、珠(侏)孺(儒),不属律人。吏毋得擅征召,狱讼毋得系"。⑦ 东汉光武帝建武三年秋七月诏曰:"男子八十以上,十岁以下,及妇人从坐者,自非不道、诏所名捕,皆不得系。当验问者即就验。"⑧从上述诏令可以看出,两汉时期刑事处罚年龄大体最低年龄的规定在七八岁和十岁以下,最高年龄是七八十以上,在此年龄段之内,根据犯罪情节,确定量刑轻重,一般都可减刑和免刑。从各个诏令中我们也能看到统治者有"矜老""怜幼"之意,如景帝三年诏中所言:"高年老长,人所尊敬也;鳏、寡不属逮者,人所哀怜也。"⑨《汉书·刑法志》认为"合于三赦幼弱、老眊之人。此皆法令稍近古而便民者也。"同时统治者认为未满七岁、七十以上者犯罪的社会危害性较小,如汉宣帝曾说:"耆老之人,发齿堕落,血气既衰,亦无暴逆之心。"⑩因此,这些人与一般犯罪者在处刑上有所区别。

---

① 睡虎地秦墓竹简整理小组编:《睡虎地秦墓竹简》,文物出版社 1990 年版,第 132 页。
② 《汉书·惠帝纪》。
③ 《汉书·刑法志》,其中"颂"是指囚禁时不加刑具,以示宽容。
④ 《汉书·宣帝纪》。
⑤ 《汉书·刑法志》。
⑥ 《汉书·平帝纪》。
⑦ 沈颂金:《二十世纪简帛学研究》,学苑出版社 2003 年版,第 809—810 页。
⑧ 《后汉书·光武帝纪》。
⑨ 《汉书·刑法志》。
⑩ 《汉书·宣帝纪》。

在汉朝除了以年龄为标准外,还有孕者未乳,师、朱儒、女子、孤、独、盲等特殊的人群,在量刑方面或免或减,在囚禁方面给予不加刑具的优遇。

三、唐朝以后的刑事责任能力

随着魏晋南北朝的法律的法典化,关于刑事责任能力问题也日益规范。到了唐朝这一原则已经相当成熟。唐律继承发展了自周以来所实行"矜老恤幼"的恤刑原则,将其根据不同对象进行了具体划分,确立了减免刑罚的不同标准。据《唐律疏议·名例》规定:"诸年七十以上、十五以下及废疾,犯流罪以下,收赎。八十以上、十岁以下及笃疾,犯反、逆、杀人应死者,上请;盗及伤人者,亦收赎。余皆勿论。九十以上,七岁以下,虽有死罪,不加刑。"①按照这一规定,可以看出主要是以可能造成社会危害的大小程度和年龄、残疾程度的不同分为三个档次:第一档次,即九十以上、七岁以下的,完全免于刑事责任;第二档次,即八十以上、十岁以下及笃疾者,承担部分责任:犯反逆、杀人罪应处死刑者适用上请,盗窃、伤人罪以铜赎刑,其他罪不追究刑事责任;第三档次,即七十以上、十五以下及废疾者,承担死罪的刑事责任,即犯死罪不得减免,"犯加役流、反逆缘坐流、会赦犹流"三者以外的流刑以下其他各罪可以铜赎刑;这一按照年龄的大小和身体残疾的程度不同,决定予以减免刑罚不同处置的原则,显然以前各朝规定得更为详尽。

这一规定奠定了宋明清"老小废疾"减免原则的基本框架,其后变化不大。如《大清律例·名例律》规定:凡年七十以上,十五以下,及废疾(律内注:瞎一目,折一肢之类),犯流罪以下,收赎。(律内注:其犯死罪,及犯谋反、叛逆缘坐应流,若造畜蛊毒、采生折割人、杀一家三人、家口会赦犹流者,不用此律。其余侵损于人一应罪名,并听收赎。犯该充军者,亦照流罪收赎);八十以上,十岁以下,及笃疾(律内注:瞎两目,折两肢之类),犯杀人(谋故斗殴)应死(一应斩绞)者,议拟奏闻,(犯反逆者,不用此律),取自上裁;盗及伤人(罪不至死)者,亦收赎;(谓既侵损于人,故不许全免,亦令其收赎),余皆勿论。(谓除杀人应死者,上请,盗及伤人者收赎之外,其余有犯皆不坐罪);九十以上,七岁以下,虽有死罪,不加刑。(九十以上犯反逆者不用此律)。②

---

① 钱大群:《唐律疏义新注》,南京师范大学出版社 2007 年版,第 128—131 页。
② 田涛、郑秦点校:《大清律例》,法律出版社 1999 年版,第 106 页。

（二）自首原则

【案例】携带官物逃亡后自首案

▶【基本案情】＞＞＞

把其假（携带所盗官有物品）以亡（逃跑），得及自出（自首），当为盗不当？自出，以亡论。其得，坐赃为盗；盗罪轻于亡，以亡论。[①]

▶【案例分析】＞＞＞

这个案例是《法律答问》中的案例，反映了秦代对犯罪自首的处理原则。这个案例比较携带官物逃走后，是被捕还是自首，有两种不同的结果，自首的话，不追究盗窃罪，反之，如果被捕，逃亡罪和盗窃罪中，以重者定罪。如果一般情况下逃亡罪相比盗窃罪轻的话，那么自首就有减轻处罚的倾向。

【案例】刘孝自首谋反案

▶【基本案情】＞＞＞

汉武帝元朔六年，衡山王即上书谢病，上赐不朝。乃使人上书请废衡山王太子刘爽，立刘孝为王太子。刘爽闻，即使所善白嬴之长安上书，言衡山王与子谋逆，言孝作兵车锻矢，与王御者奸，至长安未及上书，即吏捕嬴，以淮南事系。王闻之，恐其言国阴事，即上书告太子，以为不道事，下沛郡治。

元狩元年冬，有司求捕与淮南王谋反者，得陈喜于刘孝家。吏劾刘孝首匿陈喜。刘孝以为陈喜雅数与王计反，恐其发之，闻律先自告除其罪，又疑太子使白嬴上书发其事，即先自告所与谋反者枚赫、陈喜等。廷尉治，事验，请逮捕衡山王治。上曰："勿捕。"遣中尉安、大行息即问王，王具以情实对。吏皆围王宫守之。中尉、大行还，以闻。公卿请遣宗正、大行与沛郡杂治王。王闻，即自杀。孝先自告反，告除其罪。孝坐与王御婢奸，乃后徐来坐蛊前后乘舒，及王太子刘爽坐告王父不孝，皆弃市。[②]

---

① 睡虎地秦墓竹简整理小组编：《睡虎地秦墓竹简》，文物出版社 1990 年版，第 124 页。
② 《汉书·淮南衡山济北王传》。

191

第八章 礼法合一时期的刑事法律制度

▶【案例分析】> > >

这个案件比较复杂。它以衡山王拟废太子为导火线,激起太子刘爽的不满,于是派人去长安上书,状告父亲与弟弟刘孝谋反,告刘孝与王御者奸,未成,所派之人白嬴因淮南王谋反事被捕。同时刘孝家窝藏了参与淮南王谋反当事人之一陈喜,而陈喜又清楚衡山王事,加上怀疑刘爽上书也与衡山王谋反事有关,于是利用律中规定的"先自告除其罪",主动自首,最终,免除了刘孝的谋反罪,但同时"与王御婢奸"没有自首,故"坐与王御婢奸"罪,弃市。这个案例反映了汉朝明确地规定了"先自告除其罪",即使谋反同样可以适用自首免罪的条款,并且一人犯数罪时,自告什么罪,就免除什么罪,仍按无自首之罪论处。

|【案例】父首子劫案|

▶【基本案情】> > >

南朝宋时,何叔度,庐江灊人也。义熙五年,吴兴武康县民王延祖为劫,父睦以告官。新制,凡劫身斩刑,家人弃市。睦既自告,于法有疑。时叔度为尚书,议曰:"设法止奸,本于情理,非谓一人为劫,阖门应刑。所以罪及同产,欲开其相告,以出为恶之身。睦父子之至,容可悉共逃亡,而割其天属,还相缚送,螫毒在手,解腕求全,于情可愍,理亦宜宥。使凶人不容于家,逃刑无所,乃大绝根源也。睦既纠送,则余人无应复告,并全之。①

▶【案例分析】> > >

这是南朝宋时的一个父亲抓住犯罪儿子向官府告发的案件。而南朝宋的法律是"凡劫身斩刑,家人弃市",即凡是抢劫犯,本人判处斩刑,家人判处弃市。当时没有父主动自首的案件。于是时任尚书的何叔度,从制定缘坐法的目的分析,认为缘坐的目的在于引导家人相互告发,以便尽快找到罪犯。并且王睦与王延祖父子关系,完全可以一起逃亡,但是该父子反而自首,其目的在于悔罪自新,因此,应当赦免王延祖一家的罪行。可以看出何叔度在没有法律明文规定的情况下,通过法理和情理的分析,在法律实践中践行了父亲抓获犯罪的儿子

---

① [梁]沈约:《宋书》(第6册),卷六十六,中华书局1974年版,第1733页。

一起自首免刑的原则。这为以后家人代为自首同样适用免刑的法律制度的完善提供了借鉴。

|【案例】上官兴杀人自首案|

▶【基本案情】> > >

唐代兴平县人上官兴,因醉杀人亡窜,吏执其父下狱,兴自首请罪,以出其父。京兆尹杜悰、御史中丞宇文鼎,以其首罪免父,有光孝义,请减死配流。王彦威与谏官上言曰:"杀人者死,百王共守。若许杀人不死,是教杀人。兴虽免父,不合减死。"皇帝下诏将上官兴改为流刑。①

▶【案例分析】> > >

上官兴杀人自首案,体现了唐代两个方面法律问题,一是关于自首的适用原则问题,二是礼法关系问题。第一个问题是本部分的题中应有之义。按照唐律规定:"诸犯罪未发,而原其罪""其知人欲及亡叛而自首者,减罪二等坐之",上官兴是在案件事发后,逃亡中得知官府抓捕了他的父亲,为救老父而自首,看似可以"减罪二等坐之",但法律接着规定"其于人损伤"不再自首之列。疏议曰:"损,谓损人身体,伤谓见血为伤。"可见杀人属于损伤之类,故上官兴不适用于自首减免刑的原则。因此王彦威在与京兆尹杜悰、御史中丞宇文鼎争论的论点是符合唐代法律规定的。但对于上官兴的判决则是礼中的孝,大过了法中的"杀人者死"的理念,是礼法冲突中,礼优于法的结果。

|【案例】董为典抢夺刃伤事主事未发而犯父禀首案|

▶【基本案情】> > >

嘉庆二十一年北抚咨:董为典抢夺拒捕,刃伤事主,经犯父禀首一案。查律载:犯罪未发而自首者免罪,其损伤于人不在自首之律。注云:因犯杀伤于人而自首者,免所因之罪,仍从本杀伤法等说。检查向来办理拒杀事主,闻拿,投

---

① [后晋]刘昫:《旧唐书》(第13册),卷157,中华书局1975年版,第4156页

首之案,均得免其所因,仍从本法科以谋、故、斗杀之罪,则拒伤者,亦应于拒杀者同得免其所因,止科伤罪,此案董为典抢夺张大怀钱文,张大怀转身拉夺,该犯用刀戳其顶心等处而逸。即经该犯之父董士武闻知,将该犯寻获禀首。查该犯之父律得容隐,如罪人自首法,该省将该犯照自首律免其所因抢夺拒捕之罪,仍从本杀伤法,亦刃伤人律杖八十,徒二年,例案相符,只可照覆。①

【案例】弟闻拿投首供出兄藏匿地方案

▶【基本案情】＞＞＞

嘉庆十二年,魏元起随从其兄魏文起强卖吴女,被控差缉。魏元起闻拿畏惧,赴县投首。即将其兄魏文起现在万家埚地方,得以差拘到案。是以该犯一事同首两事,即可照自首律分免两人,刑部认为,北抚将魏文起照例减等拟遣,核与律意相符,似应照覆。②

▶【案例分析】＞＞＞

这是清朝嘉庆年间的两起自首案例,反映了清朝关于自首的部分规定。

一是关于自首是犯罪已发、未发的区别。董为典抢夺拒捕,刃伤事主,经犯父禀首一案中,董为典案未发之时,其父“寻获禀首”,符合“犯罪未发而自首者,免其罪”③的法律规定,但是“董为典抢夺拒捕,刃伤事主”,使得事主受伤,按照“其损伤于人不在自首之律”,即不适用于自首原则。但《大清律例》中的注中又云:“因犯杀伤于人而自首者,免所因之罪,仍从本杀伤法。”符合“犯罪未发而自首者免罪”的本意,免除了所因之罪——抢夺拒捕之罪,只按杀伤罪论处科断。

而魏元起随从他的兄长魏文起强卖吴女,“被控差缉”说明案件已发,并不属于自首免罪的范围,不能免罪,因魏元起符合“事发而逃”中注云:若逃在未经

---

① ［清］祝庆祺、鲍书芸、潘文舫、何维楷：《刑案汇览三编》(一),北京古籍出版社 2004 年版,第 140 页。
② ［清］祝庆祺、鲍书芸、潘文舫、何维楷：《刑案汇览三编》(一),北京古籍出版社 2004 年版,第 134—135 页。
③ 田涛、郑秦点校：《大清律例》,法律出版社 1999 年版,第 112 页。

到官之先者,本无加罪,仍得减本罪二等"①的法律规定,只能照例减等处罚。

从这两个案例及清代法律可知,一般性的犯罪在犯罪未发之前自首可以获得免罪和减罪,但是不适用于"其于人损伤者",减刑中免得的是"于人损伤者"的所因之罪。损伤本罪不免。

二是亲属代为自首或控告之,如同本人自首,适用自首原则。董为典之父寻获董为典稟首,魏元起在自首时,主动交代了兄长魏文起的藏身之处,按照《大清律例》规定:"如与法得相容隐者,为(之)首,及相告言,各听如罪人身自首法",②两起案件中的董为典和魏文起均依自首原则减刑。而后者被当时的巡抚称为"该犯一事同首两事"。因此兄长亦符合法律规定,最终弟兄两人因弟弟自首而得照例减刑的处罚。

▶【基本问题】> > >

是不是秦朝的所有自首,都是减轻处罚呢?自首原则的发展演变怎样?哪些情况不适用于自首?各个朝代是如何规定的。这些都是我们需要进一步了解和掌握的内容。

▶【知识分析】> > >

一、秦朝自首的规定

秦朝法律中的"自出"或"自告",大体相当于今天"自首"。在上述案例中提到的"甲携带官物逃亡自首案"是《法律答问》中一个明显的比较自首和被捕不同定罪的案例,这个案例中明确提出:携带借用的官物逃亡,如本人主动自首,就仅以逃亡罪处理,而不以盗窃罪论处;若系被追捕擒获,则以赃数多少以盗窃罪重惩;倘以盗窃罪处刑轻于逃亡罪,则以逃亡罪论处。从这个案例我们得出的结论是,如果主动自首所犯罪行者,可能酌情减轻处罚。并非必然。这可从《法律答问》的另外几则案例中印证,《法律答问》记载:"士五(伍)甲盗,……其狱鞠乃直(值)赃,赃直(值)百一十钱,以论耐。"③"士五(伍)甲盗,以得时直赃(值),赃直(值)百一十钱,……论何?甲当耐为隶臣"。④ 这说明盗窃赃值为

第八章 礼法合一时期的刑事法律制度

---

① 田涛、郑秦点校:《大清律例》,法律出版社1999年版,第113页。
② 田涛、郑秦点校:《大清律例》,法律出版社1999年版,第112—113页。
③ 睡虎地秦墓竹简整理小组编:《睡虎地秦墓竹简》,文物出版社1990年版,第101页,该书注释认为是耐为隶臣。
④ 睡虎地秦墓竹简整理小组编:《睡虎地秦墓竹简》,文物出版社1990年版,第102页。

一百一十钱,不自首,将判处耐为隶臣。而《法律答问》中同样的盗窃案,不同的地方是自首,即"司寇盗百一十钱,先自告,何论? 当耐为隶臣,或曰赀二甲。"① 盗窃者最后判处的也是"耐为隶臣"。结果来看,并未减轻刑罚。但自首的,可以在"耐为隶臣"和"赀二甲"两种处罚中选择一种。如果从司寇与士五的身份来看,司寇犯罪,如不自首的话,可能量刑更重,因为自首,导致了定罪量刑的结果与士五相同,是为自首减刑适用的结果,②这也不无道理,总之从上述两个案例来看,秦代的自首有了减轻处罚的倾向性。

二、汉代的"先自告除其罪"

汉代的"自告"即是"自首"。犯罪者在其罪行未被发觉以前,自己到官府报告其犯罪事实,可以免除其罪,故叫"先自告除其罪"。上述案例中刘孝认为汉代法律有"先自告除其罪。"纵观汉朝的法律规定和实践,对先自首除其罪的理解有以下几点:其一,包括谋反在内的罪均适用于"先自告除其罪"原则,案例中的刘孝自首确实是:"先自告反,告免其罪。"并且是谁自首,免谁的罪,其他人不免。其二,在谋反罪中,主要谋划者不适用于自首免罪原则。如淮南王刘安谋反,淮南中郎伍被参与计事,"后事发觉,被诣吏自告与淮南王谋反,踪迹如此。天子以伍被雅辞多引汉美,欲勿诛"。张汤说"被首为王画反计,罪无赦。"遂诛被。③ 其三,关于一人犯数罪,只免其"自告"之罪,其余未"自告"者仍依律科刑。武帝时,衡山王刘赐的儿子刘孝,"先自告反,告除其罪"。免除了他的谋反罪,但他同时还犯有与其父王御婢通奸的罪行,而他未自告,因此"孝坐与王御婢奸",④弃市。

三、唐朝自首原则

唐律继续沿用中国古代自首减免刑罚的有关原则,并有所发展创新,形成了比较成熟、完整的自首原则规定,并被宋元明清所继承。

第一,自首的一般原则和自首主体。

根据《唐律疏议·名例》规定:"诸犯罪未发而自首者,原其罪。"这是自首的一般原则。其含义是自首免罪须以"犯罪未发"即犯罪行为尚未被告发,主动向官府投案交代为先决条件。但是具体而言,在犯罪后,不同阶段、不同程度的自首都有具体的规定。

---

① 睡虎地秦墓竹简整理小组编:《睡虎地秦墓竹简》,文物出版社 1990 年版,第 95 页。
② 赵晓耕:《中国法制史教学案例》,北京大学出版社 2006 年版,第 60 页。
③ 《汉书·蒯伍江息夫传》。
④ 《汉书·淮南衡山济北王传》。

唐朝法律规定的自首主体除犯罪者本人外,还有两个主体:一是被遣之人,二是依照法律得兼容隐和受缘坐之人。根据《唐律疏议·名例律》规定"遣人代首,如与法得相容隐者,为首,及相告言,各听如罪人身自首法","缘坐之罪及谋叛以上本服期,虽捕告,俱同自首例",①可见,当事人委托他人代为自首,或依法适用"同居相为隐"者和受缘坐人代为自首或者告发,均与本人自首相同。但本人知道有人代为自首,犯罪已被官府追究,仍不归案者,也不得适用自首减免刑罚的规定,即"其闻告者,被追不赴者,不得原罪"。②

第二,自首的认定与处理。

按照唐律规定,凡属一般性犯罪,均可视其自首的不同情况和性质,分别给予免刑或减刑处理。

数罪中自首未发之罪的认定和处理。《唐律疏议·名例律》规定"其轻罪虽发,因首重罪者,免其重罪""即因问所劾之事,而言余罪者,亦如之"。③ 即按照法律规定,在数罪中,自首未发之余罪,免其余罪。

自首不实不尽的认定和处理。《唐律疏议·名例律》规定:"自首不实及不尽者,以不实不尽之罪罪之,至死者,听减一等。"④《唐律疏议》对"自首不实"的解释为:"谓强盗得赃,首云窃盗赃,虽首尽,仍以强盗不得财科罪之类。"⑤也就是未如实交代罪行,有欺瞒行为,按所欺瞒之罪定罪量刑;至死罪减刑一等处置。《唐律疏议》对"自首不尽"的解释是"谓枉法取财十五匹,虽首十四匹,余一匹,是为不尽之罪,称'罪之',不在除、免、倍赃、监主加罪、加役流之例,"即未彻底交代罪行,有隐瞒部分事实者,按所隐瞒的罪行进行处罚,至死罪也减刑一等处罚。凡犯赃罪自首者,虽然减免刑罚,但须如数归还赃物。

知人欲告发及逃亡、叛已上道者自首,减轻处罚。即:其知人欲告及亡叛而自告者,减罪二等,坐之,即亡叛者虽不自首,能还归本所者,亦同。意思是已知有人要告发自己,或者犯逃亡罪叛变以上道罪,而主动自首者,减轻两等处刑。虽已亡叛者,但能主动返回者,即使未前往自首,也可按自首减刑二等对待。

第三,自首减免原则的例外。

《唐律疏议·名例律》明确规定:"其于人损伤,于物不可赔偿,即事发逃亡,

---

① 钱大群:《唐律疏义新注》,南京师范大学出版社 2007 年版,第 160—161 页。
② 钱大群:《唐律疏义新注》,南京师范大学出版社 2007 年版,第 161 页。
③ 钱大群:《唐律疏义新注》,南京师范大学出版社 2007 年版,第 161 页。
④ 钱大群:《唐律疏义新注》,南京师范大学出版社 2007 年版,第 161 页。
⑤ 钱大群:《唐律疏义新注》,南京师范大学出版社 2007 年版,第 161—162 页。

若越度关及奸,并私习天文者,并不在自首之例。"①即包括犯杀伤罪已造成人身杀害者;犯及标的物已无法原物偿还者;犯罪行案发后畏罪潜逃者;私自偷越关津者;犯有奸淫罪者;私自研习天文历法者在内的六类犯罪,即使自首,也不得适用减免刑罚的原则。

第四,犯罪共同逃亡后互捕的自首原则。

具体包括:一是除常赦所不原者外,犯罪共亡中"轻罪能捕重罪首","及轻重等,捕获半数以上者",皆免其罪。但缌麻以上亲属的一般犯罪(谋叛以上犯罪除外)共同逃亡不适用于"捕首法"。二是受所因之犯非被刑戮死亡,即"因罪人以致罪,而罪人自死者",减本罪二等处罚。"其应加杖及赎者",②即所因之罪犯应作加杖及用赎法处置的,累及的罪犯也"各依杖、赎例"。

第五,盗诈取人财物归还原主等同自首。

唐律中把盗诈取人财物归还原财物主人的行为,称为"自露",其处置规定具体为:一是"诸盗、诈取人财物而于财主首露者,与经官司自首同"。二是"其于余赃应坐之属,悔过还主者,听减本罪三等坐之"。即犯其他赃罪之类,如果悔过且财物归还主的,依照本罪减三等处罚。三是"即财主应坐者",减罪亦如此。指的是"受财枉法、受财不枉法、受所监临财物即坐赃中,给财物的一方也分别因有罪而得处罚,如取财物人悔过还财物与原主,因此可减轻三等处罚,给财物者同样减轻三等处罚。③

四、唐以后的自首原则

宋元明清自首减免刑罚原则的内容基本上与唐朝法律一致,只是根据各个时期的需要,作了些许的变化。如清朝法律中,在限定适用自首原则的行为中,没有了"私习天文历法"的限制,唐律中的"若越度关",改为"私越度关",从而缩小了"度关"自首限定的范围。对盗诈取人财物归还原主等同自首也作了些许变化。《大清律例·名例律》规定:"若强盗、窃盗、诈欺取人财物,而与事主处首服,及受人枉法、不枉法赃,悔过回付还主者,与经官司自首同,皆得免罪。若知人欲告,而与财主处首还者,亦得减刑二等。其强窃盗若能捕获同伴解官者,亦得免罪,又依常人一体给赏。"④

① 钱大群:《唐律疏义新注》,南京师范大学出版社 2007 年版,第 163—164 页。
② 钱大群:《唐律疏义新注》,南京师范大学出版社 2007 年版,第 167—169 页。
③ 钱大群:《唐律疏义新注》,南京师范大学出版社 2007 年版,第 170—171 页。
④ 田涛、郑秦点校:《大清律例》,法律出版社 1999 年版,第 113 页。

（三）共同犯罪

|【案例】五人盗案|

► **【基本案情】** > > >

五人盗，臧（赃）一钱以上，斩左止，有（又）黥以为城旦；不盈五人，盗过六百六十钱，黥劓以为城旦；不盈六百六十到二百廿钱，黥为城旦；不盈二百廿以下到一钱，迁之。①

► **【案例分析】** > > >

这个案例是秦代共同犯罪的案例。从案例中可知在秦朝是否共同犯罪，从人数上区分是五人，五人及五人以上犯罪处罚要高于五人以下的犯罪。从此例可以看出"五人共同行盗，赃物在一钱以上，断去左足，并黥为城旦，"与"不盈五人，盗过六百六十钱，黥劓以为城旦"相比较前者人多，赃物少，处刑重；后者人少，赃物多，处罚轻。可以看出秦朝已经看到共同犯罪的社会危害性高于一般犯罪。同时，从此案例反映了五人以下的盗罪，是按照赃物的多少，给予轻重不同的处罚。

|【案例】小儿非劫|

► **【基本案情】** > > >

莫愚，临桂人，由乡举知常州。郡民陈思保年十二岁，世业渔。其父兄行劫，思保在舟中，有司以为从，论当斩。愚疏言：小儿依其父兄，非为从比。令全家舟居，将举家坐耶？上命释之，谓廷臣曰："为能言如此，可谓有仁心矣。"②

► **【案例分析】** > > >

这是一起明朝家人共同犯罪的案件，有两个法律问题。一是家人共同犯罪的认定，明朝法律规定："凡共犯罪者"，强调的是共同犯罪，家人共犯是指家人

---

① 睡虎地秦墓竹简整理小组编：《睡虎地秦墓竹简》，文物出版社 1990 年版，第 93 页。
② 《明史》卷 161《莫愚传》，转引陈重业：《〈折狱龟鉴补〉译注》，北京大学出版社 2006 年版，第 522 页。

共同谋划、实施了犯罪是为共犯的认定标准，首先是共同，其后是共同犯罪的家人，不包括没有参与犯罪的家人。由此可知莫愚所说的陈思保只是在作为家的船上，并没有参与行劫，因此不是共犯，更不是从犯。其次，对于家人共同犯罪的处理。按照明代法律规定："家人共犯，止坐尊长""侵损于人者，依凡人论"，而凡人的共同犯罪为"凡共犯罪者，以造意者为首，随从者，减一等"。①

｜【案例】砍伐贩运应禁林木分别首从案｜

▶【基本案情】＞＞＞

道光七年说帖记载：奉天司查：此案姜玉中、干文宽、鄂自明均受雇与领票刨夫马笃义刨参。马笃义令该犯等随同把头王成赴依兰沟刨采参枝未获。王成起意在山内砍伐楷、榆、辋木，许给工价。该犯等允从，在山搭盖窝棚，姜玉中赴高丽背地方踩场砍得楷、榆树两棵，旋闻不准在禁山砍伐中止，正欲下山，即被拿获。该省以高丽背系属禁山，该犯姜玉中虽供系听从王成，而王成现已潜逃，且该犯砍有木植，未便以为从论。将姜玉中照军民人等擅自入山，将应禁树木砍伐已得例拟军。于文宽、鄂自明听从一行未得例拟徒。奉天司以姜玉中等听从王成嘱令，赴山砍木酌给工价，自应照从科断，将姜玉中改依为从，于军罪上等拟徒。洵属公允，应请照办。案内现获之犯多于逸犯，供证既确，毋庸监候待质。至于文宽、鄂自明均系听从王成，同姜玉中砍伐辋木，虽砍伐未得，既坐起之王成以为首之罪，则该犯等同一为从，自亦应于王成应得军罪上减徒，未便照该省原拟将该二犯依砍伐未得例科断，亦未便照奉天司所议，将该二犯与姜玉中满徒罪上减等，拟杖九十，徒二年半，应请交司更正。至夏安一犯，止于检看扔弃辋木，并未砍伐禁木，若竟拟城旦，未免法重情轻。该司将该犯，改依违制律，拟以满杖，尚属允当，应请照办。②

▶【案例分析】＞＞＞

这个案例反映了清代关于共同犯罪主从认定和量刑的法律问题。按照清

---

① 怀效锋点校：《大明律》，法律出版社1999年版，第17页。
② ［清］祝庆祺、鲍书芸、潘文舫、何维楷：《刑案汇览三编》（一），北京古籍出版社2004年版，第236页。

代法律共同犯罪，首先造意者为首，其他为从的原则，这里奉天府认为证据不足于证明王成是首犯前提下，没有适用这一原则，现捕获者都供认王成是起意砍伐树木，并给予他人工价，他人允从，王成是首犯。按照《大清律例》中"犯罪事发在逃"中认定首犯"凡二人共犯罪，而有一人在逃，现获者称逃者为首，更无人证佐，则决其从罪，后获逃者称前者为首犯，鞫问是实，还依首论"相符合，奉天司从已捕获犯人与逃逸的王成的人数对比上看，进一步确认了王成的首犯身份，因此目前至少在王成捕获前，认定王成为首犯，姜玉中等人是为从犯是合乎法律规定的。区分了首犯和从犯后，根据首犯从重，从犯从轻的量刑原则，奉天司和三法司均适用了这一原则。

▶【基本问题】 > > >

什么是共同犯罪？共同犯罪在各个朝代是如何认定的，其处罚原则是什么？这就要进一步了解和掌握这一时期共同犯罪的具体内容。

▶【知识分析】 > > >

共同犯罪是两人以上的共同故意犯罪。共同犯罪与个人犯罪相比较而言，即使是同样的罪，其影响和危害后果要大得多，因此我国古代立法者很早就开始关注共同犯罪如何处刑的问题，并逐渐确立了"以其重罪罪之"的总原则。

一、秦朝的共同犯罪加重处罚

上述案例反映了秦共同犯罪加重处罚的原则，即《法律答问》的规定：五人以上盗窃，赃物价值 1 钱以上，即斩左趾，并黥为城旦；不足五人盗窃，赃物价值即使超过 660 钱，仅处黥劓为城旦。非常明显；前者人多，赃物少，处刑重，后者人少，赃物多，处刑却很轻。关于五人及五人以上是为共同犯罪的标准，在《法律答问》中还有证明："夫、妻、子五人共盗，皆当刑城旦""夫、妻、子十人共盗，当刑城旦"，可见五人与十人的刑罚没有区别。①

另外在秦代《法律答问》中记载："甲谋遣乙盗，一日，乙且往盗，未到，得，皆赎黥。"即甲主谋派乙去盗窃，一天，乙去行窃，没有到达地方被捉获，甲乙都被处以赎黥。"人臣甲遣人臣乙盗主牛，卖，把钱偕邦亡，出徼，得，论各何也，当城

---

① 睡虎地秦墓竹简整理小组编：《睡虎地秦墓竹简》，文物出版社 1990 年版，第 125 页。

且黥之,各髠之。"这里反映的是两个人共同犯罪,其中一个主谋或教唆犯,即是其没有具体实施犯罪,同样也要受到与实施犯罪一样的处罚。可见这一时期的法律已经注意到了主谋或教唆的危害性了。

二、唐朝共同犯罪的规定

汉朝法律已经区分了首犯和从犯,主犯从重处罚,并不适用自首免刑的原则,如淮南王刘安谋反,淮南中郎伍被参与计事,后自首,张汤说"被首为王画反计,罪无赦"。遂诛被。可以看出,张汤认为伍被是倡议谋划造反之人,是为首犯,不是一般共同谋反之人,应当罪无赦。晋代张斐《注律表》所言:唱首先言谓之造意。① 进一步在法律上明确了共同犯罪中的造意者为首犯,其他参与者为从犯。到了唐代共同犯罪的法律规定进一步明确化、规范化。

(一)共同犯罪的含义

唐律明确将"二人以上共犯"定为共同犯罪,即《唐律疏议·名例》中言:"'共犯罪者,'谓二人以上同犯"。改变了秦五人以上共犯的标准。

(二)明确区分首犯与从犯,实行首犯从重严惩、从犯相对减轻的刑罚适用原则

根据"共犯"人员的构成不同,《唐律疏议·名例》规定了三种不同的首从区分标准。第一,对于普通人员构成的"共犯"案件,"以先造意为首,余并为从"为原则,对先造意(先作动议者,即主谋、主使、策划)的首犯加重处罚,"随从者减一等"处罚。第二,家人构成的"共犯"案件,即由"祖、父、伯、叔、子、孙、弟、侄"构成的"家人共犯"以男性"同居尊长"为首犯,"止坐尊长""卑幼无罪"。如果尊长属于依法不处罚的,则归罪于居第二位的尊长。但"侵损于人者,以凡人首从论",②即侵占财物即造成人身损伤的犯罪,以一般共犯,分首从论处之法论处。

第三,有隶属关系的上下级或官民构成的"共犯"案件,即"共监临主守为犯",不论由谁"造意",均以"监临主守"的主管人员为首犯,从犯按普通常人从犯论处。并在疏议中说:假如有"外人发意,共左藏官司、主典盗库绢五疋,虽是外人造意,仍以监主为首,处徒二年,外人依常盗从,合杖一百"。③

---

① 《晋书·刑法志》。
② 钱大群:《唐律疏义新注》,南京师范大学出版社 2007 年版,第 182—183 页。
③ 钱大群:《唐律疏义新注》,南京师范大学出版社 2007 年版,第 183 页。

（三）共犯罪本罪有别者之处置

这是共犯中，本罪不同，如何区分首从和处置的制度。按照唐律规定："诸共犯罪而本罪别之"，虽然在共犯中形成首从关系，其罪罚是各自以本罪律条之刑罚区分首从论处，例如卑幼勾结外人盗窃自己家财物十疋，卑幼为首，合笞三十，外人为从，合徒一年，又减常盗一等，杖一百。①

（四）共同犯罪不分首从的规定

对于有些性质严重的共同犯罪，则不分首从，依律按正犯科处刑罚。这些犯罪包括强盗、奸淫、略人为奴婢，犯阑入，若逃亡及私度、越度关、栈、垣、篱者。另外法律还规定"若本条言'皆'者，罪无首从，不言'皆'，者，依首从法"。②

宋元明清，基本上继承了唐代关于共同犯罪的各种规定，只是每个朝代根据社会发展的需要作了些微改变。如《大明律》与《大清律例》中对于不分首从的犯罪改为"其同犯擅入皇城宫殿等门，及私越度关，若避役在逃，及犯奸者，亦无首从"。③没有了唐律中的强盗、略人为奴婢，私度、越度栈、垣、篱者和越关等内容。

（四）数罪俱发原则

【案例】携带官物逃亡案

▶【基本案情】＞＞＞

把其假（携带所盗官有物品）以亡（逃跑），得及自出（自首），当为盗不当？……其得，坐赃为盗；盗罪轻于亡，以亡论。④

▶【案例分析】＞＞＞

这个案例是《法律答问》中的案例，除了反映了秦代对犯罪自首的处理原则外，携带官物逃亡还反映在案发前一人二罪如何处理的问题。如果被捕，逃亡罪和盗窃罪中，以重者定罪，体现了秦律中二罪以上的，以重者论处的原则。

---

① 钱大群：《唐律疏义新注》，南京师范大学出版社2007年版，第184页。
② 钱大群：《唐律疏义新注》，南京师范大学出版社2007年版，第184—185页。
③ 怀效锋点校：《大明律》，法律出版社1999年版，第17—18页；田涛、郑秦点校：《大清律例》，法律出版社1999年版，第119页。
④ 睡虎地秦墓竹简整理小组编：《睡虎地秦墓竹简》，文物出版社1990年版，第124页。

|【案例】甲犯盗、私藏兵器、过失折伤人罪案|

► 【基本案情】 > > >

甲任九品一官,犯盗绢五疋,合徒一年;有私有稍一张,合徒一年半,由过失折人二支,合赎流三千里,是为"二罪以上俱发",从"私有禁兵器",断徒一年半,用官当讫,更征铜十斤;既犯盗徒罪,仍合免官。是为以重者论。①

► 【案例分析】 > > >

这个案例是唐代"二罪以上俱发,以重者论"的虚拟案例。盗绢、私藏禁兵器和过失伤人三罪都是在案发前已经实施的犯罪。比较这三个罪及其处罚来看,似乎过失伤人为重,但是《唐律疏议》中注云:"若重罪应赎,轻罪居作。官当者,以居作官当为重。"②因此甲最后以三罪中的重罪:"私有禁兵器",断徒一年半,用官当讫,更征铜十斤论断。

|【案例】家奴诗机诬告家长禄中淇,扎死瓦泽案|

► 【基本案情】 > > >

嘉庆二年,云南夷人家奴诗机,诬告家长禄中淇压良为奴,已罪应绞决。又因瓦泽不肯为该犯赴案诬证,用刀将瓦泽扎死,按奴婢殴死良人律应斩候。查立决故重于监候,而斩绞罪名更属悬殊。以罪应绞决之人,复犯斩候之罪,自应从重办理。云南司查的乾隆二十六年侯昌立成案:河南省侯昌立与小功服婶冉氏通奸,并谋杀侯思听一案,该省因该犯奸小功服婶,罪应绞决,谋杀人,罪止监候,将该犯拟绞立决,经刑部改拟斩候,请旨即行正法在案。该依奴婢殴死良人律拟斩,请旨即行正法。奉批:既有成案,应照办。所拟出语止言奴婢殴死良人请即正法,恐碍良贱相殴之例,应于拟斩监候,下改云:该犯以家奴欺压家主,本干绞决,又殴毙良人,应请旨即行斩决。③

---

① 钱大群:《唐律疏义新注》,南京师范大学出版社2007年版,第193页。
② 钱大群:《唐律疏义新注》,南京师范大学出版社2007年版,第194页。
③ [清]祝庆祺、鲍书芸、潘文舫、何维楷:《刑案汇览三编》(一),北京古籍出版社2004年版,第154页。

▶【案例分析】> > >

这个案例是清朝嘉庆年间的两罪俱发的案例。反映了清代二罪并发的原则问题。按照清代法律规定"二罪俱发以重论"的原则,云南省认为家奴诗机诬告家长禄中淇压良为奴,已罪应绞决,而用刀将瓦泽扎死,按奴婢殴死良人律应斩候,在"绞决"和"斩候"中,绞要轻于斩,故以重者论判诗机"斩候"。但由于对绞决和斩候孰轻孰重问题上法律并没有规定清楚,故在乾隆二十六年侯昌立成案中遇到同样问题,最后请旨改为斩决,并附成案,成为诗机案改为斩决的依据。

▶【基本问题】> > >

这些案例反映了中国封建社会关于数罪(二罪以上)俱发的定罪量刑的原则问题。由此我们需要了解和掌握数罪俱发原则在各个时期的主要法律规定及发展演变。

▶【知识分析】> > >

数罪俱发原则,所谓数罪俱发,一般是指二罪以上俱发,在被官府发现之前犯有两个以上的罪。对于这种情况每一个朝代均有具体的规定。主要如下。

一、秦汉的数罪俱发原则

秦朝的数罪俱发处罚原则,是以重者论,按照《法律答问》中的案例来看,携带盗窃官物逃者,被捕,比较盗窃罪与逃亡罪,哪个重,判处哪个,就是例证。

在张家山汉简《二年律令·具律》中记载:"一人有数□罪殹,以其重罪罪之。"[1]可见一人数罪的处罚原则也是以重罪论处。

二、唐代的数罪并发原则

由于唐律的在继承历代有关数罪俱发原则的基础上,发展出一套完整的数罪并罚原则的规定。在《唐律疏议·名例》中规定:"诸二罪以上俱发,以重者论;等者,从一;若一罪先发,已经论决,余罪后发,其轻若等,勿论;重者更论之,通计前罪,以充后数;以赃致罪,频犯者并累科;若罪法不等者,即以重赃并满轻赃,各倍论;若一事分为二罪,罪法若等,则累论;罪法不等者,则以重法并满轻

---

① 张家山二四七号墓竹简整理小组:《张家山汉墓竹简(二四七号墓)》(释文修订本),文物出版社 2006 年版,第 22 页。

法。累并不加重者,止从重。其应除、免、倍偿、罪止者,各尽本法。"①这个规定应明白几个关键点:所有犯罪应当在案发以前实施的,必须是二罪以上,其处罚原则依照数罪不同的关系规定不同的并罚办法。具体为:

其一,"二罪以上俱发,以重者论;等者,从一"。

即一人所犯两个以上罪同时被告发或纠举,又轻重不同的,以其中最重之罪论处;若两个以上罪轻重相等,则只追究其中一罪的刑事责任。

其二,"一罪先发,已经论决,余罪后发,其轻若等,勿论;重者更论之,通计前罪,以充后数"。

即一人所犯两个以上罪中,一罪先被告发或纠举,并且已经判决处理,又发现其他犯罪时,若该罪轻于前罪,或与前罪轻重相等,便维持原判,不再重新改判;如该罪重于前罪,则按后发罪重新论处,执行新的刑罚。

其三,有关赃罪之数罪的处理:"以赃致罪,频犯者并累科;若罪法不等者,即以重赃并满轻赃,各倍论。"

即频犯赃罪,根据不同情节,规定有不同的定罪量刑原则:一般人频犯罪法相等的数个赃罪,须将所犯数赃累计后,按其总额折半定罪量刑;若累犯罪法不等的数个赃罪,则先将其所犯重赃并入轻赃,再按累计赃数总额折半,以轻赃罪名定罪量刑;但监临主守官员多犯受财受贿或贪污自盗之类赃罪,则按累计赃数总额定罪量刑,不再折半。

其四,"特殊的一事两个罪名的数罪",是"一事分为二罪,罪法若等,则累论;罪法不等者,则以重法并满轻法。累并不加重者,止从重"。即一事构成两个以上罪名时,如罪法相等,则累计数罪后,按同一量刑标准数罪并罚;若罪法不等,则先将重罪并入轻罪,再按合并后轻罪罪名的量刑标准处罚。但无论是累计或合并,其处罚都必须是重于数罪中重罪应处之刑;倘若累计或合并后所处之刑反而轻于其中重罪应处之刑,则应按重罪科刑。如一官员对人一家非法擅自赋敛,得绢五十疋,其中四十五疋入官,是坐赃罪,合徒二年半,五疋归于个人,是为枉法赃罪,前后累及五十疋入官,坐赃罪,处徒三年。

另外,应在除名、免官、倍征赃、没官、全额赔偿、依刑罚高限处置的,都各依本律条之规定。

_____

① 钱大群:《唐律疏义新注》,南京师范大学出版社 2007 年版,第 193—199 页。

三、宋明清的数罪并罚原则

基本上继承了唐朝关于案发前数罪并罚的原则。在律文的表述上都与唐律极为相似,比如,《宋刑统》的规定为:"诸二罪以上俱发,以重者论。等者从一。若一罪先发,已经论决,余罪后发,其轻若等,勿论。重者更论之,通计前罪,以充后数。即以赃致罪,频犯者并累科。若罪法不等者,即以重赃并满轻赃,各倍论。其一事分为二罪,罪法若等,则累论;罪法不等者,则以重法并满轻法。累并不加重者,止从重。其应除、免、倍、没、备偿、罪止者,各尽本法。"①在文字表述上与唐律基本是一致的。《大明律》与《大清律例》"二罪俱发以重论"的表述一致,与唐宋相比文字更为简化,原则大体继承:"凡二罪以上俱发,以重者论。罪各等者,从一科断。若一罪先发,已经论决,余罪后发,其轻若等者勿论;重者更论之,通计前罪以充后数。其应入官、赔偿、刺字、罢职、罪止者,各尽本法。"②明清律只是删去了《唐律》中"即以赃致罪,频犯者并累科;……累并不加重者,止从重"一段,赃罪的适用原则并入前款。并通过注的方式阐明了官吏赃罪数罪的原则:"有禄之人,节次受人枉法赃四十两,内二十两先发,已杖六十,徒一年;二十两后发,合并取前赃通计四十两,更科全罪徒三年。"③最后一句改为"其应入赔偿、刺字、罢职、罪止者,各尽本法",只不过清代法律中又加上了"不枉法赃及坐赃,不通计前科"④的规定。另外清代与前代发展的地方在于其针对新的情况往往通过成案和例的形式再遵循二罪并发以重者论的前提下弥补律的不足,"诗机案"即是一例。

(五)更犯加重

|【案例】黥城旦诬告案|

► 【基本案情】> > >

当黥城旦而以完城旦诬人,可(何)论? 当黥劓。⑤

---

① [宋]窦仪:《宋刑统》,中华书局1984年版,第89—90页。
② 怀效锋点校:《大明律》,法律出版社1999年版,第15页。田涛、郑秦点校:《大清律例》,法律出版社1999年版,第115页。
③ 田涛、郑秦点校:《大清律例》,法律出版社1999年版,第115—116页。在《大明律》也有类此的注。见怀效锋点校:《大明律》,法律出版社1999年版,第15页。
④ 田涛、郑秦点校:《大清律例》,法律出版社1999年版,第115—116页。
⑤ 睡虎地秦墓竹简整理小组编:《睡虎地秦墓竹简》,文物出版社1990年版,第122页。

|【案例】耐为隶臣又诬告案|

▶【基本案情】＞＞＞

当耐为隶臣,以司寇诬人,何论? 当耐为隶臣,又系城旦六岁。①

▶【案例分析】＞＞＞

这是秦代两个在刑罚执行期间再次犯罪的案例。这两个案例反映的是秦律对再次犯罪,加重处罚的理念,第一个案例中被判处黥城旦后以完城旦诬告他人,按照秦代诬告反坐的原则,应当判处完城旦刑,但是这个刑是在判处黥城旦后,因此从重判处为黥劓刑。第二个案例是判处耐为隶臣后,又诬告他人,同样,按照诬告反坐的原则,应当判处司寇刑,最后判处比耐为隶臣和司寇刑都要重的"当耐为隶臣,又系城旦六岁"。

|【案例】高二行窃事发拒捕案|

▶【基本案情】＞＞＞

直隶司查:高二现因听从侯栓行窃拒捕,直隶总督以该犯行窃,计赃罪止拟杖,因其用刀拒伤兵丁张泳升,于刃伤罪上加等拟徒。后在配逃脱。②

▶【案例分析】＞＞＞

这个案例反映了清朝法律规定的"凡犯罪已发,(未论决)又犯罪者,从重科断"的规定,其中依法之罪是"行窃"罪,在已发后,未决前,又犯"用刀拒捕罪",按照法律规定:"凡犯罪事发而逃走,拒捕者,各于本罪上甲二等,罪止杖一百,流三千里"③的规定,应当从重处罚,故上述案例于刃伤罪上加等拟徒。

---

① 睡虎地秦墓竹简整理小组编:《睡虎地秦墓竹简》,文物出版社 1990 年版,第 121 页。
② [清]祝庆祺、鲍书芸、潘文舫、何维楷:《刑案汇览三编》(一),北京古籍出版社 2004 年版,第 97 页。
③ 田涛、郑秦点校:《大清律例》,法律出版社 1999 年版,第 543 页。

|【案例】因窃拟徒逃脱复犯亲属相盗|

► **【基本案情】** > > >

江西司:此案谢棕子先因听从行窃,拟杖一百,徒三年。嗣在配脱逃,复听从行窃无服族兄谢鸿翔家,计赃八十七两零,按律科罪,应杖七十,徒一年半。该犯后次犯窃,系盗无服亲属,律得免刺,固与因窃拟徒复窃凡人者不同,惟究系已徒而有犯徒,按律应依后犯杖数徒限,决讫应役。乃该抚以该犯后次犯杖七十,徒一年半,系属轻罪不议,将谢棕子依徒囚限内逃走之律仍发原配,从新拘役,系属错误,应即更正。谢棕子应改依已徒而有犯徒,依后犯杖数年限,决讫应役,通前不得过四年律,总徒四年,杖责拘役。①

► **【案例分析】** > > >

这个案例反映了清代徒流人又犯罪的另外一种情况。依照《大清律例》规定:"已徒、已流而又犯罪者,依律再科后犯之罪,"(不再从重科断之限),其从犯流者,三流并决杖一百,于配所拘役四年,若(徒又)犯徒者,以后所犯杖数,该徒年限,(议拟明白,照数)决讫,仍令应役,亦总不过四年。其杖罪以下,亦各依数决之,其应加杖者亦如之。② 案中谢棕子因行窃判决徒三年,在服刑期间逃脱,再次行窃,按照清代法律规定按照后一次行窃赃数判处"杖七十,徒一年半",于是符合徒流人又犯罪的法律规定,"总徒四年,杖责拘役"。

► **【基本问题】** > > >

我们应当进一步掌握更犯的主要内容和发展演变。

► **【知识分析】** > > >

更犯,在中国古代法律中通常是指一罪案发之后或在官府作出判决后服刑期间又犯了新罪的犯罪问题。多次犯罪,后果严重。西周时期看到类此现象,提过"终",罪虽小,"惟终",处罚要重。秦及以后各朝关于更犯处罚的法律规

---

① [清]祝庆祺、鲍书芸、潘文舫、何维楷:《刑案汇览三编》(一),北京古籍出版社 2004 年版,第 97—98 页。

② 田涛、郑秦点校:《大清律例》,法律出版社 1999 年版,第 103—104 页。

定在继承前人的基础上又有了新的发展。

一、秦汉的更犯加重

秦律区别初犯与更犯,对更犯加重处罚。如《法律答问》载:已犯判处耐为隶臣之罪,又诬陷他人犯有应判司寇刑之罪,根据诬告反坐的原则,应在耐为隶臣刑之外再判司寇刑,但由于属于累犯,故不仅执行前一刑罚,又将后一刑罚改为城旦六年刑,远远重于司寇刑。

汉代继承了秦朝更犯加重处罚的原则。在张家山汉简《二年律令具法》有记载:"隶臣妾及收人有耐罪,系城旦春六岁,系日未备而复有耐罪,完城旦春。城旦春有耐罪以上,黥之,其有赎罪以下,及老小不当刑。刑尽者,皆笞百。"意思是在执行中隶臣妾的过程中,又犯了耐罪,就被判处城旦春六岁,在执行城旦春刑中又犯耐罪,则被判处完城旦春,在执行城旦春中再次犯耐罪以上的罪则判处黥刑,如是赎刑以下,则在城旦春的基础上笞一百。

二、唐朝更犯加重处罚

唐律在总结了秦汉以来有关更犯加重处罚的基础上,形成了一套完整的更犯加重处罚的法律规定。

首先,明确了更犯的构成要件和处罚原则。

《唐律疏议》规定:"诸犯罪已发及已配而更为罪者,各重其事。"根据这一规定,更犯的构成要件是:犯人一罪已被告发或正在服刑期间,又犯笞刑以上新罪。其处罚原则是:将前后所犯各罪行累计,执行数罪并罚,"各重其后犯之事而累科之"。[①]

其次,特殊的几种更犯的处罚方式。

一是更犯流刑,处罚原则是:"即重犯流者,依留住法决杖,于配所役三年;若已至配所而更犯者,亦准此。"[②]

因在实际执行中,一人无法同时流放两次,故初犯流刑罪已至配所服刑,又更犯流刑罪者,仍按原配所流放而附加"决杖、配役"刑;若初犯流刑罪已被告发或虽已判决而尚未到达原配所,又更犯重于前一罪刑的流刑罪者,则从重改按后一流刑配所执行,而将前一流刑折为"决杖、配役";其三等流刑两千里、两千五百里、三千里分别决杖一百、一百三十、一百六十,并配役三年加上初犯原处配役一年刑,合并执行四年。

---

① 钱大群:《唐律疏义新注》,南京师范大学出版社 2007 年版,第 125 页。
② 钱大群:《唐律疏义新注》,南京师范大学出版社 2007 年版,第 125 页。

二是更犯"累流徒应役者"不得超过四年的处罚原则:"即累流徒应役者,不得过四年。若更犯流徒罪者,准加杖例。"①意思是凡徒刑、流刑更犯须配役者最多不得超过四年;超出者改按加杖法执行,不居役劳作。

三是更犯杖罪的处罚原则:"其杖以下,亦各依数决之,累决笞,杖者,不得过二百,其应加杖者,亦如此。"②即笞刑、杖刑更犯须加杖者,或配役改折决杖、加杖者,最多不得超过二百。

三、宋元明清的更犯加重原则

唐以后各朝基本上继承发展了唐朝的更犯加重的原则。《宋刑统·名例》中"犯罪已发已配更为罪"的规定与唐律并无二致。明清律只是做了些许修改。由于清律基本上承袭了明律。因此就以清律为例,《大清律例·名例律》中"徒流人又犯罪"条规定"凡犯罪已发,(未论决)又犯罪者,从重科断,已徒、已流而又犯罪者,依律再科后犯之罪",其重犯流者,三流并决杖一百,于配所拘役四年,若(徒而又)犯徒者,依后所犯杖数,该徒年限,(议拟明白,照数)决讫,仍令应役,亦总不过四年。其杖罪以下,亦各依数决之,其应加杖者亦如之。③ 可见,其变化之处主要有,一是在"凡犯罪已发,(未论决)又犯罪者,从重科断,"中去掉了"已配",缩小了更犯累科的范围;二是清代法律只是在流刑更犯流刑的决杖数目作了变动均改为"三流并决杖一百"。三是删去了初犯是笞杖刑的内容。虽然有所变化,但总的框架和原则确有继承了唐以来的更犯加重原则。

(六)比附类推原则

┃【案例】义子抢夺义父财物计赃拟杖┃

▶【基本案情】 > > >

道光二年,福建外结徒犯许振昆系许调义子,恩养多年,配有家室。该犯因私欠无迁,纠抢义父许调布匹,当钱还欠。应照例即同子孙问拟。例无惟子孙抢夺父母财物治罪明文,查抱养义子于养父母身故,例应持服一年,与期亲服制相同。亲属无抢夺之文,应比照期亲以下自相恐吓,卑幼犯尊长,以凡论,将许

---

① 钱大群:《唐律疏义新注》,南京师范大学出版社 2007 年版,第 126 页。
② 钱大群:《唐律疏义新注》,南京师范大学出版社 2007 年版,第 126 页。
③ 田涛、郑秦点校:《大清律例》,法律出版社 1999 年版,第 103—104 页。

振昆照恐吓取财计赃,准窃盗论,加一等律,拟杖八十。①

▶【案例分析】＞＞＞

这个案件是义子抢夺养父财物案,反映了在法无明文规定的情况下的处理原则——因律比附原则,即类推定罪原则。在清朝法律规定"凡律令该载不尽事理,若断罪无正条者,引律比附,应加、应减、定拟罪名,议定奏闻"。② 因为"无惟子孙抢夺父母财物治罪明文",这就需要类推比附,于是在这个案例中存在两个比附,一是养子的亲等比附,"养义子于养父母身故,例应持服一年,与期亲服制相同"。服一年孝的是为期亲亲属。这样养子的地位确定了。二是亲属的抢夺的比附。因为也没有"亲属的抢夺"的条文,比照"期亲以下自相恐吓,卑幼犯尊长,以凡论"。通过这两个比附,最后有了案例中的最后定罪量刑。

▶【基本问题】＞＞＞

在法律没有明文规定的情况下,依据什么来审断案件? 就成为当时司法者和立法者的难题,一般来说,可以通过类推和比附等办法解决。我们需要进一步了解和掌握的问题是类推和比附原则的知识。

▶【知识分析】＞＞＞

中国古代法律结合"罪行法定"和"比附类推"两种原则。在一般情况下依照罪刑法定的原则情况下,往往又允许比附类推来加以补充,用来弥补法律的不足,防止发生法律没有规定的危害社会和统治秩序的事件的发生。

比附类推适用法律的理念和实践可能还要追溯到西周时期,《尚书·吕刑》提出"上下比罪"原则,即要求审判案件时,如果法无正条可援引,则比照在罪与刑两方面相关的法条作为依据进行审判。

秦朝通过两种方式允许适用比附,一是廷行事,相当于成例。"如盗封啬夫可(何)论? 廷行事以伪写印。"③"廷行事有罪当迁,已断已令,未行而死若亡,其所包当诣迁所。"④这就是说"盗封啬夫"与"有罪当迁,已断已令,未行而死若亡,其所包当诣迁所"等这样的情况法律没有明文规定,但是以后出现类似的问

---

① [清]祝庆祺、鲍书芸、潘文舫、何维楷:《刑案汇览三编》(一),北京古籍出版社 2004 年版,第 647 页。
② 田涛、郑秦点校:《大清律例》,法律出版社 1999 年版,第 127 页。
③ 睡虎地秦墓竹简整理小组编:《睡虎地秦墓竹简》,文物出版社 1990 年版,第 106 页。
④ 睡虎地秦墓竹简整理小组编:《睡虎地秦墓竹简》,文物出版社 1990 年版,第 107 页。

题,以前的成例,可以成为定罪量刑的依据。二是与律文相比附的"比",如"'殴大父母,黥为城旦舂',今殴高大父母,可(何)论,比大父母"。① 即殴大曾祖父母,比较殴打祖父母定罪。但在秦朝廷行事在有法律规定的情况下还可能作出与律不同的判决,如"求盗追捕罪人,罪人格杀求盗,问杀人者为贼杀人,且斗杀,斗杀人,廷行事为贼",②意思是说对于求盗追捕罪人,罪人格杀求盗,对杀人者依照法律应是斗杀人,但是廷行事认为是贼杀。

汉代的"比"成为一种比较重要的法律形式,也是一种比附律文的方法,但是遇到疑案必须将比附律文和案件层层上报,直到最后由皇帝裁决。二是在比附中形成了一些成例,比如《死刑决事比》等,成为后世官吏处理类似案件的依据。

唐朝在罪行法定的前提下允许类推比附存在。"诸断罪而无正条,其应出罪者,则举重以明轻;其应入罪者,则举轻以明重。"③根据这个条款,适用法律类推原则的前提条件必须是:"一部律内,犯无罪名。"即整部唐律中没有明文规定对于某些行为如何定罪量刑的"正条"。其类推的具体原则是:凡属于"出罪"即依法决定减轻或免予刑事处罚的,应援引或比照与该行为有关的重罪条款进行处罚;凡属"入罪"即依法决定追究或加重刑事处罚的,则应援引或比照与该行为有关的轻罪条款进行处罚。在《唐律疏议·贼盗律》规定:"诸夜无故入人家""主人登时杀者,勿论",即不构成犯罪,不追究刑事责任。若主人仅将无故夜入者"折伤",虽法无明文规定,但比照"登时杀之无罪"的条款来看,自然也就无罪了,此谓"举重以明轻"。在《贼盗律》规定:"诸谋杀期亲尊长、外祖父母、夫、夫之祖父母、父母者,皆斩。"若是已杀或已伤,法律虽无明文规定,但比照预谋未杀之条款还要重,自然也应处以斩刑,此即"举轻以明重"。④

明清法律同样有比附类推的内容。《大清律例》有断罪无正条的规定:"凡律令该载不尽事理,若断罪无正条者,引律比附,应加、应减、定拟罪名,议定奏闻。若辄断决,致罪有出入,以故失论。"主要有刑部或会同三法司共同议定罪名,最后由皇帝决断,这就使得比附类推的最后批准权掌握在皇帝手中。⑤

---

① 睡虎地秦墓竹简整理小组编:《睡虎地秦墓竹简》,文物出版社 1990 年版,第 111 页。
② 睡虎地秦墓竹简整理小组编:《睡虎地秦墓竹简》,文物出版社 1990 年版,第 109 页。
③ 〔唐〕长孙无忌等撰:《唐律疏议》,中华书局 1983 年版,第 134 页。
④ 〔唐〕长孙无忌等撰:《唐律疏议》,中华书局 1983 年版,第 134 页。
⑤ 田涛、郑秦点校:《大清律例》,法律出版社 1999 年版,第 127 页。

（七）诬告反坐原则

|【案例】甲告乙盗牛若贼伤人案|

▶【基本案情】＞＞＞

甲告乙盗牛若贼伤人，今乙不盗牛、不伤人，问甲何论？端为，为诬人；不端，为告不审①。

▶【案例分析】＞＞＞

这是秦代一起关于是否诬告的法律答问，这个答问首先反映了诬告的构成要件是甲控告的事情不是事实，是捏造出来的。其次反映了秦代诬告罪和控告不实罪的区别在于主观上的故意与否，如果是故意控告是为诬告，过失则是控告不实。诬告罪和控告不实罪在秦代是不同的罪名，处罚也不同。诬告罪实行诬告反坐原则。

|【案例】父因子杀人遂架捏重情京控|

▶【基本案情】＞＞＞

嘉庆十七年，贵抚奏：胡元戡因图脱子罪，赴京呈控胡起珊侵占官地，逞凶纠众烧毙五命，并抢夺伊家财物等情一案。此案胡元戡与胡起珊先因争地涉讼，经官断结后，胡元戡复以胡起珊侵占官地为词，率同伊子胡承韬等将胡起珊所盖草房打毁，胡起珊控经该县饬差熊奇等往拿，因谓与胡元戡父子相识，邀姚通成通往指引，胡承韬图脱砍伤姚通成身死，胡元戡因虑子到官问罪，捏以胡起珊占地结盟，烧毙多命等词赴京具控，身属全虚。查胡承韬图脱砍伤姚通成身死，姚通成系引差缉拿之人，并无应捕之责，自应照斗杀律科断，胡元戡诬告胡起珊烧毙多命，结盟抢劫等情，按诬告死罪未决罪止拟流加徒，该省因该犯赴京控捏控，一蓦越赴京告重事不实例拟发边远充军，查核情罪尚属公允，应请照覆。②

---

① 睡虎地秦墓竹简整理小组编：《睡虎地秦墓竹简》，文物出版社1990年版，第103页。
② ［清］祝庆祺、鲍书芸、潘文舫、何维楷：《刑案汇览三编》（三），北京古籍出版社2004年版，第1730页。

► **【案例分析】** > > >

这是清朝嘉庆年间的诬告案。依据《大清律例》"诬告"条规定:"凡诬告人……至死罪,未决者,杖一百,流三千里,加徒役三年"的规定,该案中胡元戡诬告胡起珊烧毙多命,结盟抢劫等情,如果诬告胡起珊的事件属实的话,胡起珊应当被判处死罪,按照诬告死罪反坐死罪的法律规定,胡元戡应判处死罪,但是胡起珊是未决之,因此按诬告死罪未决罪止拟流加徒,是符合法律规定的。

► **【基本问题】** > > >

诬告是中国封建社会刑律中的一项重罪。我们应当了解诬告罪构成及其诬告反坐原则在各个时期的具体规定。

► **【知识分析】** > > >

诬告,是指故意捏造事实诬告陷害他人的行为。诬告反坐制度最早出现于秦,目的是防止鼓励告奸的负面影响,因虚告、诬告而出现扰乱社会秩序,危害社会稳定的行为,因此历代官府均禁止诬告。

一、秦汉诬告反坐的规定

秦代,以所诬陷之罪,对诬陷者进行处罚,实行诬告反坐。《云梦秦简》中明确规定:"端为,为诬人;不端,为告不审。"①意思是如果是故意,作为诬告他人,如果不是故意,作为控告不实。对诬告实行反坐。汉代时期继承了这一原则。汉简《二年律令·告律》中记载:"诬告人死罪,黥为城旦舂,它各反其罪。告不审……各减其罪一等。"②三国两晋南北朝基本上沿袭了秦汉律。

二、唐代诬告反坐的规定

唐代对诬告反坐原则进行了系统和详细的规定。主要包括:一是继承了秦汉以来的诬告反坐原则惩治诬告。"诸诬告人者,各反坐,即纠弹之官,挟私弹事不实者,亦如之"。③ 意思是说凡是诬告他人的,都要反坐,职在纠举弹劾之官,如怀私仇弹劾别人罪不实者,也依照诬告反坐处理。二是对控告二罪以上虚实混杂的处理原则。如果一项重罪属实,或处罚相等的多罪中一项属实,就

---

① 睡虎地秦墓竹简整理小组编:《睡虎地秦墓竹简》,文物出版社1990年版,第103页。
② 张家山二四七号汉墓竹简整理小组:《张家山汉墓竹简(二四七号墓)》(释文修订版),文物出版社2006年版,第26页。
③ 钱大群:《唐律疏义新注》,南京师范大学出版社2007年版,第742页。

不反坐,如果其中一项重罪不属实,照轻重之差额反坐,如果反坐之罪已达到其最高刑罚限度的,所诬之罪再多,不再反坐。三是控告多人虚实混杂的处理原则。"其告二人以上,虽实者多,犹以虚者反坐。"①四是诬告者诬人有死罪,被诬告之人未执行死刑的则诬告之人减一等处罚,但诬告谋反、逆则不在此列。即"至死,前人虽断讫未决者,反坐之人听减一等,若诬人反、逆,虽复未决引虚,不合减罪"。②

另外,如果诬告对象五服之内亲属又有各自不同的规定,或加或减因亲属的尊卑和关系远近而不同。

三、宋明清的诬告反坐规定

唐代的诬告反坐的规定成为唐以后诬告立法的蓝本。宋明清皆继承了这一法律的规定:《宋刑统》规定"诸诬告人者,各反其坐"③的规定,基本上是唐律的翻版。到了明代采用了诬告加等反坐的原则明律中规定:"凡诬告人笞罪者,加所诬罪二等,流、徒、杖罪,加所诬罪三等,各罪止杖一百,流三千里。若所诬徒罪已役,流罪人已配,虽经改正放回,验,于犯人名下追征用过路费,给还。……至死罪,所诬之人,已决者,反坐以死。未决者,杖一百,流三千里,加役三年。"④清朝承袭了明律的规定。⑤ 可以看出明清律与唐宋律的变化在于除死刑外的笞杖徒流采用的是加等反坐原则,其他方面基本承袭唐宋规定。

(八)化外人犯罪的法律适用原则

|【案例】嘎喊哩哑嘶戳毙民命案|

▶【基本案情】＞＞＞

乾隆五十七年十一月初七日,有夷人嘎喊哩哑嘶(Manuel Dias)饮酒沉醉,在下环街经过,适有铺民汤亚珍自外回归,走至该处,与嘎喊哩哑嘶相撞,遂发生殴斗,嘎喊哩哑嘶情急,拔身带短刀吓戳,致伤汤亚珍肚腹,汤亚珍伤重,次日殒命。尸亲投保报县,经该县验明尸伤,饬令夷目唛嚟哆拘出凶夷,讯据供认前情不讳,将嘎喊哩哑嘶,依斗杀律拟绞,饬交夷目牢固羁管。随行司饬委澳门同

---

① 钱大群:《唐律疏义新注》,南京师范大学出版社 2007 年版,第 744 页。
② 钱大群:《唐律疏义新注》,南京师范大学出版社 2007 年版,第 742—743 页。
③ [宋]窦仪:《宋刑统》,中华书局 1984 年版,第 361—362 页。
④ 怀效锋点校:《大明律》,法律出版社 1999 年版,176 页。
⑤ 田涛,郑秦点校:《大清律例》,法律出版社 1999 年版,第 481 页。

知韦协中,会同香山协副将林起凤、香山知县许敦元,饬令夷目提出凶夷嘅喊哩哑嘶,于十二月十四日绞决。①

▶ **【案例分析】** > > >

这是乾隆年间发生在澳门的一起外国人与中国人殴斗致中国人死亡的案件。依照《大清律例》规定:"凡化外人犯罪者,并依律拟断"的条款,嘅喊哩哑嘶与汤亚珍在殴斗中致后者死亡,因此,依照清朝的法律来科断处罚。

▶ **【基本问题】** > > >

嘅喊哩哑嘶戳毙民命案反映了关于清朝涉外刑事案件的法律问题。我们通过这个案例需要进一步了解和掌握中国历代法律关于涉外刑事法律的内容。

▶ **【知识分析】** > > >

中国很早就与外国人有联系,并把它们与本国人区别对待,但关于涉外案件的处理原则的明确化却是比较晚,到了唐朝才有了明确的规定:"诸化外人,同类自相犯者,各依本俗法;异类相犯者,以法律论。"所谓"化外人",即"蕃夷之国,别立君长者,各有风俗,制法不同"②的外国人。根据唐律的上述规定,凡属同一国家的外国人之间发生纠纷,依据其本国的法律规定或风俗习惯予以处理,实行属人主义原则;如属不同国家的外国人之间发生纠纷,则依据唐律规定进行处理,实行属地主义原则。这一灵活的法律适用原则,合情合理地解决外国侨民在华的刑事犯罪问题,既照顾和尊重了有关国家或民族的法律传统与风俗习惯,也维护了唐朝的国家主权与法律尊严。

唐律这一原则,为中国以后各个王朝所采用,宋代法律对"化外人"相犯案件的处理原则,基本上继承了唐律的规定,《宋刑统》规定:"诸化外人同类自相犯者,各依本俗法,异类犯者,以法律论。"③

到了明朝,因社会历史条件与国际关系上的变化,改变了以往规定。明朝法律规定了属地主义原则。《大明律·名例律》规定:"凡化外人犯罪,并依律

---

① 《明清时期澳门问题档案文献汇编》(一),人民出版社 1999 年版,第 512 页。转引王巨新:《清代前期涉外法律研究—以广东地区来华外国人为中心》,山东大学博士学位论文 2007 年,第 160 页。

② 钱大群:《唐律疏义新注》,南京师范大学出版社 2007 年版,第 208 页。

③ 〔宋〕窦仪:《宋刑统》,中华书局 1984 年版,第 97 页。

拟断。"①同时对化外人的理解也与以往有所不同。《大明律释义》中关于"化外人"的释义为"化外谓外夷来降之人及收捕夷寇散处各省者。依照这个规定这里的化外人主要指的是"归服"明朝的外国臣民。

《大清律例》继承了《大明律》的这一规定："凡化外(来降)人犯罪者,并依律拟断。"在律中明确地把化外人限制在"来降"的范围之内,不考虑其他情形进入清朝国内的外国人。对于来降的外国人均依照清朝的法律处理。

二、贵族官僚及其亲属的特权原则

(一)八议

|【案例】曹衮削县案|

▶【基本案情】＞＞＞

曹魏太和五年冬,曹衮回到京都。六年,改封地为中山。当初,曹衮前来朝见时,犯京都禁令。青龙元年,有司奏衮。魏明帝诏曰:"王素敬慎,邂逅至此,其以议亲之典议之。"有司固执。明帝下诏削减曹衮两县、七百五十户的封邑。曹衮忧惧,告诫命令属下官员俞谨,帝嘉其意,青龙二年,恢复了所削减的两县封地。②

|【案例】杜恕③案|

▶【基本案情】＞＞＞

杜恕为幽州刺史,加建威将军,使持节,护乌丸校尉。时征北将军程喜屯蓟,尚书袁侃等戒恕曰:"程申伯处先帝之世,倾田国让于青州。足下今俱杖节,使共屯一城,宜深有以待之。"而恕不以为意。至官未期,有鲜卑大人儿,不由关塞,径将数十骑诣州,州斩所从来小子一人,无表言上。程喜于是劾奏恕,下廷尉,当死。以父杜畿勤事水死,免为庶人,徙章武郡。④

---

① 怀效锋点校:《大明律》,法律出版社1999年版,第20页。
② 《三国志·魏书·武文世王公传》。
③ 杜恕,字务伯,太和年间(227~232年)任散骑黄门侍郎。杜恕为人诚恳朴质,等到在朝中作官,也不结党营私,一心办公事。每当政策有失误,他总是引用纲纪法度来规谏,因此很受器重。
④ 《三国志·魏书·任苏杜郑仓传》

【案例】宗室私自逃赴广东求亲告借

▶【基本案情】＞＞＞

嘉庆二十四年奉天司奏：宗室惠章因欲向伊妻兄玉辂借贷，潜赴广东臬司署中，当经玉辂禀知巡抚，具奏解京。查惠章身系宗室，不知检束，辄因欲向借贷，私行逃出千里之遥，未便因无滋事别情稍微宽纵。若仅照满洲逃走被获例拟鞭一百，折罚养赡，不足示惩。请将惠章革去四品顶戴，从重发往黑龙江管束等因。奉旨：宗室惠章私赴广东，经宗人府会同刑部拟发黑龙江管束。宗室向无发黑龙江之例，虽近来宗室顽钝无耻，不可教也，不知话言者多，朕终存议亲之念。惠章着改发吉林，严行圈禁空房，不许外出。至惠章于解京看守后复敢突身走出，不听拦阻，实属强横藐法。着宗人府先行重责四十板等因。钦此。①

▶【案例分析】＞＞＞

这三个案例是有关职官和皇亲犯罪及八议中议亲和议勤的法律问题。有关八议在法律中明确规定是曹《魏律》。所谓八议是指议亲、议故、议贤、议能、议功、议贵、议勤、议宾（前朝的贵族及其后代）。这八种人犯罪，轻者可以减免，犯了死罪必须奏议裁定，皆取决皇帝的裁断。第一个案例曹衮因朝见皇帝之时，犯京都禁令，奏请皇帝，皇帝认为应当依议亲制度，减免处罚，虽然有司坚持，皇帝依照有司处罚了曹衮，但随后，又归还了被削去的土地，实际上变相地运用了议亲原则。第二个案例是杜恕犯罪当死，皇帝基于杜恕父亲杜畿勤事水死，免杜恕死罪，其适用的为"议勤"制度。第三案例中宗室惠章犯罪，嘉庆皇帝以议亲免去发黑龙江，改为惠章着改发吉林，严行圈禁空房，不许外出。适用的是议亲制度。

▶【基本问题】＞＞＞

为了进一步理解这些案例，我们需要进一步了解和掌握八议的历史沿革和在各个时期的主要规定。

---

① ［清］祝庆祺、鲍书芸、潘文舫、何维楷：《刑案汇览三编》（一），北京古籍出版社 2004 年版，第 11 页。

▶【知识分析】＞＞＞

八议制度,可以追溯达到西周,"《周礼》以八辟丽邦法,附刑罚,即八议也。自魏、晋、宋、齐、梁、陈、后魏、北齐、北周及隋皆载于律"。①《唐六典》卷六注文称:"是八议入律,始于魏也。因此一般认为,八议制度,正式写入法典之中是在三国时期的《魏律》。其后成为历代法典的一项主要制度,唐律在《名例律》作了更为全面详细的规定:"诸八议者,犯死罪,皆条所坐及应议之状,先奏请议,议定奏裁。流罪以下减一等。其犯十恶者,不用此律。"②这八种人具体是(1)议亲,即皇帝的宗室亲戚。包括皇帝袒免以上亲属,太皇太后或皇太后缌麻以上亲属,皇后小功以上亲属;(2)议故,指享受皇帝特殊厚待恩遇的亲密故旧;(3)议贤,指德行品性堪称楷模的贤人君子;(4)议能,指治国用兵、辅佐朝廷等政治、军事方面具有杰出才能者;(5)议功,指为国家或朝廷立有卓著功勋者;(6)议贵,包括三品以上职事官、二品以上散官及有一品爵位的高级官僚显贵;(7)议勤,指恪尽职守、勤劳奉献的文臣武将,或不畏艰难险阻、维护国家利益的出外使节;(8)议宾,指被尊为国宾的前朝皇室后裔。

根据《唐律疏议·名例》规定,就是八议之人犯死罪,要逐条写明所犯之罪情及应议之条件,先奏请皇帝批准集议,集议作出决定后再奏请皇帝裁决。犯流刑以下罪的,减一等处罚。如果犯十恶之罪的,不适用此条法律。

宋明清全盘继承了八议的规定,但在清朝对于宗室犯笞杖罪,往往通过换刑成鞭刑和缴纳赡养银,犯徒流刑充军可以折合"圈禁"等方式享有种种特权。

(二)上请与例减

| 【案例】昭平君醉杀主傅案 |

▶【基本案情】＞＞＞

汉武帝时,隆虑公主的儿子昭平君娶了汉武帝之女夷安公主,隆虑主病困,以金千斤、钱千万为昭平君豫赎死罪,武帝许之。隆虑主卒,昭平君日骄,醉杀主傅,狱系内官。以公主子,廷尉上请请论。左右人人为言:"前又入赎,陛下许

---

① 《唐六典·刑部郎中员外郎》。
② 钱大群:《唐律疏义新注》,南京师范大学出版社 2007 年版,第 48—49 页。

之。"上曰："吾弟老有是一子,死以属我。"于是为之垂涕叹息良久,曰："法令者,先帝所造也,用弟故而诬先帝之法,吾何面目入高庙乎! 又下负万民。"乃可其奏,哀不能自止,左右尽悲。①

▶【案例分析】> > >

上请是指贵族官僚犯了罪,一般司法机关无权审判,必须奏请皇帝裁断的一种制度,在汉朝这种制度并不稳定,汉高祖刘邦时期曾下令:"令郎中有罪耐以上,请之。"可见这时已经有了"上请"制度,因上请的原则中没有提到皇亲国戚,虽然廷尉上请皇帝,最终皇帝依法处死了昭平君,但这也说明了上请制度的最终裁决权掌握在皇帝手中,是生是死,往往在皇帝一言之中。

▶【基本问题】> > >

汉代的上请制度的内容是什么,后世又是如何继承和发展的,这是我们应当进一步了解和掌握的上请制度内容,同时了解"减"的规定。

▶【知识分析】> > >

上请制度最早出现在汉朝。上请,又称"先请",是指贵族官吏犯罪后,一般司法官无权审判,必须奏请皇帝裁决,皇帝可以根据犯罪者与皇帝关系的亲属远近和官职高低等,决定刑罚的减免。其源于礼中的亲亲、尊尊的等级名分,旨在保护贵族官僚的特权。两汉时期,多次颁布贵族官员有罪"先请"的诏令。西汉初期,高帝七年,"令郎中有罪耐以上,请之"。郎中是皇帝的侍卫官,是皇帝的亲信,所以有罪"先请"。汉宣帝黄龙元年诏:"吏六百石位大夫,有罪先请。"②平帝元始元年正月令:"公、列侯嗣子有罪,耐以上先请。"③东汉光武帝建武三年七月诏曰:"吏不满六百石,下至墨绶长、相,有罪先请。"④据《后汉书·百官志五》载:"县令、长,三百石;侯国之相,秩次亦如之。"1971 年甘肃出土的汉简载,东汉桓帝时,仍重申:凡宗室诸侯五服之内有名籍的亲属"有罪请",即享受"有罪先请"的特权。总之,两汉时期,上请的范围在不断地扩大,使得公侯

① 《汉书·东方朔传》。
② 《汉书·宣帝纪》。
③ 《汉书·平帝纪》。
④ 《后汉书·光武帝纪》。

及其嗣子和官吏三百石以上者在法律上皆享受有罪"先请"的特权。凡经上请，一般都可得减刑或免刑，同时上请最后的裁决权掌握在皇帝手中，令官僚贵族犯法时仍有所顾忌。

到了唐代，改革汉代以来的上请制度，又称为"请"，对上请适用对象、程序均作了严格的规定。它是唐代系列特权法中仅次于八议的特权条款，专为亲属关系及职位品级搭不上"八议"的而又必须给予特权的人而设的。在《唐律疏议·名例》中明确规定："诸皇太子妃大功以上亲，应议者期以上亲及孙，若官爵五品以上，犯死罪者，上请。流刑以下减一等。其犯十恶，反、逆罪缘坐、杀人、监守内奸、盗、略人、受财枉法者不用此律。"①可知上请的适用对象是：皇太子妃大功以上亲属、应议者期亲以上亲属与子孙、官爵五品以上者三种人。这三种人犯有死罪，须将所犯罪行、应请理由及依法应处绞刑或斩刑的意见奏请皇帝，听候制敕裁决；如犯流刑以下罪，亦减一等处罚。但犯十恶重罪、反逆缘坐，杀人，监临主守在监辖区内犯奸罪、盗罪、劫掠人罪、受财枉法者，不适用本条法律规定。

宋代沿袭了上请制度，《宋刑统》规定："诸皇太子妃大功以上亲，应议者周以上亲及孙，若官爵五品以上，犯死罪者，上请。流刑以下减一等。其犯十恶，反、逆罪缘坐、杀人，监守内奸、盗、略人、受财枉法者不用此律。"②个别文字表述不一样外，内容基本一致。

明清律改变了上请的规定，只规定了八议对象的亲属，四五品官员犯罪"议拟奏闻，取自上裁"，八议对象的近亲属及京城内外大小官员犯罪"实封奏闻请旨，不许擅自勾问"。由于清律基本上沿袭了明律，两者基本一致。故以《大清律例》为例看其具体规定，《大清律例》规定："凡应八议者祖父母、父母、妻及子孙犯罪，实封奏闻请旨，不许擅自勾问。若奉旨推问者，开具所犯及应议之状，先奏请议，议定奏闻，取自上裁。若皇亲国戚及功臣之外祖父母、伯叔父母、姑、兄弟、姊妹、女婿、兄弟之子，若四、五品官之父母、妻及应合袭荫子孙犯罪，从有司依律追问，议拟奏闻，取自上裁。其犯十恶、反逆缘坐、及奸盗杀人、受财枉法者，不用此律。"③"凡在京在外大小官员，有犯公私罪名，所司开具事由，实封奏闻请旨，不许擅自勾问。若许准推问，依律拟议奏闻区处，仍候覆准，

① 钱大群：《唐律疏义新注》，南京师范大学出版社 2007 年版，第 50—51 页。
② ［宋］窦仪：《宋刑统》，中华书局 1984 年版，第 17 页。
③ 田涛、郑秦点校《大清律例》，法律出版社 1999 年版，第 87 页。

方许判决。"①

与八议、上请联系密切的还有例减制度,隋代《开皇律》首创"例减"制度,对"八议"人员及七品以上官员的一般性犯罪,照例依法减刑一等处置,即"其在八议之科,及官品第七已上犯罪,皆例减一等"。② 但犯有"十恶"重罪者,不在"例减"之列。唐律改变隋朝《开皇律》关于例减的规定,在《唐律疏议·名例》中明确规定:"诸七品以上之官,及官爵得请者之祖父母、父母、兄弟、姊妹、妻、子孙,犯流罪以下,各从减一等之例。"③由此可知,"减"的适用对象主要有两类:一类是六至七品文武官员,另一类是应请者的祖父母、父母、兄弟、姊妹、妻子、子孙。他们犯流刑以下罪,各减一等论处,这是狭义上减的规定。按照唐律还包括八议和上请的适用对象犯流刑以下罪,同样例减一等。例减制度在唐代特权序列中又低于上请制度,其适用对象已不再对死刑进行宽免,只是适用流刑以下的犯罪,减一等处罚。宋朝沿袭了唐代的例减制度,但是到了明清例减的名目被删除。

(三)赎

|【案例】无忌误带刀入东上阁案|

▶【基本案情】> > >

贞观元年,戴胄迁大理寺少卿,时吏部尚书长孙无忌尝被召,不解佩刀入东上阁。尚书右仆射封德彝议,以监门校尉不觉,罪当死,无忌误带刀入,罚铜二十斤。上从之。戴胄曰:"校尉不觉与无忌带入,同为误耳,臣子之于尊极,不得称误,准律云:"供御汤药,饮食,舟船,误不如法者,皆死。""陛下若录其功,非宪司所决,若当据法,罚铜未为得衷"。太宗曰:"法者,非朕一人之法,乃天下之法也,何得以无忌国之亲戚,便欲阿之?"更令定议。封德彝执议如初,太宗将从其议,胄又曰:"校尉缘无忌以致罪,于法当轻。若论其误,则为情·也,而生死顿殊,敢以固请。"上嘉之,竟免校尉死。④

① 田涛、郑秦点校:《大清律例》,法律出版社 1999 年版,第 89 页。
② [唐]魏征:《隋书》(第 3 册),《刑法志》,中华书局 1973 年版,第 711 页。
③ 钱大群:《唐律疏义新注》,南京师范大学出版社 2007 年版,第 53 页。
④ [后晋]刘昫:《旧唐书》(第 8 册)卷 70,中华书局 1975 年版,第 2532 页。

▶【案例分析】＞＞＞

　　主要是长孙无忌误带刀入东上阁后，就如何处置的问题太宗皇帝与封德彝、戴胄等人的争论。若按照唐律规定，"诸阑入……殿门，徒二年半，持仗者，各加二等，入上阁内者，绞，若有仗卫，与阑入殿门法"。[①]　长孙无忌是"误带刀入东上阁"。因此依律应当是流刑。但长孙无忌是皇亲国戚，吏部尚书，按"八议"流刑以下例减一等。加上"误"情，封德彝认为应当徒二年。又由于官吏犯罪可以纳赎，故以罚铜二十斤结案。

|【案例】官犯拟徒援减杖罪准其纳赎案|

▶【基本案情】＞＞＞

　　嘉庆七年胡广司查例载：文武官革职后另犯笞杖罪者，照例纳赎，徒流军遣，依例发配，其贪赃官役概不准纳赎等语。又检查上年十二月刑部具题顺天府尹送在配徒罪官吴孝显等二名开单进呈，奉旨：吴孝显等准其减等收赎。钦此。在案。是官员革职以后，犯笞杖等罪，若非贪赃，例准纳赎。至现任官犯至徒者，原不在纳赎之例，其徒罪既准减杖，较革职后另犯杖罪者情事相同。既非贪赃，似可准其纳赎。此案杨文灿于知县任内因相验不实拟徒，钦奉恩旨减杖。该抚将杨文灿所减杖罪，准其纳赎咨部，职等核其原犯并非贪赃，与准赎例案尚属相符，应否准其纳赎，仍候钧定。[②]

▶【案例分析】＞＞＞

　　这个案例是官犯拟徒援减杖罪，准其纳赎的案例，反映了清代官吏犯杖罪以下罪可以纳赎。这里谈到了两个问题。一是清朝法律规定：文武官革职有余罪，及革职后的官员，又犯笞杖徒流，杂犯死罪者，照例纳赎，贪赃罪除外。[③]　二是关于对于现任文武官犯至徒者按照律是没有纳赎之特权的，但是通过"吴孝显等准其减等收赎"，形成成案，使得犯徒减杖的现任官吏通过例得方式获得了这一权利。

---

　　①　钱大群：《唐律疏义新注》，南京师范大学出版社 2007 年版，第 236—237 页。
　　②　[清]祝庆祺、鲍书芸、潘文舫、何维楷：《刑案汇览三编》（一），北京古籍出版社 2004 年版，第 6 页。
　　③　田涛、郑秦点校：《大清律例》，法律出版社 1999 年版，第 83 页。

► 【基本问题】＞＞＞

　　以上两个案例反映了唐代和清代官吏犯罪适用赎的特权情况。关于封建社会贵族官吏赎的特权规定,我们还应当有一个全面的了解和掌握。

► 【知识分析】＞＞＞

　　赎刑是指针对五刑通过赎买的方式赎罪。西周时期赎刑制度化,主要适用于证据不确定的情况下,即"罪疑从赦"。到了封建社会赎刑的一个分支发展成贵族官吏的一种特权。

　　隋朝法律规定:"其品第九已上犯者,听赎。应赎者,皆以铜代绢。赎铜一斤为一负,负十为殿。笞十者铜一斤,加至杖百则十斤。徒一年,赎铜二十斤,每等则加铜十斤,三年则六十斤矣。流一千里,赎铜八十斤,每等则加铜十斤,二千里则百斤矣。二死皆赎铜百二十斤。"①

　　唐律修改了"例赎"制度,《唐律疏议·名例》规定:"诸应议、请、减及九品以上官,若官品得减者之祖父母、父母、妻、子孙,犯流刑以下罪,听赎。若以官当者,自从官当法。其加役流、反逆缘坐流、子孙犯过失流、不孝流。及会赦犹流者,各不得减赎,除名、配流如法。"②可知,唐律明确规定三种适用"赎"的对象:一种是应议、请、减者,另一种是九品以上文武官员,第三种是应减者的祖父母、父母、妻子、子孙。这些人犯流刑以下罪,允许以铜赎免所处刑罚。但犯有加役流、反逆缘坐流、子孙过失杀害祖父母父母流、不孝流、虽遇赦免仍流等"五流"及其他某些重罪者,不适用减、赎等特权法规定。

　　至此,单从唐代来看,八议、上请、减、赎形成了一个完整严密的贵族官吏刑事处罚特权法规范系统,这一系统被宋代所承袭。

　　到了明清有所变化。但就"赎"而言,《大明律》规定:"凡内外大小军民衙门官吏犯公罪该笞者,官,收赎。""若军官犯私罪,笞四十以下,附过收赎。"③可见官吏赎的特权只是适用于笞刑。到了清代,纳赎主要是面对的革职有余罪,及革职后又犯笞、杖、徒、流、杂犯死罪,且非贪赃罪的文武官员。④

---

①　[唐]魏征:《隋书》(第3册),《刑法志》,中华书局1973年版,第711页。
②　钱大群:《唐律疏义新注》,南京师范大学出版社2007年版,第54—55页。
③　怀效锋点校:《大明律》,法律出版社1999年版,第5页。
④　田涛、郑秦点校:《大清律例》,法律出版社1999年版,第83页。

（四）官当、免官、降职与罚俸

|【案例】犯徒当罪案|

▶【基本案情】＞＞＞

问："先有正六品上散官，上守职事官五品；或有从五品官，下行正六品上，犯徒当罪，若为追毁告身？"

答曰：律云："行、守者，各以本品当，仍各解见任。"其正六品上散官守五品者，五品所守，别无告身，即用六品官当，即与守官俱夺。若五品行六品者，以五品当罪，直解六品职事，其应当罪告身同阶者，悉合追毁。①

▶【案例分析】＞＞＞

这是关于唐代法律以官当徒流罪，关于二官中"行、守，各以本品当，仍各解见任"，采用法律答问形式给予解释的虚设案例，反映了以官当徒的具体法律规定。如果正六品上的散官上守五品的，所守的五品并无另外的官凭，已用六品官当徒刑的，其所守的五品官职同时撤去。如是五品官下行六品职的，用五品当罪，只解六品职事，其他与应该当罪同阶的官凭，全部应追缴注销。体现了低阶任高职、高阶任低职之官，各自用本品去当，仍要各解除现任之官职的法律规定。

|【案例】国服内职员令清音吹唱侍席案|

▶【基本案情】＞＞＞

道光三年安抚咨：濮钊系捐纳翰林院待诏，乃于国服期内，辄令清音优伶在家吹唱，并令优伶朱玉琳等斟酌侍席，实属妄为。应照违制律，杖一百，革去职员。②

▶【案例分析】＞＞＞

这个案例反映了官吏犯罪杖以下的犯罪，通过罚俸、降级的方式替换原来

---

① 钱大群：《唐律疏义新注》，南京师范大学出版社 2007 年版，第 75 页。
② ［清］祝庆祺、鲍书芸、潘文舫、何维楷：《刑案汇览三编》（一），北京古籍出版社 2004 年版，第 223 页。

的刑罚,这是清朝官吏犯轻罪享有的特权。具体来说这个案件中濮钊系捐纳翰林院待诏,"国服期内,辄令清音优伶在家吹唱,并令优伶朱玉琳等斟酌侍席"是违制罪,按照清代法律规定:"犯奉制书有所施行,而违者,杖一百。"① 作为官员犯私罪,"杖一百,革职离任"。② 因此,此案例最后的处刑就是依此科断的。

► 【基本问题】 > > >

这些案例反映了官吏犯徒、流刑及以下的罪行在历代法律中的特殊规定。我们需要具体了解和掌握包括官当、免官、罚俸和降职在各个时期的具体规定和主要内容。

► 【知识分析】 > > >

官当是以撤免官职的行政处罚交换刑事处罚,以自己的官职去抵挡因犯罪而受的徒、流刑罚③的一种法律制度。晋以前没有出现"官当"一词,但在秦汉律法中屡见"爵当"的相关规定,即用爵位抵挡自己或家人所犯的罪行。例如,秦《睡地虎秦墓竹简》中《军爵律》中规定:"欲归爵二级以免亲父母为隶臣妾者一人;及隶臣斩首为公士,谒归公士而免故妻隶妾一人者,许之,免以为庶人。"④汉《二年律令·钱律》:"捕盗铸钱及佐者一人,予爵一级,以免除罪人者,许之。"⑤这是官当的历史基础。

官当制度正式出现在晋代。晋律中有"免官比三岁刑"⑥的规定。至北魏世祖皇帝时,法律规定:"王官阶九品,得以官爵除刑。"⑦后来,世宗皇帝时,官当制度进一步具体明确,《法例律》:"五等列爵及在官品令从第五,以阶当刑二岁;免官者,三载之后听仕,降先阶一等。"⑧稍后的南陈律中也有规定:"五岁四岁刑,若有官,准当二年,余并居作。其三岁刑,若有官,准当二年,余一年赎。若公坐过误,罚金。其二岁刑,有官者赎论。"⑨可见,北魏和南陈法律已经明确

① 田涛、郑秦点校:《大清律例》,法律出版社 1999 年版,第 158 页。
② 田涛、郑秦点校:《大清律例》,法律出版社 1999 年版,第 90 页。
③ 钱大群:《唐律疏义新注》,南京师范大学出版社 2007 年版,第 73 页。
④ 睡虎地秦墓竹简整理小组编:《睡虎地秦墓竹简》,文物出版社 1990 年版,第 55 页。
⑤ 张家山二四七号墓竹简整理小组:《张家山汉墓竹简(二四七号墓)》(释文修订本),文物出版社 2006 年版,第 36 页。
⑥ 《太平御览·晋律》。
⑦ 《魏书·刑罚志》。
⑧ 《魏书·刑罚志》。
⑨ [唐]魏征:《隋书》(第 3 册),《刑法志》,中华书局 1973 年版,第 703 页。

地允许官僚贵族用官品和爵位抵当徒刑的制度。

隋朝法律吸收了前朝的"官当"规定,在《开皇律》中规定:"犯私罪以官当徒者,五品已上,一官当徒二年;九品已上,一官当徒一年;当流者,三流同比徒三年。若犯公罪者,徒各加一年,当流者各加一等。其累徒过九年者,流二千里。"①

唐律继承沿用隋朝《开皇律》的官当内容,规定各级官员仍可以官职折抵徒刑和流刑。"诸犯私罪,以官当徒者,五品以上一官当徒二年;九品以上,一官当徒一年。若犯公罪者,各加一年当。"但"以官当流者,三流同比徒四年",即将流刑折算为徒刑时,比隋律多折抵一年。根据《唐律疏义·名例》规定的官当顺序,两个以上官职,须先以高者当;罪轻折抵不尽官职,留任改处赎铜;官少折抵不尽全罪,可以以前历任官职折当,也可以铜赎免未折当余罪。② 可见官当制度就是尽可能地扩大官职对刑罚年限的抵挡力度。

免官是通过免除官职来抵当刑罪。凡免官者:"比徒二年,免所居官者,比徒一年。"但"流外官不用此律"。免官是对徒刑以下杖刑以上官吏所实行的宽缓措施。对于官当和免官离任者,可以依照不同的年限和品级,重新叙用。

宋代继续适用官当制度,并在事实上扩大了这一制度,官吏犯罪较轻的,往往给予罚俸、罚铜、降职、贬官等处罚。到了明清时,官当在法律中不存在了,代之而起的是罚俸、革职等。

清朝法律主要继承了明代法律的内容,故以清代法律为例。明清对于官吏的轻罪主要以罚俸和降职、革职代替原来的笞杖刑,并且有公私罪之分。比如清代法律规定:"文武官员犯公罪(公罪是指凡一应不系私己而因公事得罪者,曰公罪):该笞者,一十,罚俸一个月;二十,罚俸两个月;三十,罚俸三个月;四十,罚俸六个月;五十,罚俸九个月;该杖者,六十,罚俸一年;七十,降一级;八十,降二级;九十,将三级;俱留任;一百,降四级调用。吏典犯者,笞杖决讫,仍留役。""私罪(私罪是指凡不因公事得罪者,曰私罪):该笞者,一十,罚俸两个月;二十,罚俸三个月;三十,罚俸六个月;四十,罚俸九个月;五十,罚一年;该杖者,六十,降一级;七十,降二级;八十,降三级;九十,降四级,俱调用;一百,革职离任。吏典犯者,杖六十以上,罢役。"③

---

① [唐]魏征:《隋书》(第3册),《刑法志》,中华书局1973年版,第711页。
② 钱大群:《唐律疏义新注》,南京师范大学出版社2007年版,第73—75页。
③ 田涛、郑秦点校:《大清律例》,法律出版社1999年版,第90页。

三、宗族与犯罪原则

（一）有罪相容隐制度

|【案例】董仲舒决匿子案|

▶【基本案情】＞＞＞

时有疑狱曰：甲无子，拾道旁弃儿乙养之，养之以为子。及乙长，有罪杀人，以状语甲，甲藏乙。甲当何论？仲舒断曰："甲无子，振活养乙，虽非所生，谁与易之！诗云'螟蛉有子，蜾蠃负之。'春秋之义。'父为子隐'，甲宜匿乙。"①

▶【案例分析】＞＞＞

这是一起父亲藏匿有罪儿子的案件。董仲舒依照《春秋》中记载"父为子隐，直在其中矣"的春秋大义，认为儿子犯了罪，父亲为之隐瞒是正确的，虽然案中的儿子是抱养的，由于从小养大成人，应当视为亲子，因此父亲无罪。董仲舒以"春秋大义"处理司法案件的实践，为将来"父为子隐"转化成法律条文"亲亲得相守匿"奠定了基础。

|【案例】廖名扬容隐案|

▶【基本案情】＞＞＞

新会县民廖名贤砍伤胞兄廖名儒身死一案。廖名贤与兄廖名儒分居各炊，式好无尤。名儒妻故，遗有幼小女儿。雍正十三年四月十五日，名儒欲往田工作，携女与子交送其母李氏怀抱。其母因与名贤同居，欲为名贤管理农工，不肯代为怀抱。名儒随詈其母偏爱，名贤在旁□鱼，遂与名儒理论。名儒持扁挑向殴名贤，名贤情急，将手持□鱼菜刀抵中名儒项颈等处，名儒受伤倒地，移时毙命。伊母李氏赴唤长男廖名扬回家，名扬拟欲报验。李氏拒阻，即令买棺，托廖宗朝、李作朝帮同名扬收殓，抬赴后山停顿。保邻李兴让等闻知赴看，各欲报官。李氏称欲自刎，不容禀报，各遂徇隐。嗣新令县知县张程访问，拘到廖名扬

①　程树德：《九朝律考》，中华书局1963年版，第164页。

等,缉获名贤到案,讯供招认不讳。兹据广东按察使白映棠审解前来,经臣(广东巡抚)复审无异,廖名贤合依弟殴兄死者斩律,拟斩立决,不准援免。保领李兴让、廖宗藩、李亚俊隐讳不报,以地界内有死人不报官司检验辄移他处者,杖八十,折责三十板。事犯恩赦以前,应请援免。李氏拦阻不报,念女流无知。廖名扬系廖名贤胞兄,得相容隐,照律无论。归经该县讯明录供,申送先行摘释。臣谨题请请旨。①

▶【案例分析】＞＞＞

　　这个案件在这部分内容中反映的是兄弟有罪相为隐的案件。按照《大清律例》规定:"凡同居,若大功以上亲,谓另居大功以上亲,系服重……有罪,相为容隐。……皆无论。"②案中廖名扬是杀人者廖名贤胞兄,按照《丧服图》亲兄弟是期亲,在大功以上,因此为其兄弟廖名贤隐瞒不报,适用容隐制度,照律无论。因此广东巡抚的拟刑是合乎清朝法律规定的。

▶【基本问题】＞＞＞

　　通过这两个案例,我们还需要进一步了解有罪兼容隐制度的发展及在各个时期的具体规定。

▶【知识分析】＞＞＞

　　有罪相为容隐制度,封建刑律中具有特色的条款之一,是指同居或五服之内的亲属之间,除犯谋反、大逆、叛外,均可互相隐匿犯罪行为,而且减免刑罚。春秋时期的孔子首先提出这一原则。他主张"父为子隐,子为父隐,直在其中矣"③。汉朝罢黜百家,独尊儒术后,"亲亲得相首匿"便成为汉律中定罪量刑的一项原则。汉宣帝地节四年夏五月诏:"父子之亲,夫妇之道,天性也。虽有患祸,犹蒙死而存之。诚爱结于心,仁厚之至也,岂能违之哉!自今,子首匿父母,妻匿夫,孙匿大父母,皆勿坐。其父母匿子,夫匿妻,大父母匿孙,罪殊死,皆上请廷尉以闻。"④根据这一规定,卑幼首匿尊亲长,不负刑事责任;尊亲长首匿卑幼,除死罪上请减免外,其他也不负刑事责任,这一规定为后世法典所继承。

---

① 郑秦、赵雄:《清代"服制"命案》,中国政法大学出版社 1999 年版,第 4 页。
② 田涛、郑秦点校:《大清律例》,法律出版社 1999 年版,第 120—121 页。
③ [宋]朱熹:《论语集注》,齐鲁书社 1992 年版,第 133 页。
④ 《汉书·宣帝纪》。

唐律继承发展汉律"亲亲得相首匿"的亲属相隐原则，进一步创立了"同居相为隐"的刑罚适用原则。《唐律疏议·名例》："诸同居，若大功以上亲及外祖父母、外孙、若孙之妇、夫之兄弟及兄弟妻，有罪相为隐；部曲、奴婢为主隐，皆勿论。即漏露其事迹摘语消息亦不坐。其小功以下相隐，减凡人三等。若犯谋叛以上者，不用此律。①"这条法律规定了相为隐的主体包括三类不同人员，分别适用不同的原则。第一类包括三种人，同居之人，即"同财共居"而不论是否同一户籍、有无服制关系的"同居"亲属；大功以上亲；外祖父母、外孙、孙媳、夫之兄弟及兄弟之妻等近亲；这三种人之间有罪相互容隐，依法不予论罪。第二类是部曲、奴婢为主人隐匿罪行，也依法不予论罪。以上两类人及时给罪犯泄露情况及通报消息也不论罪。第三类是小功以下亲属之间有罪相互容隐，比照普通常人减轻三等处罚。但是，凡犯有谋反、谋大逆、谋叛三种重罪者，不在相互容隐之列。这一相隐原则，体现了唐律以礼为本的立法宗旨。

宋明清基本继承了唐代的亲属有罪兼容隐的原则，《宋刑统》基本照录唐律的内容。明清律除文字表述外，其内容也有变化。《大明律》的变化主要有：一是在唐律第一类人中加上了"妻之父母、女婿"字样，为相容隐，皆勿论；第三类中"部曲"改为"雇工人"，"为主隐"改为"为家长隐"，皆勿论；二是"增加无服亲，减一等"②即无服亲属相隐，减凡人一等处罚。其他内容和基本原则没有改变。清律基本与明律一致。

（二）存留养亲

|【案例】李怜生留养案③|

▶【基本案情】＞＞＞

北魏孝明帝熙平二年时司州表："河东郡民李怜生行毒药，案以死坐。其母诉称：'一身年老，更无期亲，例合上请。'检籍不谬，未及判中，怜母身丧。州断三年服终后乃行决。"司徒法曹参军许琰谓州判为允。主簿李玚驳曰："案《法例律》：'诸犯死罪，若祖父母、父母年七十已上，无成人子孙，旁无期亲者，具状上请。流者鞭笞，留养其亲，终则从流。不在原赦之例。'检上请之言，非应府州所

① 钱大群：《唐律疏义新注》，南京师范大学出版社 2007 年版，第 202—203 页。
② 怀效锋点校：《大明律》，法律出版社 1999 年版，第 18 页。
③ 《魏书·刑罚志》。

决。毒杀人者斩,妻子流,计其所犯,实重余宪。准之情律,所亏不浅。且怜既怀鸩毒之心,谓不可参邻人伍。计其母在,犹宜阖门投畀,况今死也,引以三年之礼乎?且给假殡葬,足示仁宽,今已卒哭,不合更延。可依法处斩,流其妻子。实足诚彼氓庶,肃是刑章。"尚书萧宝夤奏从场执,诏从之。

▶【案例分析】 > > >

这是北魏时期李怜生投毒杀人案的审判中关于能否适用留养制度的争论。州判认为犯人母亲新丧,断三年服终执行死刑。法曹参军许琰认为州判公允。但主簿李玚、尚书萧宝夤认为州判结果不合法,李怜生不符合留养之法。理由是"案《法例律》:'诸犯死罪,若祖父母、父母年七十已上,无成人子孙,旁无期亲者,具状上请。流者鞭笞,留养其亲,终则从流。不在原赦之例。'"按照此条规定,首先应当是父母、祖父母在世,其次是父母、父母年七十已上,再次是无成人子孙,旁无期亲者。而李怜生母亲在判决前去世了,留养的条件也就不存在了,因此不能留养,只能按照法律判处其斩刑。

│【案例】放铳误毙功尊改缓后请留养案│

▶【基本案情】 > > >

川督题缓决斩犯廖馨受补请留养一案。查犯罪存留养亲,原系法外之仁,非为凶犯开幸免之门,实以慰犯亲衰暮之景,且服制内由立决改为监候之案,悉皆情可矜悯之犯,故亲老丁单,定案时虽不准留养,至情实二次改入缓决之后,仍准其随时题请留养,历经办理有案。此案廖馨受因与朱馨争闹,顺用竹铳吓放,误伤小功服叔廖其述身死。依卑幼殴小功尊属故杀亦斩律,拟斩立决,照例夹签声明,奉旨改为斩候,情实二次照例改为缓决。今该督查明犯父廖其贵,现年七十一岁,家无次丁,取结送部,题请留养。查道光二年直隶省郭立桢护母点放铁手炮,中伤大功兄郭立陇身死,拟改斩立决,改为斩候,情实二次改缓,因母老丁单,题准留养在案。此案原题夹签内本声明伤由误中,死出不虞,与无故逞凶干犯有间,既经改为监候,秋审入实,二次改缓,自应准其留养。①

_____

① [清]祝庆祺、鲍书芸、潘文舫、何维楷:《刑案汇览三编》(一),北京古籍出版社2004年版,第39页。

【案例】殴妻致死减流之犯准其承祀

▶【基本案情】>>>

嘉庆十八年吉林将军咨减等流犯郑发可否承祀一案。查夫殴妻致死拟绞，秋审时合其情轻，应入缓决。如系父母俱故，家无次丁，既应准其承祀，则缓决三次后奏准减流。遇有犯亲先存后故，亦应一体准其承祀，以昭平允。此案郑发因砍伤伊妻丁氏身死，拟绞，缓决三次，奏准减流。即据该将军查明该犯有母郭氏，现已物故，伊子尚未成丁，取具各结，咨请部示。自应准其承祀。该司以缓决减等，后并无准其承祀之条，驳令定地发配，未免拘泥，谨拟稿尾。①

▶【案例分析】>>>

上述两个案例是清朝有关留养承祀的案例。清律规定："凡犯死罪非常赦不原者，而祖父母、父母老（七十以上），疾应侍，家无以次成丁者，开具所犯罪名奏闻取自上裁。若犯徒流者止杖一百，余罪收赎，存留养亲。"其中条例之一规定"凡殴妻致死，并无故杀别情者，果系父母已故，家无承祀之人，如准其承祀……存留承祀"。②

按照这个法律规定犯罪之人能否存留养亲和承祀首先应当具备的前提条件，一是"家无以次成丁者"，二是对于留养的条件是父母、祖父母在世并"老"即七十岁以上或者笃疾者，而承祀的条件是父母身故，但仅限于杀妻案。其次能否准予留养还要取自圣裁，皇帝掌握着最终的决定权。廖馨受补请留养一案中，廖馨受之父年已七十一岁，且家中无其他成丁、次成丁，又有直隶省郭立桢留养成例，故按条件廖馨受符合留养，因此刑部认为应当留养。而郑发杀妻可否承祀一案，郑发杀妻身死，其母郭氏，现已物故，伊子尚未成丁，符合条例规定，应当存留承祀，但是准予与否则由皇帝定夺。

▶【基本问题】>>>

从这三个案例可以了解留养制度的部分内容。为此我们还需要比较全面地了解和掌握留养制度的历史发展及在各个时期的具体内容。

---

① ［清］祝庆祺、鲍书芸、潘文舫、何维楷：《刑案汇览三编》（一），北京古籍出版社2004年版，第60页。

② 田涛、郑秦点校：《大清律例》，法律出版社1999年版，第99—100页。

▶【知识分析】＞＞＞

留养，又称"存留养亲"，一般是指犯罪人直系尊亲属年老应侍而家无成丁者，非十恶死罪，允许上请，流刑可免流，徒刑可缓期，将犯罪人留下以赡养老人到去世，然后再执行刑罚。法律上明确规定留养制度的是北魏孝文帝太和十二年诏："犯死罪，若父母、祖父母年老，更无成人子孙，又无期亲者，仰案后列奏以待报，着之令格。"宣武帝时期，《法例律》再次明确了留养制度："诸犯死罪，若祖父母、父母年七十已上，无成人子孙，旁无期亲者，具状上请。流者鞭笞，留养其亲，终则从流。不在原赦之例。"①可知，留养制度最迟于北魏律定制。

唐代在前人的基础上，进一步完善。《唐律疏议·名例》规定："诸犯死罪非十恶，而祖父母、父母老疾应侍，家无期亲成丁者，上请。犯流罪者，权留养亲，不在赦例，课调依旧。若家有进丁及亲终期年者，则从流。计程会赦者，依常例。即至配所应侍，合居作者，亦听亲终期年，然后居作。"②徒罪"亲老疾合侍者，仍从加杖之法""徒一年，加杖一百二十，不居作；一等加二十"。③

从上述规定可知，唐代的留养制度适用的条件是，一是犯罪人犯得是非十恶罪，具体是非谋反以下、内乱以上的死罪。二是犯罪人的祖父母包括高曾祖父母、父母年八十以上及笃疾，三是户内无期亲二十一岁以上、五十九岁以下的成丁。

犯罪人的罪行及适用留养情况分为三种：一是犯死罪非十恶，上请，听敕处分；二是犯流刑，留养。如果家庭中有成丁出现或者所侍之亲去世满一年的，依法配流，如果流人到了流放地发生应留侍的，依法应在服役地服役的，也准许其侍亲在亲人故去满一年，然后再服役；三是徒刑改成加杖法，不居作。

由此可知，留养制度重心在于通过留养使得犯罪人应当赡养的直系尊亲属不因犯罪人犯罪而生活无着而设，体现了礼对立法的指导。

宋代基本上继承了留养制度的内容。元代也有类似规定："诸犯死罪，有亲年七十以上，无兼丁侍养者，许陈请奏裁。"④"诸窃盗应徒，若有祖父母、父母年老，无兼丁侍养者，刺断免徒；再犯而亲尚存者，候亲终日，发遣居役。"⑤

明律规定："凡犯死罪，非常赦所不原者，而祖父母、父母老疾应侍，家无以

① 《魏书·刑罚志》。
② 钱大群：《唐律疏义新注》，南京师范大学出版社2007年版，第111—113页。
③ 钱大群：《唐律疏义新注》，南京师范大学出版社2007年版，第116—117页。
④ ［明］宋濂等撰：《元史》（第九册），中华书局1976年版，第2690页。
⑤ ［明］宋濂等撰：《元史》（第九册），中华书局1976年版，第2660页。

次成丁者,开具所犯罪名奏闻,取自上裁,若犯徒流者,止杖一百,余罪收赎,存留养亲。"①与唐律的不同在于:一是把唐律中的"非十恶死罪"改为"非常赦所不原",因常赦所不原按照明律的规定其范围远远得大于十恶的范围,因此明律较唐律更为严格。二是把唐律中的"无期亲成丁"改为"无以次成丁"(十六岁以上),成丁变成次成丁,留养的条件则更严了一些。三是流徒刑适用养亲原则变得简单,量刑相对唐律较轻。

清代法律在继承明律基本内容的基础上,通过条例的形式,使得留养适用起来更加细化。在遵循基本条件基础上又有新的发展。比如,受害一方如是独子或家中同样无次成丁,则不许留养。家有二人犯罪,允许一子留养。有规定:"凡殴妻致死,并无故杀别情者,果系父母已故,家无承祀之人,承审官据实查明,取具邻保族长甘结,并地方官印结。将应行承祀缘由与疏内声明请旨。如准其承祀,将该犯枷号两个月,责杖四十板,存留承祀。"②同时规定征银给予死者家属充养赡之资。

(三)准五服以制罪

|【案例】费羊皮卖女葬母案③|

► **【基本案情】** > > >

北魏宣武帝永平三年,尚书李平奏:"冀州阜城民费羊皮母亡,家贫无以葬,卖七岁子与同城人张回为婢。回转卖于鄃县民梁定之,而不言良状。案盗律:'掠人、掠卖人、和卖人为奴婢者,死'。回故买羊皮女,谋以转卖。依律处绞刑。"诏曰:"律称和卖人者,谓两人诈取他财。今羊皮卖女,告回称良,张回利贱,知良公买。诚于律俱乖,而两各非诈。此女虽父卖为婢,体本是良。回转卖之日,应有迟疑,而决从真卖,于情不可。更推例以为永式。"

延尉少卿杨钧议曰:"谨详盗律:'掠人、掠卖人为奴婢者,皆死',别条:'卖子孙者,一岁刑'。卖良是一,而刑死悬殊者,由缘情制罚,则致罪有差。又详'群盗强盗,首从皆同',和掠之罪,固应不异。及'知人掠盗之物,而故买者,以随从论'。然五服相卖,皆有明条,买者之罪,律所不载。窃谓同凡从法,其缘服相减者,宜有差,买者之罪,不得过于卖者之咎也。但羊皮卖女为婢,不言追赎,

---

① 怀效锋点校:《大明律》,法律出版社1999年版,第10页。
② 田涛、郑秦点校:《大清律例》,法律出版社1999年版,第101页。
③ 《魏书·刑罚志》。

张回真买，谓同家财，至于转鬻之日，不复疑虑。缘其买之于女父，便卖之于他人，准其和掠，此有因缘之类也。又详恐吓条注：'尊长与之已决，恐吓幼贱求之。'然恐吓体同，而不受恐吓之罪者，以尊长与之已决故也。而张回本买婢于羊皮，乃真卖于定之。准此条例，得先有由；推之因缘，理颇相类。即状准条，处流为允。"

三公郎中崔鸿议曰："案律：'卖子有一岁刑；卖五服内亲属，在尊长者死，期亲及妾与子妇流'。唯买者无罪文。然卖者既以有罪，买者不得不坐。但卖者以天性难夺，支属易遗，尊卑不同，故罪有异。买者知良故买，又于彼无亲。若买同卖者，即理不可。何者？'卖五服内亲属，在尊长者死'，此亦非掠，从其真买，暨于致罪，刑死大殊。明知买者之坐，自应一例，不得全如钧议，云买者之罪，不过卖者之咎也。且买者于彼无天性支属之义，何故得有差等之理？又案别条：'知人掠盗之物而故卖者，以随从论。'依此律文，知人掠良，从其宜买，罪止于流。然其亲属相卖，坐殊凡掠。至于买者，亦宜不等。若处同流坐，于法为深。准律斟降，合刑五岁。至如买者，知是良人，决便真卖，不语前人得之由绪。前人谓真奴婢，更或转卖，因此流漂，罔知所在，家人追赎，求访无处，永沉贱隶，无复良期。案其罪状，与掠无异。且法严而奸易息，政宽而民多犯，水火之喻，先典明文。今谓买人亲属而复决卖，不告前人良状由绪，处同掠罪。"

太保、高阳王雍议曰："州处张回，专引盗律，检回所犯，本非和掠，保证明然，去盗远矣。今引以盗律之条，处以和掠之罪，原情究律，实为乖当。如臣钧之议，知买掠良人者，本无罪文。何以言之？'群盗强盗，无首从皆同'，和掠之罪，故应不异。明此自无正条，引类以结罪。臣鸿以转卖流漂，罪与掠等，可谓'罪人斯得'。案《贼律》云：'谋杀人而发觉者流，从者五岁刑；已伤及杀而还苏者死，从者流；已杀者斩，从而加功者死，不加者流'。详沉贱之与身死，流漂之与腐骨，一存一亡，为害孰甚？然贼律杀人，有首从之科，盗人卖买，无唱和差等。谋杀之与和掠，同是良人，应为准例。所以不引杀人减之，降从强盗之一科。纵令谋杀之与强盗，俱得为例，而似从轻。其义安在？又云：'知人掠盗之物而故买者，以随从论。'此明禁暴掠之原，遏奸盗之本，非谓市之于亲尊之手，而同之于盗掠之刑。窃谓五服相卖，俱是良人，所以容有差等之罪者，明去掠盗理远，故从亲疏为差级，尊卑为轻重。依律：'诸共犯罪，皆以发意为首。'明卖买之元有由，魁末之坐宜定。若羊皮不云卖，则回无买心，则羊皮为元首，张回为从坐。首有沽刑之科，从有极默之戾，推之宪律，法刑无据。买者之罪，宜各从卖者之坐。又详臣鸿之议，有从他亲属买得良人，而复真卖，不语后人由状者，处同掠罪。既一为婢，卖与不卖，俱非良人。何必以不卖为可原，转卖为难恕。张回之愆，宜鞭一百。卖子葬亲，孝诚可美，而表赏之议未闻，刑罚之科已降。恐非敦风厉俗，以德导民之谓。请免羊皮之罪，公酬卖直。"诏曰："羊皮卖女葬母，孝诚可嘉，便可特原。张回虽买之于父，不应转卖，可刑五岁。"

▶【案例分析】＞ ＞ ＞

　　这是北魏宣武帝时期羊皮卖女葬母的案例，案例中主要涉及对羊皮及其买者张回如何定罪量刑的法律问题在朝廷之上而展开的讨论。此案争论比较大的是张回买人再卖适用"掠人"还是"强盗"的规定。这不是此案在本部分展现的重点。在这里主要就羊皮卖女问题反映的是五服之内"亲属相犯"的问题，按照北魏律规定："卖子有一岁刑；卖五服内亲属，在尊长者死，期亲及妾与子妇流"，可知卖五服内亲属，依照与被卖者的关系的远近和身份尊卑不同，而所给予的处罚也不同，体现了同罪异罚的原则。卖尊长要处于死刑，卖子处一年刑。但是案例中皇帝从表彰羊皮孝心出发，赦免了他，这不完全是法律的规定，而是礼法精神的体现。

｜【案例】乾隆元年张僧殴死胞兄张皂案｜

▶【基本案情】＞ ＞ ＞

　　安徽巡抚赵国麟疏称：缘张皂以天寒有风将前门堵塞，张僧因出入不便，携锹往拆，张皂带棍拦阻，张僧不依，张皂持棍向殴，张僧将手内拆门之锹架格，误伤张皂右太阳，倒地殒命。履审不讳，张僧依律拟斩立决，不应援赦。刑部提请皇帝裁决，皇帝批红为：张僧着即处斩，余依议。①

｜【案例】乾隆五年赵大等勒死胞弟赵三案｜

▶【基本案情】＞ ＞ ＞

　　赵大系河间府交河县民，在广渠门外给人看坟。其三弟赵三，时常偷窃家

---

① 　郑秦、赵雄：《清代"服制"命案》，中国政法大学出版社1999年版，第24页。

中东西。乾隆五年三月,赵三因偷盗,被刺字回家,赵大气忿,想将他治死。四月二十四日,赵大的二弟回家,赵大把赵三行窃被刺的事告诉赵二,并向赵二商量说赵三不成人,时常不听管教,今日又行窃被刺,不如勒死他,赵二同意。于是两兄弟骗赵三去守备衙门里起票出口。第二天一早,三兄弟一起出门到父母坟上,诓赵三磕头,赵二将绳子套在他的脖子上按倒,赵大按着腿,赵二把赵三勒死。

查律内尊长谋杀卑幼依故杀法,又例内故杀期亲弟妹照故杀大功弟妹律,拟绞监候等语,应将造意谋杀赵三之赵大照例拟绞监候,秋后处决;赵二应照为从律,杖一百,流三千里到配所,杖责四十板。批红是赵大依拟应绞,着监候,秋后处决,余依议。①

|【案例】嘉庆六年缪朱氏谋死亲夫缪洪沅案|

▶【基本案情】> > >

缪朱氏于乾隆五十九年间嫁与缪洪沅为妻,素性懒惰,常被伊夫殴骂不睦。六十年五月,缪朱氏之母朱周氏前往苏州佣工,缪朱氏因仍恐伊夫凌辱,私取衣物潜至苏州,与伊母同住工作。嘉庆五年五月,缪洪沅访知缪朱氏下落,至苏寻见,即行争吵。缪朱氏恐夫凌辱,不肯回归。缪洪沅之父缪原丰禀县饬差押回。缪洪沅以缪朱氏潜出不归,愈加詈殴,缪朱氏心怀忿恨。六年三月十八日,缪洪沅欲做布衫,因缪朱氏织布耽延辱骂。十九日,缪朱氏将布织完,缪洪沅因布疋织短詈骂,缪朱氏不服顶撞。缪洪沅将缪朱氏头发揪住,殴伤其左臂、踢伤其左腿。缪朱氏气忿,即与缪洪沅拼命,嚷骂,经缪洪沅之父缪原丰闻之喝骂,缪朱氏积忿愈深。二十一日,缪洪沅买回信毒擦头药虱,缪朱氏见有余信,起意将夫毒死。二十二日早饭时,缪朱氏将信用碗研细,拌入饭中,给缪洪沅食下。逾时,缪洪沅毒发呕吐,延至次早殒命。验审不讳,将缪朱氏依律凌迟处死等因,江苏巡抚岳起具题刑部,刑法议后如岳起所拟,请旨嘉庆皇帝,皇帝批红:朱氏着即凌迟处死,余依议。②

---

① 郑秦、赵雄:《清代"服制"命案》,中国政法大学出版社 1999 年版,第 68 页。
② 郑秦、赵雄:《清代"服制"命案》,中国政法大学出版社 1999 年版,第 481 页。

|【案例】乾隆五年田锁儿勒死伊妻王氏案|

► **【基本案情】** > > >

　　田锁儿即田素系满洲镶红旗折尔金佐领下闲散,继娶王氏为妻已有两年。王氏嫌田锁儿家贫,时相吵嚷。田锁儿向王氏索饭,王氏竟置不理,田锁儿殴王氏头上一下,王氏即詈骂喊冤,经该旗章京令披甲押送回家。田锁儿气忿,即和衣睡卧,及至夜半醒转,灯尚未熄,将王氏亦和衣睡熟,因思王氏平日悍泼,顿起杀机。起觅皮条一头击于枕上,一头结成活套,潜将氏头扶入于皮套内,尽力拉勒,见氏尚欲挣扎,复压氏身,未几,王氏殒命。履审不讳,刑部认为将田锁儿即田素合依故杀妻律,拟绞监候,秋后处决,仍照例刺字。系旗人,解部监候,向乾隆皇帝请旨,皇帝批红为:田锁儿依拟应绞,着监候,秋后处决,余依议。①

► **【案例分析】** > > >

　　以上四起案例是有关服制定罪的案例。按照清代法律:"凡谋杀祖父母、父母,期亲尊长、外祖父母、夫、夫之祖父母,已行者,皆斩;已杀者,皆凌迟处死。谋杀缌麻以上尊长,已行者,杖一百,流两千里,已伤者,绞,已杀者,斩。其尊长谋杀卑幼,已行者,各依故杀罪减二等,已伤者,减一等;已杀者,依故杀法。"②"凡弟妹殴兄姊者,……死者,皆斩。……其兄姊殴杀弟妹……故杀者,杖一百,流两千里,过失杀者,各勿论。"③"夫擅杀仍绞。"④可知,服制不同,处罚也不同。照例规定在杀伤罪中,以卑犯尊者,处罚重,以尊犯卑者,处罚轻。因此,前两个案例是兄弟相杀致死的案例,张僧殴死胞兄张皂案中张僧是弟弟,处于卑幼之身份,被判处斩立决,赵大等勒死胞弟赵三案中的赵大处于尊长的身份,被判处的是绞监候。后两个案例是夫妻命案,夫为尊,妻为卑,因此两案的处罚也不相同,缪朱氏谋死亲夫缪洪沅案,缪朱氏被判处凌迟处死,而田锁儿勒死伊妻王氏案中的田锁儿则被判处绞监候,秋后处决。

　　① 郑秦、赵雄:《清代"服制"命案》,中国政法大学出版社1999年版,第56页。
　　② 田涛、郑秦点校:《大清律例》,法律出版社1999年版,第422—423页。
　　③ 田涛、郑秦点校:《大清律例》,法律出版社1999年版,第462页。
　　④ 田涛、郑秦点校:《大清律例》,法律出版社1999年版,第435页。

▶【基本问题】> > >

通过上述案例,我们需要进一步了解和掌握服制定罪的原则和内容。

▶【知识分析】> > >

中国古代很早就重视尊卑相犯的案件,尤其是严惩卑幼侵犯尊长的犯罪,不孝罪由来已久。进入封建社会,在秦朝法律中就有"父盗子,不为盗"①等亲属相犯的规定。到了西晋第一次正式在法典中确立了了"峻礼教之防,准五服以制罪"的重要原则,作为判断是否构成犯罪以及衡量罪轻罪重的标准。

"准五服以制罪",意思是指对亲属相犯的案件,根据服制的轻重来确定罪与非罪、罪轻罪重。所谓"五服"是中国古代礼制中的一种丧服制度,它规定,根据为亲属服丧的期限长短和丧服物料的质地及缝制方法的不同,把亲属分为五等,关系亲的服制重,关系疏的服制轻,以此来区分亲属间血缘关系的亲疏远近。这五等亲属自亲至疏分别为:斩衰、齐衰、大功、小功、缌麻。这一原则不仅可以适用于亲属间相互侵犯、伤害的情形,也可以用于确定赡养、继承时的权利义务关系。"准五服以制罪"的原则实质上是"同罪异罚"原则在家族范围内的体现,即同样的犯罪,只因服制不同,便适用轻重不同的刑罚。它在刑法方面的适用原则是:亲属相犯,若以卑犯尊,则处罚重于常人,关系越近,处罚越重;若以尊犯卑,则处罚轻于常人,关系越近,处罚越轻。亲属相盗,处罚轻于常人,关系越近,处罚越轻。亲属相奸,处罚重于常人,关系越近,处罚越重。而在民事方面,如转让、买卖有犯,则关系越近,处罚越轻。

"准五服以制罪"原则的确立,对后世立法产生了深远的影响。北齐律,单修《五服制》,唐律对五服制度和服制定罪作了详细规定。《元典章》中有《丧服图》,明清法典中将《丧服图》置于卷首,并在律中详细地规定亲属相犯因服制不同而作出的轻重不同处罚。可见从西晋到明清,"准五服以制罪"原则一直是封建法律的重要组成部分,并在其在司法实践中起着重要作用。

---

① 睡虎地秦墓竹简整理小组编:《睡虎地秦墓竹简》,文物出版社1990年版,第98页。

第二节　礼法合一时期的罪名

一、十恶

|【案例】张江陵辱骂致母自尽遇赦案|

▶【基本案情】> > >

　　孔渊之,大明中为尚书比部郎。时安陆应城县民张江陵与妻吴共骂母黄令死,黄忿恨自经死,值赦。律文,子贼杀伤殴父母,枭首;骂詈,弃市;谋杀夫之父母,亦弃市。值赦,免刑补冶。江陵骂母,母以之自裁,重于伤殴。若同杀科,则疑重;用殴伤及骂科,则疑轻。制唯有打母,遇赦犹枭首,无骂母致死值赦之科。孔渊之议曰:"夫题里逆心,而仁者不入,名且恶之,况乃人事。故殴伤咒诅,法所不原,詈之致尽,则理无可宥。罚有从轻,盖疑失善,求之文旨,非此之谓。江陵虽值赦恩,故合枭首。妇本以义,爱非天属,黄之所恨,情不在吴,原死补冶,有允正法。"诏如孔渊之议,吴免弃市。①

▶【案例分析】> > >

　　这是发生在南北朝时的宋的一起辱骂致母自尽遇赦案。此案中,安陆应城县民张江陵与妻子吴氏共同骂詈母亲黄氏,导致黄氏忿恨自杀。按照宋的法律:"子贼杀伤殴父母,枭首;骂詈,弃市;谋杀夫之父母,亦弃市。值赦,免刑补冶。"法律中没有"骂母致死值赦之科"。孔渊之根据"礼"的含义解释"法"内容,认为"殴伤咒诅法所不原,詈之致尽,则理无可宥""江陵虽值赦恩,故合枭首",孔渊之从礼的角度,阐明了张江陵从重处罚和其遇赦不赦理由,并得到皇帝的认可。

---

① 《宋书》卷五十四《孔季恭、羊玄保、沈昙庆列传》。

|【案例】李中与父妾内乱案|

▶【基本案情】＞＞＞

　　唐贞观年间,左丞李行廉弟李行诠子中与父妾乱,遂与之潜藏,追诘极急。长安县获之,县司王敬,引就房推问,不伏。敬先令一人与案褥下伏听,令一人走报云:"长史唤。"敬锁门去。中与妾相谓曰:"必不得承。"及私密之语。而敬至开门,案下之人遂起白敬,各大惊而服罪。①

▶【案例分析】＞＞＞

　　这是唐朝时期一起李中与父妾内乱案,按照《唐律疏议》"十恶"中规定:"内乱,谓奸小功以上亲,父祖妾及与和者。"②唐律认为在五刑的适用中,对十恶的处罚最严厉,"诸奸父祖妾……绞"。可知李中与父妾乱属于"十恶"之"内乱"罪,应当处以绞刑。

|【案例】夫妻谋杀继母案|

▶【基本案情】＞＞＞

　　唐杜亚字次公,镇维扬日,有倚郭之巨富者,第宅僮仆埒于王侯之家。父亡未期,有继亲在,奉之不以道。母愤恚不胜,后稍解,因元日上寿于母,母赐于子,子受之欲饮,疑酒有毒,覆地地愤,乃询其母,曰:"以鸩杀人,上天何佑?"母抚膺曰:"天乎,明鉴在上,何当厚诬? 虽死不伏?"职者擒之至公府,公问曰:"尔上母寿,酒何来?"曰:"长妇执爵而致也。"又问:"母赐觞何来?"曰:"长妇之执爵也。"又问曰:"长妇何人?"曰:"此子之妻也。"公曰:"尔妇执爵,毒因妇起,岂可诬尔母乎?"遂令厅侧劾之,乃知夫妻同谋,欲害其母,置之于法。③

▶【案例分析】＞＞＞

　　这是唐朝一起夫妻谋杀继母的案件。按照《唐律疏议》"十恶"中规定:"恶

---

　①　杨一凡、徐立志:《历代判例判牍》(第1册),中国社会科学出版社2005年版,第235页。
　②　钱大群:《唐律疏义新注》,南京师范大学出版社2007年版,第41页。
　③　杨一凡、徐立志:《历代判例判牍》(第1册),中国社会科学出版社2005年版,第252—253页。

逆,谓殴及谋杀祖父母、父母、殴伯叔父母、姑、兄姊、外祖父母、夫、夫之祖父母、父母。"①上述案件中谋杀继母符合"十恶"中恶逆的规定,依律:"谋杀期亲尊长、外祖父母、夫、夫之祖父母、父母者,皆斩。"因此,此案中的夫妻依律应当处以斩刑。

|【案例】邪术煽惑纠众谋叛抗官杀差案|

▶【基本案情】>>>

　　道光九年,四川省南川县民罗声甫,利用画符念咒,有神附体,自能打拳弄棒煽动民众,并以此传教一百余人,纠众抢劫,潜至粤南国小潮地方,搭盖草屋,称为营寨,将在山工作之人掳掠进寨,并强拉附近居民入伙。内有黄占荣、黄之秀不肯允从。当将二人头颅砍下祭旗,余人慌惧,佯为允从,南川县风闻往查,罗声甫放枪,拒死兵役十余人,文武员弁遂将罗声甫等男女四十二人格杀毙命。擒获罗正举等十八名。将罗声甫比照谋反律凌迟处死。业经毙命,仍戮尸枭示。罗正等十六名伙同拒敌,谋杀伤人韦绍渊一名,虽未拒捕,惟既入伙,厥罪维均,应与罗正举等俱依谋叛已成,但共谋者皆斩律,拟斩立决,先行正法。李幅应等五十八名,虽未同伙拒捕,惟既经罗声甫等将谋叛事由告知,逼令入伙,该犯等尚先游移不定,嗣后畏惧应允,并不据实首告,均应依已行而不首律拟流,从重发新疆为奴。赵成等并未拒捕,第受雇工作,应于知而不首流罪上量减一等满徒。②

▶【案例分析】>>>

　　这是一起比照谋叛定罪的案件。清朝法律规定:谋叛是"谋背本国,潜从他国"③"若逃避山泽不听追唤者,以谋叛未行论,其拒敌官兵者,以谋叛已行论"。而本例中的罗声甫利用邪术煽惑纠众,自立为王,拒捕伤兵丁,对抗政府,因此为谋叛罪,不分首从,皆斩。

▶【基本问题】>>>

　　以上四起案例主要涉及中国封建法律中最严厉的十种犯罪中的恶逆、谋

---

　　①　钱大群:《唐律疏义新注》,南京师范大学出版社2007年版,第24页。
　　②　[清]祝庆祺、鲍书芸、潘文舫、何维楷:《刑案汇览三编》(一),北京古籍出版社2004年版,第439—440页。
　　③　田涛、郑秦点校:《大清律例》,法律出版社1999年版,第366页。

叛、内乱等罪名。为此,我们需要进一步了解和掌握关于"十恶"的渊源、发展以及"十恶"的内容。

▶【知识分析】>>>

一、"十恶"的渊源和形成

(一)北齐之前有关十恶的罪名

"五刑之属三千,罪莫大于不孝",自夏朝就有不孝罪,《周礼·地官·大司徒》把国家应重点惩治的犯罪归为"乡八刑"纠万民:"一曰不孝之刑,二曰不睦之刑,三曰不姻之刑,四曰不弟之刑,五曰不任之刑,六曰不恤之刑,七曰造言之刑,八曰乱民之刑。"战国以来的历代法律,对于严重危害国家利益和秩序的犯罪,均设置了不同的罪名和刑罚。秦代就有李斯"谋反"罪,被腰斩于咸阳;程树德《九朝律考》中提到汉代有不道、不敬、大不敬罪名,在《汉书·鲍宣传》中记载:"(鲍)宣坐拒闭使者,无人臣礼,大不敬、不道,下廷尉狱。"另外还有"大逆不道""降叛""禽兽行"等,这些罪名都规定了极为严酷的刑罚,并广泛株连家属。西晋修律时,张斐还专门对"不敬""不道""恶逆"等罪名的含义作了注释。其中"不敬"的解释:"亏理废节谓之不敬";"不道"的解释:"逆节绝理谓之不道";"恶逆"的解释:"陵上僭贵谓之恶逆"。① 南朝继承了晋律的规定。如《梁律》规定:"其谋反、大逆以上,皆斩。"②《陈律》规定:"缙绅之族,犯亏名教,不孝及内乱者,发诏弃之,终身不齿。"③北魏法律规定:"犯大逆者,亲族男女无少长皆斩。"④

(二)北齐的"重罪十条"

"重罪十条"的规定始于《北齐律》。北齐在总结历代封建立法经验的基础上,将统治阶级认为直接危害国家根本利益、威胁统治秩序的最严重的犯罪归纳为十项,集中放在法典的第一篇"名例"中,称为"重罪十条",作为封建法律打击的主要对象。"重罪十条:一曰反逆,二曰大逆,三曰叛,四曰降,五曰恶逆,六曰不道,七曰不敬,八曰不孝,九曰不义,十曰内乱。其犯此十者,不在八议论赎之限。"⑤

---

① 《晋书·刑法志》。
② 《隋书·刑法志》。
③ 《隋书·刑法志》。
④ 《魏书·刑罚志》。
⑤ 《隋书·刑法志》。

（三）隋唐的"十恶"罪名的确立

隋朝《开皇律》继承发展《北齐律》的"重罪十条"，对其重新加以改进，首创了谋反、谋大逆、谋叛、恶逆、不道、大不敬、不孝、不睦、不义、内乱的"十恶之条"。其中将原来的反逆、大逆、叛、降四种重罪改为谋反、谋大逆、谋叛三种罪名，实际是把定罪和处罚提前到反、逆、叛、降的预谋、策划或意思表示阶段，旨在对直接危害君主专制集权统治和封建国家安全的严重犯罪扼杀和镇压于谋划阶段。此外，又新增一条不睦的罪名，以加重惩治违反宗法等级秩序和伦理道德关系的犯罪行为。按照《开皇律》的规定，凡是犯有"十恶"重罪者，一般"不在八议论赎之限"，"虽会赦，犹除名"。① 自从《开皇律》正式确立"十恶之条"以后，"十恶"重罪的规定一直为唐宋元明清各代的刑事立法所继承沿用。

二、"十恶"重罪内容

唐宋元明清法律中的"十恶"完全继承隋朝《开皇律》的内容，是统治阶级视为直接危害君主专制集权国家的十种恶性犯罪的总称。现依唐律为主宋元明清律为辅介绍十恶的内容。

《唐律疏议·名例》明确强调："五刑之中，十恶尤切，亏损名教，毁裂冠冕，特标篇首，以为明诫。"② 根据唐律的具体规定，"十恶"的基本内容及其所适用的刑罚主要包括：

1. 谋反。"谓谋危社稷"。"左祖右社，人君所尊也"。③ 因此预谋危害社稷主要是图谋颠覆朝廷、推翻政权、反抗统治的严重犯罪。据《唐律疏议·贼盗》规定，"诸谋反及大逆者，皆斩；父子年十六以上皆绞，十五以下及母女、妻妾、祖孙、兄弟、姊妹若部曲、资财、田宅并没官""伯叔父、兄弟之子皆流三千里，不限籍之同异""即虽谋反，词理不能动众，威力不足率人者，亦皆斩；父子、母女、妻妾并流三千里"。④ 后世法律沿袭。明清律加重了对谋反及大逆处罚，规定诸谋反及大逆皆凌迟处死，伯叔父、兄弟之子皆斩，其他与唐律相同。⑤

2. 谋大逆。"谓谋毁宗庙、山陵及宫阙"。⑥ 主要是图谋毁坏宗庙神灵、皇家陵寝及殿廷宫阙的严重犯罪。据《唐律疏议·贼盗》规定，凡犯大逆罪"逆事

① 《隋书·刑法志》。
② 钱大群：《唐律疏义新注》，南京师范大学出版社 2007 年版，第 19 页。
③ 钱大群：《唐律疏义新注》，南京师范大学出版社 2007 年版，第 21 页。
④ 钱大群：《唐律疏义新注》，南京师范大学出版社 2007 年版，第 552—553 页。
⑤ 田涛、郑秦点校：《大清律例》，法律出版社 1999 年版，第 365 页。
⑥ 钱大群：《唐律疏义新注》，南京师范大学出版社 2007 年版，第 22 页。

已行"者,与谋反罪处刑相同;即使"谋而未行",也要依法处以绞刑。① 后世法律沿袭。明清律加重了对谋反及大逆量刑与处罚,规定诸谋反及大逆皆凌迟处死,伯叔父、兄弟之子皆斩,其他与唐律相同。②

3. 谋叛。"谓谋背国从伪"。③ 主要是图谋背叛朝廷、投降敌伪的严重犯罪。另外谋叛包括亡命山泽,不从追唤,抗拒将吏的行为视同谋叛,即"即亡命山泽,不从追唤者,以谋叛论;其抗拒将吏者,以已上道论"。④ 据《唐律疏议·贼盗》规定,凡欲谋叛"始谋未行事发者",首犯处以绞刑,从犯流三千里;若已付诸实施,即"已上道者,不限首从皆斩","妻、子流二千里;若率部众百人以上,父母、妻、子流三千里,所率虽不满百人,以故为害者,以百人以上论"。⑤ 明清律对谋叛的规定和处罚与唐律基本相同。对株连的家属的惩罚有所改变:"妻妾、子女给付功臣之家为奴。"⑥

4. 恶逆。"谓殴及谋杀祖父母、父母,杀伯叔父母、姑、兄姊、外祖父母、夫、夫之祖父母父母。"⑦主要是殴打或谋划杀害祖父母、父母,实施杀害伯父母、叔父母、姑母、兄长、姐姐、外祖父母、丈夫、丈夫的祖父母或父母等恶性犯罪。值得注意的是对父母只要有殴打行为或有杀害的谋划就是犯罪。据《唐律疏议·斗讼》与《唐律疏议·贼盗》规定,凡是犯有以上恶逆各罪者,一律处斩。元代法律十恶中则强调对父母殴打致伤才构成恶逆罪。明清律加重了对恶逆的量刑与处罚,《大清律例》规定:"犯谋杀祖父母、父母及期亲尊长、外祖父母、夫、夫之祖父母,已行,皆斩;已杀者,皆凌迟处死。"⑧

5. 不道。"谓杀一家非死罪三人,支解人;造畜蛊毒、厌魅。"⑨主要是指残酷地杀人或肢解人、畜养毒虫害人、利用鬼神邪术诅咒人等违背正道的恶毒犯罪。据《唐律疏议·贼盗》规定,凡"杀一家非死罪三人,及支解人者,皆斩;妻、子流二千里""造畜蛊毒及教令者,绞;造畜者同居家口虽不知情,若里正知而不纠者,皆流三千里""诸有所憎恶,而造厌魅及造符书咒诅,欲以杀人者,各以谋杀论减二等",判处二年徒刑;但凡是由此而使人致死者,按故意杀人论处即"以

---

① 钱大群:《唐律疏义新注》,南京师范大学出版社 2007 年版,第 552—553 页。
② 田涛、郑秦点校:《大清律例》,法律出版社 1999 年版,第 365 页。
③ 钱大群:《唐律疏义新注》,南京师范大学出版社 2007 年版,第 23 页。
④ 钱大群:《唐律疏义新注》,南京师范大学出版社 2007 年版,第 559 页。
⑤ 钱大群:《唐律疏义新注》,南京师范大学出版社 2007 年版,第 559 页。
⑥ 田涛、郑秦点校:《大清律例》,法律出版社 1999 年版,第 366 页。
⑦ 钱大群:《唐律疏义新注》,南京师范大学出版社 2007 年版,第 24 页。
⑧ 田涛、郑秦点校:《大清律例》,法律出版社 1999 年版,第 422 页。
⑨ 钱大群:《唐律疏义新注》,南京师范大学出版社 2007 年版,第 27 页。

故致死者,各依本杀法",一般处以死刑;"欲以疾苦人者,又减二等",若是针对"期亲尊长及外祖父母、夫、夫之祖父母、父母,各不减",依法处以斩刑。① 后世法律继承了唐律的规定,明清律加重了对"不道"罪的量刑和处罚,《大清律例》规定:"凡杀一家非死罪三人,及肢解人者,凌迟处死,财产断付死者之家;妻子,流二千里。""凡造畜蛊毒堪以杀人,及教令者,斩。"②其他与唐律基本相同。

6. 大不敬。"谓盗大祀神御之物、乘舆服御物;盗及伪造御宝;合和御药,误不如本方及封题误;若造御膳,误犯食禁;御幸舟船,误不牢固;指斥乘舆,情理切害及对捍制使,而无人臣之礼"。③ 主要是直接或间接地威胁到皇帝与神灵安全、尊严的失礼行为或严重犯罪。据《唐律疏议·贼盗》规定:"诸盗大祀神御之物,流二千五百里""诸盗御宝者,绞,乘舆服御物者,流二千五百里。"④《唐律疏议·诈伪》规定:"诸伪造皇帝八宝者,斩,太皇太后、皇太后、皇后、皇太子宝者,绞,皇太子妃宝,流三千里。"⑤《唐律疏议·职制》规定,因过失使配制御药与药方不符,或书写封题与所配御药不符,医生处绞刑;因过失制作御膳误犯食禁,主食者处绞刑;因过失为皇帝提供不牢固的舟船,工匠处绞刑;"指斥乘舆,情理切害者"处斩刑,"非切害者徒二年";"对捍制使,而无人臣之礼者"处绞刑。⑥《宋刑统》基本上继承了唐代的规定,明清律有所变化,在"大不敬"的注中删去了"指斥乘舆,情理切害及对捍制使,而无人臣之礼"的规定。同时加重了对违反"大不敬"罪中"盗大祀神祇御用"的处罚。《大清律例》规定:"凡盗大祀神祇御用祭器、帷帐等物,盗飨荐、玉帛、牲牢、馔具之属者,皆斩。"而对"合和御药""若造御膳误犯食禁""御幸舟船误不坚固者"等"杖一百",则减轻了处罚。⑦

7. 不孝。"谓告言、诅詈祖父母父母,及祖父母父母在,别籍异财,若供养有阙;居父母丧,身自嫁娶,若作乐,释服从吉;闻祖父母父母丧,匿不举哀,诈称祖父母父母死"。主要是对祖父母、父母的不孝敬行为。据《唐律疏议》中的《斗讼》、《户婚》、《职制》及《诈伪》规定,控告、诅咒、谩骂祖父母、父母者,处绞

---

① 钱大群:《唐律疏义新注》,南京师范大学出版社2007年版,第573、579、580、585页。
② 田涛、郑秦点校:《大清律例》,法律出版社1999年版,第426、429页。
③ 钱大群:《唐律疏义新注》,南京师范大学出版社2007年版,第29页。
④ 钱大群:《唐律疏义新注》,南京师范大学出版社2007年版,第597、599页。
⑤ 钱大群:《唐律疏义新注》,南京师范大学出版社2007年版,第785页。
⑥ 钱大群:《唐律疏义新注》,南京师范大学出版社2007年版,第313、315、316、346页。
⑦ 田涛、郑秦点校:《大清律例》,法律出版社1999年版,第369、279、280页。

刑;祖父母、父母健在,分家另立户籍,自己拥有财产,处徒三年刑;拒绝赡养老人,处徒二年刑;为父母服丧期间,私自嫁娶成婚,或玩赏音乐歌舞,或提前脱换丧服,或者祖父母、父母健在,谎称其死亡,亦处徒三年刑;得知祖父母或父母丧事,不及时举哀吊唁,则处流二千里刑。① 明清法律对不孝的量刑相对唐宋要轻,法律虽规定:"凡骂祖父母、父母及夫之祖父母、父母者并绞",同时有了限制条件"须亲告乃坐"。② 实际上减轻了对子女的处罚。《大清律例》规定:"凡祖父母、父母在,子孙别立户籍分异财产者,杖一百。若父母丧,而兄弟别立户籍分异财产者,杖八十""闻祖父母父母丧,匿不举哀,杖六十,徒一年"。③ 这些又是直接减轻了处罚。

8. 不睦。"谓谋杀及卖缌麻以上亲,殴告夫及大功以上尊长、小功尊属"。④ 主要是背弃血缘亲属关系和违反伦理道德精神的亲族之间相犯的伤害行为。据《唐律疏议·贼盗》和《唐律疏议·斗讼》规定,谋划杀害"缌麻以上尊长者,流二千里;已伤者,绞;已杀者,皆斩";殴打或控告丈夫及其祖父母、伯父母、叔父母、姑母、兄长、姐姐或外祖父母、舅、姨等大功以上尊长与小功尊属,分别处徒一年以上刑;致成重伤者,比照普通人之间伤害罪,加重一至三等处刑;殴打致死者,分别处绞刑或斩刑。⑤ 宋明清基本上承袭了唐律的规定。

9. 不义。"谓杀本属府主、刺史、县令、见受业师,吏、卒杀本部五品以上官长;及闻夫丧匿不举哀,若作乐,释服从吉及改嫁"⑥。主要是违反上下、尊卑、贵贱之类等级秩序的犯罪行为。据《唐律疏议·贼盗》:"诸谋杀制使、若本属府主、刺史、县令,及吏卒谋杀本部五品以上官长者,流二千里,已伤者,绞;已杀者,皆斩。"⑦《唐律疏议·斗讼》规定:"殴伤见授业师,……死者,各斩",⑧《唐律疏议·职制》与《唐律疏议·户婚》规定,妻子得知丈夫丧事不及时举哀吊唁者,处流二千里刑;丧期未满提前脱换丧服,或忘哀使用音乐歌舞,或私自改嫁者,处徒三年刑。⑨ 明清律相同。

---

① 钱大群:《唐律疏义新注》,南京师范大学出版社 2007 年版,第 715、399、438、340、825 页。

② 田涛、郑秦点校:《大清律例》,法律出版社 1999 年版,第 471 页。

③ 田涛、郑秦点校:《大清律例》,法律出版社 1999 年版,第 186—187、293 页。

④ 钱大群:《唐律疏义新注》,南京师范大学出版社 2007 年版,第 36 页。

⑤ 钱大群:《唐律疏义新注》,南京师范大学出版社 2007 年版,第 709、713、753、562、642 页。

⑥ 钱大群:《唐律疏义新注》,南京师范大学出版社 2007 年版,第 38 页。

⑦ 钱大群:《唐律疏义新注》,南京师范大学出版社 2007 年版,第 561 页。

⑧ 钱大群:《唐律疏义新注》,南京师范大学出版社 2007 年版,第 723 页。

⑨ 钱大群:《唐律疏义新注》,南京师范大学出版社 2007 年版,第 340、438 页。

10. 内乱。"谓奸小功以上亲、父祖妾及与和者。"①主要是家族内部近亲之间的犯奸乱伦。据《唐律疏议·杂律》规定，"诸奸从祖祖母姑、从祖伯叔母姑、从父姊妹、从母及兄弟妻、兄弟子妻者，流二千里；强者，绞。""诸奸父祖妾，伯叔母、姑、姊妹、子孙之妇、兄弟之女者，绞。"②明清律对于"内乱"加重量刑及处罚。《大清律例》规定："若奸从祖祖母、祖姑、从祖伯叔母、从祖伯叔姑、从父姊妹、母之姊妹及兄弟妻、兄弟子妻者，各绞；强者，斩。""若奸父祖妾，伯叔母、姑、姊妹、子孙之妇、兄弟之女者，各斩。"③

根据上述犯罪行为的具体规定，"十恶"罪名可以分为四类：第一类是直接威胁或侵害皇帝人身安全、神圣尊严与皇权的谋反、谋大逆、谋叛、大不敬等犯罪；第二类是严重败坏家族内部伦理纲常关系的恶逆、不孝、不睦、内乱等犯罪；第三类是直接破坏贵贱尊卑等级制度的不义等犯罪；第四类是以残酷手段杀人的严重危害公共安全和社会秩序的不道等犯罪。这四类犯罪的一个共同特点，就是违背了以家庭为核心伦理道德精神，严重威胁或侵害君权、父权、夫权的绝对权威，直接破坏君主专制集权制度为核心的国家政权统治及其社会等级秩序。因此，唐宋明清律将"十恶"视为最严重的恶性犯罪，甚至一些行为尚处在谋划阶段即是犯罪，有的则分为未行、已行，两者都是犯罪，后者加重量刑。由此可见国家对"十恶"的重视程度。同时，"十恶"在《名例》中单独列出，并明确规定：凡犯"十恶"重罪者，一律不得适用八议、请、减、官当等司法特权；即使偶遇赦令，作为官员也要开除官籍。尤其犯有谋反、谋大逆、谋叛、恶逆等前四恶者，更要遭到法律的严厉镇压，并且罪不容赦，株连甚广。

二、七杀与保辜制度

（一）七杀

|【案例】谋杀一死一伤复又斗杀一命案|

▶【基本案情】 > > >

道光元年，刘海偌租雇施志学船只，与水手钟清茶、吴阿五出洋捕鱼，施志

---

① 钱大群：《唐律疏义新注》，南京师范大学出版社 2007 年版，第 41 页。
② 钱大群：《唐律疏义新注》，南京师范大学出版社 2007 年版，第 866、867 页。
③ 田涛、郑秦点校：《大清律例》，法律出版社 1999 年版，第 524 页。

学因其船租未清,屡向索讨,该犯怀恨,乘施志学睡熟,用斧向砍致伤,施志学惊起跑出船边,该犯乘势将其推跌落海,施志学遇救得生。该犯恐钟清茶首告,复起意杀死灭口,逼令水手蔡正相帮,将钟清茶砍殴致伤,抗弃海内溺毙。吴阿五见而喊叫,该犯又用斧吓砍,吴阿五畏惧跳入海内淹死。浙抚拟断:查该犯谋杀施志学伤而未死,并吓砍吴阿五致跳海溺毙,均罪止绞候,其将钟清茶致死灭口,应从重照谋杀造意律拟斩监候,蔡正依从而加功律拟绞监候。①

▶【案例分析】＞＞＞

这个案例是清朝道光年前的一起命案。其中杀人犯刘海倌因船主施志学屡次索要租船费用,怀恨在心,谋划杀之,并付之行动,用斧向砍致伤,施志学惊起跑出船边,该犯乘势将其推跌落海,施志学遇救得生,谋杀施志学未成,又恐钟清茶首告,复起意杀死灭口,并逼令水手蔡正相帮,将钟清茶砍殴致伤,抗弃海内溺毙,这两起杀人事件均为先谋划,后实施,依照清律对"谋"的解释"或谋诸心,或谋诸人",并且谋已成,杀讫者,造意者,斩监候,从者绞监候。伤而未死者,绞监候;另外对于吴阿五是临时起意,在争斗中致其落水淹毙,按照《大清律例》规定:"凡斗殴杀人者,不问手足、他物、金刃,并绞监候。"②因此判处绞监候。依照二罪以上俱发,以重者论,刘海倌故依照斩监候论处,而作为从犯蔡正依被判处绞监候。

▶【基本问题】＞＞＞

这个案件主要涉及杀人罪这一古老的犯罪形态。这种犯罪形态在中国古代社会依照行为人的主观动机和客观后果有不同的分类。我们需要了解和掌握中国封建社会杀人罪的种类及其处罚的法律规定。

▶【知识分析】＞＞＞

杀人罪是一个古老的犯罪形态,很早就已出现。元朝徐元瑞在《吏学指南》中归纳出"七杀":即谋杀、故杀、劫杀、斗杀、误杀、戏杀、过失杀,成为杀人罪的总称。③

---

① [清]祝庆祺、鲍书芸、潘文舫、何维楷:《刑案汇览三编》(二),北京古籍出版社2004年版,第799页。
② 田涛、郑秦点校:《大清律例》,法律出版社1999年版,第430页。
③ 郭建等:《中国法制史》,浙江大学出版社2011年版,第137页。

一、谋杀

谋杀,按照晋代法律对"谋"的解释"二人对议为谋"。① 《唐律疏议》"谋杀人"条律疏解释"谋杀人者,谓二人以上;若事已彰露,欲杀不虚,虽独一人,亦同二人谋法"。② 因此谋杀主要指的是二人以上,共同谋划的杀人行为,如果谋事已经表现明显,确实要杀人,即使是一个人,也同于二人相谋处置。谋杀罪在汉代法律中已经出现。《唐律疏议·贼盗》规定:"诸谋杀人者,徒三年,已伤者,绞;已杀者,斩,从而加功者,绞,不加功者,流三千里。造意者,虽不行,仍为首,即从者不行,减行者一等。"③把谋杀依照谋杀的阶段和后果划分为谋划阶段、已伤与已杀三个阶段,分别给予徒三年、绞、斩不同的处罚。并根据在其中作用(加功不加功)的大小给予流三千里和绞刑的处罚。

明清律基本上继承了唐律的规定,只是把"谋"直接解释为"或谋诸心,或谋诸人",并把"谋"的阶段明确地界定为已杀、已伤、谋而已行。《大清律例》规定"犯谋杀人,造意者斩监候,从而加功者,绞监候,不加功者,杖一百,流三千里。杀讫乃坐"。"若伤而不死,造意者,绞监候,从而加功者,杖一百、流三千里;不加功者,杖一百徒三年"。"谋而已行未曾伤人者,杖一百、徒三年,为从者,各杖一百,同谋者皆坐。"④

二、故杀

故杀,故意杀人的行为。谋杀、故杀均为故意杀人罪,谋杀与故杀的不同在于,谋杀先有故意杀人的谋划,然后才着手实施的犯罪。而故杀,在产生杀人的意图后,缺少谋划的情况下实施的犯罪,或者明知自己的行为可能产生杀人后果,但放任这种后果发生。晋代张斐《律注表》中解释:"其知而犯之谓之故。"⑤《唐律疏议》曰:"非因斗争,无事而杀,是名故杀。""虽因斗,而用兵刃杀者,与故杀同";"虽因斗,但绝时而杀伤者(事后回来杀人的),从故杀伤法。"可见唐律中的故杀有三种情况,凡故杀者,依律处以斩刑。⑥

---

① 《晋书·刑法志》。
② 钱大群:《唐律疏义新注》,南京师范大学出版社 2007 年版,第 568 页。
③ 钱大群:《唐律疏义新注》,南京师范大学出版社 2007 年版,第 568、569 页。
④ 田涛、郑秦点校:《大清律例》,法律出版社 1999 年版,第 420 页。
⑤ 《晋书·刑法志》。
⑥ 钱大群:《唐律疏义新注》,南京师范大学出版社 2007 年版,第 667 页。

明清律对故杀规定得比较明确。《大清律例》中规定"临时有意于杀,非人所知曰故。""故杀者,斩监候。"①而《大明律》规定:"故杀者,斩。"②

三、劫杀

劫杀,是劫夺囚犯而杀人的行为。汉代法律中有"篡囚"的罪名,规定篡囚者弃市。《唐律疏议》规定:诸劫囚"杀人者,皆斩"。③《大明律》规定,对劫囚杀人者,皆斩。④《大清律例》规定的是:对劫囚无论杀人与否,皆"斩监候"。⑤

四、斗杀

斗杀,是因斗殴而杀人的行为。斗杀与故杀的区别在于没有主观上杀人的故意。《唐律疏议》曰:"斗殴者,元无杀心,因相斗而杀人者",是为斗杀。但是一旦斗杀使用兵刃,就是故杀,"斗而用刃,即有害心"。⑥ 对斗杀人者,唐律处以绞刑。明清律继承了唐律的斗杀的规定。

五、误杀

误杀,是指斗殴时误杀旁人的行为。《唐律疏议》规定:"诸斗殴而误杀伤旁人者,以斗殴伤论,至死者,减一等",流三千里。"若以故僵仆而致死伤者,以戏杀伤论。"⑦明清律则规定"因斗殴而误杀旁人者,各以斗殴杀伤论,(死者并绞),其谋杀、故杀人而误杀旁人者,以故杀论(死者处斩)"。⑧

六、戏杀

戏杀,是在嬉戏是误杀他人的行为。晋张斐在《律注表》中解释"两和相害谓之戏"。《唐律疏议》曰:"谓以力共戏,至死和同者"是为戏杀。唐律规定:"诸戏杀伤人者,减斗杀二等。虽和,以刃,若乘高、履危、入水中,以故相杀伤者,唯减一等。"⑨明清律的戏杀量刑比唐律要重。《大清律例》解释:"以堪杀人之事为戏,如比较拳棒之类",是为戏杀。"因戏而杀伤人……各以斗杀伤论,死者,并绞。"⑩

---

① 田涛、郑秦点校:《大清律例》,法律出版社 1999 年版,第 430 页。
② 怀效锋点校:《大明律》,法律出版社 1999 年版,第 153 页。
③ 钱大群:《唐律疏义新注》,南京师范大学出版社 2007 年版,第 570 页。
④ 怀效锋点校:《大明律》,法律出版社 1999 年版,第 140 页。
⑤ 田涛、郑秦点校:《大清律例》,法律出版社 1999 年版,第 385 页。
⑥ 钱大群:《唐律疏义新注》,南京师范大学出版社 2007 年版,第 667 页。
⑦ 钱大群:《唐律疏义新注》,南京师范大学出版社 2007 年版,第 732 页。
⑧ 田涛、郑秦点校:《大清律例》,法律出版社 1999 年版,第 433 页。
⑨ 钱大群:《唐律疏义新注》,南京师范大学出版社 2007 年版,第 736 页。
⑩ 田涛、郑秦点校:《大清律例》,法律出版社 1999 年版,第 433 页。

七、过失杀

过失杀,是指"谓耳目所不及,思虑所不到"的情况下导致的杀人行为。由于这类行为没有主观上的故意,只是因为意想不到的情况导致的杀人行为,主观危害性小,故历代对过失杀人减轻处罚。唐律规定:"诸过失杀伤人者,各依其状,以赎论。"①明清律规定:"若过失杀伤人者,较戏杀愈轻,各准斗杀伤论,依律收赎给付其被杀伤之家。"②

(二)保辜制度

|【案例】马麟殴人守辜案|

▶**【基本案情】** > > >

待制马宗元少时,父马麟殴人,被系守辜。而伤者死,将抵法。宗元推殴时在限外四刻。因诉于郡,得原父死。郑克曰:"按辜限计日,而日以百刻计之,死在限外,则不坐殴杀之罪,而做殴伤之罪。虽止四刻,亦在限外。"③

|【案例】魏涛证死案|

▶**【基本案情】** > > >

魏涛朝奉知沂州承县,两仇家斗而伤,既决遣,而伤者死。涛求其故而未得,死者子诉于监司。监司怒,有恶语。涛叹曰:"官可夺,囚不可杀。"后得其实,乃因是夕罢归,骑及门而隧死,邻证既明,其诬自辩。郑克曰:"按此,盖死者子因其尝斗,以诬仇人也。夫斗而即决者,伤不至甚,法无保辜,今乃诬以伤而死也。且辜限内死,若有他故,唯坐伤罪,彼骑而隧,是他故也,亦可见其伤而不应保辜也。涛能求得其实,辨明其诬,可谓尽心矣。"④

▶**【案例分析】** > > >

这是郑克《棠阴比事》中记载的两起伤人适用保辜制度的案件。按照宋代

① 钱大群:《唐律疏义新注》,南京师范大学出版社 2007 年版,第 738 页。
② 田涛、郑秦点校:《大清律例》,法律出版社 1999 年版,第 433 页。
③ 杨一凡、徐立志:《历代判例判牍》(第 1 册),中国社会科学出版社 2005 年版,第 530 页。
④ 杨一凡、徐立志:《历代判例判牍》(第 1 册),中国社会科学出版社 2005 年版,第 530 页。

法律规定:"诸保辜者,手足殴伤人限十日,以他物殴伤人者二十日,以刃及汤火伤人者三十日,折跌肢体及破骨者五十日。注云:殴伤不相须,余条殴伤及杀伤各准此。""限内死者,各依杀人论,其在限外,及虽在限内,以他故死者,各依本殴伤法。"①马麟殴人守辜案中马麟伤人,被系守辜,因只在限期外四刻,当时官府计算有误,其子马宗元,依照法律计算出保辜期限应当依照满日来计算,因此已经在辜限外四刻,故其父按伤人罪论处。而魏涛证死案中,死者虽在辜限内死亡,但因其他原因"骑及门而隧死",因此,应按照伤人罪,判处流刑。

▶【基本问题】> > >

这两个案件涉及宋代保辜制度。我们还需要了解和掌握保辜制度历史发展和各个时期的法律规定及其主要内容。

▶【知识分析】> > >

保辜制度在中国刑法史颇具特色。它是通过对人身伤害实行保辜,以殴伤结果判断法律责任的制度。这一制度有明确的记载至少可以追溯到汉代。《史记·高祖功臣侯者年表》载:"元朔三年,侯得坐伤人二旬内死,弃市,国除。"汉武帝元朔三年,昌武侯单得打伤的人在 20 天内死亡,他因此被判处死刑。依照这个记载,可以看出汉代的保辜期是"二旬",被殴打受伤之人,在此期间死亡者,加害者则被处以弃市。发展到唐代,保辜制度进一步完善成熟,据《唐律疏议·斗讼》规定:凡殴人、伤人、谋杀、强盗等罪致人受伤的"诸保辜者,手足殴伤人限十日,以他物殴伤人者二十日,以刃及汤火伤人者三十日,折跌肢体及破骨者五十日。限内死者,各依杀人论,其在限外,及虽在限内,以他故死者,各依本殴伤法"。② 唐代确定保辜期限,用以判明伤人者的刑事责任,在限定的时间内受伤者死去,伤人者承担杀人的刑事责任;限外死去或者限内以他故死亡者,伤人者只承担伤人的刑事责任。宋元基本上继承了唐代保辜制度的规定。

明律在沿袭唐律的基础了作了某些细微更改:一是责令被告替受害人治伤。"凡保辜者,责令犯人医治"。③ 二是将手足殴伤人的辜限延长至 20 天即"手足及他物殴伤人者,限二十日"。④ 三是断付被伤笃疾之人养赡之资。对

---

① [宋]窦仪:《宋刑统·斗讼》,中华书局 1984 年版,第 329—330 页。
② 钱大群:《唐律疏义新注》,南京师范大学出版社 2007 年版,第 668—669 页。
③ 怀效锋点校《大明律》,法律出版社 1999 年版,第 160 页。
④ 怀效锋点校《大明律》,法律出版社 1999 年版,第 161 页。

"瞎人两目,折人两肢,损人二事以上及因旧患令至笃疾,若断败人阴阳者,并杖一百,流三千里。仍将犯人财产一半,断付被伤笃疾之人养赡"。①明代《问刑条例》将律所规定的辜限作了一些延伸,称谓"余限",即手足、他物、金刃及汤火伤,限外 10 日以内;折跌肢体及破骨、堕胎,限外 20 日以内;如受害人确系因原伤身死,对被告也要处以杀人罪。条例规定的延长部分虽称"余限",以示与律所规定的"正限"相区别,但实际上是延长了律定的辜限。清代沿用明制,无所更动。

三、六赃

|【案例】官吏得受不枉法赃完赃减罪②|

▶【基本案情】>>>

　　嘉庆七年户部咨称:本部具奏原任黑龙江将军景熠在黑龙江将军任内,收受馈送折色皮张等项,共应追缴银三千三百九十七两六钱,又与恒伯均分税课陋规制钱二百七十五千,应加倍追缴制钱五百五十千,统共应追缴银三千九百四十七两六钱。今伊子禄崇呈出老圈地二十四顷十九亩七分,每年取租银五百十四两零。查例载:所报地亩得租银一百三十两者,准其抵帑一千两,核算前地,应作价银三千九百五十四两零,以抵景熠名下应追银数有盈无缺,应准其将地亩入官抵完追项等因具奏。奉旨:依议。钦此。知照前来。查例载:官吏因事受财入己,审明不枉法,及律载:准枉法不枉法论,等赃果于一年限内全完,死罪照原拟减一等改流,倘限内不完,死罪仍照原拟监追等语。此案宗室景熠前在黑龙江将军任内得受总管协领富森布等馈送皮张,并折价银两,及侵用牛马税课俸饷平余,又同恒伯买马转卖,摊分余利等项共银三千九百四十七两零,被参革,审依官吏因事受财不枉法,赃一百二十两以上律拟绞监候,于嘉庆六年五月奏交宗人府圈禁在案。今据伊子禄崇将老圈地亩呈出抵项,经户部奏准,是景熠应交银两业已照数全完,如在一年限内完交,按例应准减一等改流,今户部于本年十二月奏明准抵,距上年五月奏准着追之日已逾一年之限,惟查侵盗钱粮之例,一年限内全完,死罪减二等发落,流徒以下免罪,若不完再限一年勒追,

---

　　① 怀效锋点校:《大明律》,法律出版社 1999 年版,第 160 页。
　　② [清]祝庆祺、鲍云芸、潘文舫、何维楷编:《刑案汇览三编》(三),北京古籍出版社 2004 年版,第 1847—1848 页。

全完者死罪及流徒以下各减一等发落,如不完,流徒以下即行发配,死罪人犯监禁,均再限一年,着追三年,限外不完,死罪人犯永远监禁,全完者奏明请旨,均照二年全完减罪一等之例办理。今景熠所得不枉法之赃,核与侵盗钱粮同一入己,现在完赃虽逾一年之限,若仍照例监禁,似不足以昭平允,理合奏明请旨,可否即照侵盗钱粮三年限外全完,照二年全完,死罪减一等之处,如蒙俞允,臣部咨呈宗人府,将景熠按流三千里年限圈禁,并通行各省。嗣后官吏因事受财入己,审明不枉法,及律载准枉法不枉法论等,赃均照侵盗钱粮之例分别年限勒追办理。奉旨:景熠应交银两已于一年限外如数全完,着准其减等,仍交宗人府照例圈禁,俟限满之日再行奏明请旨。余依议。钦此。奉天司通行已纂例。

▶【案例分析】＞＞＞

这是清代嘉庆年前的一起受财不枉法案例。按照清代法律,"凡官吏受财者,计赃科断,"有禄人,"不枉法赃各主者,通算折半科罪,……一百二十两以上,绞监候"。条例规定:"若官吏因事受财,贪婪入己,审明枉法、不枉法、及律载准枉法、不枉法论等赃,果于一年限内全完,死罪照原拟减一等,改流。"本案罪犯景熠前在黑龙江将军任内得受总管协领富森布等馈送皮张,并折价银两,及侵用牛马税课俸饷平余,又同恒伯买马转卖,摊分余利等项共银三千九百四十七两零,超过了"一百二十两",并没有枉法从事。因此依不枉法罪处以绞监候。而其子在超过一年外二年内"景熠应交银两业已照数全完",又因其为不枉法之赃,户部比照"盗钱粮三年限外全完,照二年全完,死罪减一等之处""将景熠按流三千里年限圈禁"拟断,得到皇帝认可,并编纂为例。

▶【基本问题】＞＞＞

这个案例涉及关于赃罪的问题,除了受财不枉法外,历史上各个时期都很重视赃罪的规定,这就要求我们了解和掌握历史上主要赃罪的种类和内容。

▶【知识分析】＞＞＞

赃罪,是指以非法手段取得官私财物的犯罪行为。赃罪,很早就出现了,如"昏、墨、贼、杀,皋陶之刑也"中的墨,指的是官吏的贪赃行为。秦代多有盗罪,汉代以来除了盗罪外,还有"赇",受赇是指官吏收受他人财物,枉法的行为,一般要处以死刑。晋代法律对赃罪的概念上有了明确的区分。张斐在《律注表》

中称:"取非其物,谓之盗,货财之利,谓之赃""呵人取财似受赇""若加威势下手取财为强盗,不求自与为受赇,所监求而后取为盗赃,输入呵受为留难,敛人财物积藏于官为擅赋",①等等,这些内容为后世所继承和发展。

一、唐代的六赃

唐代在前人的基础上,在法律上对赃罪进行了归纳,分为六类,称为"六赃"。《唐律疏议·名例律》"以赃入罪"条疏议:"在律,'正赃'唯有六色,强盗、窃盗、枉法、不枉法、受所监临及坐赃。自外诸条,皆约此六赃为罪。"②

(一)强盗赃

《唐律疏议·贼盗律》"强盗"条注为:诸强盗"谓以威若力而取其财,先强后盗,先盗后强等"。③ 即强盗罪是使用暴力、威胁或强迫等手段,公然劫夺官私财物的犯罪行为。唐律对于强盗罪是根据作案手段与情节性质,将其分为不持仗强盗与持仗强盗两种罪名,然后再计其所获赃物价值及其是否伤人,分别处以不同刑罚的。据《唐律疏议·贼盗律》规定:"诸强盗,不得财徒二年;一尺徒三年,二疋加一等;十疋及伤人者,绞;杀人者,斩。其持仗者,虽不得财,流三千里;五疋,绞;伤人者,斩。"④可见,唐律对于强盗罪的处罚是极为严厉的。另外以强盗论的还有故烧人舍屋及集聚物而盗、以他故殴击人因而夺或窃其财物的情况。

(二)窃盗赃

"窃盗人财,谓潜行隐面而取",即采用秘密的或乘虚而入等方式,偷盗窃取官私财物的犯罪行为。唐律对于窃盗罪的处罚,主要是根据其所获赃物价值的高低决定的。据《唐律疏议·贼盗律》规定:"诸窃盗,不得财,笞五十;一尺,杖六十;一疋,加一等;五疋徒一年,五疋加一等;五十疋加役流。"⑤"监临主守自盗及盗虽监临财物者,加凡盗二等,三十疋绞。"⑥"恐吓取人财物者,准盗加一等。"⑦

(三)受财枉法赃

是指"监临主司受财而枉法"的行为。《唐律疏议·职制律》"监主受财枉法"条疏:"监临主司,谓统摄案验及行案主典之类,受有事人财而为曲法处断者。"对于受财枉法的行为,按照其受财的多少量刑。"一尺杖一百,一疋加一

① 《晋书·刑法志》。
② 钱大群:《唐律疏义新注》,南京师范大学出版社2007年版,第142页。
③ 钱大群:《唐律疏义新注》,南京师范大学出版社2007年版,第616页。
④ 钱大群:《唐律疏义新注》,南京师范大学出版社2007年版,第617页。
⑤ 钱大群:《唐律疏义新注》,南京师范大学出版社2007年版,第618页。
⑥ 钱大群:《唐律疏义新注》,南京师范大学出版社2007年版,第619页。
⑦ 钱大群:《唐律疏义新注》,南京师范大学出版社2007年版,第622页。

等,十五疋绞。"①

（四）受财不枉法赃

《唐律疏议·职制律》"监主受财枉法"条疏议曰:"虽受有事人财,判断不为曲法。"由于没有造成"枉法"的结果,因此处刑比受财枉法相比为轻。唐律规定:"不枉法者,一尺杖九十,二疋加一等,三十疋加役流。"②

（五）受所监临赃

受所监临是官员不因公事收受所辖内百姓财物的行为,依律计赃论罪。但如果因"公事"则是"受财枉法赃"与"受财不枉法赃"。唐律规定:"凡监临之官受所监临财物,赃一尺笞四十,一疋加一等,八疋徒一年,八疋以上加一等,五十疋流二千里。""乞取者,加一等;强乞取者,准枉法论。"③

（六）坐赃

《唐律疏议·杂律》规定:"坐赃者,谓非监临主司,因事受财,而罪由此赃,故名坐赃。也就是不属于前五种赃罪的,都属于坐赃。凡坐赃致罪者:"一尺笞二十,一疋加一等,十疋徒一年,十疋加一等,罪止徒三年。"④

二、明清时期的"六赃"

明清法律在卷首列《六赃图》仍用六赃,但是内容有所变化,具体为监守盗、常人盗、窃盗、受财枉法、受财不枉法、坐赃。

（一）监守盗

即监临主守自盗仓库钱粮,为最重赃罪,《大明律》规定"不分首从并赃论罪",赃一贯以下杖八十,以上递加,赃满四十贯即处斩。⑤

（二）常人盗

指常人盗窃仓库钱粮。明律规定:"不得财,杖六十,免刺。但得财物者,不分首从,并赃论罪,"一贯以下,杖七十;依次递加,八十贯,绞,均刺字。⑥

（三）窃盗

《大明律》规定:"凡窃盗已行者不得财,笞五十,免刺;但得财者,以一主为重,併赃论罪,为从者,减一等;初犯并于右小臂膊上刺'窃盗'二字,再犯刺

---

① 钱大群:《唐律疏义新注》,南京师范大学出版社 2007 年版,第 369 页。
② 钱大群:《唐律疏义新注》,南京师范大学出版社 2007 年版,第 369 页。
③ 钱大群:《唐律疏义新注》,南京师范大学出版社 2007 年版,第 371—372 页。
④ 钱大群:《唐律疏义新注》,南京师范大学出版社 2007 年版,第 834 页。
⑤ 怀效锋点校:《大明律》,法律出版社 1999 年版,第 137—138 页。
⑥ 怀效锋点校:《大明律》,法律出版社 1999 年版,第 138—139 页。

左小臂膊,三犯者绞监候";赃一贯以下杖六十,递加至一百二十贯以上杖一百,流三千里。①

（四）受财枉法

明律规定:"凡官吏受财者,计赃科断。"犯"枉法赃",有禄之人"八十贯,绞",无禄之人"一百二十贯,绞"。②

（五）受财不枉法

明律规定:"不枉法者,赃各主者,通算折半科罪",犯"不枉法赃"至一百二十贯杖一百,流三千里。③

（六）坐赃

明律规定,坐赃,折半科罪,一贯以下笞二十,以上递加,五百贯以上罪止杖一百,徒三年。④

此外明朝对于强盗罪处罚不再计赃论罪,按《大明律·刑律》规定:"凡强盗已行而不得财者,皆杖一百流三千里;但得财者,不分首从皆斩。"较之唐律,明律加重了对强盗罪的处罚。另外设立"白昼抢夺罪",即人数少而不携带凶器且白天实施抢夺者是白昼抢夺罪。《大明律·刑律》规定:"凡白昼抢夺人财物者,杖一百徒三年,伤者斩,为从者各减一等,并于右小臂膊上刺'抢夺'二字"。

清代基本上承袭了明朝的六赃。只是把明律应处斩、绞的刑罚改为斩监候、绞监候。

第三节 礼法合一时期的刑罚

一、秦朝的刑罚

【案例】李斯被夷三族案

▶【基本案情】 > > >

李斯者,楚上蔡人也。初,赵高为郎中令,所杀及报私怨众多,恐大臣入朝

---

① 怀效锋点校:《大明律》,法律出版社 1999 年版,第 141 页。
② 怀效锋点校:《大明律》,法律出版社 1999 年版,第 183 页。
③ 怀效锋点校:《大明律》,法律出版社 1999 年版,第 184—185 页。
④ 怀效锋点校:《大明律》,法律出版社 1999 年版,第 186—187 页。

奏事毁恶之,于是赵高陷害李斯:"丞相长男李由为三川守,楚盗陈胜等皆丞相傍县之子,以故楚盗公行,过三川,城守不肯击。高闻其文书相往来,未得其审,故未敢以闻。且丞相居外,权重于陛下。"二世以为然。欲案丞相,恐其不审,乃使人案验三川守与盗通状。

赵高案治李斯。李斯拘执束缚,居囹圄中。于是二世乃使高案丞相狱,治罪,责斯与子由谋反状,皆收捕宗族宾客。赵高治斯,榜掠千余,不胜痛,自诬服。斯所以不死者,自负其辩,有功,实无反心,幸得上书自陈,幸二世之寤而赦之。……书上,赵高使吏弃去不奏,曰:"囚安得上书!"

赵高使其客十余辈诈为御史、谒者、侍中,更往覆讯斯。斯更以其实对,辄使人复榜之。后二世使人验斯,斯以为如前,终不敢更言,辞服。奏当上,二世喜曰:"微赵君,几为丞相所卖。"及二世所使案三川之守至,则项梁已击杀之。使者来,会丞相下吏,赵高皆妄为反辞。

二世二年七月,具斯五刑,论腰斩咸阳市。斯出狱,与其中子俱执,顾谓其中子曰:"吾欲与若复牵黄犬俱出上蔡东门逐狡兔,岂可得乎!"遂父子相哭,而夷三族。①

▶【案例分析】＞＞＞

这是李斯被诬谋反处以具五刑、腰斩和夷三族的刑罚。按照秦律规定谋反罪,处以夷三族,被处夷三族的罪犯实行具五刑。按《汉书·刑法志》载,具五刑即对受刑者施以黥、劓、斩趾等肉刑,再对其进行笞打,然后枭首并将尸骨剁碎用以示众,如有诽谤者还要先断其舌。腰斩,将犯人拦腰斩断以毙其命的刑罚方法。这些都是十分残忍的死刑执行方法。

▶【基本问题】＞＞＞

通过这个案例,我们还要继续了解和掌握秦代的刑罚体系的基本情况。

▶【知识分析】＞＞＞

由于秦朝是第一个统一的封建王朝,秦朝的刑罚,处于新旧交替的过渡阶段,一方面沿袭奴隶制五刑,另一方面改造增加一些新刑罚。刑罚名目繁多,刑

---

① 《史记·李斯列传》。

罚体系庞杂。其大致情况如下：

一、死刑

这是剥夺受刑者生命的极刑。秦朝死刑的执行方式很多，手段极其残酷。

具五刑。按《汉书·刑法志》载，即对当处夷三族的罪犯先施以黥、劓、斩趾等肉刑，再对其进行笞打，然后枭首并将尸骨剁碎用以示众，如有诽谤谩骂者还要先断其舌。[①] 这是十分残忍的死刑执行方法。

车裂。俗称"五马分尸"，即用绳索将受刑者的头和四肢分别拴在五匹马的身上，驱使马向五个方向牵拉，以撕裂其肢体，毙其生命。商鞅即受此刑。

腰斩。将犯人拦腰斩断以毙其命的刑罚方法。

枭首。即割下犯人的头再悬之于木竿上示众的刑罚方法。

绞。即用绳索将犯人勒死而保持肢体完整的死刑。

弃市。在人比较集中的闹市把人处死。《索隐》按：礼云"刑人于市，与众弃之"，故今律谓绞刑为"弃市"是也。[②] 如偶语诗书者，弃市。[③]

族诛。即一人有罪而杀其亲族，也称夷三族。"秦法有三族之刑。"[④] 对三族的范围主要有两种解释。《史记·秦本纪》张晏注云，三族指"父母、兄弟、妻子也"；如淳曰："父族、母族、妻族也。"

秦朝的死刑还有镬烹、磔（即裂其肢体而杀之）、坑（活埋）、定杀（生定杀水中之谓也）等方法。

二、肉刑

此即残害犯人的身体器官、破坏其肌体功能的刑罚，主要是从过去沿袭来的各种肉刑，如黥、劓、刖、宫等。值得注意的是，秦的肉刑多与劳役刑结合使用，如黥劓为城旦。同时又广泛使用笞刑，通过笞打犯人，使其皮肉受苦，是一种变相的肉刑。

三、劳役刑

限制犯人自由并强迫其服劳役的刑罚。秦朝大兴土木，劳役繁重，筑长城、建宫殿、造陵墓等等，都使用大批劳役刑徒。因此，秦劳役刑的使用相当广泛，名目种类也很多，主要有：

城旦舂。所谓城旦即强制男性犯人服筑城一类的重体力劳役；舂即强制女

---

① 《汉书·刑法志》。
② 《三家注史记·汉高祖本纪》。
③ 《史记·秦始皇本纪》。
④ 《三家注史记·汉高祖本纪》。

性犯人服舂米之类的杂役。

鬼薪、白粲。男犯为鬼薪,主要强制其为宗庙砍柴伐薪供祭祀之用;女犯为白粲,即强制女性犯人从事为宗庙择米之类体力较轻的劳役。实际上,男女犯人不只限于砍柴、择米,有的也从事其他劳役。这是次于城旦舂的劳役刑。

隶臣妾。将犯人或者其家属罚作官奴,强迫其为国家服各种劳役的刑罚。男性犯人称隶臣,女性犯人称隶妾。隶臣妾为终身刑徒,且其子女亦为刑徒。

司寇。即强制犯人到边地服劳役,兼以伺察寇盗,防御外敌的刑罚。

候。即强制犯人到边地侦察敌情,是秦朝最轻的一种劳役刑。

从云梦秦简来看,秦朝的劳役已基本形成体系,但很难说有明确固定的刑期标准。

四、财产刑

该刑是剥夺犯人一定财产的刑罚,主要有赀、赎、没等刑名。

赀刑。对轻微的犯罪强制犯人缴纳财物或以力役抵偿财物的刑罚。类似于今天的罚金刑。但所罚的范围较广,从云梦秦简来看,既有赀金:赀布、赀钱;赀物:赀甲、赀盾;也有赀役:赀徭、赀戍等。①

赎刑。是用交纳一定财物或服劳役的方法来赎免应受刑罚的一种替代刑。赎刑在西周就已制度化,秦有所发展,可以用铜、甲、盾、役等赎刑,耐、迁、黥、宫、死等刑都能赎,足见秦朝赎刑范围之广泛。

没。即没收罪犯财产充入官府。

五、流刑

即将犯人遣送到指定地区服劳役,不准擅自迁回原籍的刑罚,主要有迁、徙、谪等刑。

六、身份刑

该刑是指剥夺犯人身份或其社会地位的刑罚。受这种刑罚的人大多是国家官员或者是与这些官员有密切关系的人。大抵包括:夺爵,即剥夺有爵位者爵位的刑罚;废,即终身剥夺做官权利的刑罚;籍门,是剥夺罪犯全家及子孙后代政治权利的刑罚;收孥,即将犯人的妻和子收为官奴,剥夺其自由身份的刑罚。

---

① 睡虎地秦墓竹简整理小组编:《睡虎地秦墓竹简》,文物出版社 1990 年版,第 114、102、103、104、105、111、117、125、127、133、95 页。

七、耻辱刑

秦朝的刑罚不仅具有使犯人身体受苦的功能,而且有使其精神受辱的作用,出现了专门的耻辱性刑罚,主要包括髡、耐(或称完)。髡即剃去犯人头发的一种刑罚,常与劳役刑结合起来,作为附加刑使用,如髡钳城旦舂;耐是剃去犯人鬓须而保持其头发完好的刑罚,既可独立使用,也作为附加刑与劳役刑结合并用,如耐为鬼薪、耐为隶臣等。

二、汉代文景刑制改革

【案例】缇萦上书

▶【基本案情】> > >

汉文帝即位十三年,齐太仓令淳于公有罪当刑,诏狱逮系长安。淳于公无男,有五女,当行会逮,骂其女曰:"生子不生男,缓急非有益!"其小女儿缇萦,自伤悲泣,乃随其父至长安,上书曰:"妾父为吏,齐中皆称其廉平,今坐法当刑。妾伤夫死者不可复生,刑者不可复属,虽后欲改过自新,其道亡繇也。妾愿没入为官婢,以赎父刑罪,使得自新。"书奏天子,天子怜悲其意,遂下令曰:"制诏御史:盖闻有虞氏之时,画衣冠、异章服以为戮,而民弗犯,何治之至也!今法有肉刑三,而奸不止,其咎安在?非乃朕德之薄而教不明与?吾甚自愧。故夫训道不纯而愚民陷焉,《诗》曰:'恺弟君子,民之父母。'今人有过,教未施而刑已加焉,或欲改行为善,而道亡繇至,朕甚怜之。夫刑至断支休,刻肌肤,终身不息,何其刑之痛而不德也!岂为民父母之意哉!其除肉刑,有以易之;及令罪人各以轻重,不亡逃,有年而免。具为令。"①

▶【案例分析】> > >

缇萦上书是在齐太仓令淳于公有罪当刑之时,淳于公之女向汉文帝上书请代父受刑,以赎父罪,给父亲自新的机会。汉文帝以此为契机,提出现行法律存在弊端应当先教后刑,给人以改过自新机会,故提出废除肉刑,因此缇萦上书成了文帝改革刑罚制度的导火线。

---

① 《汉书·刑法志》。

►【基本问题】> > >

通过缇萦上书，我们要全面了解汉代刑罚制度改革的背景、内容和历史意义。

►【知识分析】> > >

一、刑罚制度改革的背景

从政治经济状况上看，西汉初期，为了尽快恢复生产，发展经济，以巩固新生政权，统治者吸取亡秦的历史教训，确立了轻徭薄赋、与民休息、约法省刑、务在宽厚的政治法律思想。在这一思想的指导下，经过二三十年的发展，到汉文帝时，经济繁荣，政权稳定，人民生活得到改善，社会矛盾缓和，犯罪现象大为减少。这是汉文帝进行刑制改革的必备条件。

从刑罚制度上看，汉随秦制，秦的刑罚制度总体上说仍然相当残酷野蛮，仍然保留着肉刑，而且体系杂乱。在汉文帝进行大规模刑制改革前，已经陆续地废除一些酷刑。如高后执政时，正式废除了夷三族刑；[①]文帝元年，"尽除收孥相坐律令"；[②]废除宫刑。[③] 这就为后来的刑制改革铺平了道路。

"缇萦上书"是汉文帝汉初刑罚制度改革最直接的原因。

二、刑制改革的内容

汉初刑制改革大体分为两个阶段，即汉文帝时期与汉景帝时期。

汉文帝下令，丞相张仓苍、御史大夫冯敬定律，汉文帝同意的刑罚制度改革方案是：

一是废除肉刑。"诸当完者，完为城旦舂；当黥者，髡钳为城旦舂；当劓者，笞三百；当斩左止者，笞五百；当斩右止，……皆弃市。"[④]从此，除斩右趾刑后世曾经恢复外，黥刑、劓刑、斩左趾刑均被废除，取而代之的是劳役刑、笞刑和死刑。

二是规定劳役刑的刑期。使得劳役刑正式成为有期刑，实际上缩短了刑徒服苦役的时间。具体规定"罪人狱已决，完为城旦舂，满三岁为鬼薪、白粲。鬼薪、白粲一岁，为隶臣妾。隶臣妾一岁，免为庶人。隶臣妾满二岁，为司寇。司

① 《汉书.高后纪》。
② 《汉书·文帝纪》。
③ 《汉书·景帝纪》。
④ 《汉书·刑法志》。

寇一岁,及作如司寇二岁,皆免为庶人。"①意思是被判处完城旦春者,服刑三年,降为鬼薪白粲;服鬼薪白粲一年后,降为隶臣妾;服隶臣妾刑一年后,免为平民。被判处隶臣妾刑者,服刑二年后,降为司寇;服司寇刑一年后,免为平民。被判处司寇刑者,服刑二年后,免为平民。

汉文帝刑制改革的意图是废止肉刑,宽缓刑罚。用徒刑、笞刑取代残害人肢体的肉刑,从刑罚手段上看,也是人类文明的一大进步。但这次改革存在着严重缺陷。"外有轻刑之名,内实杀人。"②其表现一是斩右趾者又当死,使得本来轻的刑罚加重了。二是"斩左趾者笞五百,当劓者笞三百,率多死"即处笞刑的人,往往还没有打满规定的数目,犯人就被打死了,实际上仍是死刑。因此改革的目的并未有达到。

针对上述弊病,汉景帝又对笞刑进行了进一步的改革,具体内容包括减少笞数、颁定《箠令》两个方面。

据《汉书·刑法志》所载,景帝元年,颁布诏令:施行笞刑与判处死刑没什么不同,即使受刑后侥幸存活的人,也是身体残废"不可为人"。定律:"笞五百曰三百,笞三百曰二百。"即笞数五百改为三百,笞数三百改为二百。然而,受笞刑的犯人还是难以保全性命。12 年后,至中六年,景帝又下诏曰:"加笞者,或至死而笞未毕,朕甚怜之。其减笞三百曰二百,笞二百曰一百。"又曰:"笞者,所以教之也,其定《箠令》。"《箠令》:"笞者,箠长五尺,其本大一寸,其竹也,末薄半寸,皆平其节。当笞者,笞臀。毋得更人,毕一罪乃更人。自是笞者得全。"③

景帝时颁行的减少笞数及《箠令》法律规定,进一步减轻了法定的笞刑,巩固了文帝刑制改革的成果,也使汉代的刑罚制度更加趋于合理。

三、历史意义

文景时期的刑制改革,肉刑作为完整的刑种从刑罚体系中被废除了。虽然汉以后某些肉刑,如黥刑虽然仍不断使用,但已在法定五刑之外。具体规定了笞刑制度,有明确刑期的劳役刑体系。使得汉文帝之后的刑罚体系主要包括笞刑、劳役刑和死刑,为隋唐之际确立的笞、杖、徒、流、死的封建五刑制度奠定了基础。

---

① 《汉书·刑法志》。
② 《汉书·刑法志》。
③ 《汉书·刑法志》。

三、封建五刑制度

|【案例】去官借贷所部银两还赃免罪①|

▶【基本案情】＞＞＞

　　道光十三年钦差升奏：调任福州将军徐锟由西安起身，因盘费不敷，辄托协领等转借银四千两，又接受马六十四匹，除所收马匹律应坐赃折半科罪，系轻罪不议外，其借贷银四千两应照监临官借贷所部财物，去官减在官时三等，于准不枉法杖一百、流三千里律减为杖八十，徒二年，所借银两业已退还，按限内完赃例免科罪。惟系一品大员，不知检束，未便竟予免议，应请旨革职。候补四品京堂舒灵阿列款奏揭各情，或所控得审，或事出有因，应免置义，惟以告病在籍人员本无奏事之责，乃擅自呈递封章，虽与军民有间，究属冒昧，应请旨交部议处。

▶【案例分析】＞＞＞

　　这个案例一是涉及六赃中的"坐赃"与"受财不枉法赃"。按照清代法律，"凡官吏受财者，计赃科断"，有禄人"不枉法赃各主者，通算折半科罪，……一百二十两以上，绞监候"。条例规定："若官吏因事受财，贪婪入己，审明枉法、不枉法、及律载准枉法、不枉法论等赃，果于一年限内全完，死罪照原拟减一等，改流。"徐锟所借银两业已退还，按限内完赃例免科罪，改为流刑即案中所说"杖一百，流三千里"，又因"去官减在官时三等"，应当是杖八十，徒二年。

　　二是本节中的刑罚"杖一百，流三千里"与"杖八十，徒二年"。这是清代五刑中徒流的两等刑罚。在清代徒流刑加杖刑作为附加刑已是定例，按照清代法律规定五刑中的徒刑五等为：一年杖六十，一年半杖七十，二年杖八十，二年半杖九十，三年杖一百；流刑三等为：二千里杖一百；二千五百里杖一百，三千里杖一百。

▶【基本问题】＞＞＞

　　在初步了解清代案例中的刑罚后，我们需要进一步掌握中国封建社会的刑

---

　　① 祝庆祺、鲍书芸、潘文舫、何维楷：《刑案汇览三编》（三），北京古籍出版社2004年版，第1880页。

罚体系的主要内容,包括封建五刑的形成,五刑的主要内容及其发展变化。

▶【知识分析】＞ ＞ ＞

一、封建五刑制度形成

三国两晋南北朝时期的刑罚制度上承秦汉,下启隋唐,初步形成了封建制五刑的刑罚体系,在中国刑罚制度发展史上是一个重要的过渡阶段。

三国定律时,多沿用汉代制度,魏《新律》的主要内容之一就是"更依古义制为五刑",定有死、髡、完、作、赎、罚金、杂抵罪,虽欲用"五刑"之名,但所定刑罚并不是五种并列、独立的刑罚。西晋定律虽也有五种刑名,但也不够规范。至《北魏律》把刑罚定为死、流、徒、杖、鞭五种,北齐、北周予以沿用,至此,五种并列的刑罚成为封建制五刑的雏形。

五刑之中,徒、流制度在这一时期得到进一步规范和完善。至北魏时,开始称"刑"或"年刑",自1年至5年分为五等。北齐沿袭,称为"耐",至北周正式称"徒"。流刑在汉代称为"徙边",作为对死刑的减等处理,不属常刑。至北魏、北齐,流刑被固定为法定刑,但此时称之为"远流",且无远近之分。至北周定律,依《尚书》古义,首创了流刑五等之制,即把流刑依照距离"皇畿"的远近,自2500里至4500里分为五等,每等相差500里,以区别适用于罪行轻重不等的罪犯。服流刑者均附加鞭、笞。将流刑定为法定刑,填补了汉文帝"废肉刑"以来徒刑与死刑之间的空白。隋朝定律采用北周之制,从此,徒分年限、流分远近的制度被固定下来,为封建制五刑的最终确立和完善奠定了基础。

鞭、杖、笞刑也早已有之,只是未列为主刑。至北周,鞭、杖列为主刑且数额日益规范,自10至50共五等,每等以10为差。

隋朝《开皇律》以北周《大律》为基础进行了刑罚制度的改革。具体内容为:

1. 死刑法定为绞、斩两等。废除北周五等死刑中的磬刑、枭首、裂刑与北齐四等死刑中的辕刑、枭首;

2. 流刑将北周流刑缩短流放里程,减轻为一千里至二千里三等,每等相差五百里,同时废除北齐、北周流刑均附加鞭笞的规定,分别改为居作二年、二年半、三年的劳役;

3. 将北周与北齐徒刑减轻为一年至三年,每等相差半年,蠲除徒刑所附加的鞭笞；

4. 将北周与北齐的鞭刑改为杖刑，自杖六十至杖一百共分五等，每等相差十下；

5. 将北周与北齐的杖刑改为笞刑，自笞十至笞五十亦分五等，每等也相差十下。①

正式确立笞、杖、徒、流、死封建五刑制度。

二、唐代五刑制度的内容

唐律在隋代五刑制度的基础上，进一步加以完善。其具体内容为：

（一）笞刑

《唐律疏议》疏议云："笞者，击也，又训为耻，言有小愆，法须惩戒，故加捶挞以耻之，汉时笞用竹，今时则用楚。"②可知笞用楚枝即荆条为刑具，责打受刑者的臀部和腿部，是五刑中最轻的一种刑罚。它适用于较为轻微的违法犯罪行为，主要目的是教育和羞辱当事人。笞刑共分五等，由笞十至笞五十，每等相差十下。

（二）杖刑

以削平竹节的常行杖为刑具，责打受刑者的臀部、腿部和脊背。它亦分五等，由杖六十至杖一百，每等也相差十下。与笞刑同是击打刑，但是杖刑无论从刑具规格、行刑部位到击打数目，都明显重于笞刑。

（三）徒刑

"徒者，奴也，盖奴辱之"③。在一定期限内剥夺犯人的人身自由并强制其从事劳役的一种刑罚，故其又称劳役刑或自由刑。唐朝徒刑共分五等，由徒一年至徒三年，每等相差半年。

（四）流刑

"流宥五刑，谓不忍刑杀，宥之远也。"④将犯人押送到指定的边远地区或荒芜地区安家落户并强制其从事一定劳役，不经赦免或允许不得擅自离开流放地返回原籍的一种刑罚。根据流放地区的远近，唐朝流刑共分三等，由流二千里至流三千里，每等相差五百里，但三等流刑均居作一年。唐高祖武德年间，增设断趾刑作为死刑减等之刑。唐太宗贞观六年，又改断趾刑为加役流，即在流三

---

① 《隋书·刑法志》。
② 钱大群：《唐律疏义新注》，南京师范大学出版社2007年版，第10页。
③ 钱大群：《唐律疏义新注》，南京师范大学出版社2007年版，第14页。
④ 钱大群：《唐律疏义新注》，南京师范大学出版社2007年版，第15页。

千里的基础上,增加居役为三年。不过,加役流并不属于五刑之列,是三等流刑以外的一种特殊刑罚。

（五）死刑

剥夺犯人生命的一种极刑。按照其行刑方式的不同,分为绞、斩两等。

以上法定五刑共分二十等。根据唐律的规定,除"十恶"等严重犯罪外,均可以铜赎抵相应罪刑,即由笞十到斩刑,分别交纳一斤至一百二十斤铜。

唐以后,五刑制度被后世所继承,虽然后世新出现了一些刑罚种类,但法典之上始终沿袭的是五刑体系。

【案例】李逢谋反凌迟处死案

▶【基本案情】 > > >

宋神宗熙宁八年,沂州民朱唐告前余姚主簿李逢谋反。提点刑狱王庭筠言其无迹,但谤讟,语涉指斥及妄说休咎,请编配。帝疑之,遣御史台推直官蹇周辅劾治。中书以庭筠所奏不当,并劾之。庭筠惧,自缢死。逢辞连宗室秀州团练使世居、医官刘育等、河中府观察推官徐革,诏捕系台狱,命中丞邓绾、同知谏院范百禄与御史徐禧杂治。狱具,赐世居死,李逢、刘育及徐革并凌迟处死,将作监主簿张靖、武进士郝士宣皆腰斩,司天监学生秦彪、百姓李士宁杖脊,并湖南编管。余连逮者追官落职。世居子孙贷死除名,削属籍。旧勘鞫官吏并劾罪。[①]

▶【案例分析】 > > >

这是宋代熙宁年间的一起被凌迟处死的案件。起因是"沂州民朱唐告前余姚主簿李逢谋反",李逢被捕,其口供牵连到秀州团练使世居等人,于是被凌迟处死。这说明在宋朝熙宁年间的司法实践中出现了凌迟刑。所谓凌迟,又称陵迟,俗称"千刀万剐",是以利刃将犯人身上的肉慢慢割尽,使其在极端痛苦中慢慢死去的刑罚,是我国古代死刑中最为残酷的一种执行方法。它开始于五代,法定于辽。在北宋时期的司法实践中使用此刑,从目前能看到的文献可知,在南宋《庆元条法事类》明确地把它与斩、绞一起列入死刑之中。

---

① 《宋史·刑法志二》。

▶【基本问题】＞＞＞

　　这个案例说明在唐朝之后，五刑体系发生了一些变化，凌迟刑逐渐成为法定刑。我们还需要了解和掌握，唐代以后五刑体系主要发生了哪些变化。

▶【知识分析】＞＞＞

　　一、宋代对五刑的变革

　　（一）折杖法

　　折杖法是指用常行杖来代替笞、杖、徒、流四刑。折杖行刑的先例始于唐朝后期。宋代的折杖法是一种法定的刑罚制度，规定于《宋刑统》中。即：流刑按里程三等和加役流分折脊杖二十至十七，加役流折脊杖二十，配役三年，三千里折脊杖二十，二千五百里折脊杖十八、二千里折脊杖十七、各配役一年，不必流徙远方；徒刑按五等分别折脊杖二十至十三，徒三年折脊杖二十、二年半折脊杖十八、二年折脊杖十七、一年半折脊杖十五、一年折脊杖十三，之后释放，不再服劳役；杖刑按五等分别折臀杖二十至十三，杖一百折臀杖二十、九十折臀杖十八、八十折臀杖十七、七十折臀杖十五、六十折臀杖十三，之后释放；笞刑五等折臀杖十至七，笞五十折臀杖十，四十、三十折臀杖八，二十、一十折臀杖七，之后释放。[①] 折杖法具有"流罪得免远徙，徒罪得免役年，笞杖得减决数"的好处，体现了省刑从轻的精神。但是折杖法不适用于死刑及反逆、强盗等犯罪。

　　（二）刺配刑

　　刺配刑始创于五代后晋天福年间，宋代刺配，原为宽恕死罪之刑，是将杖刑、刺面、配役三刑同时施加于一人，比唐朝的加役流更为严酷。后来逐渐突破宽恕死罪的使用范围，成为主刑。宋真宗《祥符编敕》中规定适用刺配的条文有四十六条，庆历年间有一百七十多条，南宋淳熙时竟达到五百七十条，成为常刑。

　　宋代刺配刑具体执行时相当复杂，杖责有数量和杖脊、杖臀的区别；刺字有刺背、额、面之分，刺面有"大刺"和"小刺"的区分；配役有军役和劳役的不同，军役编入军籍，劳役是从事煮盐、酿酒、烧窑、开矿、炼铁等苦役。宋初刺配按罪轻重的不同而不同，分为刺配本州岛、邻州、五百里、一千里、二千里、三千里及沙门岛等不同等级。刺配集肉刑、劳役多种刑罚于一身，刑罚苛重，而且使用过

---

　　① ［宋］窦仪：《宋刑统》，中华书局 1984 年版，第 3—5 页。

滥,引起了一系列的恶果。《宋史·刑法志》说:"配法既多,犯者日众,黥配之人,所至充斥。"①

（三）凌迟

凌迟,也作陵迟,俗称"千刀万剐",是以利刃将犯人身上的肉慢慢割尽,使其在极端痛苦中慢慢死去的刑罚,是我国古代死刑中最为残酷的一种执行方法。它开始于五代,法定于辽。北宋仁宗时荆湖地区出现杀人祭鬼的恶行,仁宗敕令:有首谋若加功者,处以凌迟刑,在宋代首开凌迟先例。神宗熙宁八年,越州余姚县主簿李逢因逆谋之嫌,被捕,其口供牵连到秀州团练使世居等人,于是被凌迟处死。《宋史·刑法志》记载,若凌迟,"熙宁以前未尝用于元凶巨蠹,而自是以口语狂悖致罪者,丽于极法矣"。北宋中期凌迟盛行,从目前已知的文献中,可知最迟到南宋《庆元条法事类》明确地把它与斩、绞一起列入死刑之中。以后,元、明、清三代凌迟之刑沿袭不变。

二、元代对五刑的变革

元朝刑罚一方面承袭了笞、杖、徒、流、死的五刑体系,另一方面结合本民族的习惯法也做了一些变革。

（一）以七为尾数的十一等笞杖刑

元世祖忽必烈即位后,对原有刑罚体系的刑量等级进行改革,"世祖定天下之刑,笞、杖、徒、流、绞五等,笞杖罪既定,曰:'天饶他一下,地饶他一下,我饶他一下',自是合笞五十,止笞四十七,合杖一百十,止杖一百七"②,但是据《元史·刑法志》记载:笞刑是笞七到笞五十七,以十为等差的六等笞刑,杖刑是从杖六十七到一百七,以十为等差的五等杖刑。③ 这样就形成元代笞杖刑量以七为尾数的十一等特殊制度。

（二）折杖法

元代仿前代"折杖法",结合本民族的刑罚体系,形成了元代的"折杖法"。元代"折杖法"是在金代刑罚体制的基础上进行,是笞杖折为笞,徒折为杖。具体方法是:笞、杖刑均折为"笞":笞刑五等折为:七、十七、二十七;杖刑五等折为:三十七、四十七、五十七;徒刑七等分别折为杖刑:一年、一年半折为六十七;二年、二年半折为七十七;三年折为八十七;四年折为九十七;五年折为一百七。

---

① 《宋史·刑法志三》。

② ［明］叶子奇:《草木子》卷三下《杂制篇》。

③ ［明］宋濂:《元史》(第九册)《刑法志》,中华书局1976年版,第2605页。

笞、杖折为笞，徒折为杖的局面在元代并未维持很久，至成宗元贞元年（1295年）七月，全面恢复了徒刑，确立了元代的有附加杖刑的五等徒刑："徒一年，（附加）杖六十七；每半年加杖一十；三年，（附加）杖一百七；皆决杖讫居役。"《元史·刑法志》也有同样记载。

（三）流刑和死刑

元世祖至元十二年（公元1275年）二月降旨："禁民间赌博，犯者流之北地。"《元史·刑法志》中详细记载了元代流法："流刑：辽阳，湖广，迤北。"①元代死刑定制为斩、陵迟处死二等，以"陵迟处死"为极刑，斩刑居其次。

（四）刺字

即在受刑人皮肤上刺字着色的一种刑罚，是古代黥刑的变种，元代将它作为某种特殊犯罪的附加刑。如对窃盗罪，据《元史·刑法志》载，除有本刑外，还以刺字为附加刑；"诸窃盗初犯，刺左臂，谓已得财者；再犯刺右臂，三犯刺项。强盗初犯刺项"。② 刺字不适用于蒙古人与妇女。

三、明代对五刑的变革

（一）刺字

刺字刑是对强、窃盗等严重犯罪分子实施主刑之后，附加刺臂的肉刑。

（二）充军刑

充军刑是把罪犯流放到外地入军卫充当军士的刑罚。《大明律·名例律》规定："凡军官军人犯徒流罪，各决杖一百，徒五等，皆发二千里卫分充军，流三等，照依地里远近，发各卫充军。"③除军人犯徒流罪之外，还是部分罪犯在服刑结束后加重处罚的手段。充军依照地里远近分为附近（千里）、沿海、边卫（2500里）、边远（3000里）、极边（4000里）、烟瘴（4000里）等。同时又分为终身充军和永远充军两种，终身充军只罚及罪犯本人，而永远充军则要罚及子孙，主要适用于实犯死罪减等的犯人，他们的子孙世代服军役，充当军士。因此，充军较之流刑又明显加重。

（三）凌迟

虽法典"五刑"中没有凌迟刑，但事实上凌迟是作为法定刑适用的，明律中有十三项罪名明确处以凌迟刑，主要是用以惩办谋反、谋大逆等严重的政治性犯罪。

---

① ［明］宋濂：《元史》（第九册）《刑法志》，中华书局1976年版，第2605页。
② ［明］宋濂：《元史》（第九册）《刑法志》，中华书局1976年版，第2656页。
③ 怀效锋点校：《大明律》，法律出版社1999年版，第6—7页。

四、清代对五刑的变革

(一)笞刑、杖刑的变化

首先是将笞杖刑具改同一律,笞、杖刑均用竹板来行刑,有小竹板与大竹板之分。其次是行刑的次数采用"打四折,以五板为等差,除零数"的计算方法。原来笞十,打四折之后变成了打四板。笞二十(打四折为打八板,又以五板为差等,去零头)变为打五板。以下依此类推,笞三十变为打十板,笞四十变为打十五板,笞五十打二十板,以上为小竹板;杖六十均为打二十板,杖七十变为打二十五板,杖八十变为打三十板,杖九十变为打三十五板,杖一百变为打四十板。①

(二)迁徙、充军、发遣成为法定刑

迁徙、充军之刑明代已有,清朝把它们进一步规范化,成为法定刑。

迁徙就是将犯罪本人及其家属迁出千里以外安置,不得返回原地居住。它类似于流刑,又不同于流刑。充军是将罪犯发配到边远地区服苦役的一种刑罚,重于一般的流刑。

清朝的充军刑分为附近充军(2000里)、边卫充军(2500里)、边远充军(3000里)、极边充军(4000里)、烟瘴充军(4000里)五个等级,因此又称"五军"。与明代有区别的是,清朝的"五军"只罚及犯罪者本人。

发遣是清朝独创的一种刑罚,就是将罪犯发配到边疆地区,为驻防官兵充当奴隶,是仅次于死刑的重刑。

(三)死刑制度的变化

清朝的死刑明确区分为立决和监候两类。立决包括斩立决和绞立决两种,主要是针对社会危害性极大的犯罪,对于犯者决不待时。监候亦区分为斩监候和绞监候,是针对那些虽构成死罪,但是并非罪大恶极,可以先行羁押,待到秋审之后,再决定是否执行死刑。这样被判处斩监候和绞监候的案犯在秋审复核程序中有免死减刑的可能。

凌迟、枭首、戮尸的适用。清朝对凌迟刑在适用范围和行刑方式都有所发展。明朝适用凌迟处死的律和例共计十三条,清朝除了全部继承之外,又增加了劫囚、发冢、谋杀人、杀一家三人、威逼人致死、殴伤业师、殴祖父母、殴父母、劫囚脱监以及谋杀本夫等九条十三罪,把凌迟刑的适用范围扩大了。枭首也是清朝广为施用的死刑之一。它最初只适用于凌迟重犯,后来又扩及到对江洋大

---

① 田涛、郑秦点校:《大清律例》,法律出版社1999年版,第80页。

盗、爬城行劫、粮船水手行劫施以枭首之刑。戮尸是对凌迟和枭首的一种补充，凡是应处以凌迟或枭首的罪犯若在执行之前已经死亡的，对罪犯的尸体所施加的斩戮之刑。

（四）"刺字"刑的广泛适用

清初刺字之刑，只适用于少数几种犯罪的附加刑。例如，对盗窃犯附加刺字，以预防犯罪人再犯；对"逃人"附加刺字刑，是为了便于侦缉、追捕。后来刺字之法适用范围愈加广泛，又有刺缘坐、刺凶犯、刺逃军逃流等。刺字的方式也趋于规范化：刺字的部位，初犯先刺右臂，再犯刺左臂，更犯刺右面、左面；刺字的内容有刺事由、刺管束地方，并分刺满汉两种文字。[①]

▶【案例与思考】＞＞＞

｜【案例一】萧奇才殴死伊妻梁氏案｜

广东清远县民萧奇才佣工度活，乾隆四年四月二十九日，萧奇才之父萧以相卧病，伊在外佣工，嘱妻梁氏伺候茶粥。梁氏因樵采伤指肿痛，午后尚未治食。奇才回家，责骂梁氏懒慢，梁氏回骂。奇才掌打梁氏左腮颊，梁氏手搊奇才肾囊。奇才图脱，用拳打去，适伤梁氏偏左，梁氏昏晕倒地。奇才忙扶至床，救治不醒，随即殒命。履审该犯，供认不讳，广东布政使代理按察司事王恕及署理广东巡抚王謩认为，萧奇才合依夫殴妻至死律，拟绞监候；保邻张昌隆等并不在场，与尸翁萧以相、尸父梁朝君，均经该县讯明，先行摘释。查萧奇才之父萧以相年已七十二岁，止生萧奇才一子，家无以次成丁，可否照例存留养亲，相应开明缘由，恭候圣裁。臣谨题请旨。

批红是三法司合拟具奏。[②]

【思考】结合上述案例和教材分析一下关于存留养亲的法律问题。

｜【案例二】八十岁犯谋杀逃脱三年就获｜

道光二年福抚题：林聪起意纠人，将无服族侄林由谋死，复主令林决诬告李暖致死，图泄私忿。该犯旋即逃脱被获，将林聪依谋杀人造意律拟斩监候，逃脱三年，就获，改为立决。恭逢大赦，应准免逃罪。其原犯谋杀人造意斩候之罪，

---

① 《清史稿·刑法志二》。

② 郑秦、赵雄：《清代"服制"命案》，中国政法大学出版社1999年版，第44页。

不准援免。惟该犯年已八十,应于疏内声明,请旨准其免死,将该犯减为杖一百,流三千里,仍照律收赎。①

【思考】结合上述案例及其教材、《大清律例》,分析一下清朝的刑事责任能力的法律问题,并评价。

【案例三】抢赃满贯妻弟自告

道光三年直督咨:侯明远抢夺事主段鸿格银两,用铁尺拒捕事主平复,计赃一百二十两零,罪拟应绞,于未破案以前经妻弟卢昆首告拿获。查妻之兄弟系外姻,律图内载明,无服之亲首告到官,例得减等拟流。其用铁尺殴伤段鸿格平复,系侵损于人,不再自首之律,仍得免其所因,依凶器伤人律拟军免刺。②

【思考】结合案件分析清朝的关于自首的规定。并结合教材分析自首原则的历史发展和现实价值。

【案例四】玩耍扑跌被烟袋嘴戳伤身死③

道光十三年奉天司:此案戴狗儿腰带铜嘴烟袋,至空地乘凉,适素识之庞老根同石发喜等在彼游嬉,庞老根见戴狗儿至彼言欲装马玩耍,戴狗儿允从,戴狗儿装作马头,庞老根至戴狗儿身后抱住戴狗儿腰胯,当作马身,令石发喜骑伊背上,庞老根用头顶撞戴狗儿后腰往前推挞,戴狗儿乘势跑走数步,戴狗儿被石绊跌合扑倒地,庞老根石发喜俱扑跌戴狗儿身上,不期戴狗儿身带烟袋铜嘴插入庞老根右鼻孔内身死。该侍郎以戴狗儿装马玩耍,非堪以杀人之事,照过失杀人律收赎等因咨部。查嘉庆十六年本部议覆安徽省丁泽戏杀孟景华身死案内,声明律载以堪杀人之事为戏,系统指手足他物金刃皆可杀人辄以之为戏者而言。若本无戏谑之事,而偶致杀人实系耳目所不及,思虑所不到,则谓之过失等因奏准通行。在案是戏杀与过失杀两律各有区分,引断不容牵混。今戴狗儿与庞老根装马玩耍,不期跑走扑跌,致该犯身带烟袋铜嘴插入庞老根鼻孔身死,系属衅起于戏,与本无戏谑之事而偶致杀人者不同。且装马玩耍之时,庞老根以幼孩弯身负重,又复推挞跑走,一经失足,势必相继而踣,更不得谓非堪以杀人

---

① [清]祝庆祺、鲍书芸、潘文舫、何维楷:《刑案汇览三编》(一),北京古籍出版社 2004 年版,第 120 页。
② [清]祝庆祺、鲍书芸、潘文舫、何维楷:《刑案汇览三编》(一),北京古籍出版社 2004 年版,第 140 页。
③ [清]祝庆祺、鲍书芸、潘文舫、何维楷:《刑案汇览三编》(二),北京古籍出版社 2004 年版,第 1148 页。

之事,自应将该犯依戏杀律问拟绞。候该侍郎照过失杀律定断,系属错误,罪关生死出入,应令该侍郎另行按律妥拟。

【思考】结合案例和教材分析关于七杀的内容。

|【案例五】断|

余济贩盐恶少,自将官会二千贯,就本州岛承买进纳将仕郎诰书填,恃此专一欺骗善良,为一州巨蠹。其在支乙家奸淫其妻,就为窟穴。知陆震龙有钱可骗,既合谋设计,诱之使赌,又作套坐掷,使之尽输,甚逼迫之窘,自缢而死,则是其缢即余济缢之也,其死则余济死之也。奸猾之徒,动辄十数为群,以赌为名,欺骗取财,此等风俗,安可不戢。在法:恐迫人畏惧致死,以斗杀论。余济造谋恐迫陆震龙致死,正合上条。在法:进纳将仕郎犯斗殴人折伤以上者,不在当赎之例。余济所承买将仕郎不该听赎,合照条定断,姑减等决脊杖十二,编管一千里,滕州追索将仕郎诰赴司。支乙以妻为货,合谋欺骗,杖一百,编管邻州。留仍孙决竹篦二十,押下州县听赎一年。陈通、陈暹滕州各杖一百,刊落名粮,拘锁外寨。郑厨司、杨排军各杖八十,降移外寨。①

【思考】结合宋代刑罚制度,分析此案例涉及的相关法律问题。

---

① 中国社会科学院历史研究所宋辽金元史研究室点校:《名公书判清明集》(第二版),中华书局2002年版,第532页。

第九章

礼法合一时期的司法制度

第一节　礼法合一时期的司法组织

|【案例】兄弟讼财案|

▶【基本案情】＞＞＞

　　许荆字少张，会稽阳羡人，为桂阳太守。尝行春到耒阳县，人有蒋均者，兄弟争财，互相言讼。荆对之叹曰："吾荷国重任，而教化不行，咎在太守。"乃顾使吏上书陈状，乞诣廷尉，均兄弟感悔，各求受罪。①

▶【案例分析】＞＞＞

　　这是东汉和帝时期兄弟争讼向地方官提起诉讼的案件。说明在汉代审理民间纠纷的机关是县令郡守，行政机关兼理司法。同时许荆作为桂阳太守认为自己肩负国家重任，担负一郡的礼仪教化职责，兄弟纠纷是因为自己没有好好地推行礼仪教化，是自己的失职，因此向皇帝上书，请求自己到掌刑的廷尉那里接受审判。最后争讼的两兄弟深受感动，都要求对自己进行处罚。这里反映出兄弟之情重于利益纠纷，礼仪教化重于诉讼纷争，礼法冲突之时，礼在其中的主导作用。

　　结合本章，此案例涉及地方司法机关是行政机关兼理司法，由县令郡守审理案件；对于中央的司法审判机关是廷尉，但能否审理太守还要上书皇帝，说明了最高司法审判权掌握在皇帝手中。

---

①　《后汉书·循吏列传》。

|【案例】杜纮为大理寺详断官|

▶【基本案情】＞＞＞

杜纮,字君章,濮州甄城人,宋神宗期间,为大理评断官。① 每议狱,必傅经义。有幼女养于夫家而死,吏当如婚法。纮言:"礼,妇三月庙见,'未庙见而死,则葬女家,示未成妇也'律,定婚而夫犯,论同凡人。养妇虽非礼律,然未成妇则一也。"议乃定。擢刑部侍郎。②

▶【案例分析】＞＞＞

这是宋代神宗间的案件。涉及两个官职,大理详断官和刑部侍郎。在宋代大理寺为中央最高的审判机关,负责审理地方各州县上报的刑事案件以及京城百官案件,实行审判分离。刑部作为司法行政机关,同时负责复核大理寺所断全国的死刑已决案件。中央大理寺和刑部设有详断官(断司)、详议官(议司)分别负责审讯、检法用律,而后由长官审定断案。本案中杜纮为详断官,结合礼律对于案情的事实进行剖析,提出了对养于夫家幼女即童养媳被未婚夫杀死的案件,提出了应当依照未婚女子定罪量刑的理由,一是依据礼的规定,女子嫁到男家,还没有到祖庙拜祭已故公婆,则视为未婚。二是依照法律,如果一个女子订婚后未婚夫犯了罪,未婚妻依照凡人处置,则说明也是未婚女子。从而反驳了吏依照杀死已婚女子定罪的情况。说明了大理寺对于地方审理的案件具有复审的权力,是常设的最高审判机关。

|【案例】张世洪戳死妻弟李珑案③|

▶【基本案情】＞＞＞

刑部等衙门、经筵日讲起居注官、太子太保、武英殿大学士、管理吏部、刑

---

① 评断官:当作"详断官",见《宋史》(中华书局校点本)校勘记。转引陈重业主编:《〈折狱龟鉴补〉译注》,北京大学出版社 2006 年版,第 53 页。

② 《宋史》卷三百三十《杜纮传》,转引陈重业主编:《折狱龟鉴补译注》,北京大学出版社 2006 年版,第 52 页。

③ 郑秦、赵雄主编:《清代"服制"命案——刑科题本档案选编》,中国政法大学出版社 1999 年版,第 193 页。

部、监管户部三库、掌翰林院事、兼管镶黄旗满洲都统事务、世袭云骑尉、革职留任从宽留任又从宽免其留任臣舒赫德等谨题：为报明事。

该臣等会看得：张世洪戳伤李珑身死一案。据贵州巡抚裴宗锡疏称：乾隆四十年十月初三日，张世洪染患疟病，因伊妻李氏煮粥不好，曾以柴块殴伤李氏臂膊。李氏潜回向其父李秀诉知，李秀留女暂住。初五日，邀兄李广同弟李珑送回婿家。与张世洪之父张万邦理论，两相争闹。李广斥责其非，张万邦用木杆打伤李广右额头，李广拾石头殴伤张万邦左手背。张世洪上前救护，李珑持柴块打伤张世洪额门，张世洪躲避，李珑赶打，张世洪取铁镖格开，随后用镖一戳，适伤李珑偏右，移时殒命。审供不讳。将张世洪依律拟绞等因，具题前来。

应如该抚所题：张世洪合依斗殴杀人律，拟绞监候，秋后处决。臣等未敢擅便，谨题请旨。

乾隆四十一年七月二十七日

（批红）张世洪依律拟绞，着监候，秋后处决，余依议。

▶【案例分析】＞＞＞

这是清代死刑的案例。清朝地方司法机关分为：县、府、省按察使司、总督巡抚四级。流刑以上案件，地方司法机关只能就案件事实的认定、所应适用的法律提出意见，然后上报刑部裁决。张世洪戳死妻弟李珑案属于流刑以上案件，贵州巡抚裴宗锡审理之后，对案件事实进行了认定，并提出了"将张世洪依律拟绞"的意见，上报刑部。刑部在清代职掌全国"法律刑名"，在三法司中居于主导地位，主持各省刑案的复核，但是刑部仅有权决定处流刑以下的案件。对于死刑案件，刑部只能提出处理意见，经皇帝批准后才能生效。因此本案中刑部复核之后，提出意见，上奏皇帝裁决，皇帝通过批红的方式给出了最终的判决："张世洪依律拟绞，着监候，秋后处决，余依议。"这个案件体现了死刑的最终判决权掌握在皇帝手中。

▶【基本问题】＞＞＞

通过这三个案例，我们需要进一步了解和掌握的知识点是关于中国封建社会司法组织的发展和演变，包括各个时期的中央司法机关和地方司法机关的基本情况。

►【知识分析】> > >

一、皇帝掌握最高司法审判权

在中国封建社会,皇权至高无上,皇帝独揽国家一切大权,包括最高司法审判权。在秦朝,皇帝控制审判权通过三条途径:一是亲自审判案件,直接行使司法审判权。二是建立一套由皇帝直接控制的司法机构,在审理判决重大案件时,皇帝拥有最高裁决权或最后决定权。即亲自审判案件,直接行使司法审判权。三是皇帝责成某些官员审理案件。

一是亲自审判案件,直接行使司法审判权。

秦代时期,秦皇嬴政"专任刑罚,躬操文墨,昼断狱,夜理书",[1]亲自审理案件。到了汉朝由于确立了上请原则,所以官员贵族犯罪后,都要上奏皇帝,恭候皇帝裁决。三国时期曹魏确立了八议制度,八议人员违法犯罪一般司法机关无权过问,须皇帝裁决。这两个制度被后世援用。东汉时期出现了皇帝亲自录囚,如汉明帝时期,寒朗以谒者守侍御史,在考察楚狱的过程中,发现许多诬陷情景,上书明帝后,明帝于是"车驾自幸洛阳狱录囚徒,理出千余人"。[2] 隋文帝亲自参与录囚制度,"每季亲录囚徒,常以秋分之前,省阅诸州申奏罪状"。[3] 宋代皇帝亲审录囚或"御笔断罪"明显比以前增多。史称太祖、太宗率先亲自复审罪囚,京师重大疑难案件"多监决之"。宋开宝二年(公元969年),太祖亲自录囚,并下令两京、诸州长吏督促狱掾每五日一录囚(后改为十日一次),奏报朝廷,定为常制。太宗常亲录囚犯"至日旰(音干,意晚)";至南宋孝宗、理宗每年也都"临轩虑囚",审录时间从夏季增加到冬季。由此宋朝的录囚范围扩大,录囚的经常化和制度化,对于纠正司法审判过程中的冤假错案大有裨益。北宋徽宗时将皇帝的司法权力扩大到了无以复加的程度,他经常不依律敕,颁发"御笔手诏"特旨处分,并要求臣下服从,不得以常法拒阻不行,否则"以大不恭论罪";凡经御笔所断之罪,不许向尚书省陈诉。凡承旨执行的机关,"稽滞一时杖一百,一日徒二年,二日加一等,罪止流三千里,三日以大不恭论"。[4] 这种将个人权威凌驾于法律之上的做法,破坏了正常的司法程序,加剧了北宋政权的灭亡。

二是建立一套由皇帝直接控制的司法机构,在审理判决重大案件时尤其是

---

① 《汉书·刑法志》。
② 《后汉书·寒朗传》。
③ 《隋书·刑法志》。
④ 《宋史·刑法志》。

死刑案件,皇帝拥有最高裁决权或最后决定权。

秦汉时期,对死刑的奏报没有明确规定,一般情况下,郡一级就有权决定死刑,无须奏请皇帝批准。三国时期,这一权力的行使开始受到限制。魏明帝时曾下诏:"廷尉及天下狱官,诸有死罪,具狱以定,非谋反及手杀人,亟语其亲治,有乞恩者使与奏。"① 南朝自宋开始,死刑奏报也渐成惯例,"其罪甚重辟者,皆如旧先上"。② 至北魏时明确规定,地方判处死刑必须先奏报皇帝批准才能执行:"当死者,部案奏闻。……诸州国之大辟,皆先谳报乃施行。"③ 当时,"狱成皆呈,帝亲临问,无异辞怨言乃绝之",④ 以示慎重。死刑奏报制度正式确立,体现着皇帝通过常设司法机构体系的权限划分,使得死刑案件的最终裁判权掌握在自己手中。死刑奏报制度于这一时期确立后,为后世各封建王朝所继承。隋代开皇十五年确立死刑三复奏制度,唐太宗时期由于错杀了大理寺丞张蕴古,改三复奏为五复奏制度,后世虽有所变化,但是死刑奏报皇帝由皇帝裁决的制度则被后世所继承。

三是皇帝责成某些官员审理案件。

皇帝交办的案件一般有廷尉审理,如汉代的"缇萦上书"案。另外皇帝还可以交给其他官员审理案件,比如在汉代皇帝可以交由御史大夫承诏治狱,以后历代的御史台、都察院往往承办皇帝交办的重大疑难案件,如唐代御史台的侍御史,"凡有制敕付台推者,则按其实状以奏"。⑤ 宋初还增设了制勘院和推勘院等临时性的审判机构,明代的厂卫机构,负责审理皇帝交办的案件。

二、中央常设司法机构

(一)秦汉时期

秦汉时期的中央司法审判机关是廷尉,其长官也称廷尉,是九卿之一,地位低于三公。廷尉的职责:一是审理皇帝交办的案件,即诏狱。二是审理地方移送的案件。皇帝对廷尉审判的案件,有最后裁决权。

西汉尚书台出现后,尚书台下属机构开始侵夺廷尉的职权,如汉成帝是在尚书台下设三公曹尚书"主断狱事,"⑥ 东汉光武帝时尚书台下二千石曹尚书

---

① 《三国志·魏志·明帝本纪》。
② 《宋书·孝武帝纪》。
③ 《魏书·刑罚志》。
④ 《魏书·刑罚志》。
⑤ [唐]李林甫等撰,陈仲夫点校:《唐六典》,中华书局1992年版,第380页。
⑥ 《汉书》卷十颜师古注引《汉旧仪》。

"主辞讼"。①

汉代还有"杂治",即遇有重大案件,由中央各部门许多高级官员联合审判,开后世会审制度之先河。例如,贺良等人反道惑众案,便由光禄勋、御史中丞、廷尉等官进行"杂治"。②

(二)三国至隋唐时期

三国两晋南北朝时期,这一时期的中央审判机关一般仍为廷尉。魏明帝时,在廷尉之下增设律博士一人,专门负责教授法律知识,提高司法官吏的专业素质和断案水平。西晋在廷尉属官中仍设律博士外,且增设了正、监、平、通事等职。至北齐,廷尉扩充为大理寺,其长官为大理寺卿、少卿,进一步增设了属吏。尚书台下设诸曹中负责司法审判的有三公曹、二千石曹,都官曹、比部等,其长官为尚书,中央行政机构兼领司法事务的制度的逐步完善,为隋唐司法制度的发展和完备奠定了基础。

隋朝中央常设司法机关,主要包括大理寺、刑部、御史台三大司法机构,为唐代所继承。

隋唐的大理寺"掌决正刑狱"③"掌邦国折狱详刑之事",④主要负责审理中央百官与京师地区的徒刑以上案件。但是,对徒、流刑案件的判决,须送刑部复核;死刑案件的判决,则要上报奏请皇帝审批。对于刑部移送的地方死刑或疑难案件,大理寺也有重审权。大理寺是中央最高司法审判机关,设卿一人、少卿二人为正副长官,下置丞、主簿、录事、正、监、评、司直、律博士、明法、狱掾及其他属员若干人,他们分工负责各自的司法审判事务、法律培训教育及监狱管理工作。

隋代刑部系合并前代二千石曹、三公曹、都官曹三曹职责发展而成,属于中央司法行政机关。其正副长官为尚书、侍郎,下置其他属员若干人。隋炀帝大业三年以后,曾改刑部为宪部。唐代为刑部,是中央司法行政机关,设尚书、侍郎各一人为正副长官,"掌天下刑法及徒隶、勾复、关禁之政令",⑤主要负责复核大理寺及地方各州县上报的徒刑以上案件,同时兼管全国的狱政等司法行政事务。对于所复核的可疑案件,徒、流刑以下一般驳回原审机关重审,死刑案件

---

① 《后汉书》卷三十六《百官志》注引蔡质《汉仪》。
② 《汉书·楚元王传》,引颜师古注。
③ 《隋书·百官志中》。
④ 《旧唐书·职官志三》。
⑤ 《旧唐书·职官志二》。

则移交大理寺重审。

隋代御史台仍为中央最高监察机关,"掌察纠弹劾",①主要职责是监察文武百官并纠举、弹劾其违法犯罪行为,同时负有审查监督大理寺、刑部等机关司法活动的职责。唐代强化了御史台的职责,"掌持邦国刑宪典章之政令,以肃正朝列",②是中央行政监察和司法监督机关,设大夫一人、中丞二人为正副长官,除对文武百官的行政监察职能外,其对司法方面的监察监督职责,主要是监督大理寺的审判活动和刑部的复核活动。遇有重大疑难案件,往往也直接参与审理审判活动,这主要有御史台三院中的台院负责。

这样就形成了大理寺审判、刑部复核、御史台监察的"三司分立"的司法审判制度。但是唐朝对于一些重大疑难案件,有时也采用特别审判程序,即由大理寺卿、刑部尚书、御史大夫等三大法司的长官,组成临时特别法庭会同审理,称为"三司使鞫狱"或"三司推事";地方发生的不便移送京师的重大疑难案件,有时也派三法司的副职或其属员前往当地进行审理,称为"小三司"。凡是经过会同审理的重大疑难案件,其审判结果一般要上奏皇帝最后裁决。另外,对于"凡天下之人有称冤而无告者,与三司诘之"这里的"三司"指的是"御史大夫,中书、门下"并且"大事奏裁、小事专达",③即对于直诉案件有受理审问的权力,称为"三司理事"。

(三)宋元明清时期

宋代在承袭唐代制度的基础上有所变化,为了加强皇帝对大理寺、刑部、御史台三机关司法审判权的制约,太宗淳化二年(公元 991 年)在宫中增置审刑院,由皇帝指派亲信大臣或高级官员出任长官知院事,职责是复核大理寺所裁断的案件,实际上是代表皇帝控制司法,侵夺了刑部原有的权力。这样全国各地上奏中央的案件,先送审刑院备案,再交大理寺审理、刑部复核后,再返回审刑院,由知院事或其属下的详议官写出书面意见,奏请皇帝,由其作出最终的裁决。神宗时熙宁三年(公元 1070 年),诏令将审刑院撤销,其职能归还刑部。

此外,中央的行政机构,如中书门下、枢密院、三司也都有参与审判的权力。这种司法机构的多元化分散了司法权力,便于皇帝直接控制操纵,行使最高的终审权力。

① 《隋书·百官志中》。
② [唐]李林甫等撰,陈仲夫点校:《唐六典》,中华书局 1992 年版,第 378 页。
③ [唐]李林甫等撰,陈仲夫点校:《唐六典》,中华书局 1992 年版,第 378—379 页。

元朝为了突出维护蒙古民族,特别是蒙古王公贵族的特权,故在中央司法机构的设置上有所变化。一是元朝初年设立了各种断事官。中书省设断事官,"秩正三品,掌刑政之属";①枢密院设断事官,"秩正三品,掌处决军府之狱讼";②宣政院设立断狱官主管僧侣以及各教派之间的纠纷。二是设立了大宗正府,设断事官,"秩从一品,国初未有官制,首置断事官,曰札鲁忽赤,会决庶务。凡诸王驸马投下蒙古、色目人等,应犯一切公事,及汉人奸盗诈伪、蛊毒厌魅、诱掠逃驱、轻重罪囚,及边远出征官吏、每岁从驾分司上都存留住冬诸事,悉掌之。……至元九年,降从一品银印,止理蒙古公事。以诸王为府长,余悉御位下及诸王之有国封者。又有怯薛人员,奉旨署事,别无颁受宣命。……皇庆元年,省二员,以汉人刑名归刑部。泰定元年,复命兼理,置札鲁忽赤四十二员,令史改为掾史。致和元年,以上都、大都所属蒙古人并怯薛军站色目与汉人相犯者,归宗正府处断,其余路府州县汉人、蒙古、色目词讼,悉归有司刑部掌管。正官札鲁忽赤四十二员,从一品"。③ 三是废除大理寺,司法审判权归于刑部。"尚书三员,正三品……掌天下刑名法律之政令。凡大辟之按覆,系囚之详谳,孥收产没之籍,捕获功赏之式,冤讼疑罪之辨,狱具之制度,律令之拟议,悉以任之。"④刑部集司法行政与司法审判于一身。四是设置中政院,中政院除负责供应皇室外,还兼皇族与宫内案件的审理工作。五是仍设置御史台,御史台"掌纠察百官善恶、政治得失",⑤负责纠举内外百官违法犯罪的案件,监督京师地区以及外省州县司法审判工作。

明代重建了大理寺,但是其职权有所变化,并且把御史台改为都察院,从而形成了刑部、大理寺和都察院为主的中央司法机构,号称"三法司"。其中刑部成为中央司法审判机关,改变以往时期大理寺主审的格局。刑部以尚书一人作为长官,尚书以下,又设左、右侍郎作为副长官,辅佐尚书工作。侍郎以下,又设司务厅与十三清吏司,具体掌管中央与各省的司法审判工作。同时对京师与地方各省上报的流刑以下案件,也可以提起再审。但在死刑案件的审理时,不能擅自决断,必须奏请皇帝裁决。

明朝大理寺由以往时期的主审机构变为复审复核等慎刑机构,执"掌审谳

① 《元史》卷八十五《百官志一》。
② 《元史》卷八十六《百官志二》。
③ 《元史》卷八十七《百官志三》。
④ 《元史》卷八十五《百官志一》。
⑤ 《元史》卷八十六《百官志二》。

平反刑狱之政令"。① 其正副长官是大理寺以卿、少卿,少卿以下,设左、右二寺,分别掌管京师与地方各省案件的复审复核以及平反冤狱的工作。此外,明朝大理寺有权对刑部及都察院审理的案件进行复核,遇有差错可以提出"驳正",并"告成于天子而听之"。② 即把大理寺复核意见上报皇帝批准,然后再予执行。

明朝都察院,时称"风宪衙门",即负责全国行政的监察工作,又负责全国上下的法律监督工作,同时作为皇帝的"耳目之司",直接受理皇帝交办的诏狱案件。都察院以左、右都御史为其长官。通常是左都御史侧重于法律监督工作。左都御史以下,设立御史多人,负责中央与京师地区的司法审判监督工作。与此同时,都察院在地方设置十三道监察御史,作为中央的派出机构,加强对全国各省府州县的司法审判监督工作。明朝自太祖朱元璋起,为加强对中央及地方司法的监督工作,较以往赋予都察院更多的权力。据《明史·刑法志》载:都察院除专司法律监督职能外,皇帝往往授予重权,凡京师出现"大狱重囚",左都御史及其属官都可以"会鞫于外朝"。即接受皇帝的指令,在外朝房直接审理重大刑事案件,提出处罚重大要犯的意见。遇到重大冤假错案时,又可以接受皇帝的指令,"偕刑部、大理寺谳平之"。即由都察院牵头,三个中央司法机关共同会审,对冤假错案提出平反意见,报请皇帝批准,予以平反。当地方上出现冤假错案时,往往由皇帝钦派左都御史或左佥都御史等高级官吏为巡按御史,巡察所属省府州县,对申诉案件进行重审。遇有冤假错案时,审理清楚,上报皇帝予以平反。由于巡按御史以"钦差大臣"身份出巡,所以威权很重,对于地方审理的错案,拥有"大事奏裁,小事立断"的权力,对减少与平反地方的冤假错案具有一定的作用。

明朝中央以刑部为主审机构,以大理寺为复审复核机构,以都察院为法律监督机构,三机构分工负责,相互牵制,共同对皇帝负责,构建了明代以皇权为核心的中央司法体系。

清朝仿效明制,在中央设有刑部、大理寺、都察院三法司共同行使司法权,它们直接对皇帝负责。刑部职掌全国"法律刑名",在三法司中居主导地位,其下属机构主要有十七省清吏司,追捕"逃人"的督捕司,办理秋审的秋审处,修订律例的律例馆等。各省刑案的复审,京师徒刑以上重案的审理,秋审、朝审的办理,律例的修订俱由刑部主持其事。但是刑部仅有权判决处流刑以下的案件。

① 《明史·职官志》。
② [明]陈子龙等选辑:《明经世文编》卷八十七。

对于死刑案件,刑部只能提出处理意见,经皇帝批准后才能生效。大理寺职掌案件的复核和平反,是慎刑机构,如发现刑部定罪量刑有误,可以驳回重审;同时,它还主持一年一度的热审。都察院既是行政监察机关,又是司法机关,负责司法监察。凡是刑部审理不当、大理院复核失误,都察院有权弹劾,它还可以直接受理纠举官吏不法的案件。遇到重大疑难案件仍设立三司会审和九卿会审,主持者是刑部。

三、地方司法机构

中国古代地方司法机关在宋代以前基本上是地方行政机关兼理司法,宋代在路一级设置了提点刑狱司,专门负责一路的司法和监察事务,地方上开始出现专门的司法机关。

(一)秦到隋唐的地方司法机关

秦汉时期地方行政机构分为郡、县两级,郡守、县令或县长兼理司法,行使地方审判权。在郡守、县令之下,分别设郡丞、县丞,协助处理司法事务。在县的诸曹中辞曹、狱掾等掾吏负责案件的受理、预审;在郡,郡守的掾吏中,决曹掾史负责断案决狱,贼曹掾史主盗贼事、狱曹掾史负责诉讼受理与裁判。各地一般案件,由郡县官府自行解决;死刑或重大疑难案件,则上报或移交廷尉审理。

西汉初,封国与郡县并存,封国享有相对独立的审判权。景帝削藩后,侯王的审判权被剥夺,由中央委派的王国丞相负责审判。

县以下基层社会组织是乡。乡有啬夫,审理民间诉讼;有游徼,巡察犯罪,缉捕贼盗。乡不能决者,上报县。

三国两晋南北朝时期司法权继承了汉朝后期设置,除县、郡外,增加了州一级地方司法机关,有州刺史掌一州的司法权,一般案件州郡一级就有权决断,只有重大疑难案件才上报廷尉。随着中央司法权的加强,地方的司法权有所缩小,仅限于审理民事案件和轻微刑事案件。

隋朝初年,曾一度继续沿袭三国两晋南北朝时期的州、郡、县三审级制。开皇三年"罢天下诸郡",①各地改行州、县两级制。大业三年"改州为郡",②各地又实行郡、县两级制。唐朝地方行政机关为州、县两级,其司法审判事务仍由行政机关兼理。各州设刺史一人为长官,下设法曹参军或司法参军受理刑事案件,司户参军受理民事案件。各县也设司法佐、史,协助县令处理司法事务。根

---

① 《隋书·高祖纪上》。
② 《隋书·炀帝纪上》。

据《狱官令》等法律规定的上下审级之间的审判权限分工,地方各县只能审理判决杖刑以下案件,徒刑以上案件须上报州;各州可以审理徒刑、流刑及所辖官吏的犯罪案件,但须上报刑部进行复审。凡是违反级别管辖规定,"诸断罪应言上而不言上,应待报而不待报,辄自决断者",各按故意或过失出入人罪减三等论处。①

（二）宋元明清的地方司法机构

自宋代以来,在地方上出现了由中央监察地方的机构演变而来的专门的司法机关。这个机关往往演变为地方最高的司法审判机构。

北宋淳化二年,各路始设提点刑狱司,严格意义上说提点刑狱司,不是一级审判机构,而是中央派出的、代表中央监督所辖州县司法审判活动的机构,负责复查地方审断案件,"凡管内州府,十日一报因账";如有疑狱及拖延未决案件,提点刑狱公事可亲赴州县审问。州县已决案件,当事人喊冤则由各路提点刑狱司复推。提点刑狱官一年两次巡按州县,平凡冤狱,监察地方官吏。另外各州的死刑案件必须经提点刑狱司审复,核准后方可执行。到了南宋,提点刑狱成为一路的最高司法官。

元朝初年仿效宋制,在地方按道分设提刑按察使司,掌一道的司法审判和监察官吏事宜。至元二十七年(公元 1290 年),改称肃政廉访司,将全国划分二十二个道,负责监察地方司法和官吏事宜。以行省为地方最高政务机关与司法审判机关。行省设问所专掌刑狱。各路设推官,专门负责审理刑民案件。

明朝各省均设提刑按察使司,"掌一省刑名按劾之事,纠官邪、戢奸暴,平狱讼、雪冤抑,以振扬风纪而澄清其吏治"。② 凡徒刑案件,各省可以自行宣判执行。但流刑及以上案件则必须上报中央刑部审断。省承宣布政使司下设理问所及司狱司,处理一般民事案件的上诉案件。清朝承袭明制,但清朝的省提刑按察使司(又称"臬司")作为专门的司法机关,负责审理受理下一级上诉案件,没有独立的审判权,总督(统辖一省或数省)、巡按(统辖一省),成为地方最高的行政司法机关,能够审结徒刑以下案件。流刑以上案件,地方司法机关只能就案件事实的认定、所应适用的法律提出意见,然后上报刑部裁决。

除了上述专门的地方司法机关外,其他地方司法机关仍是行政机关兼理司法,实行行政、司法合一。宋代县作为诉讼的第一审级,有权判决杖以下案件,

---

① 钱大群:《唐律疏义新注》,南京师范大学出版社 2007 年版,第 982 页。
② 《明史·职官志四》卷七十五。

对徒刑以上的案件,则须将案情审理清楚,写出初步意见,报送州、府,由州、府作出正式判决。州、府是在县的审判基础上进行的第二审,州、府作为第二审级,有权判决徒以上案件,但对死刑案件作出的判决,必须上报提刑司复核;重大疑难案件报刑部,由大理寺审议,甚至经皇帝批准后,方可执行。州、府还可以直接受理诉状。

元代地方府(州)、县均由地方行政长官兼理司法。同时路、府(州)、县各设有蒙古管事官达鲁花赤一人,操纵地方政务,也可直接审判案件。如军民之间、僧俗之间发生重大案件,则由地方官约会该管军官与宗教领袖会同审理。元朝基层乡里设置"社","社"由社长指挥。对乡里子女不孝,违法犯罪者,有权大书其过于门,督促其及早改正。

明朝各府设知府一人,"掌一府之政""平狱讼",①他们既为本府的行政首脑,也是本府最高的司法审判官。知府拥有本府案件的批准权与上报权。知府以下,设置推官一人作为助手,具体审理杖一百以下的案件。遇有徒刑及以上的案件进行复审,对州、县的"拟律"提出意见后须报送省提刑按察使司审理。

明朝州县合并为一级,是基层的行政与司法审判机构。每州设知州一人,各县设县令一人,作为各州县行政长官与最高司法审判官,他们拥有本州县案件的批准权与上报权。正如《明史·职官志》所说:各州县长官"掌一(州)县之政,严缉捕,听狱讼。"各州县长官之下,又设推官一人,具体负责审理笞刑以上,杖刑八十以下的各类案件。遇有杖九十、杖一百以上的案件,必须侦查、预审,搞清全部事实,并对应适用何种法条以及如何进行判决提出建议,然后须上报府级审理。

明朝在最基层的乡一级,又设立申明亭制度,赋予乡间长老与地方保甲长调处民事案件与处理轻微刑事案件的权力。凡是本乡有过犯者,书罪名、刑名于申明亭上,以示警戒。改过者,予以取消。

清朝县(厅、州与县同级)为第一审级,有权受理笞、杖、徒刑案件。发生在州、县之内的田土、户婚、钱债等民事纠纷以及处笞、杖刑以下的轻微刑事案件,可由州、县官自行审结,这类案件称作州、县"自理案件"。府、道为第二审级,没有独立的审判权仅是承上启下的中间复审环节;只能就案件事实的认定、所应适用的法律提出意见,然后上报省提刑按察使司,经提刑按察使司复核后,上报

---

① 《明史·职官志》。

督抚,督抚有权审结徒刑以下案件,流刑以上案件要上报刑部。

(三)特殊司法审判机关

在中国古代有些军队设立的司法审判机关,元朝在枢密院设断事官,"秩正三品,掌处决军府之狱讼";①军户"其斗讼、婚田、良赋、钱债、财产、宗从继绝,及科差不公自相告言者",专归该管军官审理。② 明朝除以上司法审理机构外,还建立了与民分离的军队的司法审判系统。设立五军都督府,既统领全国各卫所下辖军队,同时又主管各卫所的司法审判工作。五军都督一人为长官,拥有案件的批准权与上报权。五军都督以下,设置五军断事官作为助手,具体审理各地卫所军官与士兵案件。清代在八旗军队中设有理事厅、理事通判、理事同三级机构,相当于地方司法机关中的省、府、县三级司法机关,负责审理驻防地的旗人诉讼。

元朝尊奉宗教,在宣政院设立断狱官主管僧侣以及各教派之间的纠纷。"诸僧、道、儒人有争,有司勿问,止令三家所掌会问""其自相争告,从各寺院主持本管头目归问。"③

元律对于地位优越的蒙古族人犯罪,要求"必择蒙古官断之,行杖亦如之"。"诸四怯薛(护卫军)及诸王驸马蒙古……人犯奸盗诈伪,从大宗正付治之。"④清代满洲贵族的诉讼案件由宗人府会同刑部、户部共同审理,一般司法机关无权过问。内务府慎刑司负责审理在宫廷当差的满人案件,旗人地亩等民事纠纷由户部现审处受理审断。在外省满洲将军、正副都统负责审理所在省区的一般满人案件;盛京刑部专门审理盛京地区旗人与边外蒙古人案件;在京师地区,步军统领衙门受理京畿所在地的普通旗人讼案,可自行审结杖罪以下案件。以上管辖旗人诉讼的专门司法机关,独立于普通的地方司法机关之外,以保障旗人享有司法上的特权。理藩院是清朝管理蒙古、西藏、新疆等少数民族地区事务的最高国家机关,其下设的理刑司负责受理少数民族地区的上诉案件,同时派出司官会同少数民族官员一起审理地方的重大案件。理藩院理刑司受理的判处流刑以上的案件,要会同刑部共同裁决;死刑案件须经三法司会审、呈报皇帝批准后,才能定案。

明代设立了厂卫组织等特务司法审判机构。厂指东厂、西厂与内行厂;卫

---

① 《元史》卷八十六《百官志二》。
② 《元史·刑法志一》。
③ 《元史·刑法志一》。
④ 《元史·刑法志一》。

指锦衣卫。朱元璋把原负责皇帝安全保卫的锦衣卫职权扩大到司法审判领域，使得锦衣卫直接听命于皇帝，不需普通司法机构的批准，便可以秘密行使侦查、逮捕、刑讯乃至审判等项权力。朱元璋在位时期，又成立南、北镇抚司，使锦衣卫组织进一步扩大。其中，南镇抚司负责本卫的法纪与军纪工作，北镇抚司不受普通司法程序限制与都察院监督，直接受命于皇帝，"专理诏狱"，并兼掌"缉捕刑狱之事"①。即直接承接皇帝交办的重大刑事案件，同时也插手其他案件的侦查、逮捕、刑讯、审问等各项工作。以后，朱元璋还下达命令："天下重罪逮京师者"，"收系锦衣卫狱"，并"数更大狱，多始断治"。② 锦衣卫成为明朝君主御用的秘密司法审判机关，而且插手正常司法审判。至洪武二十年，朱元璋禁止锦衣卫干预司法。明成祖永乐十八年恢复锦衣卫兼掌司法审判的职能，而且在锦衣卫之上，又建东厂这一宦官特务司法组织。东厂由司礼太监统领，下设领班司房、掌刑千户、百户等职官，他们受命于皇帝，专掌"缉访谋逆、妖言、大奸恶"③等重大刑事案件，并且行使审判等各项权力。明宪宗成化十三年又设西厂，用以强化宦官特务组织的司法镇压职能。曾经一度被裁撤，明武宗正德年间，宦官刘瑾恢复了西厂，而且还在京师地区设置内行厂。这些特务机构合成"厂卫"，滥用司法侦缉审判权力，甚至控制三法司的司法审判活动，甚至直接坐堂，参与普遍司法审判机关的开庭审理。

第二节　礼法合一时期的诉讼制度

|【案例】四邻、典、老是否有罪案|

►【基本案情】> > >

贼入甲室，贼伤甲，甲号寇，其四邻、典、老皆出不存，不闻号寇，问当论不当？审不存，不当论；典、老虽不存，当论。可（何）谓'四邻'？四邻及伍人谓殴（也）。④

---

① 《明史·职官志》。
② 《明史·刑法志三》。
③ 《明史·刑法志三》。
④ 睡虎地秦墓竹简整理小组编：《睡虎地秦墓竹简》，文物出版社 1990 年版，第 116 页。

►【案例分析】> > >

这是秦朝《云梦秦简》中的一个案例，主要涉及关于秦代告诉的法律规定，秦朝自商鞅变法以来奖励告发、强制告发的规定，"令民为什伍，而相牧司连坐，不告奸者腰斩，告奸者与斩敌首同赏，匿奸者与降敌同罚"。① 这一规定说明告奸即告发违法犯罪是每一个人的义务，履行义务的给予奖赏，不履行的给予处罚。本案例中提到是特殊情况下的告奸，贼入甲室伤甲，四邻、典、老外出确实不在家，没有听到甲呼喊有贼，四邻不应论处；里典、伍老虽不在家，仍应论罪。这说明，在确实不在家的情况下，里典、伍老仍然承担告奸的责任。

|【案例】章明与袁安互诉田产② |

►【基本案情】> > >

准使、州行下，经量田产，明示约束，各以见佃为主，不得以远年干照，辄因经量，妄行争占。王文去年买入袁安户田，虽是见行投印，而袁安上手为业已久。近因经量，章明乃赍出干道八年契书，欲行占护，且契后即无印梢，莫知投印是何年月。契要不明，已更五十年以上，何可照使？合照使、州行下，付见佃为主，如再有词，从杖八十科断。

|【案例】侄与出继叔争业③ |

►【基本案情】> > >

杨天常乃杨提举之幼子，出为伯统领后，本不当再得杨提举下物业。今其亲侄杨师尧等诉谓天常占提举位一千三百硕谷田[一]。今索到干照，[二]得见提举训武妻夏氏立为关约，称训武在日，借天常金、银、钱、会五千余贯，训武临终遗言，拨此田归还。果有是事耶？抑托为此辞耶？拨田干约在嘉定十六年，夏氏之死在嘉定十七年，天常管业盖二十三年矣。关约投印在嘉熙四年，及今六年。

---

① 《史记·商君列传》。
② 中国社会科学院历史研究所宋辽金元史研究室点校：《名公书判清明集》（第 2 版），中华书局 2002 年版，第 111 页。
③ 中国社会科学院历史研究所宋辽金元史研究室点校：《名公书判清明集》（第 2 版），中华书局 2002 年版，第 135—136 页。

夏氏始谋,无所复考,只据干照而论,则词人师尧之父监税已曾预押,父不声诉,子可以诉乎?在法:分财产满三年而诉不平,又遗嘱满十年而诉者,不得受理。杨天常得业正与未正,未暇论,其历年已深,管佃已久矣,委是难以追理请天常、师尧叔侄各照元管,存睦族之谊,不必生事交争,使亡者姓名徒挂讼牒,实一美事如不伏所断,请自经向上官司。

[一]杨师尧等诉谓天常占提举位一千三百硕谷田"诉",原作"所",据明本改。

[二]索到干照"干"原作"千",据明本改。

► **【案例分析】** > > >

这是宋代关于田产诉讼的诉讼时效的两个案件。据《宋刑统》规定:"应田土、屋舍有连接交加者,当时不曾理论,伺候家长及见证亡殁,子孙幼弱之际,便将难明契书扰乱别县,空烦刑狱,证验终难者,请准唐长庆二年八月十五日敕,经二十年以上不论,即不在论理之限。有故留滞在外者,即与出除在外之年。违者并请以不应得为从重科断。"①"章明与袁安互诉田产"案中的田产从干道八年到王文买得袁安田地已有 50 多年,且其中多次买卖,而章明及其父祖辈当时不曾论理,50 多年后,在契约不明的情况,起诉袁安,已经超过了 20 年的起诉期,故不再受理。"侄与出继叔争业"案中杨提举训武在 23 年前立下遗嘱,用田地偿还其出继幼子杨天常五千余贯,"在法:分财产满三年而诉不平,又遗嘱满十年而诉者,不得受理"。这个案例已经超过 10 年的时限,故不再受理。另外,这两个案例还涉及起诉方式的问题,作为田产诉讼,采用自诉的方式提起诉讼。

► **【基本问题】** > > >

这三个案例涉及宋代诉讼时效和秦宋时期起诉方式问题。由此我们需要掌握的知识点主要是中国封建社会有关诉讼的问题,包括起诉方式、诉讼的限制、管辖、代诉、证据等问题。

► **【知识分析】** > > >

一、起诉方式

起诉是一切诉讼审判活动的开端。中国古代可以分为自诉、告发和纠举。

---

① [宋]窦仪:《宋刑统》,中华书局 1984 年版,第 206—207 页。

（一）自诉

自诉是指当事人或其亲属直接向官府控诉，称为告诉。包括口头诉讼和书面诉讼。汉代称自诉为"告"。秦代的自诉案件限于公室告，即因非家庭亲属间的侵害行为而提起的诉讼，"贼杀伤、盗他人为'公室'"。[①] 当事人提起诉讼。一般是口头诉讼，由原告亲自到庭提出诉讼。由官府记录，做成爱书。如"爱书：某里公士甲、士五乙诣牛一，黑牝曼麚（麋）有角，告曰：'此甲、乙牛殴（也），而亡，各识，共诣来，争之。'即令史某齿牛，牛六岁矣"。[②] 后世一般以书面诉状诉讼，俗称"告状"。唐代的状子称为"辞牒"，法律规定："诸告人罪，皆须明注年月，指陈实事，不得称疑。"[③]这一规定为宋元明清朝所承袭。除此之外，宋代要求诉状由在官府注册的"书铺"统一书写，并由他人"保识"，才能递交官府。元代法律规定："诸诉讼本争事外，别生余事者，禁。其本争事毕，别诉者，听。"[④]即一状不得告二事。明代对于口头诉讼的"口告"，往往有书状人吏负责将口告的内容记录清楚。书面诉讼称为"词状"或"本状"。除上述写明年月日，所述事实也必须使用明确肯定的词句，不得称疑外，还必须写明原告、被告以及证人、代写诉状人的姓名、确切住址，以便传唤，要求诉状必须有起诉人亲笔签名或画押。禁止诉状"有牵连之七八十人以上，及隔别府卫军民，并摭拾旁事者"。[⑤] 清朝诉状的格式、字数都有严格的限制。关于自诉至迟到唐代包括"告诉乃论"和必须告诉两种情况。"告诉乃论"是指只有经过被害人告诉才追究犯罪人的责任。关于必须告诉的，如果被害之家应当告诉不告诉的要承担法律责任。如《唐律疏议》规定："诸强盗及杀人贼发，被害之家……即告其主司，若家人……当告而不告，一日杖六十……窃盗，各减二等。"[⑥]并且规定"诸祖父母、父母及夫为人所杀，私和者，流二千里，期亲，徒二年半，大功以下，递减一等。受财重者，各准盗论。虽不私和，知杀期以上亲，经三十日不告，各减二等"。[⑦] 对于五服之内的亲属，为人所杀必须告诉，这是被害人家属的法定义务，若不履行，则会受到法律制裁。这一制度为后世法律所继承。

① 睡虎地秦墓竹简整理小组编：《睡虎地秦墓竹简》，文物出版社1990年版，第117页。
② 睡虎地秦墓竹简整理小组编：《睡虎地秦墓竹简》，文物出版社1990年版，第152页。
③ 钱大群：《唐律疏义新注》，南京师范大学出版社2007年版，第771页。
④ ［明］宋濂等撰：《元史》（第九册），卷一百零五《刑法志四》，中华书局1976年版，第2670—2671页。
⑤ 《明代律例汇编》卷二十二，《刑律·诉讼》。
⑥ 钱大群：《唐律疏义新注》，南京师范大学出版社2007年版，第780页。
⑦ 钱大群：《唐律疏义新注》，南京师范大学出版社2007年版，第575页。

（二）告发

告发是指了解犯罪人或犯罪事实的除当事人及其亲属以外的知情者，通过向官府检举和揭发而引起的诉讼行为。秦朝自商鞅变法以来奖励告发、强制告发的规定，"令民为什伍，而相牧司连坐，不告奸者腰斩，告奸者与斩敌首同赏，匿奸者与降敌同罚。"①这一规定说明同伍告奸是每一个人的义务，履行义务的给予奖赏，不履行的给予处罚。什伍相告制度被后世所继承。《唐律疏议》规定："诸强盗及杀人贼发，被害之家及同伍即告其主司，若家人、同伍单弱，比伍为告，当告而不告，一日杖六十……窃盗，各减二等。"②后代法律基本上与之相同。除被害之人、亲属及同伍之外，其他人也可以告诉。如秦代爰书"某里士五（伍）甲乙缚诣男子丙丁及新钱百一十钱、容（镕）二合，告曰：'丙盗铸此钱，丁佐铸。甲乙捕索其室而得此钱、容（镕），来诣之。'"③此案中的告发之人并没有提到甲乙与丙丁是同伍的关系，可见常人遇到不法之事，同样可以告发。告发的一个基本要求就是写明告发人姓名，历代均严禁投匿名书。如秦代法律规定："有投书，勿发，见辄燔之；能捕者，购臣妾二人。"④唐朝规定："诸投匿名书告人罪者，流二千里。得书者，皆即焚之，若将送官司者，徒一年。"⑤明清法律规定："凡投贴隐匿自己姓名文书告言人罪者，绞监候。虽实，亦坐。见者，即便烧毁。若不烧毁。将送入官司者，杖八十。"⑥

（三）官司纠举

官司纠举是指各级官府发现犯罪行为和犯罪人而提起的诉讼。在汉代称为"劾"。元代官吏主动纠举犯罪，称之为告劾。一是行政官吏对不法行为的举发，如秦代《云梦秦简》记载有"市南街亭求盗才（在）某里曰甲缚男子丙，及马一匹，雅牝右剽，缇覆（复）衣，帛裹莽缘领褢（袖），及履，告曰：'丙盗此马、衣，今日见亭旁，而捕来诣'。"⑦说明秦代的基层官吏如亭之校长、乡之有徽等负责地方治安，追捕盗贼的职责，发现盗贼就必须捕拿送到官府审讯。二是监察官吏的弹劾。封建社会的监察官吏具有监察百官，对不法的官吏具有弹劾的职责。

---

① 《史记·商君列传》。
② 钱大群：《唐律疏义新注》，南京师范大学出版社2007年版，第780页。
③ 睡虎地秦墓竹简整理小组编：《睡虎地秦墓竹简》，文物出版社1990年版，第151页。
④ 睡虎地秦墓竹简整理小组编：《睡虎地秦墓竹简》，文物出版社1990年版，第106页。
⑤ 钱大群：《唐律疏义新注》，南京师范大学出版社2007年版，第763页。
⑥ 田涛、郑秦点校：《大清律例》，法律出版社1999年版，第477页。
⑦ 睡虎地秦墓竹简整理小组编：《睡虎地秦墓竹简》，文物出版社1990年版，第151页。

二、诉讼的限制

（一）诉讼资格的限制

1. 不得起诉尊长及其主人

中国古代社会重宗法伦理，因此法律禁止地位卑幼的一方起诉地位尊长的一方。秦代对于自诉案件限制非公室告，即家庭内部成员间禁止卑幼告尊长、奴婢告主人，"子告父母，臣妾告主，非公室告，勿听"。具体关于非公室告是指"主擅杀、刑、髡其子、臣妾"，子女臣妾告。此种告诉官府不受理，若当事人坚持告诉，则告者有罪。① 这一规定为后世所继承。唐律规定得更为详尽，根据"同居相隐"原则和宗法伦理等级秩序的要求，除规定谋反、谋大逆、谋叛等严重犯罪必须主动告发外，严禁五服内卑幼控告尊长的一般性犯罪，违者视其关系的远近亲疏及情节性质，分别处以不同刑罚："诸告期亲尊长，外祖父母、夫、夫之祖父母，虽得实，徒二年；其告事重者，减所告罪一等；……告大功尊长，各减一等；小功、缌麻，减二等。"②"诸部曲、奴婢告主，非谋反、逆、叛者，皆绞，告主之期亲即外祖父母者，流；大功以下亲，徒一年。"③后世规定基本上与之一致。

2. 在押犯人不得提起诉讼

从秦代魏晋时期，一般允许在押囚犯告发，但是如果诬告则一般原则是加重处罚。如秦律规定："当耐为司寇而以隶臣诬人，可（何）论？当耐为隶臣。当耐侯罪诬人，可（何）论？当耐为司寇。""当耐为隶臣，以司寇诬人，可（何）论？当耐为隶臣。"④晋律规定："囚辞所连似告劾。"⑤明确表明不禁止囚告。到了北齐有了"负罪不得告人事⑥"的规定，明确规定了禁止负罪之人告诉。这一规定为唐代继承，规定："诸被囚禁，不得告举它事。其为狱官酷己者，听之。"⑦被囚禁的犯人无告诉权，仅允许告发监官狱吏的虐待和谋反之类重罪。这一规定为宋元明清法律继承，如明律规定："凡被囚禁，不得告举他事。其为狱官、狱卒非理凌虐者，听告。"⑧

① 睡虎地秦墓竹简整理小组编：《睡虎地秦墓竹简》，文物出版社1990年版，第117—118页。
② 钱大群：《唐律疏义新注》，南京师范大学出版社2007年版，第753页。
③ 钱大群：《唐律疏义新注》，南京师范大学出版社2007年版，第759页。
④ 睡虎地秦墓竹简整理小组编：《睡虎地秦墓竹简》，文物出版社1990年版，第121页。
⑤ 《晋书》卷三十《刑法志》。
⑥ 《隋书》卷二十五《刑法志》。
⑦ 钱大群：《唐律疏义新注》，南京师范大学出版社2007年版，第765页。
⑧ 怀效锋点校：《大明律》，法律出版社1999年版，第179页。

3. 诉讼年龄上的限制、笃疾之人、妇女诉讼的限制

晋代法律规定:"十岁,不得告言人。"① 唐代年八十以上老人,十岁以下幼儿,身有笃疾的伤残人,除告发子孙不孝、被人侵害及谋反之类重罪外,其他一律不得控告。② 这一规定为后世法律继承,在元明清律中加上了禁止妇女诉讼,如明律清律均规定:"其年八十以上,十岁以下及笃疾者,若妇人,除谋反、谋逆、子孙不孝,或己身及同居之内为人盗诈、侵夺财产及杀伤之类,听告,余不得告。"③

(二)不得越级诉讼和直诉

中国封建社会基本上规定诉讼要逐级进行,不得越级,但是确有冤狱,可以越级上告皇帝,被称为直诉。汉代直诉称为"诣阙"。隋朝明确规定各地"有枉屈县不理者,令以次经郡及州,至省仍不理,乃诣阙申诉。有所未惬,听挝登闻鼓,有司录状奏之"。④ 对经县、郡、州及大理寺仍不能审理平决的重大冤屈案件,允许击登闻鼓直诉朝廷奏闻皇帝。唐朝法律规定,告诉有严格的法定程序,必须自下而上逐级进行,不得违法越级上告。如"诸越诉及受者,各笞四十"。⑤即应经过县而越向州、府、刑部的情况,属于越诉,当事人与受理者各笞四十。但是凡有重大冤屈不能正常申诉者,可以越级上告以至直诉中央或皇帝。告发谋反、谋大逆、谋叛等严重犯罪者,也不受逐级告诉的限制。对于合法的诉讼官府必须受理,如果不受理将会受到法律的制裁,"若应合为受,推抑而不受者,笞五十;三条加一等,十条杖九十。"对于"邀车驾及挝登闻鼓,若上表诉,而主司不即受者,加罪一等。其邀车驾诉,而入部伍内,杖六十。"告诉不实者,杖八十。⑥这一制度为元明清所承袭。

(三)严禁诬告

在提倡和鼓励臣民告发不法和犯罪之时,为了防止人们借机滥诉,各个朝代基本上都严禁诬告行为,规定诬告反坐。诬告他人者以诬告之罪罪之。从商鞅变法之时,就有了此项规定,以后被历朝历代所继承。唐律严禁诬告行为,实行诬告反坐原则。

---

① 《晋书》卷三十《刑法志》。
② 钱大群:《唐律疏义新注》,南京师范大学出版社 2007 年版,第 766 页。
③ 怀效锋点校:《大明律》,法律出版社 1999 年版,第 179—180 页;田涛、郑秦点校:《大清律例》,法律出版社 1999 年版,第 489 页。
④ 《隋书》卷二十五《刑法志》。
⑤ 钱大群:《唐律疏义新注》,南京师范大学出版社 2007 年版,第 778 页。
⑥ 钱大群:《唐律疏义新注》,南京师范大学出版社 2007 年版,第 778—779 页。

明律进一步加重处罚,规定诬告加等反坐。《明律·刑律·诉讼》:"凡诬告人笞罪者,加所诬罪二等;徒流杖罪,加所诬罪三等。各罪止杖一百流三千里。"①而且进一步规定:被诬告人如已被执行徒、流刑,"虽经改正放回之,验日于犯人名下追征,用过路费给还。若曾经典卖田宅者,着落犯人备价取赎,因而致死随行有服亲属一人者,绞。将犯人财产一半,断付被诬之人。其被诬之人致死亲属一人者,犯人虽处绞,仍令备尝路费,取赎田宅,又将财产一半断付被诬之家养赡。至死罪,所诬之人已决者,反坐。未决者,杖一百,流三千里,加役三年"。②《问刑条例》补充规定,被诬告者在审理过程中被拷打伤重或因病身亡,诬告者也处绞刑。另外,结伙向上级衙门诬告,除依律问罪外,还"用一百二十斤枷枷号两个月"再发落执行,判处徒流刑的发边卫充军。③ 为了鼓励告发重大犯罪,明律又极为细致地规定,告发数件罪行,其中重罪真实、轻罪虚假,可免去诬告罪;轻罪真实、重罪虚假,则反坐重罪减去轻罪后所剩的罪名及刑罚,而且罪止杖一百,剩余之罪可用钱财赎罪;轻罪真实、重罪虚假,被诬者已因重罪处死,也只须反坐"剩罪"。另外,被诬告者如反过来诬告诬告者,则双方都反坐,只是不加等处罚,只反坐"本罪"。服罪的罪犯,在行刑后妄诉冤枉、诬告原审官者,加所诬罪名三等;罪犯亲属妄称冤枉者,也按罪犯所犯罪名减三等处罚。④ 这些规定为清代继承。

(四)诉讼时效

关于刑事诉讼时效的问题,在秦代法律中对某些人或某些罪行规定犯罪人去世后不再告诉。如《法律答问》中规定:"葆子以上,未狱而死,若已葬,而誧(甫)告之,亦不当听治,勿收,皆如家罪。"⑤葆子以上有罪未经审判已死或已埋葬,才有人控告,也不应受理,不加拘捕,都和家罪同例。关于"父杀伤人及奴妾"和"父子同居,杀伤父臣妾、畜产及盗之"的家罪,"父已死,或告,勿听"。⑥可见,秦代刑事案件的诉讼时效对于葆子和家罪中犯罪人至死不再追究。《唐律疏议》明确规定不得以赦前之事控告:"诸以赦前事向告言者,以其罪罪之","若事须追究者,不用此律。"这里追究的含义"谓婚姻、良贱、赦限外藏匿,应改

第九章 礼法合一时期的司法制度

---

① 怀效锋点校:《大明律》,法律出版社 1999 年版,第 176 页。
② 怀效锋点校:《大明律》,法律出版社 1999 年版,第 177 页。
③ 怀效锋点校:《大明律》,法律出版社 1999 年版,第 426—427 页。
④ 怀效锋点校:《大明律》,法律出版社 1999 年版,第 177—178 页。
⑤ 睡虎地秦墓竹简整理小组编:《睡虎地秦墓竹简》,文物出版社 1990 年版,第 118 页。
⑥ 睡虎地秦墓竹简整理小组编:《睡虎地秦墓竹简》,文物出版社 1990 年版,第 118、119 页。

正征收及追见赃之类"，①即违法婚姻、良贱身份错位、赦免限期外继续掩盖所犯结果，应当进行改正、征缴及追回仍在之赃物之类的情况是必须追究的，不适用赦前所犯之事不予追究的规定。这一规定为后世法律所继承。

关于民事诉讼时效，至迟到唐代已有规定。《宋刑统》规定："应田土、屋舍有连接交加者，当时不曾理论，伺候家长及见证亡殁，子孙幼弱之际，便将难明契书扰乱别县，空烦刑狱，证验终难者，请准唐长庆二年八月十五日敕，经二十年以上不论，即不在论理之限。有故留滞在外者，即与出在外之年。违者并请以不应得为从重科断。"②这虽是宋代法律的规定，却引用的是唐代"长庆二年八月十五日敕"，可见唐宋时期出典、买卖田宅的诉讼时效一般是 20 年。除此之外，宋代在宋太祖时，因战乱离走、平安返回认领田宅者，超过 15 年的，官府不再受理；《宋刑统》规定，债务纠纷，债务人、保人逃亡，过 30 年不再受理；③南宋时期进一步细化，《名公书判清明集》中记载："准法：诸祖父母、父母已亡，而典卖众分田宅私辄费用者，准分法追还，令元典卖人还价。即典卖满十年者免追，止偿其价，过十年典卖人死，或已二十，各不在论理之限。"④对于分家和继承财产纠纷也有明确规定，如"在法：分财产满三年而诉不平，又遗嘱满十年而诉者，不得受理"。⑤ 可见分财产的诉讼时效为 3 年，而遗嘱继承的诉讼时效为 10 年。明清法律也有时效的相关规定，如明律、清律均规定："告争家财田产，但系五年以上，并虽未及五年，验有亲族写立分书已定，出卖文契是实者，断令照旧管业，不许充分再赎，告词立案不行。"⑥时效的规定着眼于稳定已经形成的合法民事关系，避免给社会带来更多的不稳定因素。

（五）诉讼时间的限制

中国古代一般认为田宅、户婚、钱债等纠纷为细故，不予重视，并且在诉讼方面给予了种种限制，从目前了解到的文献来看，至迟到了唐宋时期有了明确的起诉和受理的时间限制。《宋刑统》有"婚田入务"专条，引唐《杂令》规定每年"所有论竞田宅、婚姻、债负之类，起十月一日以后，许官司受理，至正月三十

---

① 钱大群：《唐律疏义新注》，南京师范大学出版社 2007 年版，第 769—770 页。

② ［宋］窦仪：《宋刑统》，中华书局 1984 年版，第 206—207 页。

③ ［宋］窦仪：《宋刑统》，中华书局 1984 年版，第 414 页。

④ 中国社会科学院历史研究所宋辽金元史研究室点校：《名公书判清明集》（第 2 版），中华书局 2002 年版，第 118 页。

⑤ 中国社会科学院历史研究所宋辽金元史研究室点校：《名公书判清明集》（第 2 版），中华书局 2002 年版，第 135—136 页。

⑥ 怀效锋点校：《大明律》，法律出版社 1999 年版，第 372 页；田涛、郑秦点校：《大清律例》，法律出版社 1999 年版，第 199 页。

日住接词状,三月三十日以前断遣须毕,如未毕,具停滞刑狱事由闻奏"。① 也就是说每年农历十月一日至次年的一月三十一日,州县官府可以受理民事诉讼,其他时间不能受理;如果原已受理的民事案件尚未审理完毕,可延长审理至三月底。但三月底以后,不仅不能接案,也不能审案,限定民事案件的诉讼、审理时间,目的是使诉讼不影响农业生产,这一规定为元代承袭。

明代取消了婚田入务,但实践中各地官府规定了放告日,只在特定的日子才能提起诉讼。清朝法律规定,每年四月一日至七月三十日,为"农忙止讼"期。在此期间内,除谋反大逆、盗贼、人命等重案外,不得就其他轻微案件进行起诉。② 在"农忙止讼"期间以外,还特别规定了"词讼日"。对于涉及户婚、田土、钱债等民事诉讼,只能在每月特定的时间内提起诉讼。清初每月逢三、六、九为"词讼日",清中后期改为逢三、八为词讼日。非"词讼日"提起民事诉讼,官府不予受理。

三、代诉

关于代理制度,可以追溯到西周时期,《周礼》中有"命夫命妇不躬坐狱堂"的规定,如有诉讼则由家人代诉。在史料中再次出现代理制度则是元朝。不但允许官贵诉讼时找人代诉,"诸致仕得代官,不得已与齐民讼,许其亲属家人代诉""诸妇人辄代男子告辨争讼者,禁之,若果寡居,及虽有子男,为他故所妨,事须争讼者,不在禁例"。还允许年老、笃疾等人的同居亲属代理诉讼。妇子"若或全家无男子,事有私下不能杜绝,必须赴官陈告,许令宗族亲人代诉,所告是实,依理归结,如虑不实,止罪妇人,不及代诉"。③ 元朝的代理制度不完全限于民事诉讼,但根据现有材料,确以田宅、婚姻、继承为多,特别是延及普通民众,但代理者只限于亲属家人。这一制度为明清所承袭,如清代法律规定:"年老笃疾之人,除告谋反、叛逆、及子孙不孝、听自赴官陈告外,其余公事,许令同居亲属通知所告事理的实之人代告。诬告者,罪坐代告之人。"④

关于其他的代诉行为,主要是代写诉状。在中国古代平民百姓能够读书识字的不足百分之二,不识字者若要起诉须人代书诉状,于是在民间有专以代人书写讼状为业的"讼师"。唐代法律并不限制代写诉状,但规定:"诸为人作辞牒,加增其状,不如所告者,笞五十;若加增罪重,减诬告一等。即受雇诬告人罪

① [宋]窦仪:《宋刑统》,中华书局1984年版,第207页。
② 田涛、郑秦点校:《大清律例》,法律出版社1999年版,第479页。
③ [明]宋濂等撰:《元史》(第九册),卷一百零五《刑法志四》,中华书局1976年版,第2671页。
④ 田涛、郑秦点校:《大清律例》,法律出版社1999年版,第489页。

者,与自诬同,赃重者,坐赃论加二等,雇者从教令法。若告得实,坐赃论,雇者不坐。"①可见,代人书写诉状,必须据实,不得加减,受雇于人,则与雇主构成同谋,如果收取报酬,无论所告是否属实,据构成犯罪。《宋刑统》规定与唐代相同。而明清法律规定,讼师教唆词讼,为人代写诉状,若不据实陈述即构成诬告罪;若受人财物,则按受财枉法罪从重处罚。②清法律规定代写诉讼必须获得官府凭证,规定"内外刑名衙门,务择里民中之诚实识字者,考取代书。凡有呈状,皆令其照本人情词,据实誊写,呈后登记代书姓名,该衙门验明,方可收受"。③

四、管辖

中国封建社会的司法管辖制度,基本分为级别管辖与地域管辖两种,关于级别管辖在司法机关中涉及,故此处主要介绍地域管辖。中国古代诉讼管辖主要采取案发地诉讼原则。《唐六典》规定:"凡有犯罪者,皆从所发州、县推而断之;在京诸司,则徒以上送大理,杖以下当司断之。"④这一原则规定,为后世所继承。

对于涉及不同地域二个以上同级司法审判机关的互有关联的案件,据《唐律疏议·断狱》规定:"诸鞫狱官,囚徒伴在他所者,听移送先系处并论之。谓轻从重,若轻重等,少从多,多少等,后从先。若禁处相去百里外者,各从事发处断之,违者,杖一百。"⑤即如果两地相距百里之内者,一般实行后发案地就先发案地、轻罪犯地就重罪犯地、案犯少地就案犯多地的管辖原则;若相距百里以外者,则一般实行就地审判原则,即由各发案地区司法机关分别管辖,不必移送一处合并审理。凡是违反地区管辖规定者,即构成"违法移囚"罪,依法处刑杖一百。宋元明清基本继承了这一原则规定,明清法律仍然是"轻囚就重囚""少囚就多囚""后发就先发"的原则。只是由原来唐宋时期的一百里改为三百里内;如果相隔在三百里以上,为防止长途解送被告困难,各从事发处审理,分别结案。⑥

关于原告与被告在不同的县则采用"原告就被告"原则。元代法律规定:

---

① 钱大群:《唐律疏义新注》,南京师范大学出版社 2007 年版,第 773 页。
② 怀效锋点校:《大明律》,法律出版社 1999 年版,第 180 页;田涛、郑秦点校:《大清律例》,法律出版社 1999 年版,第 490 页。
③ 田涛、郑秦点校:《大清律例》,法律出版社 1999 年版,第 490—491 页。
④ [唐]李林甫等撰,陈仲夫点校:《唐六典》,中华书局 1992 年版,第 189 页。
⑤ 钱大群:《唐律疏义新注》,南京师范大学出版社 2007 年版,第 975 页。
⑥ 怀效锋点校:《大明律》,法律出版社 1999 年版,第 216 页;田涛、郑秦点校:《大清律例》,法律出版社 1999 年版,第 574 页。

"诸州县邻境军民相关词讼,元告就被论官司归断。"①明清时期仍依照这一原则,并在被告的原籍和现住地不同时,规定以现住地作为提起诉讼之地。如《问刑条例》规定:"内外放债之家,不分文约久近,系在京住坐军匠人等揭借者,止许于原借之人名下索取,不许赴原籍逼扰。如有执当印信关单勘合等项公文者,提问。原债不追。"②即钱债纠纷只能向借钱人现住所地州县衙门起诉,不许向其原籍老家所在州县衙门起诉,否则"原债不还"。

五、证据

中国古代的司法审判活动,口供是主要判案依据,而口供往往与审讯有关,故关于口供的内容在审判制度一节介绍。但审判并不完全依赖口供,而是同时也注重运用其他证据如书证、证人证言、物证及检验结论等进行定罪。

(一)检查、勘验制度

中国古代审理案件首先要弄清案情,根据事实审断案件,因此在司法实践中特别注重案件调查和现场勘验,通过对与案件直接或间接有关的人的调查和现场人身、场所、尸体等的检查、勘验,并分析其可能的结论,以此作为真实情况的证据。在《云梦秦简》之《封诊式》中保存有《贼死》(凶杀)、《经死》(缢死)、《穴盗》(挖洞窃盗)、《出子》(流产)等多件现场勘察或尸体检验的详细笔录"爱书",所记录的内容极为丰富,反映出法医检验技术和司法鉴定水平已相当高超。如在《贼死》案的勘验"爱书"中,记录了发案地点、方位,受害人的位置、衣着、鞋履、性别、年龄、肤色、身长、发式等,尸体上的刀伤部位、深度、长度、流血状况,还有关于尸体的临时处置、讯问证人的内容。《经死》案的现场勘验"爱书"中,记录了死者尸体悬挂的位置,绳索的质地、粗细、长短,绳套在颈上留下痕迹及颜色,舌头外伸情况,遗屎遗尿情况,秦简最后还总结了区分自缢与缢杀应注意勘察的几个关键性问题:舌不吐出、口鼻没有叹气的样子、绳的痕迹不淤血、绳索紧系颈上不能把头脱出,就不能确定是自缢。③ 调查的主要内容包括被调查者的姓名、身份、籍贯、有无前科、是否判刑等。

宋代法律还规定凡是杀伤公事、囚犯非理死亡及无近亲在旁的非正常死亡都必须进行检验,以搞清是否犯罪所致。④ 二是检验必须经过报检、初检、复检三个程序。一旦发生杀伤案件,地邻、保有义务向州县官府报检;所在州县必须

---

① [明]宋濂等撰:《元史》(第九册),卷一百零二《刑法志一》,中华书局1976年版,第2620页。
② 怀效锋点校:《大明律》,法律出版社1999年版,第385页。
③ 睡虎地秦墓竹简整理小组编:《睡虎地秦墓竹简》,文物出版社1990年版,第157—162页。
④ 郭东旭:《宋代法制史》,河北大学出版社1997年版,第562页。

初检;上级或邻近州县进行复检。检验必须作笔录,宋代的检验笔录有验状、检验格目和检验正背人形图三种形式。①

唐代及以后各代明确了检验官吏的责任,宋代明确规定所在县委派尉、州委司理参军带领人员进行初检,唐明清法律规定州县"正印官"必须亲自检验。如不及时检验或检验不实,将依法论处。如《唐律疏议》规定:"诸强盗及杀人贼发,……官司不即检校、捕逐及有所推避者,一日徒一年。窃盗,各减二等。"②"诸有诈病及死伤,受使检验不实者,各依所欺,减一等。若实病死及伤,不以实验者,以故入人罪论。"③《宋刑统》承袭了这一规定。

宋慈的《洗冤集录》是在总结前人和自己检验经验的基础上完成的一部法医学专著。该书以大量的法医学实例归纳总结了现场勘验所应注意的各种问题,并比较科学地区分了许多容易混淆的伤亡和死亡现象。《洗冤集录》是中国最早的一部比较完整的法医学专著,也是世界上第一部法医学专著,它不仅被后来的元、明、清奉为法医检验上的圭臬,而且在明代被译为朝鲜、日本、法国、英国、德国、荷兰等国文字出版,流传于亚洲、欧洲,是古典法医学的代表之作。

(二)物证、证人证言、书证

物证是指能够证明犯罪而作为审判依据的物品。包括犯罪凶器、盗赃、伪造物品等,都是定罪的重要证据。如《云梦秦简》中有大量以物证证罪的记载。如《封诊式》中《群盗》爰书中记载的"具弩二、矢廿"、《盗马》中的马及其衣物、《盗自告》中的"千钱"等就是物证。《唐律疏议·断狱》规定:"若赃状露验,理不可疑,虽不承引,即据状断之。"疏议曰:"'若赃状露验'谓计赃者见获真赃,杀人者验的实状,赃状明白,理不可疑,问虽不承,听据状科断。"④只要罪证确凿,人赃俱在,真相已白,即使本人拒不承认或拒绝招供,也可遵从证据定罪量刑。

证人证言,是证据之一。证人证言往往与其他证据一起使用。但对于特殊的人群则使用"据众证定罪"。所谓"据众证定罪",必须是在没有口供、又禁止拷讯的情况下,至少有"三人以上明证其事",方可依法定罪;"若三人证实,三人证虚,是名疑罪",则不可据以定罪。唐代法律规定:"诸应议、请、减,若年七十以上、十五以下及废疾者,并不合拷讯,皆据众证定罪。"此外,唐律《断狱》还明

---

① 郭东旭:《宋代法制史》,河北大学出版社 1997 年版,第 564—565 页。
② 钱大群:《唐律疏义新注》,南京师范大学出版社 2007 年版,第 780 页。
③ 钱大群:《唐律疏义新注》,南京师范大学出版社 2007 年版,第 826 页。
④ 钱大群:《唐律疏义新注》,南京师范大学出版社 2007 年版,第 968 页。

确规定不能充当法定证人的情况，"其于律得兼容隐，即年八十以上、十岁以下及笃疾，皆不得令其为证，违者减罪人三等"。[1] 这一规定为宋元明清法律所继承。

书证是以文书记载的内容证明案件情况的证据，是诉讼中的重要证据之一。

第三节 礼法合一时期的审判制度

|【案例】郭氏投水身死案[2]|

▶【基本案情】＞＞＞

杜宗城之妾郭氏投水身死，验郭氏有被殴之伤，讯之杜宗城之幼女阿端，言因偷糖被宗城之妻林氏用棍殴，吏据阿端词在林氏房门后将小棍携出，与郭氏所受伤相验符合。讯问林氏，坚不吐实。命刑之，林神色不变；拶手指：拷之二十亦不承。宗城乃谓妻曰："事已难欺，实言可也。"林氏乃据实直言："因郭氏偷糖四五斤，我怒以掌连批其左右颊，郭氏犹强辩，乃以木棍击其左手，右臀、两脚腕。"再问宗城及乡邻："果非有别故，无别人殴乎？"皆曰："并无别人殴打，林氏所言是实。"

▶【案例分析】＞＞＞

这是蓝鼎元审理使用刑讯审理案件的一个案例。依照清朝法律规定："重大案件正犯，及干连有罪人犯，或证据已明，再三详究，不吐实情，或先已招认明白，后竟改供者，准夹讯外，其别项小事，概不许滥用夹棍。"[3]本案中郭氏之伤从林氏房门后找到小棍比对一致，并且有阿端证言，可谓证人证言物证具备，但是林氏拒不招认，故对其刑讯，刑讯后林氏招认郭氏系其所殴打，可见刑讯的目的是为了获得口供。

① 钱大群：《唐律疏义新注》，南京师范大学出版社 2007 年版，第 964、965 页。
② ［清］蓝鼎元：《鹿州公案》，群众出版社 1985 年版，第 229 页。
③ 田涛、郑秦点校：《大清律例》，法律出版社 1999 年版，第 561 页。

|【案例】子误伤父案|

► 【基本案情】> > >

甲父乙与丙争言相斗,丙以佩刀刺乙,甲即以杖击丙,误伤乙。甲当何论?或曰殴父也,当枭首。论曰:"臣愚以父子至亲也,闻其斗,莫不有怵怅之心也,扶杖而救之,非所以欲诟父也。春秋之义许止父病,进药于其父而卒。君子原心,赦而不诛。甲非律所谓殴父,不当坐。"①

► 【案例分析】> > >

这是一起有关春秋决狱的案例。春秋决狱汉魏晋南北朝时期所特有的一种审判制度。它赋予儒家经典特别是《春秋》以法律的意义,用其中所记载的事例和体现的精神来分析案件。本案中的甲本意是为了帮助父亲,用杖击打丙,但结果却伤了自己的父亲乙,依照春秋之义"本其事而原其志,志邪者不待成,首恶者罪特重,本直者其论轻"。强调的是行为者的动机,即"原心论罪"。《盐铁论·刑德》总结说:"《春秋》之治狱,论心定罪,志善而违于法者免,志恶而合于法者诛。故其治狱,时有出于律之外者。"而本案中的甲虽有伤害父亲行为和后果的事实,但根据春秋之义:"许止父病,进药于其父而卒。君子原心,赦而不诛。"即甲没有伤害父亲乙的主观恶念,因此,甲不是法律中规定的"殴父",不应受到处罚。由此可见,春秋决狱虽然提出依照客观事实和法律动机来判决案件,但占主导地位的则是主观动机。

|【案例】杨氏砍伤伊夫姚亚三案②|

► 【基本案情】> > >

巡抚广西等处地方提督军务、兼都察院右都御史、驻箚桂林府革职留任臣金鉷谨题:为报明事。

该臣看得:桂平民妇杨氏砍死姚亚三一案。缘雍正十三年闰四月初五日,杨氏之父母补祝伊姑莫氏生辰。其母陈氏携肉先至,莫氏即给钱文与姚亚

---

① 程树德:《九朝律考》,中华书局1963年版,第164页。

② 郑秦、赵雄:《清代"服制"命案》,中国政法大学出版社1999年版,第1页。

三往隔村沽酒。亚三不去，杨氏催促，亚三即嗔骂杨氏，杨氏回骂。亚三随走入厨房，脚踢杨氏两下，始提篮罐前往沽酒。乃杨氏被夫踢骂，一时气忿，即持菜刀赶出村外，先砍亚三脑后一伤，而亚三复赶夺杨氏之刀，杨氏又连砍亚三左右臂膊，左手腕及左右手背等处。亚三当即奔回诉明，移时殒命。兹据审解到，臣随即覆加研讯，而杨氏直将各实情供认不讳。杨氏合以妻殴夫死者斩立决律，应拟斩立决。兹据按察使黄世杰审解前来，经臣复审无异，谨题请旨。

雍正十三年十一月二十三日

批红：三法司核拟具奏。

|【案例】胡正用殴伤胞叔胡松山身死案|

▶【基本案情】＞＞＞

刑部等衙门、经筵讲官、太子太保、武英殿大学士兼吏部尚书、领文渊阁事、管兵部、刑部、领侍卫内大臣、兼镶黄旗满洲都统、诚谋英勇公臣阿桂等谨题：为报明事：

该臣等会议得：胡正用殴伤胞叔胡松山身死案。据暂署四川总督孙士毅疏称：缘胡正用系胡松山胞侄，服属期亲，分居各炊，素好无嫌。胡正用园地与胡松山地界毗连，各种葫豆。乾隆六十年闰二月十六日早，胡松山因两目昏花，误将胡正用地内葫豆割取。胡正用携带锄头赴田工作，见葫豆被割，疑贼窃取，出言谩骂。晌午，胡正用负锄自田转回，胡松山瞥见，即斥该犯混骂之非。胡正用分辨，胡松山用拐杖殴伤胡正用顶心，胡正用趋避，胡松山复持拐棍赶殴，胡正用用锄抵格，碰伤胡松山左额头，倒地擦伤左腿，越日殒命。报验，审认不讳，将胡正用依侄殴叔死者斩律，拟斩立决等因，具题。经刑部等衙门照拟核覆，具题。奉旨：九卿议奏，钦此。

查胡正用因伊叔胡松山误将伊地葫豆割取，疑贼人窃取，出言谩骂。胡松山斥该混骂之非。胡正用分辨，胡松山用拐杖殴伤胡正用顶心，胡正用趋避，胡松山复持拐棍赶殴，胡正用用锄抵格，碰伤胡松山左额头，倒地擦伤左腿，越日殒命。核其情节，胡正用因豆被割，不知伊叔割取，疑贼谩骂，事无不合。伊叔见而向斥，用棍殴伤顶心，该犯趋避，复被赶殴，因而用锄抵格，并伤至毙，与有心逞凶干犯者有间，自应量予末减，将胡正用改为斩监候，秋后处决。余仍照原议完结。臣等未敢擅便，谨题请旨。

乾隆六十年九月初五日

批红：胡正用改为应斩，着监候，秋后处决，余依议。①

|【案例】陆来蕙强抢郭改子奸占为妻案② |

▶【基本案情】> > >

光绪二十七年六月，江苏通州灶民陆来蕙的母亲曾托人向陆的舅舅提亲，想娶其女儿郭改子为陆来蕙的媳妇。但是陆的舅舅因嫌陆家贫穷，没有答应他的提亲，而将女儿郭改子许配给了家道殷实的崔家。崔家已经聘定，仍未迎娶。这年六月十八日，陆来蕙和其兄长驾船，偶遇正在岸边田地里芸草的郭改子和其母亲。陆来蕙回想起他的舅舅的嫌贫爱富，一怒之下将郭改子抢回家，当晚拜堂成亲，第二天被官府捕获。刑部拟定罪名为强抢奸占为妻，判处绞监候，入于光绪二十九年秋审办理。他所犯的罪行被记录于江苏省光绪二十八年至二十九年度的秋审黄册。光绪二十九年八月二十三日的秋审中，时任吏科掌印给事中熙麟和时任巡视西城户部掌印给事中潘庆澜对刑部陆案提出了不同的意见。5日之后，刑部呈上了题为《奏为遵旨复核光绪二十九年秋审江苏陆来蕙强占郭改子为妻一案事》的奏折。对之前两位给事中的质疑一一回答，并坚持原判并阐述了理由。针对上述三个奏折，光绪皇帝的裁决是：江苏绞犯陆来蕙情节究有一线可原，着加恩缓决钦此。由此可见，在秋审时，皇帝采纳了给事中的意见，随后光绪三十年秋审停勾，所有犯人依律缓决一年。光绪三十一年、三十二年、三十三年的秋审中，陆来蕙均缓决。

▶【案例分析】> > >

上述三个案例分别涉及了清朝三司会审、九卿圆审和秋审制度。

按照清代三法司的职权划分是刑部审判、大理寺复核、都察院监察，对于命案在雍正时期发布上谕："刑部直省命盗案件，主稿虽在刑部，然必由三法司等衙门公同确勘画题，方行请旨。"③乾隆十八年五月十八日上谕："敕交三法司核

---

① 郑秦、赵雄：《清代"服制"命案》，中国政法大学出版社1999年版，第406—407页。

② 董笑寒、孙燕京：《秋审个案与清末司法审判》，《南京社会科学》2013年第2期，第148—156页。

③ 《清世宗实录》卷七。

拟重案,原期详慎,以昭平允,其事属众议佥同,固成信谳,如或迹涉两是,间有一二人不能尽归划一者,自不妨各抒己见,候旨酌夺。"①"杨氏砍伤伊夫姚亚三案"广西巡抚复核无异,请旨定夺,雍正皇帝的批红是"三法司核拟具奏。"即要求三司会审,提出意见,再奏请皇帝决断。

对于九卿圆审,是指凡是地方上报的疑难案件,经过刑部复审或三司会审后仍有异议者,则由六部尚书、大理寺卿、都察院左都御史、通政使九卿联合审判,最后奏请皇帝裁决。"胡正用殴伤胞叔胡松山身死案"经刑部等衙门照拟核覆,将胡正用依侄殴叔死者斩律,拟斩立决后,皇帝下旨九卿会审,九卿会审结果认为这个案件"与有心逞凶干犯者"不同,于是提出"将胡正用改为斩监候,秋后处决。余仍照原议完结"的建议,并请旨定夺,最后皇帝依照此意见作出判决。

秋审,清代号称"秋谳大典",是清朝重要的国家大典。是由九卿、詹事、科道官员共同复审一年来各省上报的拟定斩、绞监候的案件制度,是死刑案件的一种特别复核程序,是死刑审判程序的延伸,因其每年都在农历秋八月进行,所以被称为"秋审"。秋审的具体程序是:各省督抚在每年五月以前,将本省审勘完毕的斩、绞监候案件具册呈报刑部;八月、九卿、詹事、科道官员在天安门外金水桥西共同复审,然后由刑部就审录结果向皇帝具题,请旨勾决。经过秋审的案件,分为"情实""缓决""可矜""留养承祀",会审后这四种结果,最后由皇帝裁决,除情实须执行死刑外,其余三类可免去死刑。"陆来蕙强抢郭改子奸占为妻案"中陆来蕙经审理被刑部判为绞监候,进入当年秋审,在秋审中两位给事中熙麟和潘庆澜提出异议并被皇帝采纳,陆来蕙被列入缓决一类,按照法律规定经过三次秋审之后,减为流刑,陆来蕙经历了三次秋审,可推断出在光绪三十三年秋审后减为流刑。

▶【基本问题】> > >

这几个案例主要涉及古代社会审判制度的刑讯、春秋决狱、会审等知识点。通过这些案例我们需要系统地了解和掌握关于审判制度的主要内容和发展。

▶【知识分析】> > >

一、审案与刑讯

审案在古代称为"治狱""讯狱"或"鞫狱"。审案一般为坐堂问案,是解决

① 《清高宗实录》卷四三九。

案件的主要途径。审案除了依据物证、书证、证人证言以及检验结论外,口供是定案的主要依据,而口供的获得往往离不开刑讯,但为了防止刑讯带来的负面效果,往往对刑讯又有所限制。

秦《封诊式》规定,"凡治狱,能以书从迹其言",不用拷打即得实情,是为"上";使用刑讯而得口供者,属于"下";使用威胁恐吓审案而不得实情为"败"。① 从对审讯作的"上""下""败"的分类可见,秦朝并不提倡刑讯,但也不禁止刑讯。而在司法实践中,刑讯不仅很正常,手段也极残酷,韩非和李斯都因不胜拷打之苦而"诬服"。《封诊式》还对审讯案件应遵循的程序原则做了规定:首先要听完口供并详细记录,让受审者把话说完,即使撒谎也不要打断供述,直到供述完毕,才能就所发现的矛盾和问题进行讯问,并把辩解词记录下来,然后再讯问。受审人若反复改变口供,前后矛盾,拒不坦白认罪,则施加刑讯,拷打犯人必须记下:"爰书:以某数更言,毋(无)解辞,治(笞)讯某。"②

汉代审讯的主要方法仍是西周时的"五听"。审讯的首要目的是为了获取口供,因此刑讯逼供就成了必要的手段。《汉书·杜周传》载,法官问罪,"不服,以掠笞定之。"东汉章帝曾下诏说:"律云,掠者唯得榜笞。"③这说明在汉代,刑讯是合法的。

三国两晋南北朝时期,司法官在审判过程中滥施刑讯,北魏时为了获取口供,曾制作"重枷,大几围,复以缒石悬于囚颈,伤骨内至,更使壮卒迭搏之。囚率不堪,因以诬服。吏持之以为能",④经皇帝多次下诏限制才有所改变。南朝梁创立了"测罚"之制,"凡系狱者,不即答款,应加测罚,不得以人士为隔。若人士犯罚,违捍不款,宜测罚者,先参议牒启,然后科行。断食三日,听家人进粥二升。女及老小,一百五十刻乃与粥,满千刻而止"。⑤ 只要士族囚犯不招供,就断绝其饮食,过 3 日才能进食少量的粥,女子和老幼囚犯则是 150(约一天半)刻给粥一直持续千刻(约 10 天)之久,以饥饿的痛苦来逼迫囚犯服罪,但是启用刑罚,则必须"先参议牒启,然后科行",对任意刑罚给予限制。南朝陈则创立了称为"测立"的刑讯制度,若"其有赃验显然而不款,则上测立"。"立测者以土为垛,高一尺,上圆,劣容囚两足立。鞭二十、笞三十讫,着两械及杻(音丑,古代刑

---

① 睡虎地秦墓竹简整理小组编:《睡虎地秦墓竹简》,文物出版社 1990 年版,第 147 页。
② 睡虎地秦墓竹简整理小组编:《睡虎地秦墓竹简》,文物出版社 1990 年版,第 148 页。
③ 《后汉书·章帝纪》。
④ 《魏书·刑罚志》。
⑤ 《隋书·刑法志》。

具,即手铐),上堁,一上测七刻,日再上。三七日上测,七日一行鞭。凡经杖,合一百五十,得度不承者,免死。"①仍不招供者反复拷打站堁,直至鞭杖数满 150 方可停止。其结果,"重械之下,危堕之上,无人不服,诬枉者多"。②

鉴于南北朝刑讯逼供制造许多冤假错案的问题,隋文帝规定"讯囚不得过二百,枷杖大小,咸为之程品,行杖者不得易人",③使审讯及其用刑渐趋规范。唐朝法律要求司法审判人员须运用"五听"的审讯方式,而不准随意进行刑讯逼供。根据《唐律疏议·断狱》的规定:"诸应讯囚者必先以情,审察辞理,反复参验,犹未能决,事须讯问者,立案同判,然后拷讯。"凡是审讯案犯,必须先详细察清案"情"事实,谨慎审察受审人所供"辞理"内容,"反复"验证查实,这样仍然不能作出判断,案情必须刑讯的,则要记录在案,审判官会同刑讯。与之相应的《狱官令》规定:"察狱之官,先备五听,又验诸证信,事状疑似,犹不首实,然后拷掠。"同样指出,鞫狱官以情理和事实证据审理案件,不要轻易用刑。④ 但是,"诸应议、请、减若年七十以上、十五以下及废疾者,并不合拷讯";"诸妇人怀孕,犯罪应拷及决杖笞",须于产后百日方准行刑;"即有疮病,不待差而拷者,亦杖一百",即犯人有病或疮伤未愈的,待痊愈后拷问。⑤

唐朝《狱官令》和唐律《断狱》还明确规定,刑讯要使用统一的法定刑杖,"诸拷囚不得过三度,数总不得过二百,杖罪以下不得过所犯之数。拷满不承,取保放之""诸拷囚限满而不首者,反拷告人"。⑥ 凡有意违反刑讯规定,构成非法"拷囚"者,要依法追究有关人员责任,"以故致死者,徒二年"。⑦

宋代在沿用唐代法律的同时,对刑讯规定得更为详尽。在雍熙三年令:"诸州讯囚,不须众官共视,申长吏得判乃讯囚",⑧将刑讯的权力牢牢掌握在长官手中。

元朝继承了前朝审问"必先参照原发事头,详审本人词理;研穷合用证佐,追究可信显迹,若或事情疑似,赃状已明,而隐讳不招,须与连职官员立案同署,依法拷问。其告指不明,无证验可据者,先须以理推寻,不得辄加拷掠"。⑨ 审理

① 《隋书·刑法志》。
② 《陈书·沈洙传》。
③ 《隋书·刑法志》。
④ 钱大群:《唐律疏义新注》,南京师范大学出版社 2007 年版,第 967—968 页。
⑤ 钱大群:《唐律疏义新注》,南京师范大学出版社 2007 年版,第 964、1001、970 页。
⑥ 钱大群:《唐律疏义新注》,南京师范大学出版社 2007 年版,第 969—971 页。
⑦ 钱大群:《唐律疏义新注》,南京师范大学出版社 2007 年版,第 970 页。
⑧ 《宋史》卷一百九十九《刑法志一》。
⑨ 《元典章》卷四十《刑部》二。

案件须先详细分析书状,研究证据和事实,如拒不交代口供的罪犯,经过办理手续,可以使用刑讯手段,逼迫犯人交代供词,如果证据不足,自依理推问,拒不认罪的情况下,方可刑讯。从而确认刑讯的条件和合法性,同时又限制审判官非法刑讯,"诸鞫问囚徒,重事须加拷讯者,长贰僚佐会议立案,然后行之,违者重加其罪"。同时还规定,除去重大案件外,不得夜审:"诸鞫问罪囚,除朝省委问大狱外,不得寅夜问事,廉访司察之""诸鞫狱辄以私怨暴怒,去衣鞭背者,禁之"。如果"有司诸断小罪,辄以杖头非法杖人致死"者,"坐判署官吏"以罪。①

明清法律规定:"罪人赃仗证佐明白,不服招承。明文立案,依法拷讯。"②清代条例中有规定:"强、窃盗人命,及情罪重大案件正犯,及干连有罪人犯,或证据已明,再三详究,不吐实情,或先已招认明白,后竟改供者,准夹讯外,其别项小事,概不许滥用夹棍。"③但是对于"八议之人及年七十以上、十五以下及废疾者,并不合拷讯"。④违法刑讯者要承担相应的法律责任:"若将案内不应夹讯之人,滥用夹棍,及虽系应夹之人,因夹至死,并恣意叠夹致死者,将问刑官题参治罪;若有别项情弊,从重论。"⑤刑讯固然可能获得口供,但也会屈打成招,造成错案。

经过审讯取得口供,并比照其他证据,即可判决。判决后,向被告宣读判决书,称作"读鞫"。

二、"乞鞫"和上报复审

防止或纠正错判,中国封建社会各个朝代规定在案件判决后,若对判决不服,允许提出复审,一般称为"乞鞫"。

秦《法律答问》规定,"以乞鞫及为人乞鞫者,狱已断乃听,且未断犹听殹(也)?狱断乃听之。"⑥即要求复审的可以是犯人,也可以是其他人,但均在判决之后。汉代允许本人或其家属"乞鞫"一般须在判决后三个月内提出,超过期限则不得请求复审。至魏时期"二岁刑以上,除以家人乞鞫之制,省所烦狱也"。仍保留犯人乞鞫之制,晋令规定:"囚若称枉,欲乞鞫者,许之也。"唐律规定:"诸狱结竟,徒以上,各呼囚及其家属,具告罪名,仍取囚服辩。若不服者,听其自

---

① [明]宋濂等撰:《元史》(第九册),卷一百零二《刑法志一》,中华书局1976年版,第2619页。
② 怀效锋点校:《大明律》,法律出版社1999年版,第212页;田涛、郑秦点校:《大清律例》,法律出版社1999年版,第561页。
③ 田涛、郑秦点校:《大清律例》,法律出版社1999年版,第561页。
④ 田涛、郑秦点校:《大清律例》,法律出版社1999年版,第573页。
⑤ 田涛、郑秦点校:《大清律例》,法律出版社1999年版,第561页。
⑥ 睡虎地秦墓竹简整理小组编:《睡虎地秦墓竹简》,文物出版社1990年版,第120页。

理,更为审详。"疏议曰:"其家人、亲属,唯止告示罪名,不须问其服否。囚若不服,听其自理,依不服之状,更为审详。"①即如果不服判决,则犯人本人请求原审判机关或上级机关复审。

除了犯人乞鞫复审外,各个时期还规定了上报复审制度。汉代地方司法机关,一般案件可自行判决,死刑案件一般郡守可以自行判决,但对于疑难案件,必须上报请示,地方郡县和廷尉不能决的,要奏报皇帝作出裁决。到了魏晋南北朝时期确立了死刑奏报制度。唐代《狱官令》等法律规定,地方各县只能审理判决杖刑以下案件,徒刑以上案件须上报州;各州可以审理徒刑、流刑及所辖官吏的犯罪案件,但须上报刑部进行复核。凡是违反级别管辖规定,"诸断罪应言上而不言上,应待报而不待报,辄自决断者",各按故意或过失出入人罪减三等论处。② 死刑案件的判决,须经刑部复核,并直接奏报皇帝审批。在执行死刑以前,还要分别进行三复奏或五复奏。这项制度始于隋文帝开皇十五年,唐朝进一步规范化和法律化。据《狱官令》规定:"诸决大辟罪在京者行决之司五复奏,在外府刑部三复奏。"其具体复奏程序是"在京者,决前一日二复奏,决日三复奏;在外者,初日一复奏,后日再复奏。纵临时有敕不许复奏,亦准此复奏"。③凡是违反复奏制度或不依法行刑者,根据唐律《断狱》的规定,要分别情况处以重刑:"诸死罪囚,不待复奏报下而决者,流二千里。即奏报应决者,听三日乃行刑,若限未满而行刑者,徒一年;即过限,违一日杖一百,二日加一等。"④明代正式确立州县—府—提刑按察司—刑部逐级复审制度,正如明律规定"凡狱囚鞫问明白,追勘完备,徒、流以下,从各府、州、县决配。至死罪者,在内听监察御史,在外听提刑按察使司审录无冤,依律议拟,转达刑部定议,奏闻回报"。⑤ 这一制度为清代继承,只是在刑部之前加上了督抚一级。

三、录囚制度

录囚制度,在唐宋时期成为"虑囚",是一种审判监督制度,即上级司法机关定期对下级司法机关监狱关押的囚犯进行询问,核实罪状,以平雪冤案,是审判制度的补充。其起始于汉代,盛行于唐宋,到明清为秋审、朝审所替代。《后汉书·百官志》载:汉武帝时期"诸州常以八月巡行所部郡国,录囚徒"。注文引胡

---

① 钱大群:《唐律疏义新注》,南京师范大学出版社 2007 年版,第 995 页。
② 钱大群:《唐律疏义新注》,南京师范大学出版社 2007 年版,第 982 页。
③ 《通典》卷一百六十八《刑法六·拷讯》引。
④ 钱大群:《唐律疏义新注》,南京师范大学出版社 2007 年版,第 1004 页。
⑤ 怀效锋点校:《大明律》,法律出版社 1999 年版,第 219 页。

广语说得更明确:"县邑囚徒,皆阅视录,参考辞状,实其真伪,有侵冤者,即时平理也。"①沈家本认为"录囚之事,汉时郡守之常职也,……此事又属于刺史"。②可见汉时,录囚是郡守和州刺史的一项职责。从东汉始,皇帝亲录囚徒。汉明帝即位后,"车驾自幸洛阳狱录囚徒,理出千余人"。③ 魏晋南北朝时期,因袭汉代传统,南朝宋孝武帝与大明七年八月丁巳"车驾幸秣陵县讯狱囚",并下诏:"近道刑狱,当亲料省。其王畿内急神州所统,可遣尚书与所在共详;畿外诸州,委以刺史。并详省律令,思存利民。"④南朝梁武帝也曾下诏,"凡犴狱之所,可遣法官近侍,递录囚徒,如有枉滞,以时奏闻"。⑤ 隋朝时期,隋文帝"每季亲录囚徒"。唐代时期皇帝更加注重录囚制度。唐太宗于贞观六年"亲录囚徒,闵死罪三百九十人,纵之还家,期以明年秋即刑,及期,囚皆诣朝堂,无后者,太宗嘉其诚信,悉原之"。⑥ 唐代法律明确规定录囚制度,《唐六典》规定:"凡禁囚皆五日一虑也。""凡在京诸司见禁囚,每月二十五日以前,本司录所犯及禁时日月以报刑部""凡天下诸州断罪应申复者,每年正月与吏部择使,取历任清勤、明识法理者,仍过中书门下定讫以闻,乃令分道巡复"。⑦ 宋代因袭唐代制度,主要是皇帝亲自虑囚,"宋兴,承五季之乱,太祖、太宗颇用重典,以绳奸慝,岁时躬自折狱虑囚,务底明慎,而以忠厚为本";⑧遣使虑囚是宋代普遍而有效的录囚形式。如宋太宗端拱二年四月四日,"遣殿中侍御史刘丹等八人分录天下刑禁";淳化元年四月五日,"以自春不雨,选近臣分往诸处决刑狱。三年五月十六日,以久旱,分遣常参官乘传往诸路决狱;仁宗庆历三年五月四日,"帝亲录系囚,命侍御史沈邈等分(诸)[诣]京畿及三京,其诸路委转运使、提点刑狱官亲行疏决,杂犯死罪已下递降一等,杖已下释之"。⑨ 绍兴九年六月二十五日诏:"以日近雨泽稍想,行在委刑部官及御史各一员,临安府属县并诸路州军令监司分头检点,催促结绝见禁罪人";⑩各路提刑司官员的录囚,大致到北宋后期,形成了提刑司每年寒暑定期到州县录囚的制度。

---

① 《后汉书·百官志》。
② 沈家本:《历代刑法考》之《赦十二》,中华书局1985年版,第791页。
③ 《后汉书·寒朗传》。
④ 《宋书·孝武帝本纪》。
⑤ 《梁书·武帝纪》。
⑥ 《新唐书·刑法志》。
⑦ [唐]李林甫等撰,陈仲夫点校:《唐六典》,中华书局1992年版,第191—192页。
⑧ 《宋史》卷一百九十九《刑法志一》。
⑨ [清]徐松:《宋会要辑稿》刑法五,中华书局1997年版,第6677、6678、6680—6681页。
⑩ [清]徐松:《宋会要辑稿》刑法五,中华书局1997年版,第6687页。

四、法官的责任

中国古代的法官责任制度内容非常丰富,涉及面比较广泛,从起诉受理到判决的整个过程均有关于法官责任的各种规定。如依法受理案件的责任、依法逮捕的责任、依法羁押的责任、依法刑讯的责任、据证定罪的责任、依法检验的责任、回避的责任、依法断罪的责任、依法行刑的责任、以告状鞫狱的责任等。在这里主要介绍回避责任、依告状鞫狱责任、依法断罪和出入人罪责任。

(一)回避责任

在汉代时期的行政回避的《三互法》,同样涉及司法官员的任职回避。司法人员"听讼回避"的明确规定是唐朝的法律。为了保证司法公正,《唐六典》以法典的形式,第一次正式规定:"凡鞫狱官与被鞫人有亲属、仇嫌者,皆听更之"的法官听讼回避制度。宋代沿袭之,《宋刑统》引唐代《狱官令》:"诸令鞫狱官与被鞫人有五服内亲,及大功以上婚姻之家,并受业师,经为本部都督、刺史、县令及有仇嫌者,皆须听换推。经为府佐、国官于府主亦同。"①元代在继承的基础上进一步完善了法官回避制度,《元史·刑法志》规定:"诸职官听讼者,事关有服之亲并婚姻之家及曾受业之师与所仇嫌之人,应回避而不回避者,各以其所犯坐之。有辄以官法临决尊长者,虽会赦,仍解职降叙。"②明清法律专设"听讼回避"条,内容基本相同,规定:"凡官吏于诉讼人内,关有服亲及婚姻之家,若受业师,或旧为上司,与本籍官长有司,及素有仇隙之人,并听移文回避。违者,虽罪无增减,笞四十;若罪有增减者,以故出入人罪论。"③

(二)依告状鞫狱

"依告状鞫狱",就是要求司法官员审理判决案件,依照控告内容的范围,告什么审什么,严禁于告状之外别求他罪。《唐律疏议·断狱》规定:"诸鞫狱者,皆须依所告状鞫之,若于本状之外,别求他罪者,以故入人罪论。"疏议曰:"若因其告状,或应掩捕搜检得别罪者,亦得推之。其监临主司于所部告状之外,知有别罪者,即须举牒,别更纠论,不得因前告状而辄推鞫。若非监临之官,亦不得状外别举推勘。"④《宋刑统》继承了这一规定。⑤ 明清法律的规定与唐宋基本相同。"凡鞫狱,须依原告人所告本状推问。若于本状外别求他事,搪拾被告

---

① 〔宋〕窦仪:《宋刑统》,中华书局1984年版,第475页。
② 〔明〕宋濂:《元史》(第九册),《刑法志一》,中华书局1976年版,第2619页。
③ 田涛、郑秦点校:《大清律例》,法律出版社1999年版,第480页。
④ 钱大群:《唐律疏义新注》,南京师范大学出版社2007年版,第974—975页。
⑤ 〔宋〕窦仪:《宋刑统》,中华书局1984年版,第479页。

人罪者,以故入人罪论。或以全罪科;或以增轻作重科。同僚不署文案者,不坐。若因其所告本状事情或法应掩捕搜检,因掩捕而检得被犯别罪,事合推理者,非状外摭拾者比,不在此故入同论之限。"①清代条例规定:"凡鞠狱,止将状内有名人犯审拟。如光棍案件,伙党人多,仍行严拿究审。无干牵连者,即行释放。"②

(三)依法断罪

断罪,指的是审理判决案件,在重视事实之外,同样重视依法鞠狱和断罪。秦代就要求司法官依律审理案件。唐律《断狱》规定:"诸断罪皆须具引律、令、格、式正文,违者笞三十。若数事共条,止引所犯罪者,听。"③这就要求司法人员,在审理判决案件和定罪量刑时,必须援引并依据法律的正文规定;不得随意判决,违者要受到处罚。这一规定被宋元明清所继承,如清代法律规定:"凡官司断罪,皆须具引律例,违者,如不具引,笞三十;若律有数事共一条,官司止引所犯本罪者,听。"④

(四)出入人罪的责任

出入人罪,是指中国古代法律规定的司法官将有罪判为无罪或重罪轻判和无罪判为有罪或轻罪重判的一种犯罪行为。秦代就有过失和故意出入人罪的行为和罪名。因过失而造成量刑不当,属"失刑"罪;"论狱何谓'不直'?可(何)谓'纵囚'?罪当重而端轻之,当轻而端重之,是谓'不直'。当论而端弗论,及易其狱,端令不致,论出之,是谓'纵囚'。"⑤即故意轻罪重判或重罪轻判,属"不直"罪;故意将有罪判为无罪为"纵囚"。对于不直、纵囚、失刑罪要承当相应的法律责任。如"赀盾不直,可(何)论?赀盾"。⑥汉承秦制,《汉书》注曰:"出罪为故纵,入罪为故不直。"⑦唐代专门规定的"官司出入人罪"条,"诸官司入人罪,(律内注:谓故增减情状足以动事者,若闻知有恩赦而故论决,及示导令失实辞之类。)若入全罪,以全罪论;(律内注:虽入罪,但本应收赎及加杖者,止从收赎,加杖之法。)""从轻入重,以所剩论。刑名易者:从笞入杖,从徒入流,亦以所剩论。从笞杖入徒流、从徒流入死罪亦以全罪论。其出罪者,各如之。""即

① 田涛、郑秦点校:《大清律例》,法律出版社 1999 年版,第 576 页。
② 田涛、郑秦点校:《大清律例》,法律出版社 1999 年版,第 576 页。
③ 钱大群:《唐律疏义新注》,南京师范大学出版社 2007 年版,第 981 页。
④ 田涛、郑秦点校:《大清律例》,法律出版社 1999 年版,第 595 页。
⑤ 睡虎地秦墓竹简整理小组编:《睡虎地秦墓竹简》,文物出版社 1990 年版,第 115 页。
⑥ 睡虎地秦墓竹简整理小组编:《睡虎地秦墓竹简》,文物出版社 1990 年版,第 104 页。
⑦ 《汉书·景武昭宣元成功臣表》。

断罪失于人者,各减三等;失于出者,各减五等。若未决放及放而还获,若囚自死,各听减一等。""即别使推事,通状失情者,各又减二等;所司已承误断讫,即从失出入法。虽有出入,于决罚不异者,勿论。"①如果司法官故意有罪判无罪或无罪判有罪,则反坐"全罪",故意罪重判罪轻或罪轻判罪重,则坐"所剩"之罪,过失出入人罪则相应的减等处罚。这一规定为宋元明清所继承。明清法律在前人的基础上又有所发展。除上述"全出全入者"以"全罪论";"增轻作重""减重作轻",以"所增减论"外,"至死者,坐以死罪"。提出"并以吏典为首,首领官减吏典一等,佐贰官减首领官一等,长官减佐贰官一等科罪"的规定。②

五、春秋决狱

春秋决狱是汉魏晋南北朝时期所特有的一种审判制度。它赋予儒家经典特别是《春秋决狱》以法律的意义,用其中所记载的事例和体现的精神来分析案件,并作为定罪量刑的法律依据,也称引经决狱,或经义断狱。

董仲舒是春秋决狱制度的代表人物。他用儒家经典审理过许多案件。《后汉书·应邵传》载:"故胶西相董仲舒老病致仕,朝廷每有政议,数遣廷尉张汤亲至陋巷,问其得失。于是作《春秋决狱》二百三十二事,动以经对,言之详矣。"③《春秋决狱》是引经决狱的权威,在当时乃至后来都享有盛名。以董仲舒为首,公孙弘、吕步舒等人紧随其后,也长于此道。春秋决狱制度确立于西汉,一直延续到魏晋南北朝,至隋唐由于儒家经典与法律高度统一而宣告终结。

春秋决狱所以形成并推行数百年,并非偶然。首先,春秋决狱制度形成的根本原因是到汉武帝时期,确立了儒学的正统地位。其次儒学和当时法律之间存在差距。儒学虽然上升为主流思想,但法律却仍是依照法家思想所制定的,儒家之思想和法家之法律间差距的消弭,需要不断探索、才能实现两者的统一和融合。在从差距走向统一的过程中需要通过一定的方式克服上述矛盾和冲突,弥补法律之不足,甚至取代法律,于是春秋决狱制度应运而生。

春秋决狱制度最明显的特征是不用法律审判案件,而以儒家经典作根据:或者将儒家经典所记之事作为案例,用以比附断案;或者以儒家经典所体现的

① 钱大群:《唐律疏义新注》,南京师范大学出版社 2007 年版,第 986—988 页。
② 田涛、郑秦点校:《大清律例》,法律出版社 1999 年版,第 116—117 页。
③ 《后汉书·应邵传》。

精神理念为指导,用以分析案件、定罪量刑。其标准是儒家特别推崇的礼和德,礼的基本原则是亲亲、尊尊。因此审理案件特别注重案件当事人的身份;身份不同,虽行为相同,定罪量刑却不同。在行为和身份上,首先考虑的是身份。德是人的内在品质的表现。用儒学中的德作为审判的依据,就必然强调犯人主观动机的善恶,以此来决定犯罪的性质和刑罚的轻重。董仲舒就说:"春秋之听狱也,必本其事而原其志,志邪者不待成,首恶者罪特重,本直者其论轻。"[1]《盐铁论·刑德》也记载:"《春秋》之治狱,论心定罪,志善而违于法者免,志恶而合于法者诛。故其治狱,时有出于律之外者。""事""志""心"的考量,说明在审理案件既要注重事实更要关注行为者的主观动机,其中主观动机更为重要。春秋决狱并非毫无根据地揣摩行为者的动机,而是援引《春秋》之义,如上述甲误伤其父案中,援引"《春秋》之义,许止父病,进药于其父而卒。君子原心,赦而不诛",说明春秋决狱依据的是"信而有征"的史实和价值观念。因此春秋决狱方式这种集主观动机和客观事实综合考虑的审判方式有其合理之处,但如果过分地强调主观动机,则可能削弱其合理性,从而为思想犯罪提供了正当性的依据。主观动机和德的标准的不确定性也可能为司法官吏主观擅断、出入人罪、草菅人命开了方便之门。

春秋决狱经历了汉、三国两晋南北朝至唐朝,终于实现了儒家经典的法律化,形成了以礼法合一为特征的中华法系代表性法典——《唐律疏议》而完成了自己的使命。

六、鞫谳分司制度

鞫谳分司制度是宋代审判制度的特色,即将从州至大理寺的审判程序分为审问和检法断刑两部分,实行审判分离,分别有不同的官员负责,使其相互牵制。中央大理寺设有详断官(断司)、详议官(议司)分别负责审讯、检法用律,而后由大理寺或刑部长官审定断案。州府,设司理院,由司理参军"掌狱讼勘鞫之事,负责审讯人犯、传集人证、调查事实等审判事务;设司法参军,掌"议法断刑",就是根据已经认定的事实,检索有关法律条文,定罪量刑;勘鞫、检法断刑后,由知州(知府)亲自决断。这种由专职官员分别负责审(鞫)与判(谳)的制度,叫鞫谳分司制。在这种制度下,检法断刑的官员无权过问审问,负责审问的官员又无权检法断刑,"推司公事,未曾结案之前,不得辄与法司商议"。两宋时

---

[1] 《春秋繁露·精华》。

期始终坚持鞫谳分司制度,其原因正如南宋高宗时周林评论说:"狱司推鞫,法司检断,各有司存,所以防奸也。"①

七、会审制度

会审制度,"是指在刑事案件的审理过程中,由于案件比较重大,案情较为复杂,主审的司法官员不能单独作出判决,必须邀请其他相关机构的人员参加审理"②的制度。关于会审制度的起源,有学者认为早在西周时期就有了法官会审制度的雏形了。③ 到了封建社会时期出现了名称不一的会审,如汉朝的"杂治"、隋唐的"三司推事"与"三司使"、明清的"九卿圆审"、"朝审"与"热审"等等。

汉代的"杂治",即遇有重大案件,常由廷尉会同丞相、御史大夫、司隶校尉等中央各部门高级官员联合审判。杂治,即会审。例如,贺良等人反道惑众案,便由光禄勋、御史中丞、廷尉等官进行"杂治"。④ 东平王云谋逆案,由廷尉梁相与丞相长史、御史中丞及五二千石进行"杂治"。⑤

到了唐朝会审制度进一步规范化,主要的会审形式有两种:一是"三司推事"或"三司使会审",是指对于一些在京师的重大疑难案件,由大理寺卿、刑部尚书、御史大夫等三大法司的长官,组成临时特别法庭会同审理的形式;二是"三司使"或"小三司",是指发生在地方不便移送京师的重大疑难案件,则派大理寺、刑部和御史台的副职或其属员大理寺评事、刑部员外郎和监察御史前往当地进行审理案件的制度。凡是经过会同审理的重大疑难案件,其审判结果一般要上奏皇帝最后裁决。

宋代则形成了对于大理寺审理、刑部复核的疑难案件由朝臣集议而判的"朝臣杂议"制。

明朝继承了历史上众官会审疑案、大案的传统,也总结了历代"录囚""恤刑"等司法经验,使会审制度化,发展为一整套会审制度,包括三司会审、会官审录、九卿圆审、朝审、热审、大审等:

三司会审是在唐代三司推事的基础上发展而来,凡是遇到重大疑难案件,

---

① 黄淮、杨士奇编:《历代名臣奏议》(第3册)卷二百一十七,《推司不得与法司议事札子》,上海古籍出版社1989年版,第2850页。

② 郭成伟:《中华法系精神》,中国政法大学出版社2001年版,第234—235页。

③ 巩富文:《中国古代法官会审制度》,《史学月刊》,1992年第6期,第14页。

④ 《汉书·李寻传》。

⑤ 《汉书·王嘉传》。

有刑部尚书、大理寺卿和都察院左都御史共同审理案件的制度。

九卿圆审，又称九卿会审、圆审，是指凡特别重大案件，"二次番异不服，则具奏，会九卿鞫之，谓之圆审"，①即二次翻供不服，根据皇帝诏令，由六部尚书、大理寺卿、都察院左都御史和通政使九位中央官员会同审理，最后由皇帝裁决的制度。

"会官审录之例，定于洪武三十年"。明太祖朱元璋谕刑部曰："自今论囚，惟武臣、死罪，朕亲审之，余俱以所犯奏。然后引至承天门外，命行人持讼理旛，传旨谕之；其无罪应释者，持政平旛，宣德意遣之。"随后明太祖命令五军都督府、六部、都察院、六科、通政司、詹事府，间及驸马都尉共同审理案件，"录冤者以状闻，无冤者实犯死罪以下悉论如律，诸杂犯准赎"，死罪和冤案奏闻皇帝，其他案件依律判决。明世祖永乐十七年，"令在外死罪重囚，悉赴京师审录"。②增加了地方死罪，赴京师会审情况。

"朝审"。秋后处决犯人前，由朝廷重臣会同复审在押死罪囚犯的制度。始于明英宗天顺三年，"令每岁霜降后，三法司同公、侯、伯会审重囚，谓之朝审。"③历朝遂遵行之。一般在每年霜降之后，由三法司会同公、侯、伯、驸马、内阁学士、六部尚书、侍郎、五军都督等众多官员，在承天门外会审，审判多数情况下由吏部尚书秉笔，在押待决死囚，死囚待决犯喊冤，或认为案件仍可疑或可矜（怜悯），应再加详审的，奏请皇帝定夺。

"热审始永乐二年，止决遣轻罪，命出狱听候而已。寻并宽及徒流以下"。是指最初热审是指在暑热季节来临前，对徒流以下的在押未决囚犯进行清理发落的制度。一般每年小满节气后十余日开始，至六月底止。明宪宗成化年间，"热审始有重罪矜疑、轻罪减等、枷号疏放诸例"，明武宗正德以前只在北京实行，正德元年之后开始实行于南京，随后推行"其在外审录，亦依此例"。京城监狱在押囚犯由"司礼监传旨下刑部，即会同都察院、锦衣卫题请，通行南京法司，一体审拟具奏"。④ 各地方司法机构在押未决囚犯，省城内由巡按御史会同布政使、按察使、都指挥使审理；各府、州、县由分巡道会同知府、知州、知县审理。

"大审"。是由皇帝定期派出代表审录在押罪囚的制度。源于汉唐时皇帝

---

① 《明史·刑法志二》。
② 《明史·刑法志二》。
③ 《明史·刑法志二》。
④ 《明史·刑法志二》。

"录囚"的惯例。明宪宗成化十七年定制,"命司礼太监一员会同三法司堂上官,于大理寺审录,谓之大审。南京则命内守备行之。自此定例,每五年辄大审"。①会审京城在押罪因中累诉冤枉或死罪可疑可矜的待决囚犯。外省由中央刑部、大理寺派出官员至各省省城,会同巡按御史审理上述囚犯,审理结果及时上奏皇帝。

清代在明代会审制度的基础上进一步完善并制定了《秋审条款》。《秋审条款》详细地规定了秋审、朝审的时间、会审机关、管辖范围及处理方式的内容,标志着清朝会审制度的完备化。其会审制度主要有:

秋审,清代号称"秋谳大典",是清朝重要的国家大典。是由九卿、詹事、科道官员共同复审一年来各省上报的拟定斩监候、绞监候的案件制度,是死刑案件的一种特别复核程序,是死刑审判程序的延伸,因其每年都在农历秋八月进行,所以被称为"秋审"。清朝的法律规定,死刑分为立决和监候两种方式。凡严重危害封建统治的犯罪,应立即处决的称"斩立决"或"绞立决";如危害性较小或案情有可疑之处的,暂判为"斩监候"或"绞监候",予以监押,等候秋天由中央几个部门的长官再共同重审。秋审的具体程序是:各省督抚在每年五月以前,将本省审勘完毕的斩、绞监候案件具册呈报刑部;八月九卿、詹事、科道官员在天安门外金水桥西共同复审,然后由刑部就审录结果向皇帝具题,请旨勾决。经过秋审的案件,分为"情实"(罪情属实、罪名恰当);"缓决"(罪情虽属实,但危害性较小,如戏杀、误杀等,或尚有疑问,暂不处死,缓期留待下一次秋审时再次审核,再决定是否执行死刑。缓决三次者,可减等处罚);"可矜"(罪情虽属实,但有值得同情或怜悯之处,如老幼废疾等人犯死罪,或因父母伤亡而报复杀人犯死罪,或因一时义愤杀人犯死罪等,可免于处死,减等发落);"留养承祀"(罪情虽属实,危害虽大,但父母、祖父母年老,无人奉养或系独子单丁,杀之有绝后嗣,可改行决杖后放回,以奉养父母或继承宗嗣),会审后这四种结果,最后由皇帝裁决,除情实须执行死刑外,其余三类可免去死刑,入于下一年秋审,凡经过三次缓决者多例改为流刑或发遣。

朝审是经三法司等部门官员共同复核审理由刑部直接判决的监候案件和京师在押的监候案件的一种制度。清朝初期朝审基本仿照明制,朝审时间略迟于秋审,于霜降后 10 日进行,冬至前复审完毕。乾隆后有所变化,朝审先于秋

第九章 礼法合一时期的司法制度

---

① 《明史·刑法志二》。

审一天举行,在时间上同为八月。在程序上略有不同的是,秋审时进行书面审核,而朝审时一般要将在押监候死囚,解至当场审录,经过朝审的案件,也分为情实、缓决、可矜、留养承祀四类情形,最后也均须上奏皇帝作最终的裁决。

九卿圆审,是指凡是地方上报的疑难案件,经过三司会审后仍有异议者,皇帝常命六部尚书、大理寺卿、左都御史、通政使九卿会同审判,最后奏请皇帝裁决。

热审,是指每年小满后10日至立秋前,由大理寺左右二寺官员会同各道御史及刑部承办司审理发生在京师的笞刑、杖刑的案件和非真犯死罪以下案件的一种制度。通过热审,有些罪犯可能被酌量减等处罚。康熙时确定各省同时举行。

三司会审,按照清代三法司的职权划分是刑部审判、都察院监察、大理寺复核,对于命案在雍正时期发布上谕:"刑部直省命盗案件,主稿虽在刑部,然必由三法司等衙门公同确勘画题,方行请旨。"①乾隆十八年五月十八日上谕:"敕交三法司核拟重案,原期详慎,以昭平允,其事属众议金同,固成信谳,如或迹涉两是,间有一二人不能尽归划一者,自不妨各抒己见,候旨酌夺。"②即对于重大案件,有刑部尚书、大理寺卿和都察院左都御史会同审理,最后奏请圣裁的制度。

▶【案例与思考】 > > >

| 【案例一】契约不明钱主或业主亡者不应受理③ |

读刑台台判,洞烛物情,亦既以郑氏为不直矣。然郊氏非,则汤氏是,二者必居一,于此而两不然之,举而归之学官,此汤执中之所以不已于讼也。披阅两契,则字迹不同,四至不同,诸人押字又不同,真有如刑台之所疑者,谓之契约不明可也。在法:契要不明,过二十年,钱主或业主亡者,不得受理。此盖两条也。谓如过二十年不得受理,以其久而无词也,此一条也。而世人引法,并二者以为一,失法意矣!今此之讼,虽未及二十年,而李孟传者久已死,则契之真伪,谁实证之,是不应受理也。合照不应受理之条,抹契附案,给据送学管业。申部照会。

【思考】结合本章所学,分析案例所涉及的法律问题。

① 《清世宗实录》卷七。
② 《清高宗实录》卷四三九。
③ 中国社会科学院历史研究所宋辽金元史研究室点校:《名公书判清明集》(第2版),中华书局2002年版,第132—133页。

【案例二】唐朝张蕴古泄露机密案[①]

贞观五年(631年),河内人李好德坐妖言下狱,大理丞张蕴古以为好德病狂瞽,法不当坐。治书侍御史权万纪劾蕴古相州人,好德兄厚德方为相州刺史,故蕴古奏不以实。太宗怒,遽斩蕴古,既而大悔,因诏"死刑虽令即决,皆三覆奏"。久之,谓群臣曰:"死者不可复生。昔王世充杀郑颋而犹能悔,近有府史取赇不多,朕杀之,是思之不审也。决囚虽三覆奏,而顷刻之间,何暇思虑?自今宜二日五覆奏。决日,尚食勿进酒肉,教坊太常辍教习,诸州死罪三覆奏,其日亦蔬食,务合礼撤乐、减膳之意。"五覆奏之制,自张蕴古案肇始。

【思考】结合本章所学,分析案例所涉及的法律问题。

【案例三】宋太宗虑囚案[②]

雍熙元年,开封寡妇刘使婢诣府,诉其夫前室子王元吉毒己将死。右军巡推不得实,移左军巡掠治,元吉自诬伏。俄刘死。及府中虑囚,移司录司案问,颇得其侵诬之状,累月未决。府白于上,以其毒无显状,令免死,决徒。元吉妻张击登闻鼓称冤,帝召问张,尽得其状。立遣中使捕元推官吏,御史鞫问,乃刘有奸状,惭悸成疾,惧其子发觉而诬之。推官及左、右军巡使等削任降秩;医工诈称被毒,刘母弟欺隐王氏财物及推吏受赃者,并流海岛;余决罚有差。司录主吏赏缗钱,赐束帛。初,元吉之系,左军巡卒系缚搒治,谓之"鼠弹筝",极其惨毒。帝令以其法缚狱卒,宛转号叫求速死。及解缚,两手良久不能动。帝谓宰相曰:"京邑之内,乃复冤酷如此,况四方乎?"

【思考】结合本章所学内容,分析案例所涉法律问题。

【案例四】伙抢妇女为从秋审分别实缓[③]

秋审处查嘉庆十四年奏定抢夺妇女为从拟绞秋审实缓章程内称,抢夺妇女与强盗无异,盗劫之案以入室不入室分别,情有可原,法无可贷。则伙抢妇女已成,从犯亦应以是否入室为断。其但经入室之犯均入情实,虽未入室而事后随同奸污,或拒捕伤人,或帮同架拉,持械吓逼,或伙抢不止一次,或抢夺数至三

① 《新唐书·刑法志》。
② 《宋史》卷二百《刑法志二》。
③ 〔清〕祝庆祺、鲍书芸、潘文舫、何维楷:《刑案汇览三编》(一),北京古籍出版社 2004 年版,第327—329 页。

人,或致酿成人命或被抢之人尚无下落,及另有不法别情者,亦拟入情实。若并未入室,亦无前项情事者,拟入缓决。至伙众抢夺路行妇女已成之从犯,则以曾否动手为断。但经动手抢夺之犯,均入情实。其虽未动手抢夺而有奸污及前项情事者,亦入情实。若并未动手抢夺,亦无前项情事者,拟入缓决等因。嗣因拒捕杀人从犯较致酿人命为重,亦即比照此例概拟入实。迨道光四年闰七月间,臣部办理秋审时以原定章程系照强盗定拟,强盗行劫杀人案内并未助势之伙盗,即有另犯不法轻罪,仍以情有可原声请免死发遣。若将伙抢妇女拒捕杀人案内并本帮同助势及仅止另犯不法轻罪从犯概拟入实,是较强盗转严,似未允协。随经奏明,将拒杀未助势之从犯拟入缓决,并声明其余仍照原定章程办理等因,亦在案。本年秋审内有山东绞犯王恪、郝硕、杨柱听从杨汝茂起意强抢孀妇曹李氏已成,致氏自缢身死一起,系因曹李氏夫故孀居,杨柱胞叔杨汝茂欲娶为妻,央王恪媒说未允,杨汝茂起意纠允王恪、郝硕、杨柱同伙四人黉夜至李氏门首。杨柱、郝硕在外看驴,杨汝茂与王恪拨门进内,将李氏抢出架至驴上,杨汝茂即牵驴与王恪逃走。由郝硕家经过,杨汝茂因距家尚远,向郝硕借屋给李氏居住,转令郝硕之妻照管,俟次日回家成亲。杨汝茂与郝硕另屋住宿,杨柱、王恪均各走散。迨李氏被抢不甘,乘隙投缳殒命。除罪应斩决之首犯杨汝茂在监病故外,将王恪、郝硕、杨柱俱依伙众抢夺妇女已成例拟绞,题结。兹据该抚将该三犯均拟入秋审情实,声明杨柱虽亲老丁单,毋庸查办留养,自系按照嘉庆十四年奏定章程办理。臣等于堂议时悉心详核,王恪一犯随同首犯进内将李氏抢出,系属入室之犯,郝硕一犯虽未入室,及帮同架拉,惟于抢获后任听首犯杨汝茂将李氏寄住伊家,并令伊妻看守,致李氏在伊家自缢,即系帮同逼迫,均属情无可原。王恪、郝硕二犯自应拟入情实,至杨柱一犯,于强抢时该犯仅止在外看驴,并未入室,亦未帮同架拉。迨杨汝茂将李氏送至郝硕家借住,李氏因被抢不甘自缢身死,其时该犯杨柱先已走散,亦无逼迫奸污情事。较之拒捕杀人案内并无助势之犯,其情同一可原。惟上年将拒杀未助势从犯改拟缓决,原奏内并未议及致酿人命从犯作何定拟,仅止声明其余仍照原奏章程办理。今杨柱一犯若竟拟缓决,即与原定章程不符,若仍入情实,又与上年奏请入缓之案情同罪异,亦不足以示持平。伏思此等从犯胆敢将良家妇女倚众抢夺,固应从重惩创,以儆凶顽。但为首即拟斩决,为从概拟绞候,定例已属从重,秋审衡情,案内各犯其情究有轻重不同,其罪即应稍分差等。上年臣部办理秋审,既将抢夺妇女拒捕杀人案内并未助势之从犯奏准拟入缓决,则致酿人命案内并未帮同逼迫之从犯事无二致,自应一体问拟。查拒杀为从系以是否助势为断,是让命为从应即以是否帮同逼迫为断,庶于情法两得其平。再查原定章程内持械吓逼及被抢之人尚无下落等语,亦较盗劫之案为重,应一并酌量变通,以昭允协。臣等公同酌议,应请嗣后聚众伙谋抢夺妇女已成案内从犯如业经入室,或虽未入室而事后奸污,或帮同架拉,或伙抢不止一次,或被抢数至三人,或系致酿人命案内帮同逼迫之犯,或系拒捕杀人案内在场助势之犯,或本犯自行拒伤捕人,或出本犯领卖致被抢之人尚无下落者,拟入情实,其无前项情事者拟入缓决。至伙众抢夺路行妇女已成之从犯,则以曾否动手为断,但经动手抢夺之犯均入情实,其虽未动手抢夺而有奸污及前项情事者亦入情实,若并未动手抢夺,亦无前项情事者拟入缓决。所有山东省绞犯杨柱一名即改入缓决,归入留养册内等因,奏准。道光五年通行。

【思考】结合本章所学,分析该案例相关的法律问题。

第十章

清末变法修律

第一节　预备立宪

|【案例】立宪议起|

▶【基本案情】> > >

　　清政府从保守改良走上预备立宪,是以1905年发生的日俄战争为导引的。国人将这场战争视为宪制与专制之争。"甲辰日俄战起,识者咸为之说曰:此非日俄之战,而立宪专制二政体之战也。"自日本"以小克大,以亚挫欧,赫然违历史之公例,非以立宪不立宪之义解释之,殆为无因之果"。①《中外日报》亦称:"甲辰日俄之战,知微之士闻之曰:此非俄日之战也,自海陆交绥以来,日无不胜,俄无不败,至于今,不独俄民群起而为立宪之争也,即吾国士夫,亦知其事之不容已,是以立宪之议,主者愈多。"②于是媒体立宪之议纷起。"泰西各国几绝专制之影迹,以故国无大小,莫不立宪法,设议院,以图议国事,用能合众策,聚众谋,而日臻富强……中国苟能立宪法,其利益岂浅鲜哉。其一能使上下相通……其次能使民调和……又次能使筹款易于措置……此数利者就其小者言,若夫大者,则能公是公非,万人一心,上下同德。以守则固,以战则克,以谋内政,足以泯私之见,以谋外交,足以杜贿赂之源……中国而不欲兴也则已,中国而果欲兴也,舍立宪其曷以哉。"③

---

　　① 《东方杂志》,1906年(丙午)临时增刊《宪政初纲》,《立宪纪闻》及《刊印宪政初纲缘起》,第1页。

　　② 《中外日报》,光绪三十一年八月二十二日。转引自《东方杂志》1905年第12期,第203页。

　　③ 《时敏报》,光绪三十年十月初六,转引自《东方杂志》1904年第12期,第163页。

清朝部分朝臣疆吏,也纷纷主张立宪,孙宝琦的思想可为代表:"夫日本之由变法而强,固朝野之所共和也……发布宪法于通国,于是君民上下一心,遂成巩固不摇之势……宝琦尝评考各国之大势,确见夫政体既立,则弱者浸强,乱者浸治。何也? 合通国之民共治一国,何弱不可强,何乱不可戢? 不立政体,则民气涣散,国势日微,弱者被兼,乱者被取。何也? 君臣孤立,民不相亲也。盖国势纵极艰危,苟能团结民心,励精图治,外侮自不足虑。"①

▶【案例分析】＞ ＞ ＞

清政府从保守改良走上预备立宪,是以 1905 年发生的日俄战争为导引的。国人将这场战争视为宪制与专制之争,在《东方杂志》等报纸杂志上纷纷发表自己的观点,上例观点认为日俄战争中日本的胜利,是立宪的胜利,俄国的失败是专制的失败。形成了立宪战胜了专制的认知,这些认知或通过社会舆论造势,或直接上书朝廷,奠定了清朝最终仿行宪政的舆论基础。

▶【基本问题】＞ ＞ ＞

通过媒体对日俄战争胜负的评论,为清末立宪奠定了舆论基础,为了全面了解预备立宪的历史,我们需要掌握预备立宪的背景、过程和内容。

▶【知识分析】＞ ＞ ＞

一、预备立宪的背景

洋务运动时期,西方宪政制度已进入国人的视野,但引起举国上下的关注,则是在中日甲午战争以后。1894 至 1895 年间,北洋舰队的覆没,让持续 30 余年,以"富强"为宗旨的洋务运动的设想被击碎,伴之而起的是中国两股新的政治力量。一股以孙中山先生为领导的资产阶级革命派,主张以革命实现民主共和。这一支力量在 1905 年之前,革命活动主要在海外华侨和港粤之间,还未形成影响全局的力量。另一股是以改良为依归的资产阶级改良派。其思想渊源和斗争趋势是由甲午战前的改革思潮发展而来,亦是对洋务思想的继承与反思。以改良为宗旨的维新运动遂成为时代中心。此时,革命不是改良的对立面,而是改良的合作者。②

---

① 《东方杂志》1904 年第 7 期,第 80—85 页。
② 陈旭麓:《近代中国社会的新陈代谢》,上海人民出版社 1992 年版,第 290 页。

戊戌政变以及接踵而至的义和团运动、八国联军入侵等一系列事件,使国内的形势瞬息万变。清朝的腐败无能暴露无遗,国内的反清情绪日增,革命声势日涨。1905 年 8 月成立的同盟会"集全国之英俊",形成了成熟的具有全国规模的统一的领导资产阶级民主革命的政党,其理论体系——孙中山先生的三民主义也公诸于世,武装起义无论从规模和地理范围上都在扩大,大有成为时代主流的趋势。但是,1904 年发生在中国东北的日俄战争,又给改良派提供了一个契机。

先有中国,后有强大的沙俄,均败给"蕞尔岛国"日本,胜败之因何在? 在当时的环境之下,媒体立宪之议纷起,就如案例的报道国人得出的结论是专制败于立宪。

因此,在"戊戌维新"期间还被视为激进的立宪,七八年之后,就被视为挽救清朝,振兴国家的唯一途径,立宪派也由此形成。立宪派是与维新派、保皇派一脉相承的资产阶级改良势力。因在不同历史阶段的着重点不一样,戊戌变法时称维新派,戊戌政变后为保皇派,日俄战争后为立宪派。虽名称不一,但改良一直是其主旨。是故,资产阶级立宪派分为海外立宪派与国内立宪派。海外立宪派由原来的维新派转化而来,以戊戌变法失败后流亡海外的康有为、梁启超为代表,行保皇,倡君主立宪;国内立宪派以张謇、汤寿潜为代表。[①] 从其人员构成看,立宪派多来自精英知识分子群体和统治上层,他们或通过社会舆论造势,或直接上书朝廷,奠定了清朝最终仿行宪政的舆论基础。

日俄战争后,先是驻法公使孙宝琦,封疆大吏如周馥、张之洞、岑春煊、袁世凯等紧随其后,吁请"内而依顺舆情,外而跟上时代潮流","变更政体",推行立宪。[②] 其后遂形成全国上下的一致主张,媒体也大造舆论。1905 年 7 月 16 日(光绪三十一年六月十四日)颁布《派载泽等分赴东西洋考察政治谕》,派载泽、戴鸿慈、徐世昌、端方、绍英等五大臣随带人员分赴东西洋各国,"考求一切政治,以期择善而从"。[③]

五大臣本定于 1905 年 9 月 24 日(光绪三十一年八月二十六日)乘火车出京,但遇革命党人刺杀,载泽、绍英均受微伤。后戴鸿慈与端方于 1905 年 12 月 19 日(光绪三十一年十一月二十三日)由上海出洋,先赴美洲考察,再分赴德、

① 韦庆远、高放、刘文源:《清末宪政史》,中国人民大学出版社 1993 年版,第 95—97 页。
② 中国史学会编:《辛亥革命》第 4 册,上海人民出版社 1957 年版,第 12 页。
③ 故宫博物院明清档案部编:《清末筹备立宪档案史料》(上),中华书局 1979 年版,第 1 页。

俄、意、奥等国。1906年1月14日(光绪三十一年十二月二十日),载泽、尚其亨、李盛铎由上海吴淞口出发,前往日本。后又由日本经由美国,前往英国。两支考察团游历了美、英、法、德、日、俄、奥、匈、丹麦、挪威、瑞典、比、意、荷等十余国,[①]历时半年有余。

1906年8月(光绪三十二年七月),载泽上《奏请宣布立宪密折》,认为"宪法之行,利于国,利于民,而最不利于官"。且立宪有三大利:"皇位永固""外患渐轻""内乱可弭"。同时,奏折也对当时对立宪的质疑予以了回应。首先,对于认为中国实现立宪还"程度不足"者,强调此时宣布立宪,只是"立宪之预备",至于实行之期,"可宽立年期"。预备立宪之利在于,"惟先宣布立宪明文,树之风声,庶心思可以定一,耳目无或他歧,既有以维系望治之心,即所以养成受治之人格。"防止"异端邪说,紊乱法纪"。其次,有认为宪政不利于满人。对此担忧,奏折中分析认为,满汉畛域已不似入关之初,尤其朝廷屡发上谕"满汉联姻,裁海关,裁织造,副都统并用汉人"。且"方今列强逼迫,合中国全体之力,尚不足以御之,岂有四海一家自分畛域之理?"应不分满汉,"择贤而任,择能而使"。立宪"为盛衰兴废所关,若守一隅之见,为拘挛之语,不为国家建万年久长之祚,而为满人谋一身一家之私,则亦不权轻重,不审大小之甚矣。在忠于谋国者,决不出此"。[②]

出使大臣的奏折,使朝廷的顾虑有所减轻,虽仍有激烈争论,但"枢臣与考政大臣之意见,已渐归一致。反对者虽众,亦无所施其技矣"。[③] 1906年9月1日(光绪三十二年七月十三日),朝廷发布《宣示预备立宪先行厘定官制谕》,宣布"仿行宪政"。因"目前规制未备,民智未开",故先行"预备立宪",代数年后"规模粗具,查看情形,参用各国成法,妥议立宪实行期限,再行宣布天下"。同时,清政府在该上谕中确定以"大权统于朝廷,庶政公诸舆论"为原则。[④] 自此,拉开了清朝预备立宪的序幕。

二、宪政编查馆

1905年11月25日(光绪三十一年十月二十九日)清政府仿照日本"明治

---

① 根据"出使各国考察政治大臣载泽等奏出京乘坐火车遇炸情形折""出使各国考察政治大臣戴鸿慈等奏出使各国考察政治放洋日期折""出使各国考察政治大臣载泽等奏抵日本东京并呈递国书日期折"等资料整理。故宫博物院明清档案部编:《清末筹备立宪档案史料》(上),中华书局1979年版,第2、4、5页。

② 故宫博物院明清档案部编:《清末筹备立宪档案史料》(上),中华书局1979年版,第173—176页。

③ 中国史学会编:《辛亥革命》第4册,上海人民出版社1957年版,第14页。

④ 故宫博物院明清档案部编:《清末筹备立宪档案史料》(上),中华书局1979年版,第43—44页。

维新"时期设立考察政治馆的先例,设立"考察政治馆",以"延揽通才,悉心研究,择各国政法之与中国治体相宜者,斟酌损益,纂订成书,随时呈进"。①

1907 年 8 月 13 日(光绪三十三年七月初五日),鉴于为立宪准备,应从两方面研究入手,一是"编译东西洋各国宪法,以为借镜之资";二是"调查中国各行省政俗,以为更张之渐""凡此两端,皆为至当不易,刻不容缓之事。"奕劻奏请将"考察政治馆"改为"宪政编查馆",以为"宪政之枢纽"。②

"考察政治馆"改为"宪政编查馆"后,由政务处改归军机处督饬。军机处是清朝权力的核心,此次改隶,也从一个角度说明了宪政编查馆在清末政治中的地位与作用。

宪政编查馆的主要职责是编制与统计。编制一项,主要是一面调查各国宪法成例,拟定草案;一面于各部院、各省所订各项法制,"悉心参考,渐谋统一方法"。待资政院成立,随时将宪政编查馆覆定之稿送交资政院议决。两机构一主编纂,一主赞定。则政府可尽"提议法案之责,而国民有参豫立法之机",以巩固立宪基础。至于统计之责,主要是"验国计盈绌,国势强弱,参互比较,以定施政之方",故而需要"内考全国之情势,外觇世界之竞争",汇总成表,"即以推知国家现势之若何""俾人民可以一览而知,庶政厘然,法良意美"。③

宪政编查馆在预备立宪期间,参与立宪,编订宪法大纲,考核法制法规,主持调查统计,考核宪政筹备,经办《政治官报》,对推动立宪有着不可忽视的作用。宪政编查馆是一个有别于旧式衙门的新机构,其成立本身就意义重大。1911 年,清政府裁撤军机处,改设内阁,宪政编查馆也随之撤销。

三、官制改革

清末"新政"初期,清廷对官制进行了一些改革,其中最重要的内容就是总理各国事务衙门改为外务部,设立巡警部,建立警察机构等。大规模的改革则是"预备立宪"之后。

清政府将改革官制视为推行预备立宪的第一步,是预备立宪之基础。1906年 8 月 25 日(光绪三十二年七月初六日),戴鸿慈、端方两人上《奏请改定全国

---

① 故宫博物院明清档案部编:《清末筹备立宪档案史料》(上),"设立考察政治馆参酌各国政法纂订成书呈进谕",中华书局 1979 年版,第 43 页。

② 故宫博物院明清档案部编:《清末筹备立宪档案史料》(上),"宪政编查馆大臣奕劻等拟呈宪政编查馆办事章程折",中华书局 1979 年版,第 45、47 页。

③ 故宫博物院明清档案部编:《清末筹备立宪档案史料》(上),"宪政编查馆大臣奕劻等拟呈宪政编查馆办事章程折",中华书局 1979 年版,第 47 页。

官制以为立宪预备折》，奏折中提出，考察欧美及日本政治，中国的差距"不尽由于才智之悬殊"，主要还是"制度之未备"。比较各方条件，可以日本为模范，以收事半功倍之效。日本即是在实行宪政之前，两次大改官制，"论者谓其宪法之推行有效，实由官制之预备得宜。"究其原因在于，"未改官制以前，任人而不任法，既改官制以后，任法而不任人。"并提出八条改革官制的原则性意见。① 七月初八日，又奏曰：官制改革，头绪纷繁，关系重大。"职权之所掌，界限既欲分明，法律之分明，条理尤应详密""其中创制之苦心，立法之精意，非经再三研究，方免妄议更张"。故奏请设置"编制局"，以资"筹议而昭详慎"。② 慈禧太后采纳了上述意见，于 1906 年 9 月 1 日，发布《宣示预备立宪先行厘定官制谕》，其中指出："目前规制未备、民智未开，若操切从事，涂饰空文，何以对国民而昭大信？故廓清积弊，明定责成，必从官制入手。"③次日，派载泽等 14 位大臣"公同编纂"，端方、张之洞等地方督抚选派司道大员来京随同参议。并派庆亲王奕劻、孙家鼐、瞿鸿機总司核定，"候旨遵行，以昭郑重"。④ 由此，官制改革正式启动。

1906 年 9 月 6 日，设立"编纂编制馆"为官制改革办事机构，孙宝琦、杨士琦为提调。编纂大臣拟定五条基本原则：1."参仿君主立宪国官制厘定"，此次只改行政、司法，其余一律照旧；2. 改革要做到"官无尸位，事有专司，以期各副责成，尽心职守"；3. 实行"三权分立"。议院一时难以成立，先从行政、司法厘定；4. 钦差官、阁部院大臣、京卿以上各官作为特简官，部院所属三四品作为请简官，五至七品为奏补官，八九品为委用官。5. 另设集贤院、资政院安置改革后的多余人员。⑤ 1906 年 11 月 2 日（光绪三十二年九月十六日），奕劻、孙家鼐等上《厘定中央各衙门官制缮单进呈折》，此奏折以西方三权分立原则为参照，指陈现有官制之弊主要有三：权限不分、职任不明和名实不副，并提出相应改革措施。因议院难于一蹴而就，暂设资政院以为预备外，官制改革偏重于行政与司法。⑥

1906 年 11 月 6 日（光绪三十二年九月二十日）清廷下《裁定奕劻等覆拟中央各衙门官制谕》，基本肯定上述奕劻所奏。将中央六部、五寺合并为十一部，

① 故宫博物院明清档案部编：《清末筹备立宪档案史料》（上），中华书局 1979 年版，第 367—382 页。
② 故宫博物院明清档案部编：《清末筹备立宪档案史料》（上），中华书局 1979 年版，第 383—385 页。
③ 故宫博物院明清档案部编：《清末筹备立宪档案史料》（上），中华书局 1979 年版，第 43 页。
④ 故宫博物院明清档案部编：《清末筹备立宪档案史料》（上），中华书局 1979 年版，第 385 页。
⑤ 侯宜杰：《二十世纪初中国政治改革风潮》，辽宁人民出版社 2020 年版，第 60 页。
⑥ 故宫博物院明清档案部编：《清末筹备立宪档案史料》（上），中华书局 1979 年版，第 464 页。

首为外务部,以下依次为吏部、民政部、度支部、礼部、学部、陆军部、法部、农工商部、邮传部、理藩部。但"内阁、军机处一切规制,著照旧行"。其余"宗人府、内阁、翰林院、钦天监、銮仪制、内务府、太医院、各旗营、侍卫处、步军统领衙门、顺天府、仓场衙门,均著毋庸更改"。① 可总结为"五不议"原则:即军机处事不议、内务府事不议、八旗事不议、翰林院事不议、太监事不议。而这些机构恰恰是清政府的中枢机构或为皇帝服务的官僚机构。

按照戴鸿慈等人的构想,官制改革需要改革既有的体制,但在上谕中,被大打折扣。尤其是关系立宪政体的责任内阁,完全没有提及,以后的《钦定宪法大纲》等文件中也没有提及。因此,此次官制改革只是某些部院的调整、合并和某些机构名称及官职的改变。而且这些改变,不能触动皇帝的集权和满洲贵族特权。

尽管如此,官制改革仍有其不可忽视的意义。一则,体现了社会经济的发展和科技、文化的进步。邮传部和农工商部的设置即是例证;二则,官制改革是"分权定限"问题,必然涉及权力再分配,引发权力冲突。在这种冲突中,既有的体制、思想都在发生变化。尤其是受到阻力较小的司法系统的官制改革,在成立法部和大理院过程中引发"部院之争",司法权、司法行政权、司法独立、审判权等概念成为时人无可回避的问题,在不断冲突与厘清中,近代司法改革成效显著。

在地方官制改革中,中央与地方争权激烈。其时立宪政治方针之一是"废现制之督抚,各省新设置督抚,其权限仅与日本府县知事相当,财政、军事权悉收回于中央政府"。② 这个方针首先遭到参与官制会议的直隶总督兼北洋大臣袁世凯的坚决反对,公开以"筹议至不易易"相对抗。其他各省督抚也都表示强烈不满,因而被迫搁置。为了贯彻"中央集权之势成,政策统一之效著"反对既定方针,于1907年公布的地方官制中,虽然规定各省督抚统辖地方文武官吏,总理该省外交军政事宜,但是在"清理财政"的名义下,将各省财权集中于度支部;同时,采用明升暗降的方式,把最有权势的督抚袁世凯、张之洞调入中央担任军机大臣,以削弱地方督抚实权,减少改革阻力。以至"汉人之任疆吏者,无一得与闻军事,其防患之微,至于此极"。③

---

① 故宫博物院明清档案部编:《清末筹备立宪档案史料》(上),中华书局1979年版,第471—472页。

② 李剑农:《中国近百年政治史》,湖南师范大学出版社2018年版,第216页。

③ 阙名:《预备立宪之满洲》,《民报》第19号,第99页。

四、"资政院"与"谘议局"

为仿效西方的议会制度,清政府在中央设置了资政院。预备立宪之初,即有设立议政机关的提议。1906 年 11 月 2 日(光绪三十二年九月十六日),庆亲王奕劻上《厘定中央各衙门官制缮单进呈折》,认为"立法当属议院,今日尚难实行,拟暂设资政院以为预备",[①]可见,资政院被视为设立议院的预备与基础。1907 年 9 月 20 日(光绪三十三年八月十三日),清政府颁布上谕,筹备成立资政院,任命溥伦、孙家鼐任总裁。1909 年 8 月 23 日(宣统元年七月初八日)颁布《资政院院章》。1910 年 9 月 23 日(宣统二年八月二十日)资政院成立。

按《资政院院章》,第一章"总纲"规定了资政院的宗旨是"以取决公论,预立上下议院基础为宗旨。"设总裁二人,总理全院事务,以王公大臣著有勋劳、通达治体者,由特旨简充。第二章"议员"规定下列各项人员、年满三十岁以上者选充:宗室王公世爵(定额 16 人);满汉世爵(定额 12 人);外藩(蒙藏回)王公世爵(定额 14 人);宗室觉罗(定额 6 人);各部、院衙门官四品以下、七品以上者(定额 32 人),但审判官、检察官及巡警官不在其列;硕学通儒(定额 10 人);纳税多额者(定额 10 人);各省咨议局议员(定额 100 人)。第三章"职掌"规定了资政院的职权是议决国家的预算、决算、税法、公债和法律,但军机大臣和各部行政大臣可以对资政院议决的事项提出反对意见,而且所有的议决都必须奏请皇帝裁决。第四章到第六章,分别规定了资政院同行政衙门、各省咨议局和人民的关系。第七章到第十章规定了资政院会议、纪律、秘书厅官制和经费等事项。[②]

1907 年 10 月 19 日(光绪三十三年九月十三日)发布《著各省速设谘议局》的上谕,各省于省会设立谘议局,作为"采取舆论之所,俾其指陈通省利病,筹计地方治安,并为资政院储材之阶"。[③]

宪政编查馆于 1908 年 7 月 22 日(光绪三十四年六月二十四日)奏定"各省谘议局并议员选举章程",经光绪皇帝批准,通令各省督抚一年内一律办齐。《各省谘议局章程》共分十二章,六十二条。《总纲》第 1 条明确规定:谘议局为"各省采取舆论之地,以指陈通省利病,筹计地方治安为宗旨"。对此,"谨案"中特别说明,无论是谘议局设立的宗旨,还是章程所列各条内容,也皆出自圣

---

① 故宫博物院明清档案部编:《清末筹备立宪档案史料》(上),中华书局 1979 年版,第 464 页。

② 故宫博物院明清档案部编:《清末筹备立宪档案史料》(下),中华书局 1979 年版,第 628—637 页。

③ 故宫博物院明清档案部编:《清末筹备立宪档案史料》(下),中华书局 1979 年版,第 667 页。

意,而非"拟议者之臆见也"。①

谘议局的职任权限是:议决本省应兴应革事件;议决本省之预算决算、税法及公债事件;议决本省担任义务之增加事件;议决本省单行章程规则之增删修改事件;议决本省权利之存废事件;选举资政院议员事件;申复资政院及督抚谘询事。公断和解本省自治会之争议;收受本省自治会或人民陈请建议事件。②

凡谘议局议定事项,交督抚公布施行。若督抚有异议,可交谘议局复议,但须说明原委。而且各省督抚有监督谘议局选举及会议之权,并对谘议局的议案有裁夺施行之权,令其停会及奏请解散之权。谘议局议员虽为民选,但资格要求严格:本身机关二十五岁以上之男子,并有秀才或中学以上学历、五千元以上资产,或曾任七品以上文官者。

至1909年9月(宣统元年八月),各省谘议局除新疆外陆续成立。由于各省经济、政治、文化的发展不平衡,对于民主宪政的理解程度也存在着差异,因此所发挥的作用实不相同。但总的说来,谘议局被舆论视为"宪政之萌芽而为中国最新之产物"。③

谘议局"仅代表一省舆论,尚非国家议院之比",但是,立宪们仍投以极大的政治热情,利用这个合法的平台,通过了大量内容涉及立法、司法、预算、税法、公债、国家主权、实业、教育、禁烟禁赌等议案,弹劾贪赃枉法、腐败无能的官吏,产生了广泛的社会影响。1910年,各省谘议局之间也联合起来,进行了三次大请愿活动,要求速开国会,成立责任内阁,尽快颁布宪法。形势所迫,清政府允诺缩短立宪预备期,将九年改为五年,定于1911年(宣统三年)成立责任内阁,1913年(宣统五年)召开国会,成立责任内阁。

五、《钦定宪法大纲》与《宪法重大信条十九条》

(一)《钦定宪法大纲》

《钦定宪法大纲》是清政府与1908年8月27日(光绪三十四年八月一日)颁布的宪法性文件,由宪政编查馆编订。

《钦定宪法大纲》共23条,分正文"君上大权"和附录"臣民权利义务"两部分。"君上大权"部分共14条。第一、二条规定:大清皇帝统治大清帝国,万世一系,永永尊戴;君上神圣尊严,不可侵犯。这两条是《宪法大纲》以及后来的

---

① 故宫博物院明清档案部编:《清末筹备立宪档案史料》(下),中华书局1979年版,第670—683页。
② 故宫博物院明清档案部编:《清末筹备立宪档案史料》(下),中华书局1979年版,第676—677页。
③ 廖治:《谘议局经过大事记》,《宪政新志》1909年第1期,第17页。

《十九信条》不变的基石。而在宪法大纲的其他规定中,进而将皇帝的权力具体化。皇帝享有颁行法律、发交议案、召集及解散议院、设官制禄、黜陟百司、统率陆海军、编定军制、宣战媾和及订立条约、宣布戒严、发布命令、总揽司法等权力。遇有紧急情况,还可以发布"代法律之诏令",用"诏令限制臣民之自由。"不仅如此,《钦定宪法大纲》还明确规定:"法律虽经议院议决而未奉诏令批准颁布者,不能见诸实行""用人之权操之君上,议院不得干涉""凡一切军事",皇帝得以全权执行,"皆非议院所得干预""国交之事,由君上亲裁,不付议院议决"。可见议院的立法权和监督权是非常有限的,无论内容和形式,议院都不是最高立法机关。

《钦定宪法大纲》在附录部分规定了臣民的权利义务,凡合乎法定资格的臣民,"得为文武官员及议员""臣民非按照法律所定",不受逮捕、监禁和处罚;臣民有呈诉权、财产权、居住权,臣民只受"法律所规定审判衙门之审判""臣民于法律范围内,所有言论、著作、出版及集会、结社等事,均准其自由"。

《钦定宪法大纲》关于君上大权的内容,"纯为日本宪法的副本,无一不与之相同",[①]贯穿了"大权统于朝廷"的原则,因此,遭到时人的批判。梁启超说:这个宪法大纲是"涂饰耳目,敷衍门面",[②]孙中山说清政府是"谋中央集权,拿宪法作愚民的工具"。[③] 但是,《钦定宪法大纲》在中国历史上第一次以宪法性文件的形式把皇帝的权利与臣民的自由确定下来,以根本法的形式规定了种种君上大权,改变了民众单纯作为义务本位的状态,开启了立宪政治的先河。

(二)《重大信条十九条》

1906 年清朝官制改革时,奕劻、袁世凯等人曾有设立责任内阁的提议,被慈禧所否定。此后,责任内阁的提议较长时间被搁置。1908 年,光绪皇帝与慈禧太后先后去世,此前有李鸿章、刘坤一的辞世,之后一年,张之洞离世,十年间,曾经在五十年的时间里历经内忧外患而维系了中国政局的那一代君主和重臣一个个谢世,清朝政局随之发生重大变化。

革命派以颠覆政府为目标的反抗虽均遭失败,但是在 1906 年萍浏醴起义后,已由间歇而频繁,由小试而大干,几年间,革命势力大大地激荡起来。而且,此时的革命和其时的民变开始发生间接或直接的联系,形成推翻政府的力量。

① 王世杰、钱端升:《比较宪法》,中国政法大学出版社 1997 年版,第 348 页。
② 中国史学会编:《辛亥革命》第 4 册,上海人民出版社、上海书店出版社 2000 年版,第 155 页。
③ 《三民主义与中国前途》,《孙中山选集》,人民出版社 1981 年版,第 79 页。

据统计，从 1902 年到 1911 年，各地民变多达 1300 余起，平均每两天半发生一次。这些民变席卷全国各地各民族，触及了城乡社会生活的各个方面。① 主要表现为：抗捐抗税、抢米风潮、会党农民起义、抢盐骚乱、罢工斗争、兵变、学潮、反洋教斗争、反对"新政"等形式，显示出乱世景象。民变的矛头主要指向官府，与革命相比，民变具有自发性、分散性和落后性。革命则是以推翻清朝，建立民主政体为目标的自觉运动，二者并不相同。但是，在新政期间，尤其清朝的最后五年，革命既在民变之外，又与民变并存。不少民变曾借助革命的旗号大造声势，革命亦利用民变谋求自身的发展。所谓"人心不靖，乱党滋多"。② 两者相互激荡，促成了清朝统治秩序的瓦解。③

清政府颁布仿行宪政的上谕后，几年时间，立宪派由少数人的局部的立宪活动，至 1910 年末发展而为数十万人一再签名的全国性大请愿。他们希望以变革挽救清王朝，一再警告清政府"国运非收拾人心，无可挽回；人心非实行宪法，无可收拾"。并"以假立宪者镇革命之说徵之"。④ 希望通过改良实现立宪主张，"俾希望立宪之人心迎机而大畅，鼓吹革命之患气不遏而自熸"。⑤ 但种种迹象表明，"自先帝（光绪帝）立宪之诏下，三年以来，内而枢密，外而疆吏，凡所为违拂舆情，摧抑士论，剥害实业，损失国防之事，专制且视前益剧，无一不与立宪之主旨相反"。⑥

迫于压力，清政府于 1910 年将原九年预备立宪期限缩短为五年。1911 年 3 月，裁撤旧内阁和军机处，建立总理大臣、协理大臣和十部部长组成的新内阁。内阁成员共 13 人，其中满族大臣 8 人，汉族大臣 4 人，蒙古族大臣 1 人。而满族大臣中又有 5 人为皇族，故该内阁被称为"皇族内阁"。皇族内阁就其制度架构本身而言，有其进步性，但其内阁成员构成，也为以"驱除鞑虏"为口号的民族革命推波助澜，彻底让立宪派对清政府丧失了信心，在绝望之后走向革命。清政府完全陷入孤立，革命时机成熟。

1911 年 10 月 10 日，武昌起义爆发，一月之间，先后有十四省宣布独立。处

---

① 张振鹏等：《清末民变年表》，《近代史资料》1982 年第 3、4 期。
② ［清］朱寿朋编：《光绪朝东华录》第五册，中华书局 1958 年版，第 5770 页。
③ 陈旭麓：《近代中国社会的新陈代谢》，上海人民出版社 1992 年版，第 296—310 页。
④ 杨立强等编：《张謇存稿》，上海人民出版社 1987 年版，第 21 页。
⑤ 中国第二历史档案馆编：《中华民国史档案资料汇编》（1），江苏人民出版社 1979 年版，第 101 页。
⑥ 《张季子九录·政闻录》，卷三，中华书局 1931 年版，第 40 页，转引陈旭麓：《近代中国社会的新陈代谢》，上海人民出版社 1992 年版，第 289 页。

于土崩瓦解的清朝,一面派军队镇压,一面召集资政院临时会议,商讨对策。

10月27日,驻滦州新军第二十镇统制张绍曾和第二混成旅统领蓝天蔚奏请实行立宪。10月30日,清廷连下数谕,其中有《实行宪政谕》,上谕中,清政府对新政以来的弊政,首先以宣统皇帝之名自咎:"朕缵承大统,……而用人无方,施治寡术。政地多用亲贵,则显戾宪章;路事朦于佥任,则动违舆论。促行新政,而官绅或籍为网利之途图;更改旧制,而权豪或只为自便之计。民财之取已多,而未办一利民之事;司法之诏屡下,而实无一守法之人。驯致积怨于下而朕不知,祸追于前而朕不觉。川乱首发,鄂乱继之。今则陕、湘警报迭闻,广、赣变端又见,区夏腾沸,人心动摇,九庙神灵,不安歆飨,无限蒸庶,涂炭可虞。此皆朕一人之咎也。"继而布告天下:"誓与我国军民维新更始,实行宪政。凡法制之损益,利病之兴革,皆採舆论,定其从违。以前旧制、旧法有不合于宪法者,悉皆除罢。化除旗汉,……务期实行。"[1]同时下谕令溥伦等依《钦定宪法大纲》快速拟定宪法条文,交资政院审议,钦定即可颁布。"用示朝廷开诚布公、与民更始之意。"[2]

11月3日,张绍曾、蓝天蔚、卢永祥等五位军官,联名向朝廷奏呈《政纲十二条》。奏折中指陈:"变乱起原,其肇因虽有万端",但"归纳言之,政治之无条理,及立宪之假筹备"是其根本。因此,提出改革政治诸端。其目的在于"皇位之统宜定,人民之权利宜尊,军队之作用宜明,国会之权限宜大,内阁之责任宜专,残暴之苛政宜除,种族之界限宜泯"。而实现这一切在于"改定宪法",并主张以英国制君主宪章为准的。因此,在《政纲十二条》中,第一条就是"大清皇帝万世一系",在此前提下又要求在本年召开国会,由国会制定宪法;组织责任内阁,内阁总理大臣由国会公举,皇族永远不得充任内阁总理及国务大臣;军人有参议宪法、国会选举法及解决国家一切重要问题之权等。[3]

面对南北局势,清政府接受《政纲十二条》。同日,资政院奉上谕拟具《宪法重大信条十九条》,而"凡属立宪国宪法共同之规定,则暂从阙略",并奏请先行颁布。[4]《宪法重大信条十九条》得宣统皇帝照准,当日颁布《择期颁布君主立宪重要信条谕》,同意"择期宣誓太庙,将重要信条,立即颁布,刊刻腾黄,宣示天

---

① 故宫博物院明清档案部编:《清末筹备立宪档案史料》(上),中华书局1979年版,第96页。
② 故宫博物院明清档案部编:《清末筹备立宪档案史料》(上),中华书局1979年版,第97页。
③ 《宣统三年九月十三日陆军第二十镇统制张绍曾会奏折》,中国史学会编:《辛亥革命》第4册,上海人民出版社1957年版,第94—96页。
④ 故宫博物院明清档案部编:《清末筹备立宪档案史料》(上),中华书局1979年版,第102页。

下。将来该院草拟宪法,即以此为标准"。① 1911 年 11 月 3 日公布。

《十九信条》对于《政纲十二条》中可以采纳入宪的内容均予采用,并有所丰富。同《钦定宪法大纲》相比,《十九信条》在体例与内容上均有不同。一是采用英国式"虚君共和"的责任内阁制;二是形式上限制了皇权,扩大了国会权力。虽然"十九信条"前两条也强调"大清帝国皇统万事不易","皇帝神圣不可侵犯",但是第三、四、十六条规定"皇帝之权,以宪法所规定者为限","皇位继承顺序,于宪法规定之","皇室大典不得与宪法相抵触"。其余各条,基本是关于资政院与国会之权:宪法由资政院起草议决,皇帝颁行;宪法修正提案权归国会;总理大臣由国会公选,皇帝任命;皇族不得为总理大臣及其他国务大臣并各省行政长官;海陆军直接皇帝统率,但对内使用时,应依国会议决之特别条件;国际条约,非经国会议决,不得缔结。年度预算,由国会议决;皇室经费之制定及增减,由国会议决;三是它属于临时宪法。《钦定宪法大纲》仅是对立宪要求的允诺,而《十九信条》已属临时宪法,具有宪法性质。明确规定国会之权,国会"未开之前,资政院适用之"。②

尽管相较于《钦定宪法大纲》,《十九信条》已有很大的进步,多方力量仍希望以宪政力挽狂澜,但是终究为时已晚。1912 年 2 月 12 日,清帝溥仪宣布退位,清朝灭亡,中国两千年帝制也随之结束。

第二节　清末修律

|【案例】礼法之争|

▶【基本案情】＞＞＞

"礼法之争"是指在清末变法修律过程中,以张之洞、劳乃宣为代表的"礼教派"与以修订法律大臣沈家本为代表的"法理派"围绕《大清新刑律》等新式法典的修订而产生的理论争执。两派争论的焦点在于,新修订的刑律是否应继续

---

① 故宫博物院明清档案部编:《清末筹备立宪档案史料》(上),中华书局 1979 年版,第 102 页。
② 故宫博物院明清档案部编:《清末筹备立宪档案史料》(上),中华书局 1979 年版,第 103—104 页。

纳入传礼教的内容,因此,这场争论通称作"礼法之争"。

"法理派"和"礼教派"之间的斗争,主要集中在1906年修订法律馆上奏的《大清民事刑事诉讼律》及次年上奏的《新刑律草案》。争议的焦点主要在以下几个方面。

其一,"干名犯义"罪名的存废问题。"干名犯义"是传统法律中一个重要的罪名,专指子孙控告祖父母、父母的行为,因其"亏教伤情",故属"十恶"之条。礼教派认为,中国素重纲常,故而对此行为立法特重。新律草案无尊长卑幼之条,等之于凡人之例,是破坏尊卑长幼之序。而法理派认为,亲属控告亦属"告诉之事",应于"编纂判决录时,于诬告罪中详叙办法,不必另立专条"。①

其二,关于"存留养亲"制度。"存留养亲"亦是传统法律中的一项重要制度。一般适用于死刑案中犯罪者家庭"亲老丁单"的情况,可经过一系列程序,由皇帝钦定,免其死罪,施以一定处罚以后,令其回家"孝养其亲"。自魏晋形成定制,经历朝完善,至清朝,已成为一项成熟的制度。"存留养亲"被视为古代"仁政"、尊老重孝的制度,亦是古代家族主义在法律中的体现。故礼教派认为不能废除。法理派认为,一则"古无罪人留养之法";二则,"存留养亲"虽以施仁为目的,但"实以长奸,转以诱人犯法"。因此,不再将其编入新刑律,"似尚无悖于礼教"。②

其三,关于"无夫奸"及"亲属相奸"问题。"奸非"是严重违反道德的行为,故历代法律皆重惩奸罪。尤重"无夫奸"和"亲属相奸",后者更被视为内乱禽兽行,在中国习俗,为犯礼教之事,故定罪极重。因此,礼教派认为新律当延续之。法理派认为"此事有关风化,当于教育上别筹办法,不必编入刑律之中。"且孔子曰:"齐之以刑"与"齐之以礼""自是两事,'齐礼'中有许多设施,非空颁文告遂能收效也,后世教育之不讲,而惟刑是务,岂圣人之意哉?"旧律过严,对此等行为,依"和奸有夫之妇"条款处以三等有期徒刑即可。"毋庸另立专条。"③

其四,关于"子孙违犯教令"问题。所谓"子孙违反教令",顾名思义,是指

---

① [清]沈家本:"书劳提学新刑律草案说帖后",载[清]沈家本:《寄簃文存》卷八,商务印书馆2015年版,第251页。

② [清]沈家本:"书劳提学新刑律草案说帖后",载[清]沈家本:《寄簃文存》卷八,商务印书馆2015年版,第251页。

③ [清]沈家本:"书劳提学新刑律草案说帖后",载[清]沈家本:《寄簃文存》卷八,商务印书馆2015年版,第252页。

子孙卑幼不听教令,故而弹性也很大。只要子孙违背了尊长的意志、命令,即可构成此罪名。清律规定,处以杖刑。但是,若因子孙违反教令致尊长死亡,则因有此情节,加重处罚。另外,还赋予尊长"送惩权",即对于多次触犯父母尊长者,尊长可以直接将其呈送官府,要求将其发遣。子孙治罪之权全在祖父母、父母,"实为教孝之盛轨",①故礼教派认为"子孙违反教令"及"无夫奸"不加罪是新律"最悖谬者"。② 法理派则认为,"违反教令出乎家庭,此全是教育上事,应别设感化院之类,以宏教育之方。此无关于刑事,不必规定于刑律之中也"。③

其五,关于子孙卑幼能否对尊长行使正当防卫权问题。传统思想认为,"制刑以明父子之伦",故子孙对尊长的教训、惩治只能接受,不能有反击,所以,无"正当防卫"之说。法理派认为,"国家刑法,是君主对于全国人民的一种限制。父杀其子,君主治以不慈之罪;子杀其父,君主治以不孝之罪,"由法律而断,既不偏为人之子者,也不偏为人之父者。只有这样,"始为公平"。

因修订刑律而引发的礼法之争,双方分歧的焦点,最后虽归结为"无夫奸"和"子孙违犯教令"两条,但实质上是中西法律文化的冲突,在当时的历史背景下,这是不可避免的。如当时报纸所说:"新刑律为采取世界最新之学理,与我国旧律统系所持主义不同,故为我礼教派所反对。"④对于礼教派而言,改革可以,但是不能触动根本。"政治与时变通,纲常万古不易,法律可随世局推移而改,因修改法律而毁灭纲常则大不可"。如此,"置本国之风俗于不问,专取欧美平等之法",则有"人道灭绝之忧""神州陆沉之惧"。⑤ 在争议过程中,朝廷在上谕中亦主张"惟是刑法之源,本乎礼教。……良以三纲五常,……实为数千年相传之国粹,立国之大本。……不可率行变革,庶以维天理民彝于不弊"。⑥ 同时,两派虽有分歧,但在变革以保清朝统治,政治利益的考虑以及对民族文化的固守上却又有一致性,因此,双方争议的结果必然是各自有妥协和退让,《大清新刑律》是新旧杂糅。

另外,因"礼法之争",《大清新刑律》在最后附上了"暂行章程"5条,在以下

---

① 李贵连:《沈家本年谱长编》,山东人民出版社 2010 年版,第 274 页。
② 故宫博物院明清档案部编:《清末筹备立宪档案史料》(下),中华书局 1979 年版,第 888 页。
③ 沈家本:"书劳提学新刑律草案说帖后",载《寄簃文存》卷八,转引自李光灿:《评〈寄簃文存〉》,群众出版社 1985 年版,第 418 页。
④ 《法政浅说报》,1911 年第 11 期,第 17 页。
⑤ 故宫博物院明清档案部编:《清末筹备立宪档案史料》(下),中华书局 1979 年版,第 887—888 页。
⑥ 故宫博物院明清档案部编:《清末筹备立宪档案史料》(下),中华书局 1979 年版,第 858 页。

五个方面又作出了特别规定：

其一，凡属意图谋害皇帝、颠覆政府、通谋敌国、图利敌国以及杀伤尊亲属者，处以死刑者，仍用斩。

其二，凡毁弃他人尸首，挖掘尊亲属坟墓者，应处二等以上徒刑者，得因其情节仍处死刑。

其三，犯强盗罪者，得因其情节仍处死刑。

其四，无夫妇女和奸之罪及与之和奸者，处五等有期徒刑、拘役或一百圆以下罚金。须妇女尊亲属告诉乃论。但尊亲属事前纵容，或事后得利而和解者，其告诉为无效。

其五，对尊亲属有犯，不得适用正当防卫之例。

▶【案例分析】＞＞＞

这场争论反映了外来的资产阶级法律文化与本土的传统法律文化之间的矛盾冲突，具体说来是礼法结合的中国传统刑法与体现资产阶级法制原则的近代西方刑法的矛盾冲突，更是因法律改革而触及两种文化的内在矛盾。这场争论，不仅直接影响到新刑律的价值，更重要的是展现了中国法制在走向近代化过程中的复杂性和艰巨性。

▶【基本问题】＞＞＞

透过礼法之争，我们需要了解清末以来的法律改革的指导思想、法律改革的内容及成果。

▶【知识分析】＞＞＞

一、立法思想

清末的立法指导思想主要体现在先后颁布的两道上谕上。

1902 年 5 月 13 日（光绪二十八年四月六日），清统治者颁发上谕："现在通商交涉事益繁多，著派沈家本、伍廷芳将一切现行律例，按照交涉情形，参酌各国法律，悉心考订，妥为拟议，务期中外通行，有裨治理。"①

1909 年 2 月 17 日（宣统元年正月二十七日），清王朝又颁发一道上谕："中

---

① 《大清法规大全·法律部》卷首，第 1 页。

国素重纲常，……良以三纲五常，阐自唐、虞，圣帝明王兢兢保守，实为数千年相传之国粹，立国之大本。今寰海大通，国际每多交涉，故不宜墨守故常，致失通变宜民之意，但只可采彼所长，益我所短。凡我旧律义关伦常诸条，不可率行变革，庶以维天理民彝于不敝。该大臣等务本此意，以为修改宗旨是为至要。"①

从第一道上谕可以看到，修律之初，清朝确定了"参考古今，博稽中外"的修律原则，以达到"务期中外通行，有裨治理"的目标。七年之后，1909年的上谕，则是在修律过程中，不可避免地触及中国文化之根本，自然引发更深层的争论与分歧。清政府的选择是"三纲五常"不可废，传统不可弃。

二、修律大臣与修订法律馆

（一）沈家本与伍廷芳

清末新政的启动，湖广总督张之洞、两江总督刘坤一、直隶总督袁世凯起着举足轻重的作用，他们自戊戌变法甚至更早一直关注时局，主张变革。故而，张、刘两总督联名上奏的"变法三折"成为新政纲领性文件。修律伊始，慈禧太后就下诏三督简派精通中西律例者，保送来京，本为修订商律、矿律等新律，但随着改革的深入，修律范围和深度不断扩大，还专门设置了新的修律机构。

1902年4月1日（光绪二十八年二月二十三日），三督联名上奏保荐沈家本、伍廷芳二人为总纂，"在京开设修律馆"。②

沈家本（1840年—1913年），字子惇，别号寄簃。浙江湖州人，出身于诗书世家。张之洞等三大总督推荐沈家本为修律总纂源于其"久在秋曹，刑名精熟"。1865年，沈家本中举，但是会试却连连受挫。直至1883年方考中进士，前后十八年之久。在此期间，沈家本自1864年开始供职刑部，不久即"以律鸣于时"。考取进士后，沈氏更是"专心法律之学"，③撰写了大量法律著作。前后三十年在刑曹的历练，沈家本逐渐成为刑部出色的法律专家。直至1893年，沈家本外放任天津知府。1897年夏，调任保定知府。庚子之变，遭联军逮捕，幸免于难。其后，于1901年末，重回刑部任右侍郎，后升左侍郎，直至1906年官制改革，刑部改为法部，大理寺为大理院，沈家本调任大理院正卿。④自新政开启，沈家本重回刑部，开始他事业的转折。主持修订法律馆，翻译西律，删改旧律，修订新律，对清末法律改革贡献重大。

---

① 《大清法规大全·法律部》卷首，第1—2页。
② 《袁世凯奏议》（上）卷14，天津古籍出版社1987年版，第476页。
③ 《清史稿》卷443，沈家本传。
④ 李贵连：《沈家本传》整理，法律出版社2000年版。

伍廷芳（1842年—1922年），本名叙，字文爵，号秩庸。广东新会人，清末民初杰出的外交家、法学家。伍廷芳出生于新加坡，1874年自费留学英国伦敦林肯律师学院，毕业后取得大律师资格，返回香港任律师，并被香港政府聘为法官兼立法局议员。洋务运动开始后，1882年进入李鸿章幕府。1896年，清政府任命伍廷芳出使美国、西班牙、秘鲁等国。1902年被保荐参与修律时，伍廷芳尚在美国公使任内。不久，又先后被任命出任会办商务大臣、商部左侍郎、外务部侍郎等。履任外务部期间开始兼修律大臣。与沈家本共同主持修订法律，拟订了民刑律草案，提出了包括删除酷刑、禁止刑讯、实行陪审和律师制度、改良狱政等一系列先进主张，产生了深远影响。

（二）修订法律馆

清末修订法律馆承继于清朝刑部的律例馆，是在新政背景下得以成立和展开活动的。1904年5月15日（光绪三十年四月一日），修订法律馆正式成立，附设于刑部。1906年官制改革，刑部改为法部，大理寺为大理院，权限重新划分，引发部院之争，修订法律馆也一度涣散。但修律的需要，沈家本等人的力争，1907年12月2日（光绪三十三年十月二十七日），修订法律馆脱离法部，成为独立机构，开馆办公。

修订法律馆自成立至清灭亡，其主要职责有如下几项：改造旧律、起草新律、翻译西法、培养法律人才和进行习惯调查。

改订旧律，主要是针对《大清律例》进行删改，出台《大清现行刑律》。

起草新律。制定新律是晚清修律的重要任务，修订法律馆或独立，或与其他机构合作，主要起草了如下法典：《大清刑事民事诉讼法草案》《钦定大清刑律》《大清监狱律草案》《大清民律草案》《大清刑事诉讼律草案》《大清民事诉讼律草案》《大清商律草案》等，构筑了近代中国的部门法体系。即使其中很多法律未能颁布实施，但是鉴于其在民国初年的沿用，其影响力却不容小觑。中国也自此在形式上开始脱离中华法系。

翻译西法。中国对外国法律的翻译，自鸦片战争即已开始，但大规模的、有系统的翻译，是在清末修律期间。清朝颁布修律的谕旨中，就令出使大臣查取各国法律咨送国内，又有参酌各国法律，务期中外通行之令。因此，修订法律馆在改造旧律和编纂新律过程中，始终把翻译各国法律列为重要工作。短短几年时间，就翻译出十几个国家的几十种法律和法学著作，而且无论是数量还是质量上，都是此前的翻译无法比拟的。

创建京师法律学堂。伍廷芳和沈家本深虑"新律既定,各省未豫储用律之才,则徒法不能自行,终属无补",①未雨绸缪,奏请开设法律学堂。不仅培养新式法律人才,也负责对旧有官吏进行专业培训。1906 年(光绪三十二年九月),中国近代第一所中央官办法律专门学校——京师法律学堂正式开学。法律学堂章程阐明办学宗旨为"以造就已仕人员,研精中外法律,各具政治智识,足资应用为宗旨。并养成裁判人才,期收速效"。② 至清朝灭亡前夕该学堂停办,短短几年时间,京师法律学堂培养了大批法律人才,"毕业者近千人,一时称盛"。③ 多人成为民国活跃于司法界的法律精英。

习惯调查。为修订民商法律,考虑到"各省地大物博,习尚不同,使非人情风俗纤悉周知,恐创定民商各法见诸实行,必有窒碍,与其成书之后多所推求,曷若削简之初加意慎重"。修订法律馆进行了大规模地方习惯调查。修订法律馆针对习惯调查,从人员配备、问题设计、时间安排上作了较为细密的准备。调查员需要具备专业背景,且熟悉刑律。民商事习惯调查时要求先观察地方习俗、人民观念和判例。然后通过各地方志和各种民间契约而获得习惯真实情况。修订法律馆开展的民商事习惯调查,是修订新律的准备,虽然因时间仓促,调查本身存在很多问题,调查结果也并未全部反映到法律之中,但其意义却超越了调查活动本身。④ "清末立法者对传统习惯的强调,则突出地反映了中国古代民法走向现代化初期的特点。"⑤

同时,鉴于日本修律成功,以及中日法律文化的渊源,清末还邀请日本法律专家来华,帮助修律。

三、《大清现行刑律》与《大清新刑律》

中国传统法典以刑典为主,各国攫取领事裁判权的借口也指向刑法,因此,刑律的修订是清末修律的重中之重,历时最久、争议最大。

(一)《大清现行刑律》

《大清现行刑律》是清政府于 1910 年 5 月 15 日颁布的一部过渡性法典。

1905 年 4 月,修订法律馆完成对《大清律例》的删修工作,共删除 344 条。⑥

① 《东方杂志》1905 年第 8 期,第 173 页。
② 《东方杂志》1906 年第 10 期,第 250 页。
③ 《清史稿》,卷四百四十三。
④ 关于清末修订法律馆部分,主要参照李贵连:《沈家本传》,法律出版社 2000 年版,第 273—276 页;陈煜:《清末新政中的修订法律馆》,中国政法大学出版社 2009 年版。
⑤ 刘广安:《传统习惯对清末民事立法的影响》,《比较法研究》1996 年第 1 期,第 107 页。
⑥ 怀效锋:《清末法制变革史料》下卷,中国政法大学出版社 2010 年版,第 5 页。

同时,伍廷芳和沈家本还奏请"变通现行律例内重法数端",①得朝廷允准:"凡死罪至斩决而止,凌迟、枭首、戮尸三项,著即永远删除。"缘坐各条,"除知情者仍治罪外,余者悉予宽免"。刺字等项,亦著概行革除。② 1906 年,朝廷宣布实行预备立宪,而刑律与宪政密切相关,故而,修订法律馆积极起草《大清刑律》,并邀请日本学者冈田朝太郎协助。1907 年春,完成《大清刑律草案》初稿,但颇受争议,拖延无期。因此,1908 年初,沈家本上《奏请编订现行刑律以立推行新律基础折》,认为"刑罚与教育互为盈朒,如教育未能普及,骤行轻典,似难收弼教之功"。而且,审判人才、警察规程、监狱制度等与刑法相关事务或法规,也须渐次培养设立。新律颁布"尚须时日,则旧律删订,万难再缓"。③ 而旧律的删订与新律制定相比,难度也相对较小。

《大清现行刑律》在 1909 年编纂完成,1910 年颁布。《大清现行刑律》共 36 卷,389 条,附例 1327 条,并附有《禁烟条例》12 条和《秋审条款》165 条。依据沈家本拟定的删订办法四则:删除总目、厘正刑名、节取新章、删并例文,主要是对《大清律例》进行删改,并没有做根本性改动。据此,《大清现行刑律》的变化主要体现在以下几个方面:

其一,改律名为"现行刑律",突出"刑律",以示与旧律之差异。

其二,删除六律总目。因官制改革,六部体制已行废除,因此,将六律诸目一并删除。分名例等三十门,"条举已详,即无总目,已便检查"。④

其三,适应社会需要,删增条款。"典章制度,随世而殊,损益变通,宜循时尚"。故而,《现行刑律》删除了一些条款。如买卖人口及奴仆、奴婢诸条,与"立宪政体保护人民权利之旨尤相背驰",一律删除改定。还有些条款沿自明朝,"与今制不合",也行删削。⑤

其四,开始区分民事法与刑事法。《现行刑律》中对承继、分产、婚姻、田宅、钱债各条,不再科刑。⑥

其五,改革刑罚。首先,废除了凌迟、枭首、戮尸、刺字等酷刑,改革缘坐制度。其次,确立新的五刑体系为罚金(十等)、徒刑(五等,一年至三年)、流刑

---

① 怀效锋:《清末法制变革史料》下卷,中国政法大学出版社 2010 年版,第 40 页。
② 怀效锋:《清末法制变革史料》下卷,中国政法大学出版社 2010 年版,第 3 页。
③ 怀效锋:《清末法制变革史料》下卷,中国政法大学出版社 2010 年版,第 57 页。
④ 李贵连:《沈家本年谱长编》,山东人民出版社 2010 年版,第 220 页。
⑤ 怀效锋:《清末法制变革史料》下卷,中国政法大学出版社 2010 年版,第 257—258 页。
⑥ 怀效锋:《清末法制变革史料》下卷,中国政法大学出版社 2010 年版,第 259 页。

（三等，二千里至三千里）、遣刑（二等，分极边足四千里及烟瘴地方安置和新疆当差）、死刑（二等，绞刑、斩刑）。[①]

（二）《大清新刑律》

《大清新刑律》是清政府于 1911 年 1 月 25 日（宣统二年十二月二十五日）公布的一部刑法典，也是中国历史上第一部近代意义上的刑法典。本预定在 1913 年（宣统五年）正式施行，但因清帝退位，清朝灭亡，未能正式施行。

《大清新刑律》自 1906 年开始起草，延聘日本法学家冈田朝太郎"兼充调查员，帮同考订"。由预备案算起，易七稿，争议激烈。最后颁布的钦定本，由沈家本等在综核中西之同异，絜校新旧之短长后。对旧律在体例和内容上做了五个方面的重大修改：更定刑名、酌减死刑、死刑唯一、删除比附、惩治教育。[②] 同旧律相比，《大清新刑律》主要有如下特点：

其一，《大清新刑律》改变了旧律"诸法合体"的体例，明确地将涉及罪名与刑罚及其运用等专属刑法范畴的条文作为法典的唯一内容，从技术层面看，《大清新刑律》基本上可以看作一部专门的刑法典。

其二，《大清新刑律》采用西方刑法典设总则、分则两编，编下设章，分条罗列的形式。以总则为纲，共 17 章 88 条，以分则规定罪名与刑罚，共 36 章 410 条。另有《暂行章程》5 条。

其三，《大清新刑律》大量采用了西方的刑法原则、制度和术语。如在总则中规定"法律无正条者，不问何种行为，不为罪"。[③] 废除比附制度。采用近代西方刑法制度与术语，如"缓刑""假释""时效""正当防卫"等。

其四，采用新的刑罚体系。刑罚分主刑和从刑。主刑包括死刑、无期徒刑、有期徒刑、拘役和罚金；从刑包括褫夺公权和没收。死刑采用"死刑唯一"原则，"死刑用绞，于狱内执行之"。

其五，罪名变化巨大。首先对旧律中某些犯罪定以新的罪名，如第一章"侵犯皇室罪"，将旧律中"十恶"中关于危害皇权的犯罪纳入其中；其次增加新罪名，如外患罪、妨害国交罪、妨害交通罪、妨害选举罪等。

其六，对幼年犯罪实行惩治教育。中国古代幼年犯罪，分为 7 岁、10 岁、15 岁三等，16 岁以上为刑事丁年。幼年犯罪拘禁于监狱，易"熏染囚人恶习，将来

[①] 怀效锋：《清末法制变革史料》下卷，中国政法大学出版社 2010 年版，第 277—278 页。
[②] 故宫博物院明清档案部编：《清末筹备立宪档案史料》（下），中华书局 1979 年版，第 845—849 页。
[③] 怀效锋：《清末法制变革史料》下卷，中国政法大学出版社 2010 年版，第 470 页。

矫正匪易"①"责付家族,恐生性桀骜",不能或无力教育。因此,《大清新刑律》规定"未满 12 岁人之行为,不为罪,但因其情节得施以感化教育"。

无论从内容和体例,还是从其所蕴含的法律思想看,《大清新刑律》都是一部近代法律改革家们试图融合中西的尝试,该法典也因此成为中国历史上第一部具有近代意义的新式刑法典。

四、清末民商律的修订

(一)《大清民律草案》

《大清民律草案》的制定始于 1907 年 6 月,1911 年 8 月完成。分为总则、物权、债、亲属、继承五编,共 1569 条。

《大清民律草案》在起草过程中,修订法律馆特聘日本法学家松冈义正及志田钾太郎等专家协助,赴各省采访民俗习惯。依据调查所得之资料,参照德国、瑞士、日本等国民法,斟酌各省报告,于 1911 年 8 月完成。修订法律大臣俞廉三等奏呈时,阐明此次拟定草案的宗旨主要有以下四点:(1)注重世界最普通之法则;(2)原本后出最精确之法理;(3)求最适合于中国民情之法则;(4)期于改进上最优利益之法则。

民律草案的起草,也贯穿了"务期中外通行"的宗旨,从而为采取"通行的原则""后出的法理",提供了法理依据。民律草案以德国民法典为主要蓝本,吸纳了大陆法系的民事法律,弥补了中国固有法律的空白。亲属、继承两编则仍然是对固有民法的承袭,由礼学馆承袭,采取家族主义的立法精神。因此,《大清民律草案》是中西民法的初步整合,奠定了中国近代民法发展的基石。同时,为获得西方国家的认可,收回领事裁判权,民法的修订也有明显脱离社会实际,忽视中国社会传统和习俗之处。

《大清民律草案》完成后仅两个多月,武昌起义爆发,随即宣统皇帝退位,清朝灭亡,因此,这部民法草案并未正式颁布实施。但是,这部法典在民初并未被废除,而且始终是民法的基础。

(二)清末的商事立法

重农抑商或重本抑末,是我国传统思想。明末清初,始出现"工商皆本"思想,但并未成为主流。鸦片战争以后,海禁大开,面对西方的武力加经济侵略,早期改良主义者首提"商战",重商主义思潮也开始传播,民族资本主义开始起

---

① 李贵连:《沈家本传》,法律出版社 2000 年版,第 287 页。

步,但商律并未得到重视。直到新政开始,刘坤一、张之洞等在奏呈变法之时,才有制定商律之议。1903年4月,清朝下谕制定商法,9月成立商部,商事立法进入实质阶段。

清末的商事立法,大致可以分为两个阶段。1903年至1907年为第一个阶段;1907年至1911年为第二个阶段。

第一阶段,商事立法主要由商部负责。因为受时势所迫,所以多为应急之法律法规。考虑到商律门类繁多,非短期内能够完成,而当时又出现各类公司,因此,先行制定了《公司条例》,使商人有所遵循。后又制定《商人通例》9条,《公司例》(又名《公司律》)131条,合计140条,上奏后定为《钦定大清商律》,这是我国第一部商律。其后,又陆续颁布了《公司注册试办章程》《破产律》《银行注册章程》《大小轮船公司注册给照暂行章程》《运送章程》等。

第二阶段,在清朝宣布预备立宪之后,商律的编纂进入系统阶段。商事法典主要由修订法律馆主持起草,单行法规仍由各有关部门拟定,经宪政编查馆和资政院审议后请旨颁行。这一阶段颁布的法律主要有:1908年,修订法律馆聘请日本法学博士志田钾太郎起草了《大清商律草案》(亦称《志田案》),分为总则、商行为、公司律、票据法、海船律五编,共1008条。1909年,聘用日本法学家松冈义正起草《破产律草案》,共337条。农工商部起草《保险规则草案》。1910年,农工商部还依据之前制定的《钦定大清商律》制定《改订大清商律草案》。这些法案虽未颁行,但被民国沿用或成为民初立法的重要参考。此外,还颁布了一些单行商事法规,如1908年的《银行则例》《银行注册章程》;1910年的《大小轮船公司注册给照章程》《运送章程》等。当时还制定并颁布了一些与商法密切相关的法规,如《商会简明章程》《华商办理农工商实业爵赏章程》《奖励华商公司章程》等,以鼓励华商事业发展。

五、诉讼法的转型

中国传统法律是诸法合体的,并无单独的程序法。沈家本、伍廷芳在受命修订法律之后,认为"法律一道,因时制宜。大致以刑罚为体,以诉讼法为用;体不全,无以标立法之宗旨;用不备,无以收行法之实效。二者相因,不容偏废"。而且,日本能够很快收回领事裁判权,"未始不由于裁判诉讼,咸得其宜",民事刑事诉讼法的颁布起着重要作用。中国的诉讼、断狱,历来附见刑律。至20世纪初,中国华洋诉讼越来越多,若不变通诉讼之法,"纵令事事规仿,极力追步,真体虽充,大用未妙,于法政仍无济也"。① 开始了中国修订程序法的历程。此后,清政府共制定了三部诉讼法草案。

(一)《大清刑事民事诉讼法草案》

1906 年 4 月 25 日(光绪三十二年四月初二)完成,这是中国历史上第一部诉讼法草案,采用刑民诉讼为一编,下分五章:总纲、刑事规则、民事规则、刑事民事通用规则、中外交涉案件,共计 260 条,另附颁行例三条。草案为应急而定,因此,沈家本认为此草案只是一部简明诉讼法而已。同时,为获得西方对法律的认可,挽回法权,首次采用了陪审制度和律师制度。沈家本强调这两项制度"俱我法所未备,尤为挽回法权最要之端"。② 但这部草案因遭以张之洞为首的督抚反对,认为该草案违背了中国立法之本原,最终未能颁行。

(二)《大清刑事诉讼律草案》与《大清民事诉讼律草案》

1908 年,为仿行立宪之需要,沈家本等人在日本法学家松冈义正和冈田朝太郎等人的协助下,以《大清刑事民事诉讼法草案》为基础,分刑事、民事重新修订,于 1911 年初完成。

《大清刑事诉讼律草案》分为总则、第一审、上诉、再理、特别诉讼程序及附则六编共计 515 条。同中国传统法律相比,主要有八个方面的改进:诉讼用告劾程式、检察提起公诉、摘发真实、原被告待遇同等、审判公开、当事人无处分权、用干涉主义、三审制度。同时,保留了陪审制度和辩护人制度。

《大清民事诉讼律草案》分为审判衙门、当事人、普通诉讼程序、特别诉讼程序等四编共计 800 条。对于制定民事诉讼法的意义,沈家本等人的奏折中强调:"司法要义本匪一端,而保护私权实关重要。东西各国法制虽殊,然于人民私权秩序维持至周,既有民律以立其基,更有民事诉讼律以达其用。是以专断之弊绝,而明允之效彰。"这一草案参照日本、德国,但所有名词字句"半多创制,改易再三始克告竣","力求精详"。而且,逐条"加具按语,诠释详明,免滋疑误"。③

以上两部草案按计划应于 1911 年颁布,但因时局骤变,未及颁行。

---

① 怀效锋:《清末法制变革史料》上卷,中国政法大学出版社 2010 年版,第 386 页。
② 怀效锋:《清末法制变革史料》上卷,中国政法大学出版社 2010 年版,第 386 页。
③ 怀效锋:《清末法制变革史料》下卷,中国政法大学出版社 2010 年版,第 542 页。

第三节　清末司法制度

|【案例】1864 年（同治三年）英人滥杀无辜华人案|

▶【基本案情】＞＞＞

　　1864 年（同治三年五月二十四日），据保正戴洪元报称，彭尚会路过忆生洋行门首，被洋人炉礼士施放洋枪子伤倒地，报乞验究等情。卑职随即亲诣验明，彭尚会心坎、左后肋各受有枪子伤。讯具彭尚会供称，本日路过忆生洋行门首，被洋人炉礼士施放洋枪，头一枪打空，第二枪子伤小的左后肋，小的负痛转身，复又一枪子伤心坎倒地等供，当饬医调治，旋据保正禀报，受伤之彭尚会医治无效，于二十五日因伤身死。

　　此案发生后，中方官员照会英领事迅速办理。但英国领事多方开脱，并称不问死罪，罚该犯洋银伍佰元给尸亲养活，意图出钱赎罪。中方官员不允，且认为英国约并无凶犯罚钱赎罪之文，且查例载，贿和人命，尸亲凶犯均有应得之罪。而且尸亲也不同意以钱赎罪，但求将凶犯抵命伸冤。之后，英国领事先将凶犯监禁，但是忽然又要将凶犯解至广东香港，称不使再做生意，名曰绝其生计，实则故纵法网。

　　为防止酿成祸端，湖北当局咨总理衙门与英方交涉，英国代理驻华公使威妥玛（sir Thomas F. Wade）给总理衙门照会。照会称炉礼士并非故意杀人，而过失杀人按照英国法律并不能判处死刑。因此送香港总理刑名衙门讯办，并令其离开中国，绝其生计，并非轻纵。对于尸亲，拟给银钱，稍示体恤。①

▶【案例分析】＞＞＞

　　这个案件，英国依据领事裁判权"被告主义原则"，以按照英国法律为名，承审的领事强烈偏袒被告。即使中方官员层层剖析，据理力争，但领事裁判权的丧失，也是无可奈何。

---

　　①　张研、孙燕京主编：《民国史料丛刊 212 政治·对外关系》，大象出版社 2009 年版，第 143—151 页。

► 【基本问题】＞＞＞

此案涉及领事裁判权的问题,为此我们需要了解包括领事裁判权在内的清末法律改革中的司法制度。

► 【知识分析】＞＞＞

中国传统法律,在法典编纂形式上,程序法和实体法不分;在司法体制上,行政与司法合一。晚清政府通过司法改革,在全国大部分地区建立了相对独立的近代司法系统,颁布实施了与实体法相对应的程序法。近代司法改革的主要目的之一是为了收回领事裁判权。

一、清末司法制度的半殖民地化

（一）领事裁判权

领事裁判权,就是一国人居留于他国领土之内,不受其居留国法律的管辖和法庭的审判,而仍归其本国的法律支配,与其驻在居留地本国领事的裁判。换句话说,就是甲国对于寄居于其领土内的乙国侨民,不能用自己的法权去裁判他们,必须由乙国驻在甲国的领事,用他本国的法律去裁判。因此,根据领事裁判权制度,凡在中国的有约国民,关于民刑诉讼,不论其侨民间发生诉讼,或外籍侨民居于被告地位而与中国国民发生诉讼时,统归外籍侨民所属的领事裁判,而不受居留地中国法权所管辖。

中国领事裁判权的丧失始于 1843 年 10 月 8 日签订的《中英五口通商章程》,该章程第十三款明确规定:英国侨民与中国人民"倘遇有交涉词讼,管事官不能劝息,又不能将就,即移请华官公同查明其事,既得实情,即为秉公定断,免滋讼端。其英人如何科罪,由英国议定章程、法律发给管事官照办。华民如何科罪,应治以中国之法,均应照前在江南原定善后条款办理"。英国据此获得在华的领事裁判权。1844 年 7 月 5 日,中美签订《望厦条约》(又称《五口通商章程》),规定中国人与美国人之间或者在华美国人相互之间的民刑案件中美国当事方概由美国领事裁判,甚至在华美国人与其他国家在华侨民之间发生法律纠纷,中国官员均不得过问。

第二次鸦片战争后,以《天津条约》为基础,列强在华领事裁判体系不断得以扩大和深化。首先是缔约国数量逐年增加。在英美法三国的影响之下,俄、日、奥等近20多个国家都援引英美先例,强迫中国与之签订不平等条约,取得了在华领事裁判权。攫取在华领事裁判权的国家数量逐步扩大,不但让绝大多数侨居中国的外国人享受到了免于中国司法管辖的特权,更让中国传统法律体系在外人面前彻底失去了应有的自信与自尊。其次是各个取得领事裁判权的国家,除了少数侨民较少的国家之外,都相继根据需要建立了在华司法审判机构。

各国在华司法审判机构以"领事法庭"为主,行使"治外法权"。领事法庭是各有约国在中国行使领事裁判权的主要方式,但无论从条约规定还是从领事职能方面考察,领事法庭也只是行政官员兼理司法的临时机构,没有任何一个条约赋予过外国在华设立正式全职司法审判机构的权利。然而,英美两个造就近代中国条约制度的主力国家却先后在中国的土地上建立了自己的全职法院,其他各有约国也都以不同方式完善了他们各自的在华审判机构,使得原本只是权宜之计的领事裁判制度进一步常态化、制度化。

在华领事受理案件,适用被告主义原则。主要包括三类:(1)中外混合案件,依被告主义原则,到被告方法庭申诉;(2)享有领事裁判权的同一国籍的侨民之间的民刑案件,由所属国领事审判,中国官员不得过问;(3)不同国籍侨民之间的案件,即享有领事裁判权的不同国籍的外国人之间以及享有领事裁判权的外国人和不享有领事裁判权的外国人和无约国人之间的民刑案件,中国采取不干涉主义。

其中对于本国侨民间的诉讼,由各国自己建立的"海外司法系统"来处理。在这种司法系统中,作为一审的基层法院,一般是领事法院或由公使或使馆人员组成的法院。其次是上诉法院。

(二)"会审公廨"与观审制度

会审公廨。1854 年,英、美、法三国公使趁上海小刀会起义之机擅自修改了《上海租地章程》,在租界内设立由外国领事直接控制的"工部局"和巡捕房,攫取了对租界内华人和无约国人的司法管辖权。1864 年,上海成立"洋泾浜北首理事衙门",是中国近代史上第一个会审机关。"洋泾浜北首理事衙门"只能算是权宜之计,设置仓促,也很简陋,中外双方都有不满。经进一步协商,1869 年,上海英、美、德领事公布《上海洋泾浜设官会审章程》,根据这一章程,上海公共租界会审公廨宣告成立,取代了过渡性质的理事衙门。中外会审制度正式成为外国在华租界中的特殊司法制度。会审公廨从性质而言,仍是一所中国衙门,但是,外国领事参与的程度和权限却远远超过了此前中外条约的规定。根据

《上海洋泾浜设官会审章程》规定,(1)凡遇案件涉及洋人到案者,必须由领事官或领事派员会审;如系纯粹华人案件,领事不得干涉;(2)如系外人雇佣及延请之华人涉讼,领事官或领事官所派之员,得到堂听讼;倘案中并不牵涉外人,即不得干涉;(3)华洋互控案件,倘一方系无领事管束之外人,则由委员自行审断,仍邀一外国官员陪审;(4)无领事国洋人犯罪,即由委员酌拟罪名,详报上海道核定,并与以约之领事国会商酌办。

上海会审公廨成立后,外人本欲在其他租界推广,但因种种原因未能如愿,仅在汉口五国租界和厦门鼓浪屿设立过类似的会审机构,但其规模与影响无法与上海会审公廨相比。

观审制度是享有领事裁判权国家强行干预中国司法审判的制度。观审制度是指凡被告虽为华人,而其原告或被害者系外人时,该外国领事得出庭观审。于是,领事裁判权除审判本国被告外,又于与外人有关系华人被告案件有干预之权。

按被告主义原则,案件原告为外国人,被告是中国人时,应由中国法庭予以审理。但1876年签订《中英烟台条约》后,规定"凡遇内地各省地方或通商口岸有关系英人命盗案件,议由英国大臣派员前往该处观审""倘观审之员以为办理未妥,可以逐细辩论,庶保各无向隅,各按本国法律审断"。虽是规定了中英双方均有观审权,但依当时的情势和中方的漠视,实为英国单方面享有之权力。1880年,在中美《续约附款》中,美国也取得了混合案件中"观审权"。此后,其他有约国也相继取得此项权力。

无论"会审"还是"观审",在中外条约中都曾有过原则性的规定,而且还有一些对等权利。但是,在各国的凌厉攻势之下,清朝既往的所有经验几无可用,不断丧失着民族自尊与自信,不断放弃自主权,以致"外人不受中国刑章,华人反受外人裁判"的怪局。再者,在租界这样的"国中之国",从洋泾浜北首理事衙门到公共租界和法租界的会审公廨,外国领事逐渐掌握了话语权,是对中国司法主权的进一步侵犯。

二、法院组织法

中国传统社会实行司法行政合一,故而没有审判机构和相关原则的独立规定。随着官制改革,大理院和各级审判厅的设立,相应的法规也陆续出台。

(一)《大理院审判编制法》

该法是清政府为配合官制改革,于1906年制定的关于大理院和京师审判组织的单行法规。其中第六条明确规定:"自大理院以下及本院直辖各审判厅局关于司法裁判全不受行政衙门干涉,以重国家司法独立大权,而保人民身体财产。"同时,本编制法还确立了四级三审、审检合署、审判合议等司法制度和原则。《大理院审判编制法》是晚清实行司法与行政分离,建立司法独立体制而颁布实施的第一部法律。但该法只规定了大理院及京城地方审判机构的编制、职责、权限,是一部临时的法律。到1909年,清政府开始实施《各级审判厅试办章程》,《大理院审判编制法》即行废止。

(二)《法院编制法》

《法院编制法》是1910年清政府公布的关于法院组织的法规。该法仿照日本相关法律制定,共17章164条。根据《法院编制法》规定,实行四级三审制,即初级审判厅、地方审判厅、高等审判厅、大理院。初级审判厅实行独任审判;地方审判厅实行折衷制,即一审普通案件由推事一人独任审判,一审繁杂案件依当事人请求或依职权实行合议及二审案件实行合议制;高等审判厅及大理院审判案件均实行合议制。大理院具有统一解释法令必应处置之权,但不得干涉审判官对于案件的审判。各级审判衙门分别配置检察厅。对于各级审判检察厅的设置及推事、检察官的考试、任用等,《法院编制法》也作出了相应规定。

三、司法机构的调整

(一)部院之争

"部院之争",学界有狭义与广义之分。从狭义上讲,部院之争指光绪三十三年(1907年)四月初三至四月十二日间所发生的法部与大理院之间的权限之争。在朝廷的平衡术与高压之下,部院在此之后迫于压力拿出"和衷妥议"方案,部院之间战火平息。但部院之争只是暂告休战,在四月二十日之后,部院之间的权力之争由明转暗,直至清朝灭亡,最终在司法行政权与司法审判权的划分问题上有了一个制度上的交代。这可称之为广义上的部院之争。① 部院之争的核心问题即"如何划分司法审判权与司法行政权"。

1."部院之争"是中国首次就司法权问题在理论上的争论

清末的"部院之争"主要为权限之争,故而,司法行政权与司法审判权的含义是其此次争论应有之义。按照庆亲王奕劻和法部尚书戴鸿慈的意见,代表司法独立的机构为裁判机构,法部为司法行政机构,因而属于行政机构,为内阁组

---

① 张从容:《部院之争:晚清司法改革的交叉路口》,北京大学出版社2007年版,第2—3页。

成部分,同刑部相比,法部其实是仅将过去刑部职权中的裁判权让出,其他一切大权几乎全部保留。[1] 他们对法部作为司法行政部门的权力认识和传统刑部的认识并无实质性改变,因此对法部的职责确定也仅是将刑部的审判权分离出来。

对于法部的职能权限,大理院正卿沈家本为代表的一派据理力争。认为法部虽有司法行政之权,但在人事、秋朝审核定、死罪覆核等方面,应将权力赋予大理院。[2]

2.“部院之争”对近代司法改革的意义在于实现了司法与行政的有限分立

实现君主立宪,是清末法律改革的目标。但基于当时的情势,司法权与行政权的分离,成为关注之重点。行政司法混一的弊端,在清末朝野上下已有一定的共识。“今日积弊难清,由于权限不分,……以行政官而兼有司法权,则必有循平时之爱憎,变更一定之法律,以意为出入”“以大理院为全国最高之法院者,即为全国审判官与一切行政官对峙分立之基础”“中外有识之士,皆谓此次厘定官制,惟司法分立一事,最得预备立宪之本原”。[3]

3. 部院之争不仅为权限之争,同时也是权力之争,故而出现了司法行政权扩大化与司法审判权扩大化两种针锋相对的倾向。[4]

法部基于传统刑部的集权积极向审判领域扩张,一度在司法行政权制约审判权的道路上走得很远。而大理院在备受法部掣肘之际,另辟蹊径,通过广泛深入地参与司法行政事务而确立自身的领导地位,并试图在京师建立行政化审判机构,以对抗法部。从而形成了司法行政权扩大化与司法审判权扩大化两种针锋相对的倾向。从中亦可看出,激烈的“部院之争”双方实际上主要仍是在借助行政权力而谋求自身部门的发展,而非借助司法本身的权威及理论的正当性。

(二)司法机构的调整

在清末预备立宪过程中,清政府对于司法改革寄予厚望。预备立宪是中国首次全面引入西方宪政理论与实践的过程,而宪政体制之核心为分权制衡。近

---

① 公丕祥:《司法与行政的有限分立——晚清司法改革的内在理路》,《法律科学(西北政法大学学报)》2013年第4期,第40—53页。

② 故宫博物院明清档案部编:《清末筹备立宪档案史料》(下),中华书局1979年版,第827—830页。

③ 故宫博物院明清档案部:《清末筹备立宪档案史料(下)》,中华书局1979年版,第821、822页。

④ 张从容:《部院之争:晚清司法改革的交叉路口》,北京大学出版社2007年版;张从容:《晚清中央司法机关的近代转型》,《政法论坛》2004年第1期;张从容:《晚清司法改革的两种倾向》,《法律文化研究》2005年第1辑。

代国家第一要求法治政治,而实现法治政治的方法则为权力分立,即把国家的权力分作立法、行政、司法三种,分属于三个机关,由各权力的制衡以确保人民的权利,并预防专制政治的出现。① 但是对于仅希望通过立宪以达到外争法权,内保皇权,大权仍统于朝廷的清政府而言,行政权与立法权的分离既无必要,也未到时机,因此,三权之中,司法权与行政权的分离成为其唯一可行的领域。

清末启动司法改革,就其直接目的而言,在于收回领事裁判权,故而立法建制偏重于抄袭西方法制,冀以满足在华拥有领事裁判权国家的要求,而实现新式法律的前提与基础是独立审判机构的建立。中国固有司法事务,虽设有专职司法机构,而事实上则行政司法不分。自清末大理院设立,其后京师高等地方审检厅、各省高等审检厅渐次设立,司法行政始行分离。

1906 年(光绪三十二年)9 月 20 日,清廷法部改革中央官制的上谕,依司法权与行政权的(包括司法行政权)分离原则,司法机构随之调整。原三法司中位尊权重的刑部改为法部,专掌司法行政,大理寺改为大理院,专掌司法审判。自此,清末结束了司法领域在传统基础上的"略为变通",转而以西方司法为导向的司法改革正式启动。中央机构的变革,地方必然要随之而动,各级审判机构的设立开始纳入近代司法改革的日程。

按照宪政编查馆《逐年筹备事宜清单》,1909 年(光绪三十五年),颁布法院编制法,筹办各省省城及商埠等处各级审判厅,至 1910 年各省省城及商埠等处各级审判厅一律成立。由法部、各省督抚同办。② 法部于 1907 年(光绪三十三年)10 月 29 日奉旨颁行了《各级审判厅试办章程》,该章程包括总纲、审判通则、诉讼、各级检察厅通则、附则五章。按章程,各级审判厅包括初级审判厅、地方审判厅和高等审判厅。③

各级审判厅内设置相应的检察厅,实行审检合署制度。检察厅负责对刑事案件进行侦查、提起公诉、实行审判监督。同时,检察厅还可以参与民事案件的审理,充当诉讼当事人或公益代表人。

建立新式监狱,改良狱政管理制度。由于西方人的批判和对西方监狱,尤其是日本监狱的考察,刺激了其时主张改良的清政府。时人将监狱视为文明的窗口,同时也是其他改革,尤其刑法改革的保障,因此,对监狱改良投入了极大

---

① 萨孟武:《政治学与比较宪法》,商务印书馆 2013 年版,第 366—367 页。
② 怀效锋:《清末法制变革史料》上卷,中国政法大学出版社 2010 年版,第 92—93 页。
③ 怀效锋:《清末法制变革史料》上卷,中国政法大学出版社 2010 年版,第 458 页。

的热情。不仅筹建新式的模范监狱,旧监狱的改良也逐步展开。到清朝灭亡,主要建立了湖北、奉天及京师三地的模范监狱,①还有河南、山东等共计十三个省份也建立模范监狱。② 这些监狱,有新建,也有由罪犯习艺所扩建或改造而成。

近代司法改革是在中西法律文化的碰撞与反击的背景下启动的,司法改革同近代司法主权乃至国家主权的恢复密切相关。近代司法改革是从 1906 年设置大理院,各级审检厅逐渐设立开始的,其间争议不断,经费紧张,导致一些改革或被迫中止,或流于形式,但其取得的成就及其对民国司法改革的影响仍不容忽视。

► 【案例与思考】> > >

│【案例一】准总检察厅移送张张氏上诉赵连氏等将伊女拐卖一案的大理院批示③│

此案张张氏上述伊女二秀被赵连氏等诱卖各节,既经高等审判厅仍照地方审判厅将媒合知情人等原拟罪名判定。因未将二秀交出,张张氏上诉到院,现已传获二秀,交张张氏领回完聚。其许赵氏等所得罪名,自应照地方审判厅原判执行。除将高等审判厅原案卷宗并犯妇赵连氏、许赵氏、来雷氏三口一并移交总检察厅查照办理外。合行牌示。

【思考】结合本章所学,分析案例所涉及的法律问题。

│【案例二】苏报案④│

1903 年 6 月后,在上海外国租界出版、由章士钊任主笔的《苏报》发表了一系列倡言排满、鼓吹推翻帝制、实现共和的文章,清政府试图抓捕,但地处租界,清政府无法直接行使职权。等到邹容、章炳麟分别发表了《革命军》和《驳康有为论革命书》后,清廷震怒,谕令两江总督魏光焘查办。上海道台袁树勋等人同

---

① 清朝入关后设 18 行省和在西北、东北设的 5 个将军辖区,在西藏、西宁设办事大臣辖区,以及由中央理藩院直接管辖的内蒙古盟旗,连同内地 18 省,全国共为 26 个政区。1884 年(光绪十年)置新疆省,1887 年(光绪十三年)建台湾省,1907 年(光绪三十三年)改奉天、吉林、黑龙江三个将军辖区为省,加上内地 18 省共为 23 省。因 1895 年(光绪二十一年)清政府签订了《马关条约》,台湾省被割让给日本,所以史称 22 省。
② 《政治官报》(1907—1911 年),王文豹编:《京外改良各监狱报告录要》,1919 年。
③ 汪庆祺编,李启成点校:《各省审判厅判牍》,北京大学出版社 2007 年版,第 15 页。
④ 蔡斐:《二十世纪影响中国司法的 20 大案》,中国法制出版社 2013 年版,第 1—18 页。

租界领事交涉。经过多次协商后,租界作出妥协,同意捉拿《苏报》馆的章炳麟、邹容等人。但要求清政府当局书面承认"所拘之人,须在会审公堂中外会审,如果有罪,亦在租界内办理"。上海租界巡捕房逮捕了章炳麟等人并交送会审公廨,不久邹容投案。由谳员孙建臣、上海知县汪懋琨、英国副领事三人组成的审判庭。清廷延请外籍律师古柏起诉控告章炳麟、邹容污蔑皇帝,要求对之严惩。章炳麟等人延请外籍律师为其辩护。12月该案先由会审公廨设"额外公堂"进行审理,判决邹容、章炳麟终身监禁,但是领事团发生异议,由此导致会审公廨复审,并改判章炳麟三年、邹容二年徒刑。

【思考】结合本章所学,分析案例所涉及的法律问题。

EPILOGUE

后 记

《中国法律史案例教程》是在我国创新法治人才培养机制,继续深化法学专业实践教学改革,不断重视法律职业者整体素质时期编写的一部提高法学学科传统法律文化的一部教材。本教材的特点主要有:第一,案例的真实性。所选的案例均有翔实的出处和来源,避免案件的虚构。需要说明的是由于中国法律史的特点,所选的案例部分严格来说是事例,但这并不妨碍我们对中国法律史知识的研究学习。第二,案例与学理相结合,以案例引出对学理的分析,依照历史上法律规定解析案例,提高学生对中国历史上法律制度的认知和了解。第三,本教材主要凸显的是中国传统法律制度和法律文化的内容,故时间段截止到清朝末年。

本教程有李红英、杨晓辉担任主编,汪远忠、李德嘉、韩伟担任副主编。具体撰写分工如下:(按照章节撰写的先后顺序)

第一章:李红英(河北大学法学院)

第二章:李红英(河北大学法学院)

第三章:李红英(河北大学法学院)

第四章:韩伟(西北工业大学公共政策与管理学院)

第五章:李德嘉(北京师范大学法学院)

第六章:李红英(河北大学法学院)

第七章:汪远忠(河北大学法学院)

第八章:李红英(河北大学法学院)

第九章:李红英(河北大学法学院)

第十章:杨晓辉(中央司法警官学院)

全书由李红英、杨晓辉统稿,经过作者同意个别章节作了修改。本教程的写作与出版得到了中国民主法制出版社、河北大学法学院领导的关心和支持,在此表示诚挚的谢意。

由于水平有限,加之时间仓促,书中不足之处在所难免,希望读者批评指正。

编者

2022 年 1 月